Die Kanzleisprache Ludwigs des Bayern im europäischen Kontext

Studia Augustana

Augsburger Forschungen zur europäischen Kulturgeschichte

Herausgegeben im Auftrag des Instituts für Europäische Kulturgeschichte von Victor A. Ferretti und Klaus Wolf

Band 23

Die Kanzleisprache Ludwigs des Bayern im europäischen Kontext

Mit einer Ausstellung von Urkunden aus dem Staatsarchiv Augsburg

Herausgegeben von
Klaus Wolf

DE GRUYTER

Gedruckt mit Unterstützung der Dr. Eugen Liedl Stiftung

Pro Suebia

ISBN 978-3-11-108246-2
e-ISBN (PDF) 978-3-11-116522-6
ISSN 0938-9652

Library of Congress Control Number: 2023947500

Bibliografische Information der Deutschen Nationalbibliothek
Die Deutsche Nationalbibliothek verzeichnet diese Publikation in der Deutschen Nationalbibliografie; detaillierte bibliografische Daten sind im Internet über http://dnb.dnb.de abrufbar.

Satz: Integra Software Services Pvt. Ltd.
Druck und Bindung: CPI books GmbH, Leck

www.degruyter.com

Vorwort

In meiner langjährigen Beschäftigung mit Ludwig dem Bayern fiel mir auf, dass unter diesem Herrscher und namentlich in seiner Kanzlei geradezu eine Literaturexplosion an deutschsprachigen Urkunden stattfand. Nicht erst Karl IV. durfte also für sich reklamieren, dem Deutschen als königliche und kaiserliche Kanzleisprache zum Durchbruch verholfen zu haben. Daher beschloss ich, diesen Befund weiter zu verfolgen. Neben Lehrveranstaltungen zur Kanzleisprache Ludwigs des Bayern reifte mit tatkräftiger Unterstützung des Regensburger Kollegen Prof. Dr. Albrecht Greule der Plan für eine Tagung zur Kanzlei Ludwigs des Bayern. Diese sollte flankiert werden mit einer Handschriftenausstellung vornehmlich deutschsprachiger Urkunden Ludwigs des Bayern aus den reichen Beständen des Staatsarchivs Augsburg.

Großen Dank schulde ich dafür dem Leiter des Staatsarchivs Augsburg, Dr. Thomas Engelke, und Prof. Dr. Thomas Krüger, mit denen ich zusammen ein Ausstellungsprojekt mit Studentinnen und Studenten konzipieren durfte. Die Ausstellung mit den Originalen im Staatsarchiv parallel zur Tagung im Herbst 2020 wird nun digital fortgesetzt auf der Plattform *bavarikon* des Bayerischen Staatsministeriums für Wissenschaft und Kunst. Der vorliegende Band dokumentiert die Vorträge der Tagung ebenso wie die parallele Ausstellung. In der Summe ergibt sich so ein Blick auf die deutschsprachigen Urkunden Ludwigs des Bayern im gesamteuropäischen Vergleich volkssprachiger Schriftlichkeit des Spätmittelalters. Damit ist ein erster Schritt zur Profilierung des Beitrags der Kanzlei Ludwigs des Bayern für die Ausbildung der neuhochdeutschen Schriftsprache getan.

Klaus Wolf

https://doi.org/10.1515/9783111165226-202

Inhaltsverzeichnis

Vorwort — V

Martin Kaufhold
Ludwig der Bayer – ein König und Kaiser von europäischem Rang? — 1

Klaus Wolf
Die Bedeutung Ludwigs des Bayern für die deutsche Literatur- und Sprachgeschichte — 15

Albrecht Greule
**Die Kanzleisprache Ludwigs des Bayern.
Ein Forschungsdesiderat und seine Behebung — 25**

Christoph Becker
**Die Bedeutung Ludwigs des Bayern für die deutsche und europäische Rechtsgeschichte.
Oberbayerisches Landrecht und Münchener Stadtrecht im Zusammenhang mit dem gemeinen Recht — 45**

Magdalena Weileder
Empfängerausfertigungen Kaiser Ludwigs des Bayern — 69

Andrea Stieldorf
Die Königs- und Kaisersiegel Ludwigs des Bayern zwischen Tradition und Innovation — 91

Peter Wiesinger
Die habsburgische Urkundensprache der Herzöge Friedrichs des Schönen (1308–1330) und Albrechts II. des Weisen (1330–1358) in der ersten Hälfte des vierzehnten Jahrhunderts — 121

Wolfgang Haubrichs
**Volkssprachige Urkunden aus den Kanzleien der Luxemburger.
(nebst einer Edition des Sühne-Vertrags des Erzbischofs Balduin von Trier mit Loretta von Salm, Gräfin von Sponheim, vom 7. Juli 1328) — 147**

Jarosław Wenta
Die Deutschordensstatuten: Edition und Frühgeschichte — 183

Rembert Eufe
Der Gebrauch der Volkssprachen in den Kanzleien der wichtigsten Zentren Italiens und der Romania zur Zeit des Italienzugs Kaiser Ludwigs IV. (1327–1330) — 197

Ergün Özsoy
Die Sprache der osmanischen Kanzlei und die Urkundensprache am Sultanshof — 241

Thomas Engelke, Thomas Krüger, Klaus Wolf und Studierende der Universität Augsburg
Wir Ludwig ... – Die deutschsprachigen Urkunden Ludwigs des Bayern. Eine Ausstellung des Staatsarchivs Augsburg, konzipiert von Studierenden der Fächer Geschichte und Germanistik an der Universität Augsburg — 253

Martin Kaufhold

Ludwig der Bayer – ein König und Kaiser von europäischem Rang?

Einen zweifelhaften Kaiser, einen möglichen Ketzer und Schismatiker, der über 20 Jahre mit den Päpsten in Avignon stritt, dessen Heiratspolitik von Bayern aus weit nach Norden ausgriff, der ein Bündnis mit England am Vorabend des 100-jährigen Krieges schloss, diesen Herrscher in seiner europäischen Bedeutung auf ca. zehn Seiten[1] vorzustellen, das ist eine Herausforderung. Ich versuche daher, mich auf die großen Punkte zu konzentrieren, und auf die strittigen Fragen von Ludwigs Zeit. Sie waren nur in wenigen Fällen mit Waffen zu klären. Ludwigs Herrschaft war in hohem Maße eine Zeit der Worte. Und das sollte den Interessen einer Tagung über Sprache entgegenkommen. In den großen Konflikten in Ludwigs Zeit war die Sprache gefragt. Texte waren ein zentrales Mittel in dem Streit dieser Jahre.[2]

Dabei war Ludwig selbst sicher kein großer Leser und anders als sein späterer Kontrahent und Nachfolger Karl IV. auch selbst kein Mann der Feder.

> Jetzt Schreiber, schärfe Deinen Geist. Denn ein schweres Stück Arbeit harret deiner, willst du schildern den langen und langsamen Flug eines gewaltigen Adlers, der töricht und zugleich klug, achtlos und sorgenvoll, träge und ungestüm, niedergeschlagen wie heiter, kleinmütig wie tapfer, bei allem Unglück doch glücklich aufstieg, während ihm schon die Flügel versengt waren.[3]

Mit diesem berühmten Worten leitete Mathias von Neuenburg, einer der wichtigsten Geschichtsschreiber für die Zeit Ludwigs, seine Darstellung von Ludwigs Regierung ein.

Wir stehen am Beginn des vierzehnten Jahrhunderts. Kaiser Heinrich VII. aus dem Hause Luxemburg war nach kurzer Herrschaft auf dem Rückweg von seiner Kaiserkrönung noch in Italien verstorben. Davor hatte es 60 Jahre keinen Kaiser

---

1 Der Beitrag behält den Duktus des Vortrages bei. Fußnoten und Belege sind auf das Notwendige beschränkt.

2 Für einen Überblick über die Zeit Ludwigs des Bayern vgl. Menzel 2012, Seibert 2014; Thomas 1993 und den Katalog der Landesausstellung „Ludwig der Bayer. Wir sind Kaiser" 2014. Das von Michael Menzel geleitete große Regestenprojekt zur Erschließung der Urkunden Ludwigs des Bayern hat inzwischen 12 Hefte vorgelegt, die über die regesta-imperii-online gut zugänglich sind.

3 Mathias von Neuenburg, Chronica, Kap. 37a, 355. Hier in der Übersetzung des Katalogs der Bayerischen Landesausstellung, 19.

https://doi.org/10.1515/9783111165226-001

gegeben, und nach dem Ende der staufischen Dynastie, mit der das Kaisertum geendet hatte, hatten sich verschiedene mittelgroße Familien für den deutschen Thron interessiert. Der Titel barg Risiken, man konnte sich übernehmen, aber er bot auch Aufstiegschancen für die ganze Familie. Der König hatte keine Macht und keine Hauptstadt, keinen Apparat und wenig Mittel. Aber das Amt des Königs bot die Möglichkeit, eigene Söhne zu Fürsten zu machen und sie mit großen Lehen zu versehen, wenn dort die Inhaber ausstarben. So war es Rudolf von Habsburg mit Österreich und Heinrich VII. mit Böhmen gelungen. Die dritte Familie, die nun nach dem Königtum griff, waren die Wittelsbacher mit zwei Standbeinen: als Herzöge in Bayern und Pfalzgrafen bei Rhein in Heidelberg hatten sie schon Fürstenrang. Mit Ludwig kam nun ein König hinzu.[4]

Ludwig ist bis heute nicht klar zu fassen. Auch die große bayerische Landesausstellung zu dem Wittelsbacher Kaiser und Ketzer hat uns hier kaum weitergebracht. Mathias von Neuenburg kannte Ludwig. Er gehörte nicht zu seinen Freunden, aber er war ein guter Beobachter. Die Widersprüche in Ludwigs Auftritt, die seine Zeilen charakterisieren, sollten wir bei der Beschäftigung mit Ludwig im Hinterkopf behalten. Mancher gute Kenner dieser Zeit ist bereit, Ludwig eine weitreichende politische Strategie, sogar in Hinblick auf Europa, zuzugestehen.[5] Damit habe ich Schwierigkeiten. Ludwig konnte von finsterer, auch rücksichtsloser Entschlossenheit sein, wenn es darum ging, einen aktuellen Vorteil zu nutzen. Aber diese kurzfristigen Erfolge hatten längerfristig einen hohen Preis, weil er sie nicht in einer großen strategischen Perspektive sah. Er machte sich ohne Bedenken Gegner, auch unter bisherigen Verbündeten. Wenn es ihm gerade nutzte. Wobei das nicht für seine ersten Erfolge galt, die ihm den deutschen Thron verschafften. Und damit sind wir beim Geschehen.

Ludwig wurde im Oktober 1314 in einer so genannten Doppelwahl zum römischen König gewählt. Römischer König, *Rex Romanorum*, so hieß der deutsche Herrscher damals. Das kam daher, weil er, wie der Titel weiter formulierte: ein *postmodum in imperatorem promovendus* war, ein *im Weiteren zum Kaiser zu Befördernder*.[6] Der Thron, auf den der König in Aachen gesetzt wurde, war auf Rom ausgerichtet. Diese Tradition und diese Verbindung war den Akteuren in Deutsch-

4 Zu einem Überblick über diese Phase vgl. neben der in Anm. 2 angegebenen Literatur auch die älteren Werke: Moraw 1986; Thomas 1983, vgl. für einen kurzen Überblick über die Königsgeschichte: Rogge 2010.

5 Vgl. Menzel 2012, 153–191, und Menzel 2014.

6 Die Urkunden zu den Wahlen von Ludwig dem Bayern und Friedrich dem Schönen sind ediert in den MGH Const. 5, Nr. 94–101. Die zitierte Titulatur wird von den Wählern beider Könige verwendet, vgl. ebd., Nr. 94 und Nr. 96; vgl. zur Doppelwahl zuletzt: Menzel 2012, 153–159, Büttner 2011, 294–338.

land teuer. Sie hatte schon für manche Aufregung gesorgt, und in den Jahren Ludwigs trat diese lange Geschichte in ihre entscheidende Phase. Die Kaiserkrönung in Rom war Sache des Papstes.[7] Aber wen der Papst zum Kaiser weihte, das wurde bei der deutschen Königswahl entschieden. Der Kaiser war der Beschützer der Christenheit, der *advocatus ecclesie*. Seit die Päpste nicht mehr von den Kaisern ernannt wurden und an Selbstbewusstsein gewonnen hatten, begannen sie, zu fragen, wen sie zum Kaiser krönten. Und seit Innozenz III. in dem berühmten Thronstreit von 1198 festgestellt hatte, dass die Stellenbesetzung im Kaisertum *principaliter et finaliter* [grundsätzlich und vom Ende her]eine Angelegenheit der päpstlichen Kurie sei, war das Ringen darum eröffnet, welchen Anteil der Papst an dieser Wahl nehmen durfte, die den späteren Kaiser bestimmte.[8] Das war 1314 nicht unwichtig, weil Ludwig nicht der einzige König war. Einen Tag vor ihm wurde – ebenfalls bei Frankfurt – der Habsburger Friedrich der Schöne zum König gewählt. Beide waren von Fürsten gewählt worden, die man in der Goldenen Bulle schließlich als Kurfürsten – Königswähler – bezeichnete. Die Kurfürsten waren sich vor der Wahl nicht einig geworden. Nicht einig darüber, wen sie wählen wollten, und auch nicht ganz einig, wer wählen durfte.[9] Die Doppelwahl brachte im weiteren Verlauf alle diese Fragen auf die Tagesordnung: Wer durfte wählen und wieviel Mitsprache kam dem Papst zu, zumal in einer gespaltenen Wahl? Die Frage, wer wählen durfte, wurde von Karl IV. in der Goldenen Bulle geklärt.[10] Die Frage, welche Rolle dem Papst zukam, stellte sich bei der Doppelwahl noch nicht. Denn es gab 1314 keinen Papst. Die Kardinäle waren noch uneiniger als die deutschen Fürsten. Sie brauchten noch fast zwei Jahre, um einen schon alten Mann zum Papst zu wählen. Der sich aber als sehr zäh, sehr fleißig und sehr streitbar erwies und dann keine Zeit verlor, die Frage dieser Königswahl anzugehen.[11]

Die beiden Konkurrenten im Reich dagegen schienen es nicht sehr eilig zu haben. Das ist aus der Entfernung eigentlich der überraschendste Befund. Aber er ist typisch für das deutsche Mittelalter. Die Rolle des Königs wird in der Regel überschätzt. Die beiden Kontrahenten Ludwig und Friedrich wichen jahrelang einer Klärung der Frage aus: Wer war nun König?[12] Diese Klärung war tatsächlich nur

---

7 Zu einem Überblick über die Geschichte der Kaiser vgl. Schneidmüller 2007.

8 Vgl. dazu etwa Kaufhold 2008, 43–57.

9 Vgl. zur Doppelwahl von 1314 Anmerkung 6.

10 Vgl. Fritz 1972; vgl. zur Goldenen Bulle etwa die Beiträge in: Hohensee/Lawo/Londner/Rader 2009.

11 Zu dieser Situation: Schimmelpfennig 2009, 237–239; zu Papst Johannes XXII. vgl. zuletzt: die Beiträge in Schmidt/Rohde 2014.

12 Vgl. dazu auch Kaufhold 2008, 235–242.

militärisch möglich, eine andere akzeptierte Instanz gab es nicht. Aber die Kontrahenten umkreisten einander an verschiedenen Standorten im Süden Deutschlands und es dauerte bis 1322, dass es zu einer Entscheidungsschlacht kam. Und hier, in Mühldorf am Inn, zeigte Ludwig der Bayer sein Talent zu schnellem, entschlossenem Handeln, wenn sich ein Vorteil bot.[13] Ein Zauderer war er nicht. Bei Mühldorf sollten die Truppen der Habsburger sich vereinigen, um Ludwig zu schlagen. Das war der Plan. Friedrich von Habsburg und sein Bruder Leopold, der ein begabter Krieger war, zogen getrennt dorthin. Und Ludwig erkannte die Chance, Friedrichs Truppen zu schlagen, bevor sie sich mit den Kriegern Leopolds verbanden. Er zögerte nicht. Die Schlacht bei Mühldorf war ein harter, blutiger Kampf. Aber es gab einen klaren Sieger. Ludwig behauptete das Feld und Friedrich geriet in seine Gefangenschaft. Von nun an trat Ludwig auch nach außen als römischer König auf. Obwohl die Verhandlungen mit den Habsburger sich noch drei Jahre hinzogen. Tatsächlich brachten sie ein seltsames Ergebnis, eine Art Doppelkönigtum.[14] Es blieb ein theoretischer Entwurf, den wir hier nicht weiter verfolgen müssen, weil Friedrich von Habsburg nach der Niederlage keine königliche Statur mehr gewann und 1330 starb. Er starb wie drei seiner Brüder in den Jahren nach diesem dritten Griff der Habsburger nach der deutschen Krone. Vier von fünf Habsburger Brüdern, fast eine Generation von Herzögen und möglichen Königen, und zwar die, von denen man Großes erwartet hatte, starben in diesen Jahren. Wenn man die spätere Geschichte des Hauses Habsburg mit seiner europäischen Geltung vor Augen hat, dann sieht man, dass solche Geschichten bisweilen an dünnen Fäden hingen.[15]

Ab 1322 trat Ludwig als römischer König über die Grenzen Deutschlands hinaus auf. Das bedeutete vor allem, wie es ja auch sein Titel als römischer König nahelegte, dass er seine Blicke auf Italien richtete. Und hier kreuzten sich seine Ambitionen mit denen von Papst Johannes XXII., der seit August 1316 auf dem Stuhl Petri saß. Als alter Mann von inzwischen 74 Jahren war er wohl als Kompromiss- und Übergangskandidat gewählt worden. Aber kaum eine Benennung würde ihn schlechter charakterisieren. Mit wahrem Eifer warf er sich auf verschiedene offene Fragen seiner Zeit und hatte sich alsbald mit italienischen Städten, den Franziskanern, den Verehrern der Heiligen, dem schottischen König, und eben auch dem römischen König in Auseinandersetzungen begeben, die kaum einen Kompromiss zuließen.[16] Wir können die subtilen Vernetzungen dieser Probleme hier nicht be-

13 Zur Schlacht bei Mühldorf vgl. Mathias von Neuenburg, Chronica, Kap. 49, 118–124.
14 Vgl. Menzel 2012, 159–170.
15 Vgl. Sauter 2003, 272–272, dazu ebd., 119–220.
16 Vgl. dazu die Beiträge in Schmidt/Rohde 2014, zur päpstlichen Konfliktstrategie in der Amtszeit von Johannes XXII. besonders den Beitrag von Kaufhold 2014.

handeln und müssen uns auf eine Skizze des Kernkonflikts, den Ludwig bestreiten musste, konzentrieren.

Johannes XXII. weigerte sich, einen der beiden Gewählten in Deutschland als König anzuerkennen, bevor er selbst die Gewählten geprüft habe und ihrer Wahl zustimme. Schließlich müsse er den Gewählten zum Kaiser krönen. Johannes XXII. berief sich dabei auf die Tradition, die er allerdings noch einmal schärfer zuspitzte, als dies bereits Innozenz III. getan hatte. Der Papst bestand darauf, ein Recht auf die Approbation des römischen Königs zu haben. Vor dieser päpstlichen Anerkennung dürfe der Gewählte sein Amt als König (die *administratio regni*) nicht ausüben.[17] Das traf in der historischen Situation, in der der Papst diesen Anspruch formulierte, in allererster Linie Ludwig. Der müsse seinen Titel niederlegen und um die päpstliche Approbation ersuchen. Dafür setzte der Papst ihm eine Frist. Andernfalls würde er ihn exkommunizieren und seine Länder mit dem Interdikt belegen. Diese Zuspitzung erfolgte zwischen Herbst 1323 und Frühjahr 1324. Ludwig der Bayer entsprach der Bitte nicht. Und im Frühjahr 1324 traten die päpstlichen Sanktionen in Kraft. Sie schlossen den gewählten Ludwig aus der Kirche aus und belegten alle Territorien und Städte des Reiches, die ihn als König anerkannten, mit dem Interdikt. Das bedeutete, mit einem weitreichenden Verbot von Gottesdiensten und Sakramentenspendung. Es gab Ausnahmen, aber für die meisten Geistlichen und Gläubigen war die Lage sehr unübersichtlich. Das Verbot gottesdienstlicher Handlungen herrschte vor. Es blieb in vielen Teilen Deutschlands über 24 Jahre bestehen und sorgte für viel Unruhe.[18]

Aus diesem Ausblick lässt sich ersehen, dass Ludwig nicht einlenkte. Er widerstand drei Päpsten, wenn auch nicht ins Angesicht, denn zu einem Zusammentreffen kam es nie. Aber Johannes XXII. hatte eine höchst sensible Frage aufgeworfen und mit einer scharfen geistlichen Sanktion verbunden. Wer wählte den römischen König? Dies war die Frage der Fragen in der deutschen Politik seit dem späten zwölften Jahrhundert. Die Wahl war im späten Mittelalter in Deutschland wichtiger als die Krönung. Sie war das zentrale Ritual der Reichspolitik, weil hier die Fürsten ihre Rolle spielen konnten. Das bedeutet nicht, dass sie es immer mit großem Einsatz oder mit hohem Verantwortungsbewusstsein taten. Aber, wenn ihre Rolle in Frage gestellt wurde, dann wurden sie aufgeschreckt. Der päpstliche Anspruch auf die Approbation der deutschen Königswahl traf daher Ludwig und er traf auch die

---

17 MGH Const. 5, Nr. 788–790, 612–615 (Berichte von der päpstlichen Kurie); ebd., Nr. 792, 616–619 (erster „Prozeß“ des Papstes gegen Ludwig den Bayern vom 8. Oktober 1323). Vgl. zu den Ereignissen: Kaufhold 1994, 55–75.

18 Vgl. zu den Auswirkungen dieses Konflikts Kaufhold 1994, und für eine Zusammenfassung: Kaufhold 2021.

Fürsten, deren Wahl überprüft werden sollte. Politisch war das nicht klug. Und es war auch der Grund für das Scheitern dieses päpstlichen Vorstoßes im Jahr 1338.[19]

Denn in diesem Jahr scheiterten die Friedensverhandlungen zwischen Ludwig und der Kurie endgültig, und es gelang Ludwig, das Momentum der Empörung für eine Beendigung des Interdikts zu nutzen. Die meisten deutschen Städte, auch die, die die Weigerung des Klerus, zu singen, wie man sagte, geduldet hatten, zwangen ihre Geistlichen zu der Entscheidung, die Gottesdienste wieder aufzunehmen oder die Stadt zu verlassen. Und die deutschen Fürsten legten von Ludwig unabhängig, im sogenannten Weistum von Rhense fest, wie der römische König künftig gewählt werde sollte: Von sieben Wahlfürsten mit einfacher Mehrheit, ohne Beteiligung des Papstes. Dies war die Blaupause für die spätere Goldene Bulle.[20] Vier Jahre zuvor war der inzwischen sehr alte Papst Johannes XXII. gestorben. Sein Nachfolger erwies sich nicht als flexibler, und der theoretische Streit ging weiter.[21]

Das Jahr 1338 bezeichnete den Höhepunkt in Ludwigs Herrschaft. Hier zeigte sich auch eine gewisse europäische Stellung. Ludwig hatte sich 1329 in Rom zum Kaiser krönen lassen. Es war eine ungewöhnliche Kaiserkrönung. Der Papst war nicht dabei, er ließ sich auch nicht vertreten.[22] Das war in dem andauernden Streit nicht denkbar. Ludwig wurde zunächst von exkommunizierten italienischen Bischöfen geweiht und von Vertretern der Stadt Rom in sein Amt eingesetzt. Das Ganze fand statt am richtigen Ort, im Petersdom. Einige Monate später ließ Ludwig die Kaiserkrönung noch einmal durchführen, oder die durchgeführte bekräftigen, das ist nicht ganz klar.[23] Er hatte in der Zwischenzeit einen eigenen Papst ernannt. Dieser Nikolaus V. konnte sich nicht lange halten, aber er konnte immerhin Ludwig noch einmal zum Kaiser weihen und krönen.[24] Diese etwas umstrittene Krönung fand eine unterschiedliche Aufnahme, aber viele Anhänger Ludwigs und auch der englische König, dem dies nützlich war, akzeptierten sie.[25] Die Zeit arbeitete eher für sie.

---

19 Vgl. zum Scheitern des päpstlichen Anspruchs Menzel 2012, 179–183; Kaufhold 1994, 210–247; Thomas 1993, 307–324.

20 Das Weistum von Rhense 1338: Zeumer 1913, Nr. 141c; vgl. zu dieser Entwicklung Kaufhold 2008, 205–210.

21 Vgl. zu einem konzentrierten und einordnenden Überblick: Miethke 2002.

22 Zur Kaiserkrönung Ludwigs des Bayern vgl. zuletzt: Godthardt 2009; Schwarz 2014.

23 Vgl. zur Kaiserkrönung Ludwigs: MGH Const. 6.1, Nr. 382–385, 285–287; Nr. 422–423, 325–326; zur Absetzung von Papst Johannes XXII.: Nr. 436–438, 344–362.

24 Vgl. den sehr kurzen Bericht in der Chronik des Giovanni Villani, der über die erste Krönung ausführlicher berichtet hatte: Croniche X, Kap. LXXV, 324.

25 Vgl. knapp Kaufhold 1994, 108–109.

Im Jahr 1338 hielt Ludwig in Koblenz einen großen Hoftag ab. Viele Fürsten waren anwesend und der englische König war ein besonderer Gast. Er suchte und schloss ein Bündnis mit Ludwig in Hinblick auf den aufziehenden Krieg gegen den französischen König um den Thron Frankreichs.[26] Es sollte ein mehr als hundert Jahre dauernder Krieg werden, und der deutsche Herrscher und römische Kaiser spielte darin keine weitere Rolle.[27] Ludwig wechselte 1341 die Seiten, ohne je aktiv zu werden. Aber das war 1338 noch nicht abzusehen. 1338 hatte Ludwig die päpstlichen Ansprüche abgewiesen, er konnte sich als Kaiser inszenieren und der englische König erwies ihm seinen Respekt. Es waren gute Jahre für Ludwig. Und auch die Familie war breit aufgestellt. Ludwig selbst war nie im Norden Deutschlands gewesen, und er kam auch nie dorthin. Er schaffte es, die beiden bayerischen Teilherzogtümer, Niederbayern und Oberbayern, das seine eigentliche Herrschaft war, in seiner Zeit zusammen zu regieren, auch wenn er dabei eine Witwe aus der Familie der Luxemburger an die Seite drängte. Bei seiner Hausmachtpolitik kannte Ludwig keine Freunde.[28] Er hatte schon zu Beginn seiner eigentlichen Königsherrschaft Chancen genutzt, die sich ihm im Norden boten. Er heiratete eine Tochter des Grafen von Hennegau-Holland, einer Region, die im späten Mittelalter wiederholt eine Rolle in der deutschen Königspolitik gespielt hatte, und er hatte seinen Sohn Ludwig mit der Markgrafschaft Brandenburg belehnt, wodurch die Familie eine Kurstimme erhielt. Er hatte Töchter in den Norden verheiratet, aber ein größer angelegter Entwurf für eine Neuaufstellung der Reichspolitik, den das neue Handbuch der deutschen Geschichte hier erkennen möchte, ist nicht zwingend. Dafür fehlte Ludwigs Politik die strategische Dimension. Denn er stellte all dies Erreichte in Frage, als sich ihm 1341 die Gelegenheit bot, die Grafschaft Tirol an sein Haus zu ziehen. Die Erbin und Gräfin von Tirol war mit einem Luxemburger verheiratet. Sie waren sich schon als Kinder zugeteilt worden. Tirol war wegen der Alpenpässe eine interessante Herrschaft. Als die Kinder älter wurden, wurden aus ihnen keine zufriedenen Eheleute, und im November 1341 setzte Margarethe ihren Ehemann vor die Tür. Das heißt, sie öffnete ihm die Tür zum Schloss Tirol nicht mehr, als er nachhause kam. Sie hatte genug von ihm. Sie erklärte, die Ehe sei in den 10 Jahren ihrer Heirat nicht vollzogen worden.[29] Die Grafschaft Tirol war noch

26 Vgl. zu dem Hoftag in Koblenz zuletzt: Weinfurter 2012; Menzel 2012, 183–185.

27 Für einen knappen Überblick: Curry 2003; Ehlers 2012.

28 Für eine Übersicht über Ludwigs Hausmachtpolitik vgl. Thomas 1993, 328–337; Menzel 2012, 185–191.

29 Vgl. die Zitate bei Kaufhold, Gladius Spiritualis, 267 mit Anm. 28; besonders Heinrich Taube von Selbach, Chronik, S. 52: *unde ipsa accusat eum, quod sit frigidus et inpotens ad carnalem copulam, et asserit se virginem, licet cohabitaverit ei per decem annos vel circa*; vgl. zur Maultaschaffäre: Miethke 2004.

ohne Erben. Hier sah Ludwig eine Chance für seinen Sohn Ludwig in Brandenburg. Der Brandenburger war seit kurzem Witwer, und der kaiserliche Vater drängte den Sohn nun zu einer Ehe, deren Spannweite von den Alpen bis zur Ostsee reichte. Kraft kaiserlicher Vollmacht hob Ludwig der Bayer die Eheverbindung in Tirol auf und verheiratete seinen Sohn mit der Gräfin. Der ganze Umschwung in Tirol, der die mächtigste Konkurrenz der Wittelsbacher, die Luxemburger, aus dem Land drängte, hatte sich zwischen dem November 1341 und dem Februar 1342 vollzogen. Man darf davon ausgehen, dass es Vorgespräche gegeben hatte. Aber der Vorgang warf kein gutes Licht auf Ludwig. Man spürte die Absicht und man war verstimmt. „Von da an hatte der Name des Kaisers in den Nasen der Fürsten einen schlechten Geruch", notierte der zeitgenössische Chronist Johann von Viktring.[30]

Ludwig hatte das Spiel überreizt. Ein neuer Papst und ein neuer Herr im Hause Luxemburg sorgten vier Jahre später dafür, dass der Unmut gegen den Wittelsbacher in die Wahl Karls IV. kanalisiert wurde. Karl IV. seinerseits hatte keinen guten Start und profitierte schließlich davon, dass Ludwig im Oktober 1347 auf der Bärenjagd bei Fürstenfeldbruck von einem tödlichen Schlagfall ereilt wurde.[31]

Dies war die Übersicht über die großen Konflikte, die Ludwig der Bayer durchzustehen hatte und heraufbeschwor.

In Stichworten wären das:

- Das Doppelkönigtum in Deutschland
- Der Streit mit dem Papst über den Approbationsanspruch bei der deutschen Königswahl
- Das Interdikt
- Die italienische Politik und das eigenwillige Kaisertum
- Die Vorboten des Hundertjährigen Krieges
- Hausmachtpolitik und -streitigkeiten mit Luxemburg und Habsburg

Bis auf die Frage, wer König in Deutschland war, wurde keiner dieser Kämpfe militärisch entschieden. Es waren vielmehr Kämpfe mit Worten. Es war nicht Ludwig selbst, der diese Worte fand, das hat ihn in den Augen der Geschichtsschreibung gegenüber seinem Nachfolger Karl IV. weniger brillant erscheinen lassen. Ludwig wirkt im Rückblick traditioneller. Aber das ist auch nur das halbe Bild. Die Charakterisierung durch Mathias von Neuenburg zum Auftakt hebt die Widersprüchlichkeit Ludwigs hervor, der, was man nicht übersehen darf, ja der erste Wittelsbacher auf dem deutschen Thron war. Dazu war er nicht erzogen

30 von Viktring 1910, 228.

31 Vgl. dazu knapp: Menzel 2012, 189–191; Kaufhold 1994, 270–287; Thomas 1993, 341–383.

worden. Und weil er über eine wittelsbachische Rauflust und die Fähigkeit dazu verfügte, aber eben auch eine feste Idee von der „Ehre des Reiches“ hatte, wie die Zeitgenossen das nannten, wurde er im Streit mit Johannes XXII. zu einem Pol, der die anderen Gegner des Papstes anzog.[32] Da gab es außerhalb Deutschlands noch Marsilius von Padua, dessen *Defensor Pacis* zu den großen Texten einer säkularen Vorstellung von der Verfassung politischer Ordnungen gehört.[33] Und da gab es die Franziskaner, unter ihnen gebildete Universitätsgelehrte und versierte Kirchenjuristen, die Johannes XXII. mit seinem prononcierten Armutsverständnis in eine schwere Krise gezwungen hatte. William von Ockham, Bonagratia von Bergamo und andere unternahmen große Anstrengungen, dem Papst ein falsches Denken nachzuweisen, ihn gar als Häretiker zu enttarnen, der gar kein Papst mehr sei. Dieser Streit, der als theoretischer Armutsstreit in die Geschichte eingegangen ist, bildet den Hintergrund zum „Namen der Rose“ (Umberto Eco) und ist in der Tat eine hochkomplexe Auseinandersetzung um die juristische Interpretation eines Lebens in apostolischer Armut.[34] Die Franziskaner, wie Marsilius von Padua, als Exulanten am Hof Ludwigs des Bayern in München gestrandet, kämpften einen eigenen Kampf,[35] der aber über lange Strecken die gleiche Stoßrichtung wie der Kampf Ludwigs gegen den Papst in Avignon hatte, der ihm die Rechtmäßigkeit seiner Herrschaft bestritt.

Der Streit um den päpstlichen Approbationsanspruch und seine Folgen, der Streit um das päpstliche Interdikt, der Streit um die Rechtmäßigkeit von Johannes’ XXII. Papsttum – der übrigens zum ersten Mal die Idee der Unfehlbarkeit des Papstes aufbrachte, und zwar nicht auf der Seite des alten Papsts, sondern auf der Seite der rebellischen Franziskaner, die damit die Beschlüsse eines Vorgängers gegen Johannes in Stellung bringen wollten,[36] der Streit um die Rechte des römischen Königs in Italien, der Streit um das Kaisertum, das Ringen um die Form der deutschen Königswahl – all diese Streitfragen wurden intensiv in kontroversen Texten erörtert und diskutiert. Die Handschriften zeigen, wie unmittelbar man mitunter auf die Vorstöße der Gegenseite reagierte. Die meisten dieser Texte argumentieren juristisch, in der Regel kirchenjuristisch. Dann sind sie in der Regel Latein. Aber, wenn königliche Verlautbarungen die Rechtspositionen Ludwigs gegenüber dem Papst in den Städten vertraten, wenn es darum ging, die

32 Vgl. dazu etwa Miethke 2002.

33 Marsilius von Padua, *Defensor Pacis*, 1933; vgl. dazu zuletzt die Beiträge in Briguglia 2013; Moreno-Riaño 2006.

34 Vgl. zum Armutsstreit zuletzt: Leppin 2020; Brunner 2015, Conrad 2004; Wittneben 2003.

35 Vgl. auch: Bosl 1960.

36 Vgl. dazu Tierney 1972, 171–186.

Räte und Bürger in den Städten gegen die Priester zu mobilisieren, die das Interdikt befolgten, dann benutzte Ludwigs Kanzlei auch die Volkssprache.

Ludwig der Bayer war kein gebildeter Mann. Er war ein König mit einem traditionellen Verständnis des Königtums, aber er war auch ein König in einer Umbruchzeit. Einer Zeit, die von wiederholten Krisen beunruhigt wurde. Als Ludwigs Herrschaft begann, erlebte der Norden Europas – also Europa nördlich der Alpen eine lange und schwere Hungersnot.[37] Der Hundertjährige Krieg warf seine Schatten voraus, und als Ludwig starb, erreichte die Pest Italien.[38] Die Unruhe der Zeit spiegelt sich etwa in der Fülle der Literatur zur richtigen Weltordnung.[39] Ludwigs Widersprüche sind auch Ausdruck dieser widersprüchlichen Zeit.

Die historische Forschung hat sich bis in die jüngere Zeit wiederholt mit Ludwig dem Bayern befasst. Zuletzt stärker im Umfeld der bayerischen Landesausstellung im Jahr 2014. Aber mir erscheint das eigentlich lohnende Feld jenseits des Königs zu liegen, in den Personen, die ihn umgaben, die er für seine Politik brauchte und die von seiner Politik profitierten. Aber das ist ein anderes Projekt. Ludwig hat die Texte, die in seiner Zeit in seinem Umfeld entstanden, und die die Positionen seines Hofes und seiner Herrschaft mit Nachdruck vertraten, wahrscheinlich nur dann im Wortlaut gekannt, wenn sie in seiner Gegenwart öffentlich vorgetragen wurden, wie etwa die Appellationsschriften gegen die sogenannten päpstlichen Prozesse, in denen Johannes XXII. die Niederlegung von Ludwigs Herrschaft forderte. Diese Texte wurden im Umfeld seines Hofes entworfen und wenn sie sein Siegel trugen, in seiner Kanzlei ausgestellt.[40] Dabei war klar, dass die Texte Mittel in einem Konflikt um die Ordnung des Reiches, mitunter sogar der Welt, war, wenn man sah, wer alles involviert sein konnte.

Diese Tagung zielt auf andere Fragen. Wir sollten uns bei der Untersuchung der Sprachen, über die auf dieser Tagung gesprochen wird, bewusst sein, dass sie Worte von erheblichem Gewicht und erheblicher Wirkung verwendeten.

---

37 Vgl. Jordan 1998.

38 Für einen Überblick: Bergdolt 2017. 39–64.

39 Vgl. für einen Überblick: Janota 2008.

40 Becker 1988; 83–99; zu weiterer Literatur zu Ludwigs Appellationen siehe Kaufhold 1994, 60. Anm. 237.

Quellen und Literatur

Quellen

Croniche di Giovanni, Matteo e Filippo Villani (Biblioteca Classica Italiana Secolo XIV 21), Bd. 1–2, Triest. 1857–1858.

Heinrich Taube von Selbach: *Chronik* (Monumenta Germaniae Historica Scriptores Rerum Germanicarum, Neue Folge 1), hrsg. von Harry Bresslau. Hannover 1922.

Die Chronik des Mathias von Neuenburg (Chronica Mathiae de Nuwenburg) (Monumenta Germaniae Historica Scriptores Rerum Germanicarum N. S., 4), hrsg. von Anton Hofmeister. Berlin 1940. 1–501.

Johann von Viktring: *Liber certarum historiarum* (Monumenta Germaniae Historica Scriptores Rerum Germanicarum Scriptores 36), hrsg. von Feodor Schneider. Bd. 1–2, Hannover/Leipzig 1910, Bd. 2.

Monumenta Germaniae Historica, Constitutiones et Acta Publica Imperatorum et Regum, Bd. 5, hrsg. von Jakob Schwalm. Hannover/Leipzig 1909–1913.

Monumenta Germaniae Historica, Constitutiones et Acta Publica Imperatorum et Regum, Bd. 6.1, hrsg. von Jakob Schwalm. Hannover/Leipzig 1914–1927.

Zeumer, Karl: *Quellensammlung zur Geschichte der deutschen Reichsverfassung in Mittelalter und Neuzei*t. Bd. 1, 2. Aufl. Tübingen 1913.

Literatur

Becker, Hans-Jürgen: *Appellation vom Papst an ein allgemeines Konzil. Historische Entwicklung und kanonistische Diskussion im späten Mittelalter und in der Frühen Neuzeit* (Forschungen zur Kirchlichen Rechtsgeschichte und zum Kirchenrecht, Bd. 17). Köln 1988.

Bergdolt, Klaus: *Der schwarze Tod in Europa: die große Pest und das Ende des Mittelalters*. 4. Aufl. München 2017.

Bosl, Karl: „Die ‚Geistliche Hofakademie' Kaiser Ludwigs des Bayern im alten Franziskanerkloster zu München", in: *Der Mönch im Wappen. Aus Geschichte und Gegenwart des katholischen München*. München 1960. 97–129.

Briguglia, Gianluca: *Marsilio da Padova*. Rom 2013.

Brunner, Melanie: „Nach dem Konzil von Vienne. Konfliktlösungen und Entscheidungsfindung in der Spiritualenkrise und im Armutsstreit", in: *Eccelsia disputans: die Konfliktpraxis vormoderner Synoden zwischen Religion und Politik*, hrsg. von Christoph Dartmann, Andreas Pietsch und Sita Steckel. Berlin 2015. 203–230.

Büttner, Andreas: *Der Weg zur Krone: Rituale der Herrschererhebung im römisch-deutschen Reich des Spätmittelalters* (Mittelalter-Forschungen 35), Bd. 1–2. Ostfildern 2012.

Conrad, Susanne: „Der ‚theoretische Armutsstreit' als Medienereignis: Neue Beobachtungen in kommunikationstheoretischer Absicht", in: *Studia Monastica. Beiträge zum klösterlichen Leben im Mittelalter*, hrsg. von Reinhardt Butz und Jörg Oberste. Gerd Melville zum 60. Geburtstag. Münster 2004. 171–190

Curry, Anne Elizabeth: *The Hundred Years War*, 2. Aufl. Basingstoke 2003.

Ehlers, Joachim: *Der Hundertjährige Krieg*, 2. Aufl. München 2012.

Fritz, Wolfgang Dietrich (Ed.): *Die Goldene Bulle Kaiser Karls IV. vom Jahre 1356* (Monumenta Germaniae Historica, Fontes Iuris in Usum Scholarum 11). Weimar 1972.

Godthardt, Frank: *Marsilius von Padua und der Romzug Ludwigs des Bayern: politische Theorie und politisches Handeln*. Göttingen 2009.

Hohensee, Ulrike/Lawo, Mathias/Lindner, Michael/Rader, Olaf B. (Hrsg.): *Die Goldene Bulle. Politik – Wahrnehmung – Rezeption*, Bd. 1–2. Berlin 2009.

Janota, Johannes: *Geschichte der deutschen Literatur von den Anfängen bis zum Beginn der Neuzeit*, hrsg. von Joachim Heinzle, Bd. III: Vom späten Mittelalter zum Beginn der Neuzeit, T. 1: *Orientierung durch volkssprachige Schriftlichkeit (1280/90–1380/90)*. Frankfurt/M. 2004.

Jordan, William Chester: *The Great Famine: Northern Europe in the early fourteenth century*, 3. Aufl. Princeton, N. J. 1998.

Kaufhold, Martin: *Gladius Spiritualis. Das päpstliche Interdikt über Deutschland in der Regierungszeit Ludwigs des Bayern (1324–1347)*. Heidelberg 1994.

Kaufhold, Martin: *Die Rhythmen politischer Reform im späten Mittelalter. Institutioneller Wandel in Deutschland, England und an der Kurie 1198–1400* (Mittelalter-Forschungen 23). Ostfildern 2008.

Kaufhold, Martin: „Die Kurie und die Herausforderungen der europäischen Politik: Standardverfahren oder abgestimmte Handlungsstrategie?", in: *Papst Johannes XXII. Konzepte und Verfahren seines Pontifikats* (Scrinium Friburgense 32), hrsg. von Hans-Joachim Schmidt und Martin Rohde. Berlin 2014. 263–279.

Kaufhold, Martin: „Der publizistische Kampf um das Interdikt gegen Ludwig den Bayern (1324–1347)", in: *Das Interdikt in der europäischen Vormoderne* (Zeitschrift für Historische Forschung, Beiheft 57), hrsg. von Tobias Daniels, Christian Jaser und Thomas Woelki. Berlin 2021. 413–427.

Krieger, Karl-Friedrich: *Die Habsburger im Mittelalter. Von Rudolf I. bis Friedrich III.*, 2. Aufl. Stuttgart 2004.

Leppin, Volker: „Das urkirchliche Ideal der Franziskaner als Maßstab der Kirche. Wilhelm von Ockham im theoretischen Armutsstreit und als Theoretiker des Imperiums" in: *Die Wirkmacht klösterlichen Lebens. Modelle-Ordnungen-Kompetenzen-Konzepte*, hrsg. von Mirko Breitenstein und Gerd Melville. Regensburg 2020. 53–78.

Menzel, Michael: *Die Zeit der Entwürfe 1273–1347* (Gebhardt Handbuch der deutschen Geschichte 10. Aufl., Bd. 7a). Stuttgart 2012.

Menzel, Michael: „Europas bayerische Jahre. Eine Skizze zum Nordosten und -westen des Reiches", in: *Ludwig der Bayer (1314 – 1347). Reich und Herrschaft im Wandel*, hrsg. von Hubertus Seibert. Regensburg 2014. 237–262.

Miethke, Jürgen: „Wirkungen politischer Theorie auf die Praxis der Politik im Römischen Reich des 14. Jahrhunderts. Gelehrte Politikberatung am Hofe Ludwigs des Bayern", in: *Political Thought and the Realities of Power in the Middle Ages/Politisches Denken und die Wirklichkeit der Macht im Mittelalter* (Veröffentlichungen des Max-Planck-Instituts für Geschichte 147), hrsg. von Joseph Canning und Otto-Gerhard Oexle. Göttingen 1998. 173–210. Jetzt auch in Miethke 2021, 601–637.

Miethke, Jürgen: „Der Kampf Ludwigs des Bayern mit Papst und avignonesischer Kurie in seiner Bedeutung für die deutsche Geschichte", in: *Kaiser Ludwig der Bayer. Konflikte, Weichenstellungen und Wahrnehmungen seiner Herrschaft*, hrsg. von Hermann Nehlsen und Hans-Georg Hermann. Paderborn u. a. 2002. 39–74.

Miethke, Jürgen: „Die Eheaffäre der Margarethe ‚Maultasch', Gräfin von Tirol (1341/42): ein Beispiel hochadliger Familienpolitik im Spätmittelalter", in: *Päpste, Pilger, Pönitentiarie. Festschrift für Ludwig Schmugge zum 65. Geburtstag*, hrsg. von Andreas Meyer. Tübingen 2004. 353–391.

Miethke, Jürgen: *Politische Scholastik – Spätmittelalterliche Theorien der Politik. Probleme, Traditionen, Positionen – Gesammelte Studien* (Spätmittelalter, Humanismus, Reformation Bd. 122). Tübingen 2021.

Moraw, Peter: *Von offener Verfassung zu gestalteter Verdichtung. Das Reich im späten Mittelalter 1250 bis 1490* (Propyläen Geschichte Deutschlands, Bd. 3). Berlin 1986.

Moreno-Riaño, Gerson: *The World of Marsilius of Padua* (Disputatio 5). Turnhout 2006.

Nehlsen, Hermann/Hermann, Hans-Georg (Hrsg.): *Kaiser Ludwig der Bayer. Konflikte, Weichenstellungen und Wahrnehmungen seiner Herrschaft.* Paderborn u. a. 2002.

Rogge, Jörg: *Die deutschen Könige im Mittelalter. Wahl und Krönung.* 2. Aufl. Darmstadt 2010.

Sauter, Alexander: *Fürstliche Herrschaftsrezeption. Die Habsburger im Mittelalter* (Mittelalter-Forschungen 12). Ostfildern 2003.

Schimmelpfennig, Bernhard: *Das Papsttum. Von der Antike bis zur Renaissance*. 6. Aufl. Darmstadt 2009.

Schmidt, Hans-Joachim/Rohde, Martin (Hrsg.): *Papst Johannes XXII. Konzepte und Verfahren seines Pontifikats* (Scrinium Friburgense 32). Berlin/Boston 2014.

Schneidmüller, Bernd: *Die Kaiser des Mittelalters. Von Karl dem Großen bis Maximilian I.* 2. Aufl. München 2007.

Schwarz, Jörg: „Abkehr vom päpstlichen Krönungsanspruch. Die Kaiserkrönung Ludwigs des Bayern und der römische Adel“, in: *Ludwig der Bayer (1314 – 1347). Reich und Herrschaft im Wandel*, hrsg. von Hubertus Seibert. Regensburg 2014. 119–146.

Seibert, Hubertus (Hrsg.): *Ludwig der Bayer (1314 – 1347). Reich und Herrschaft im Wandel.* Regensburg 2014.

Thomas, Heinz: *Deutsche Geschichte des Spätmittelalters*. Stuttgart 1983.

Thomas, Heinz: *Ludwig der Bayer (1282 – 1347). Kaiser und Ketzer*. Regensburg u. a. 1993.

Tierney, Brian: *Origins of Papal Infallibility 1150–1350. A Study on the Concepts of Infallibility, Sovereignty and Tradition in the Middle Ages* (Studies in the History of Christian Thought, Bd. 6). Leiden 1972.

Weinfurter, Stefan: „Ludwig der Bayer und sein Koblenzer Programm von 1338“, in: *Nassauische Annalen* 123 (2012): 55–79.

Wittneben, Eva-Luise: *Bonagratia von Bergamo. Franziskanerjurist und Wortführer seines Ordens im Streit mit Papst Johannes XXII.* (Studies in Medieval and Reformation Thought, Bd. 40). Leiden/Boston 2003.

Wolf, Peter u. a. (Hrsg.): *Ludwig der Bayer. Wir sind Kaiser! Bayerische Landesausstellung 2014.* Augsburg 2014.

Klaus Wolf

Die Bedeutung Ludwigs des Bayern für die deutsche Literatur- und Sprachgeschichte

In älteren Literaturgeschichten mit Teilbänden oder Kapiteln zum deutschen Mittelalter findet man Formulierungen wie „Literatur der Stauferzeit“ oder gar „Staufische Klassik“, wenn von der deutschen Literatur um 1200 die Rede ist.[1] Diese Identifizierung der mittelhochdeutschen Literatur mit der staufischen Dynastie ist zumindest teilweise berechtigt. Immerhin verfasste Kaiser Heinrich VI.[2] selbst Minnelieder, was die Eröffnungsminiatur des Codex Manesse[3] prominent hervorhebt. Auch die über eine Generation währende überaus lange Regierungszeit Ludwigs als König (1314–1347) verdiente nicht zuletzt wegen der nachhaltigen Etablierung neuer literarischer Gattungen, die dann im folgenden Jahrhundert endgültig prägend für den Literaturbetrieb in der Volkssprache wurden, durchaus die Charakterisierung als literarische Epoche innerhalb des vierzehnten Jahrhunderts.[4] Ebenfalls für das vierzehnte Jahrhundert ist Ludwigs Nachfolger als Reichsoberhaupt, Karl IV., immerhin mit der Erwähnung in sprachgeschichtlichen Handbüchern neben Martin Luther zu der Ehre gekommen, eine wichtige Rolle für die Ausbildung der neuhochdeutschen Schriftsprache gespielt zu haben. Die Prager Kanzlei Karls IV. soll nach älteren Darstellungen ein Meilenstein auf dem Weg zu unserer heutigen Schriftsprache gewesen sein. Allerdings hat man mittlerweile erkannt, dass monokausale Erklärungen die Genese unserer heutigen Schriftsprache nicht erklären können. Somit war die rühmende Hervorhebung der Prager Kanzlei eine Sackgasse der Sprachgeschichtsschreibung.[5] Demgegenüber ist aber festzuhalten, dass die Prager Residenz des polyglotten Luxemburger Herrschers unbestritten ein großes kulturelles Zentrum darstellte, an dem Geistesgrößen wie Petrarca Gastrecht genossen. Hinzu kommt noch die zukunftsträchtige Universitätsgründung 1348 durch Karl IV., während die wittelsbachische Universitätsgründung Heidelberg erst 1386, also nach Ludwigs Tod erfolgte.[6]

Auf den ersten Blick kann somit die Regentschaft des Wittelsbachers Ludwig kulturell weder mit seinem Nachfolger Karl in Prag geschweige denn mit der soge-

1 Vgl. zur Problematik Wolf 2021.
2 Vgl. Schweikle 1981.
3 Vgl. *Große Heidelberger Liederhandschrift*.
4 Eine solche findet sich neuerdings in Wolf 2018.
5 König 2007, 93.
6 Vgl. Wolf 2011b.

https://doi.org/10.1515/9783111165226-002

nannten Staufischen Klassik mithalten. Erst beim genaueren Hinsehen zeigt sich, dass während der Regentschaft Ludwigs des Bayern sehr wohl wichtige und neuartige sprach- und literaturgeschichtliche Impulse und Innovationen auszumachen sind. Daneben pflegte man in der Umgebung Ludwigs aber auch weiterhin die traditionelle und etablierte höfische Literatur wie den Minnesang. Dieses Nebeneinander von Tradition und Innovation bei den literarischen Gattungen möchte ich im Folgenden anhand einiger Beispiele demonstrieren.

Ich beginne mit der traditionellen Pflege des Minnesangs im Umfeld Ludwigs des Bayern. Die *Limburger Chronik*[7] berichtet, dass der Ritter Reinhard von Westerburg[8] ein Minnelied, das in der Chronik auch wörtlich zitiert ist, vor Ludwig vortrug. In diesem Lied beschwert sich Reinhard über seine gleichgültige Minnedame, die ihn einfach nicht erhört, und will ihr zudem den Minnedienst aufkündigen. Bei Kaiser Ludwig fand dieses Lied jedoch keinen Beifall: *Da der vurgenant keiser Ludwig daz lit gehorte, darumb so strafte he den herrn von Westerburg unde saide, he wolde ez der frauwen gebeßert haben.* Diese Kritik Ludwigs fruchtete, denn Reinhard von Westerburg sang im Folgenden sein höfisches Loblied als Hohen Sang auf seine Dame, also einen geradezu klassischen Frauenpreis, der in der Chronik anzitiert ist und so auch in den längst vergangenen Tagen der Staufer hätte gesungen werden können. Das Lob Ludwigs auf die neue Darbietung des Reinhard von Westerburg folgte auf dem Fuße: *Da sprach keiser Ludwig: „Westerburg, du hast uns nu wol gebeßert."*

Vordergründig erweckt Ludwig der Bayer hier den Eindruck eines konservativen, ja rückwärtsgewandten, Literaturgeschmacks. Aber das Gegenteil ist richtig. Denn mit dem Bewusstsein um die Austauschbarkeit von Maria und *frouwe* in mittelalterlicher Lyrik, weil eben im Hohen Sang nicht nur bei Heinrich von Morungen die Minnedame mit den Attributen der Gottesmutter besungen und umgekehrt in der Marienlyrik die Wortwahl des Minnesangs Einzug hielt,[9] wird jedoch die geistliche Tiefendimension von Ludwigs Minneverständnis deutlich. Ludwigs Eintreten für den Hohen Sang ist trotz der Beliebtheit Neidharts am Landshuter Hof im dreizehnten Jahrhundert[10] als religiös unterfütterte Bevorzugung der Hohen Minne erklärbar. (Ludwigs politisches Agieren gegen die Landshuter Linie der Wittelsbacher war überdies notorisch.) Und Ludwigs Faible für die kompromisslose Verehrung der *frouwe* hat neben einem marianischen Konnotat im vierzehnten Jahrhundert etwas Innovatives. Denn eben diese Minnehaltung bricht sich auch in der im höfischen Umkreis Ludwigs des Bayern entstandenen und musikalisch aufgeführten Minneallegorie *Die*

---

7 Vgl. Johanek 1980.
8 Vgl. Wachinger 1989.
9 Vgl. Kesting 1965.
10 Vgl. Wolf 2020.

Jagd des Hadamar von Laber die Bahn.[11] Somit sind Ludwigs damals durchaus moderne und in seiner Gründung Ettal manifest werdende manische Marienfrömmigkeit wie die kompromisslose Verehrung der Dame in Minnesang und spätmittelalterlich-moderner Minneallegorie nur zwei Seiten einer Medaille. Und mag man in Hadamars besessener, letztlich faktisch erfolgloser, aber zu immer neuer Inbrunst anstachelnden Jagd durchaus eine Metapher auf die Gottsuche im Sinne einer *unio* sehen, so ist man nicht mehr weit entfernt von der Gottsuche der zeitgenössischen Mystik, wobei der im Jahr von Ludwigs Kaiserkrönung verstorbene Meister Eckhart sicher genauso wenig ein Freund der Kurie in Avignon war wie der wittelsbachische Kaiser.[12] Dieser für beide feindlichen avignonensischen Kurie wird mit ihrer letztlich franzosenfreundlichen Politik (und Ludwig war am Beginn des Hundertjährigen Kriegs ja mit den Engländern als Feinden der französischen Könige alliiert) immerhin von einer Mystikerin in Schwaben die Stirn geboten. Denn die Visionen und Auditionen der in lebhaftem Austausch mit Heinrich von Nördlingen stehenden Margarethe Ebner[13] weisen einen politischen Bezug zu Ludwig dem Bayern tatsächlich auf, wobei der Wittelsbacher zum Jahr 1347 gar Gegenstand einer göttlichen Offenbarung wird, niedergeschrieben in frühneuhochdeutscher Prosa:

> *Item mir wart mit grozzer begirde geben aines tagez, daz ich Ihesum min kint frageti von kaiser Ludwige von Baiern umb die arbait, diu im uf fiel von dem künige. Do wart mir geantwurt: „ich wil in nimer verlazzen weder hie noch dort, wan er hat die minne zuo mir, die nieman waiz denne ich und er, und daz enbuit ime von mir“.*[14]

Die Mystikerin Margarethe Ebner ist hier besorgt wegen der Mühen, die Kaiser Ludwig durch den böhmischen (Gegen-)König Karl IV. erdulden muss und erhält vom göttlichen Kind die Antwort, dass Ludwig von wahrer Gottesminne erfüllt sei.

Aber genau diese hier deutlich werdende wechselseitige Durchdringung von Religion, Politik und volkssprachiger Literatur scheint mir charakteristisch für die ganze Epoche Ludwigs des Bayern. Dies beginnt schon bei der Königswahl 1314. Zwei Parteien mit je eigenem Kandidaten reklamierten bekanntlich den Sieg für sich: Auf der einen Seite der Habsburger Friedrich, auf der anderen Seite der Wittelsbacher Ludwig. Der dynastische Konflikt wird schließlich auf dem Schlachtfeld ausgetragen. Diese jahrelangen bürgerkriegsähnlichen Zustände im Reich lassen die Berufsliteraten zur Feder greifen. Denn schon die zeitgenössischen Sangspruchdichter thematisieren diesen dynastischen Konflikt im Reich. Die Parteinahme hing nach dem Motto „Wes Brot ich ess, des Lied ich sing“ vom jeweiligen Publikum ab. Als

---

11 Vgl. Glier 1981.
12 Vgl. Wolf 2019.
13 Vgl. Weitlauff 1980.
14 Vgl. Wolf 2014.

prowittelsbachisches Beispiel sei Heinrich von Meißen, genannt Frauenlob, zitiert, der den Wittelsbacher als *du stolzer Ludewig* apostrophiert und seine Wahl unterstützt.[15] Wäre es bei solchen, als politische Gattung seit Walther von der Vogelweide etablierten Sangsprüchen im Stile Frauenlobs geblieben, so wäre die Literatur unter Ludwig dem Bayern nur traditionell, um nicht zu sagen epigonal zu nennen.

Doch die politischen Kämpfe, nicht zuletzt mit dem Papsttum, evozierten das Aufblühen einer damals modernen literarischen Gattung. Die bedrückenden Verhältnisse unter dem päpstlichen Interdikt lösten nämlich nicht zuletzt auch eine literarische Innovation aus. Während einerseits die Kurie in Avignon das Feiern der Eucharistie verbot, feierte man andererseits auf der Theaterbühne die Einsetzung der Eucharistie durch Jesus Christus selbst. Konkret geht es hier um öffentliche Passionsspielaufführungen, wie wir sie heute etwa aus Oberammergau kennen. Freilich erfolgten unter Ludwig dem Bayern diese Passionsspielaufführungen nicht in kleinen Märkten, sondern beispielsweise in einer seiner Lieblingsresidenzen: in Frankfurt am Main. Das Itinerar Ludwigs zeigt, dass er sich außerhalb der Grenzen des heutigen Bayerns in keiner Stadt häufiger (und man darf sagen auch lieber) aufgehalten hat als in Frankfurt am Main. Die Mainmetropole war nicht nur Wahlort der deutschen Könige, sondern auch schon im Mittelalter ein Messestandort von europäischem Rang. Ludwig der Bayer hat zum einen die Messeprivilegien für Frankfurt erheblich vermehrt, zum anderen eine gewaltige Erweiterung samt Ummauerung der Stadt privilegiert, die sich bis zum Beginn des neunzehnten Jahrhunderts als vollkommen ausreichend erweisen sollte. Daher ist es nicht verwunderlich, dass sich das in der Gunst Ludwigs sonnende Frankfurt in politischen Krisenzeiten als absolut zuverlässig herausstellte: Auf die Frankfurter Bürgermeister, Schultheißen und Patrizier, die als Stadträte und Kleriker in Form eines prowittelsbachischen Netzwerks in der Mainmetropole amtierten, konnte sich Ludwig auch in Zeiten des Interdikts felsenfest verlassen. Deshalb inszenierten Angehörige des Bartholomäusstifts vor dem Frankfurter Dom, in dem traditionell die Königswahl stattfand, ein großes Passionsspiel, das nicht zuletzt die Einsetzung des Abendmahls durch Jesus Christus in liturgischem Gesang samt deutscher Übersetzung auf die Simultanbühne brachte.[16] Wenn der Sohn Gottes also die Eucharistie einsetzte, wie konnte es da ein Papst in Avignon wagen, die Frankfurter mit dem Interdikt zu belegen? Dass eine derartige politische Lesart eines Passionsspiels nicht von der Hand zu weisen ist, soll ein Zitat aus dem Wormser Passionsspiel[17] untermauern:

---

15 Vgl. Wolf 2017.

16 Vgl. Wolf 2002, 11–68.

17 Zitat und weitere Nachweise in Wolf 2012.

Tunc dicat unus iudeus ad iudeos circumstantes:

Wenent ir, ob dirre si daz kint,
daz do wart geborn blint,
ader ist er einem ander man?
Do zů sprechent vwern wan.

Respondet phariseus Salman:

Ich gehen dir die warheit,
ez ist der selbe, vf minen eyt.

Während in der Bibel, in diesem Fall im neunten Kapitel des Johannesevangeliums, nicht von einem Pharisäer Salman die Rede ist, steht der Name hier im Wormser Passionsspiel für den von Avignon eingesetzten Bischof Salman Cleman. Dieser hatte das Wormser Domkapitel, die Wormser Bürgerschaft und Ludwig den Bayern gegen sich. Als unsympathischer Pharisäer Salman kommt er nun im Wormser Passionsspiel zu mehreren Auftritten. Dort erscheint auf der Bühne auch ein Jude Rufus, hinter dem neben anderen Identifikationsmöglichkeiten der Bischofsverwalter Sigelo Rode zu vermuten ist. Jedenfalls dokumentiert das Wormser Passionsspiel die Auseinandersetzungen der Epoche Ludwigs des Bayern in einer dem König treu ergebenen Stadt.

Passionsspiele in der Stadt – dieses Phänomen beginnt unter Ludwig dem Bayern, und es hat Zukunft. Passions- und Osterspiele stellen nämlich im fünfzehnten Jahrhundert eine Massengattung dar, die in nahezu jeder deutschen Stadt zur Aufführung kam, auch in Regensburg.[18] Dort in Regensburg sind wir aber bei einem wichtigen Schriftsteller der Epoche Ludwigs des Bayern angelangt. Jedenfalls wirkte Konrad von Megenberg[19] während seiner letzten Lebensjahre in Regensburg, zuvor jedoch in Paris und Wien. Konrad verfasste neben seiner berühmten volkssprachigen Naturkunde auch ein Lehrbuch zur Astronomie in frühneuhochdeutscher Sprache. Daraus möchte ich im Folgenden aus dem Prolog zitieren:

Wie gotes sidel sei gestalt:
Wer das wais, den hais ich alt,
Ob er der jar ain kind wär.
Manger höret gern mär
Von türssen und von reken.
Wolt ich mit gensen leken,
Ich wolt auch liegen also vil,

18 Vgl. Neumann 1987.
19 Vgl. zum Folgenden und zum Zitat Wolf 2011a.

Das nieman west der lugen zil.
[...]
Nu waiz der grozz Chünrat nicht,
Was kaiser Ludweig inn sicht;
Als klain waiz auch der Ziplinger
Ettleiche haimleiche mer.
Der kayser lat die läwt klaffen,
Paide layen und pfaffen,
Und wais er doch das sein darinn.
[...]
Johannes von Sacrobusto
Hat geticht das püch also;
In latein es ist gesessen,
So will ich es ze täutsch messen.

Diese Prologverse wären folgendermaßen zu paraphrasieren: Konrad von Megenberg preist denjenigen, der den Wohnsitz Gottes, den gestirnten Himmel, kennt. Weiser ist also derjenige, der in der Astronomie beschlagen ist, als der Hörer von Heldenliedern, der Bewunderer von Recken. Solche Machwerke stammten aus der Feder von dummen Gänsen. Weiter erwähnt Konrad von Megenberg seinen Namensvetter Konrad Groß, einen Nürnberger Finanzier und Vertrauten Ludwigs des Bayern, sowie dessen treuen Parteigänger Heinrich von Ziplingen, der 1346 verstarb, wodurch sich ein *terminus ante quem* für die Verse hier ergibt. Auch Ludwig der Bayer wird als noch lebender und kluger Politiker apostrophiert. Schließlich nennt Konrad den Autor des lateinischen Ausgangstextes: Johannes von Sacrobosco, Verfasser des universitären Standardlehrbuchs zur Astronomie. Dieses Lehrbuch hat Konrad von Megenberg aber nicht einfach nur in deutsche Prosa übersetzt, sondern um Beispiele aus eigener Anschauung ergänzt, die für den deutschen Fernhandelskaufmann oder den ökonomisch erfolgreichen Reichsstädter nützlich sind, etwa für den Nürnberger Finanzmagnaten Konrad Groß. Die im astronomischen Prosatraktat in gut verständlichem Deutsch gemachten Angaben beispielsweise zum Klima der wirtschaftlich prosperierenden und finanzstarken Lombardei, waren für die Ludwig dem Bayern gewogenen Kaufleute und Patrizier ebenso nützlich wie die merkantil verwertbaren Ausführungen zu Pfeffer und Seide im überlieferungsstarken *Naturbuch* des Magisters Konrad von Megenberg. Dessen frühneuhochdeutsche Prosa kommt der Allgemeinverständlichkeit für *illitterati* ebenso entgegen wie die volkssprachigen Urkunden und Gesetzestexte Ludwigs des Bayern. Somit erfuhr eine für breite städtische Kreise gut verständliche frühneuhochdeutsche Prosa in mehreren Gattungen einen merklichen Aufschwung unter Ludwig dem Bayern. Mitunter waren es die selben urban-oberschichtigen Kreise, welche Nutznießer von Urkunden und Privilegien der kaiserlichen Kanzlei wie dankbare Rezipienten der merkantil-gewinnbringenden Ausführungen Konrads von Megenberg waren. Dieser publizierte jedoch nicht nur deutschsprachige Wissensliteratur für Kaufleute. Für gelehrte Kreise sind Konrads lateinische Trakate gedacht, so etwa der *Planctus Ecclesiae in Germaniam*. Dort nimmt er zur Staats- und Kirchenkrise unter Ludwig dem Bayern Stellung. Freilich dürfte sein Wirken in diesem Bereich weit weniger einflussreich gewesen sein als die Traktate und kirchenpolitischen Bestrebungen eines Michael von Cesena oder gar eines Marsilius von Padua. Diese Italiener partizipierten als Parteigänger Kaiser Ludwigs auch an der kontroverstheologischen Frage der spätmittelalterlichen Armutsbewegungen, welche seitens der Kurie unter Häresieverdacht standen. Ein solcher Verdacht betraf grundsätzlich auch die im vierzehnten Jahrhundert bedeutsam werdende Mystik, wie der Ketzerprozess gegen Meister Eckhart zeigt. Dass die damals moderne Mystik durchaus nicht weltfremd war, zeigt, wie oben ausgeführt wurde, die Mystikerin Margarethe Ebner, welche lebhaft zugunsten Ludwigs und zu Lasten des neuen Gegenkönigs Karl IV. Stellung nahm.

Während es also Anhänger Ludwigs gab, die ihn in solchen volkssprachigen Texten verteidigen, gilt es direkt zu fragen, was Ludwig selbst literarisch beigetragen hat: Dieser Beitrag ist nicht klein, freilich ist Ludwig hier eher als Initiator zu sehen. Unter Ludwig dem Bayern beginnt nämlich die königliche Kanzlei in die Tausende gehende Urkunden in frühneuhochdeutscher Sprache (statt wie zuvor vor allem in Latein) auszufertigen, wie allein schon die seitens der Regesta Imperii unter der Verantwortung von Michael Menzel laufend regestierten Urkunden quer durch den deutschen Sprachraum zeigen.[20] Die Prager Kanzlei Karls IV. hat damit also sicher kein Monopol für die Volkssprache. Nicht weniger bedeutend ist Ludwig als Anreger von frühneuhochdeutschen Gesetzestexten, wofür ein kurzes Zitat seines Rechtsbuchs von 1346 stehen soll: *Daz ist daz recht pǔch also gantz: alt, gepezzert vnd auch new artickel gesämment auz allen gerichten, steten vnd mägten nach dez keysers geheizzen.*[21]

Dieses Zitat aus dem Oberbayerischen Landrecht muss sicher nicht übersetzt werden, denn es ist nahe am heutigen Neuhochdeutschen. Deutlich wird hier beispielsweise die Durchführung der neuhochdeutschen Diphthongierung, in dem es wie heute „neu“ (hier in Schreibweise *new*) heißt, und eben nicht mehr mittelhochdeutsch *niu* – und „aus“ (*auz*) statt mittelhochdeutsch *ûz*.

Vergleicht man zudem stichprobenartig die frühneuhochdeutschen Prosatexte aus dem Umfeld Ludwigs des Bayern mit Texten der Wiener Schule oder der späteren habsburgischen Kanzlei Kaiser Maximilians I., so findet man viele sprachliche Ähnlichkeiten. Dies führt aber zur Frage, ob schon unter Ludwig dem Bayern eine

20 Vgl. Regesta Imperii.
21 Oberbayerisches Landrecht.

ostoberdeutsche Kanzleisprache[22] anzusetzen ist, die bis weit ins sechzehnte Jahrhundert normgebend war – was freilich durch systematische Autopsien und Forschungen an einem größeren Untersuchungskorpus, wie sie in diesem Band Albrecht Greule methodologisch vorführt, zu prüfen wäre. Denn neuere Forschungen zur deutschen Sprachgeschichte gestehen dem Ostoberdeutschen eine immer größere Bedeutung für die Ausbildung der neuhochdeutschen Schriftsprache zu.[23] Somit also hätte die mobile Kanzlei Ludwigs des Bayern[24] sicher keinen kleineren Beitrag zur Ausbildung der neuhochdeutschen Schriftsprache geleistet als die Prager Kanzlei Karls IV.

Es bleibt abschließend noch die Frage nach dem literaturgeschichtlichen Beitrag der Epoche Ludwigs des Bayern. Legt man nur die sogenannte poetische Literatur oder die Höhenkammliteratur als Maßstab an, so fällt die Bilanz mager aus: Unter Ludwig dem Bayern gab es eben keinen Dichter, der etwa mit Wolfram von Eschenbach vergleichbar wäre. Geht man dagegen vom Konzept des Literarischen Lebens aus, dann wurde unter Ludwig dem Bayern durchaus Literaturgeschichte gemacht, weil neue und längerfristig erfolgreiche Gattungen sich etablieren konnten, wie das geistliche Drama als Phänomen der städtischen Massenpastoral und die frühneuhochdeutsche Fachprosa, die etwa in der Inkunabelzeit zum Bestseller werden sollte. Somit wäre die Epoche Ludwigs des Bayern im Blick auf literaturgeschichtliche Entwicklungen des fünfzehnten Jahrhunderts als grundlegend anzusehen.

Literaturverzeichnis

Glier, Ingeborg: „Hadamar von Laber“, in: *Verfasserlexikon – Die deutsche Literatur des Mittelalters.* 2. Aufl. Bd. 3. Berlin/New York 1981. Spalte 363–368.

Große Heidelberger Liederhandschrift (Codex Manesse), Cod. Pal. Germ. 848. Digitalisat. https://doi.org/10.11588/diglit.2222#0007 (20. Juli 2022). 6r.

Hünecke, Rainer/Meier, Jörg (Hrsg.): *Perspektiven und Desiderate der europäischen Kanzleisprachenforschung. Die deutsche Sprache in der Zeit der Reformation* (Beiträge zur Kanzleisprachenforschung 8). Wien 2020.

Johanek, Peter: „Elhen, Tilemann von Wolfhagen“, in: *Verfasserlexikon – Die deutsche Literatur des Mittelalters.* 2. Aufl. Bd. 2. Berlin/New York 1980. Spalte 474–478.

Kesting, Peter: *Maria-Frouwe. Über den Einfluß der Marienverehrung auf den Minnesang bis Walther von der Vogelweide* (Medium aevum 5). München 1965.

König, Werner: *dtv-Atlas Deutsche Sprache.* 16. Aufl. München 2007.

22 Vgl. zur neueren Kanzleisprachenforschung Hünecke/Meier 2020.

23 Wolf 2006, 257–258 und 363–368.

24 Immer noch grundlegend: Moser 1985.

Moser, Peter: *Das Kanzleipersonal Kaiser Ludwigs des Bayern in den Jahren 1330–1347* (Münchener Beiträge zur Mediävistik und Renaissance-Forschung 37). München 1985.

Neumann, Bernd: *Geistliches Schauspiel im Zeugnis der Zeit. Zur Aufführung mittelalterlicher religiöser Dramen im deutschen Sprachgebiet*, 2 Bände (Münchener Texte und Untersuchungen zur deutschen Literatur des Mittelalters 84 und 85). München/Zürich 1987.

Oberbayerisches Landrecht, BSB Cgm 1506. Digitalisat. https://www.digitale-sammlungen.de/de/view/bsb00090003?page=14,15 (20. Juli 2020). 6r.

Regesta Imperii: *Regesten Ludwigs des Bayern und Friedrichs des Schönen 1314–1347 (Abteilungen der Regesta Imperii).* http://www.regesta-imperii.de/unternehmen/abteilungen/vii-ludwig-d-bayer-friedrich-d-schoene.html (20. Juli 2022).

Schweikle, Günther: „Kaiser Heinrich“, in: *Verfasserlexikon – Die deutsche Literatur des Mittelalters.* 2. Aufl. Bd. 3. Berlin/New York 1981. Spalte 678–682.

Wachinger, B.: „Reinhart von Westerburg“, in: *Verfasserlexikon – Die deutsche Literatur des Mittelalters.* 2. Aufl. Bd. 7. Berlin/New York 1989. Spalte 1179.

Weitlauff, Manfred: „Ebner, Margareta“, in Verfasserlexikon in: *Verfasserlexikon – Die deutsche Literatur des Mittelalters.* 2. Aufl. Bd. 2. Berlin/New York 1980. Spalte 303–306.

Wolf, Klaus: *Kommentar zur ‚Frankfurter Dirigierrolle‘ und zum ‚Frankfurter Passionsspiel‘* (Die Hessische Passionsspielgruppe. Edition im Paralleldruck. Ergänzungsband 1). Tübingen 2002.

Wolf, Klaus: *Hof – Universität – Laien. Literatur- und sprachgeschichtliche Untersuchungen zum deutschen Schrifttum der Wiener Schule des Spätmittelalters* (Wissensliteratur im Mittelalter 45). Wiesbaden 2006.

Wolf, Klaus: „Astronomie für Laien? Neue Überlegungen zu den Primärrezipienten der Deutschen Sphaera Konrads von Megenberg“, in: *Konrad von Megenberg (1309–1374): ein spätmittelalterlicher ‚Enzyklopädist‘ im europäischen Kontext*, hrsg. von Edith Feistner (Jahrbuch der Oswald von Wolkenstein-Gesellschaft 18). Wiesbaden 2011a. 313–325.

Wolf Klaus: „Rezension zu: Christian Schneider: Hovezuht. Literarische Hofkultur und höfisches Lebensideal um Herzog Albrecht III. von Österreich und Erzbischof Pilgrim II. von Salzburg (1365–1396). Universitätsverlag Winter: Heidelberg 2008 (Beiträge zur älteren Literaturgeschichte)“, in: *Zeitschrift für deutsches Altertum und deutsche Literatur* 140 (2011b): 125–134.

Wolf, Klaus: „Gab es im Mittelalter ein ‚Wormser Passionsspiel‘? Oder: Ist das ‚Sankt Galler Passionsspiel‘ in Worms zu lokalisieren?“, in: *Der Wormsgau. Wissenschaftliche Zeitschrift der Stadt Worms und des Altertumsvereins Worms* 29 (2012): 65–79.

Wolf, Klaus: „Literarisches Leben um Ludwig den Bayern – Literarische Gattungen zwischen Tradition und Innovation im Dienst von Netzwerken und Gegnern“, in: *Ludwig der Bayer. Wir sind Kaiser! Katalog zur Bayerischen Landesausstellung 2014*, hrsg. von Peter Wolf, Evamaria Brockhoff, Elisabeth Handle-Schubert u. a. (Veröffentlichungen zur Bayerischen Geschichte und Kultur 63). Augsburg 2014. 69–72.

Wolf, Klaus: „Vil stolzer Ludewic! Sangspruchdichtung im Kontext des literarischen Lebens um Ludwig den Bayern“, in: *Sangspruchdichtung zwischen Reinmar von Zweter, Oswald von Wolkenstein und Michel Beheim*, hrsg. von Horst Brunner und Freimut Löser (Jahrbuch der Oswald von Wolkenstein-Gesellschaft 21). Wiesbaden 2017. 415–425.

Wolf, Klaus: *Bayerische Literaturgeschichte. Von Tassilo bis Gerhard Polt.* München 2018.

Wolf, Klaus: „*fundatrix ettalensis* und *süzze künigin, unser fraue*. Innovative geistliche Literatur im Umkreis Ludwigs des Bayern als früher Förderer von spätmittelalterlicher Frömmigkeitstheologie“, in: *Traditionelles und Innovatives in der geistlichen Literatur des Mittelalters*, hrsg. von Jens Haustein, Regina D. Schiewer, Martin Schubert und Rudolf Kilian Weigand (Meister-Eckhart-Jahrbuch Beihefte 7). Stuttgart 2019. 227–235.

Wolf, Klaus: „Du sage zu Landeshuote, wir leben alle in hôhem muote! Neidhart, Wolfram und andere Dichter an städtischen Höfen der Wittelsbacher“, in: *Stadt befreit. Wittelsbacher Gründerstädte. Katalog zur Bayerischen Landesausstellung 2020*, hrsg. von Peter Wolf, Evamaria Brockhoff, Richard Fischer, Sarah Schormair und Marco Veronesi (Veröffentlichungen zur Bayerischen Geschichte und Kultur 69). Regensburg 2020. 128–129.

Wolf, Klaus: „Gibt es eine Literaturgeschichte bayerisch Schwabens? Methodische Überlegungen und inhaltliche Grenzziehungen“. In: *Härtsfeld und Ries. Herrschaftliche, kulturelle und ökonomische Aspekte einer schwäbischen Nachbarschaft*, hrsg. von der Stadt Neresheim. St. Ottilien 2021. 59–71.

Albrecht Greule

Die Kanzleisprache Ludwigs des Bayern

Ein Forschungsdesiderat und seine Behebung

1 Ludwig der Bayer und die deutsche Sprachgeschichte

1.1 Ein Wittelsbacher auf dem Kaiserthron

„Wir sind Kaiser“ war das attraktive Motto der Bayerischen Landesausstellung 2014 in Regensburg, die dem ersten wittelsbachischen Kaiser, Ludwig IV., dem Bayern, gewidmet war und mit zahlreichen Exponaten, einem Stadtrundgang auf den Spuren des Kaisers und einer Karte mit über 100 Erinnerungsorten das Interesse an eine Persönlichkeit der bayerischen Geschichte wecken sollte, die „auf den ersten Blick nicht allzu bekannt“ sei.

Es scheint mir angebracht zu Beginn, das Leben Ludwigs des Bayern in aller Kürze Revue passieren zu lassen.[1]

Ludwig, der Wittelsbacher auf dem Kaiserthron, wird 1281 oder 1282 in der Residenz in München als zweiter Sohn des oberbayerischen Herzogs Ludwigs II., des Strengen, geboren; 1301 ist er zusammen mit seinem älteren, verfeindeten Bruder Rudolf Mitregent in Oberbayern und heiratet 1308 Beatrix von Glogau. Nach ihrem Tod ehelicht er 1322 Margarethe von Holland. Der Konflikt mit dem Habsburger Friedrich, dem Schönen, um den Einfluss in Niederbayern endet mit dem Sieg Ludwigs in der Schlacht von Gammelsdorf anno 1313. Eine Mehrheit der Kurfürsten entscheidet sich bei der Königswahl 1314 für Ludwig, den Kandidaten der luxemburgischen Partei. Doch auch Habsburg bringt bei der Königswahl die nötige Anzahl von Stimmen zugunsten Friedrichs des Schönen zusammen. Ein Doppelkönigtum ist unvermeidlich. Acht Jahre zieht sich die Auseinandersetzung hin, 1322 siegt Ludwig schließlich in der Schlacht bei Mühldorf am Inn; seine Königsherrschaft ist nun unangefochten. Drei Jahre später erwächst ihm mit Papst Johannes XXII. ein neuer Gegner. Johannes, der in Avignon residiert, will nur einem vom Papst anerkannten Monarchen die Aus-

1 Dabei stütze ich mich auf eine Sendung des Bayerischen Rundfunks in der Reihe Radiowissen am 8. Juli 2019, deren Autoren Volker Eklkofer und Simon Demmelhuber sind. Die Sendung samt Begleittext ist im Netz abrufbar: https://www.br.de/mediathek/podcast/radiowissen/ludwig-der-bayer-ein-wittelsbacher-auf-dem-kaiserthron/ (9. Dezember 2020).

https://doi.org/10.1515/9783111165226-003

übung der Herrschaftsrechte zugestehen. Da Ludwig der Forderung, die Krone niederzulegen, nicht Folge leistet und zudem in Italien Reichs- und Kaiserrechte proklamiert, greift der Papst zur schärfsten Kirchenstrafe und bannt den deutschen König. Die Wirkung der päpstlichen Strafaktion verpufft allerdings. Fürsten und Städte stärken Ludwig den Rücken. Zudem gehen einflussreiche geistliche Gegner des Papsttums zu Ludwig über. Ludwig stellt die von Johannes verfolgten Franziskaner unter seinen Schirm und nutzt die in München versammelten Gelehrten als Verfasser antipäpstlicher Streitschriften. Gleichzeitig versucht er mit Stiftungen wie dem reich ausgestatten Kloster Ettal, seine Frömmigkeit unter Beweis zu stellen. 1327 macht sich König Ludwig auf den Weg nach Italien. Im Jahr darauf empfängt er in Rom von Vertretern des römischen Volkes die Kaiserkrone. Weil der Papst ihn nicht als Kaiser oder König ansprechen will, nennt er ihn fortan „Ludovicus Bavarus“, um seinen Gegner als schlichten Provinzler zu diffamieren. Im April 1338 erklärt Ludwig Papst Johannes XXII. für abgesetzt und hebt Nikolaus V. als Gegenpapst auf den Stuhl Petri. Die meisten Reichsfürsten betrachten seine skrupellose Hausmachtpolitik aber längst mit Misstrauen. Die „Maultasch“-Affäre bringt das Fass zum Überlaufen;1346 erklärt ein Teil der Kurfürsten Ludwig für abgesetzt und wählt in Abstimmung mit Papst Clemens VI. den Luxemburger Karl (Karl IV.) zum König. Noch bevor es zum Kampf kommt, stirbt Kaiser Ludwig der Bayer am 11. Oktober 1347 auf einer Bärenjagd. Obwohl er bis zu seinem Tod nicht aus dem kirchlichen Bann gelöst wird, findet er seine letzte Ruhestätte in der Münchner Frauenkirche.

1.2 „Ein Herrscher zwischen Tradition und Innovation“

Diese karge Zusammenfassung der Vita Ludwigs des Bayern bedarf doch noch weiterer Ergänzungen, die es uns ermöglichen, die Stellung des Kaisers in der deutschen Sprachgeschichte genauer zu bestimmen. Wie wir im nächsten Kapitel sehen werden, ergeben sich nämlich aus der Darstellung in den Sprachgeschichten nicht unerhebliche Fragen: War Ludwig ein Förderer der deutschen Sprache gegen das Latein? Steht er gar am Beginn der deutschen Sprachkultur, der bislang im fünfzehnten, aber nicht schon im vierzehnten Jahrhundert vermutet wird? Wie hängt die Hypothese des Kaisers als Sprachpolitiker mit seinem realpolitischen Handeln zusammen? Ist es gar nicht Ludwig selbst, der die deutsche Schreibsprache förderte, sondern sind es die kaiserliche Kanzlei und das Kanzleipersonal? Hat die Fähigkeit, Urkunden (nicht mehr) in lateinischer, sondern in *gepflegter* deutscher Sprache auszufertigen, damit zu tun, dass das Mittelhochdeutsche der Dichtungen auf die kaiserliche Kanzlei ausstrahlte?

Aufschluss zu diesem Fragenkomplex darf man in einem Aufsatz von Klaus Wolf (2014) erwarten, in dem Ludwig IV. – an der Spitze der Reihe der „reichen

Herzöge" stehend – als „Herrscher zwischen Tradition und Innovation" gewürdigt wird.[2] Er verfolgte innovative Projekte, lockte die akademisch gebildete Elite nach München (zum Beispiel William von Ockham), rekrutierte sie aus Italien und repräsentierte am Münchner Hof ein innovatives Geistesleben. Der Münchner Hof wurde auch zu einem literarischen Zentrum im Reich nördlich der Alpen, dessen Kommunikationsmittelpunkt die kaiserliche Kanzlei war. Das beeindruckende Itinerar zeigt Ludwig als „Reisekaiser" häufig auch außerhalb von Bayern in aufstrebenden Städten wie Nürnberg und besonders Frankfurt am Main. Über die Förderung der Städte hinaus sind Kirchenbau, Skulptur und Malerei stilbildend für die lange Regierungszeit Ludwigs des Bayern, so dass von einer „Hofkunst" Ludwigs gesprochen werden kann.

Übersehen wurde, nach Klaus Wolf, bislang die Rolle der volkssprachigen Literatur. Trotz der „Literaturexplosion" im vierzehnten Jahrhundert sucht man in den Literatur- oder Sprachgeschichten vergeblich nach der Erwähnung einer besonderen Epoche unter Ludwig dem Bayern, wie sie etwa den Stauferkaisern oder Karl IV. und seiner angeblichen Rolle bei der Ausbildung der neuhochdeutschen Schriftsprache zuteilwurde. Dass man in der Umgebung Ludwigs weiterhin die traditionelle und etablierte höfische Literatur wie den Minnesang pflegte, ist im Umkreis der Wittelsbacher nichts Neues – Neidhart hatte schon den Hof der Wittelsbacher im Landshut des dreizehnten Jahrhunderts erfreut. Wesentlich moderner ist jedoch die Gattung der Minneallegorie. Bei der anonymen Minneallegorie „Das Kloster der Minne" stand vermutlich eine aufsehenerregende Gründung Ludwigs des Bayern Pate: In Ettal etablierte er eine klösterliche Gemeinschaft aus Mönchen und verheirateten Rittern. Es wird sogar erwogen, dass die Gralsgemeinschaft von Wolframs „Parzival" für Ettal das Vorbild abgab, denn es lässt sich ein lebhaftes Interesse der Wittelsbacher für Wolfram von Eschenbach nachweisen.

Doch was hat der Kaiser selbst literarisch beigetragen? Schon die königliche Kanzlei begann unter Ludwig dem Bayern Urkunden in deutscher Sprache auszufertigen. Wie wichtig Ludwig selbst seine neuartigen frühneuhochdeutschen Urkunden nahm, ist auf den ersten Blick daran zu erkennen, dass ihre Prachtinitialen nicht weniger sorgfältig gestaltet waren als jene der lateinischen Königsurkunden oder seiner Gesetzestexte. Vergleicht man die Texte aus dem Umfeld Ludwigs mit Texten der Wiener Schule oder der habsburgischen Kanzlei Maximilians I., so findet man kaum Unterschiede. Daraus leitet Klaus Wolf die These ab, „dass schon unter Ludwig dem Bayern eine ostoberdeutsche Kanzleisprache anzusetzen ist, die

2 Wolf 2014, 14–29.

bis weit ins sechzehnte Jahrhundert normgebend war“[3] und dass die Kanzlei Ludwigs des Bayern keinen kleineren Beitrag zur Ausbildung der neuhochdeutschen Schriftsprache geleistet habe als die Prager Kanzlei Karls IV.

1.3 Ludwig der Bayer in den Sprachgeschichten

Mit seiner These, dass die deutschen Urkunden Ludwigs des Bayern bereits eine ostoberdeutsche bis ins sechzehnte Jahrhundert normgebende Kanzleisprache dokumentieren, greift Klaus Wolf vehement in die weitgehend zum Stillstand gekommene Diskussion um die sprachgeschichtliche Stellung und Bewertung der Kanzleisprache Ludwigs ein. In der germanistischen Sprachgeschichtsschreibung wird, wenn Ludwig der Bayer überhaupt erwähnt wird, hauptsächlich ein sprachhistorisches „Narrativ“ verbreitet: zum Beispiel bei Adolf Bach: „Unter Ludwig dem Bayern (1313/46) geht die kaiserliche Kanzlei tatkräftig zum Gebrauch der deutschen Sprache in ihren Urkunden über“.[4] Oder bei Peter von Polenz: „Unter Ludwig dem Bayern geht die kaiserliche Kanzlei endgültig zum Deutschen über, mit Ausnahme des Verkehrs mit der Kirche“.[5] Im Handbuch der Kanzleisprachenforschung vermerkt Jörg Meier: „Die Münchner Kanzlei Ludwigs war auch die erste kaiserliche Kanzlei, die in größerem Umfang in Deutsch urkundete“.[6] Auch die Historikerin Mirjam Eisenzimmer stellt fest, dass die kaiserliche Kanzlei als Kommunikationszentrum des Hofs und des Reichs bedeutenden Einfluss auf die Urkundensprache des vierzehnten Jahrhunderts ausübte und seit den 1330er Jahren die Zahl der Ausstellung deutschsprachiger Urkunden im Verhältnis 30 Prozent lateinisch – 70 Prozent deutsch zunimmt.[7]

Intensiv mit der deutschen Urkundensprache Ludwigs IV. befasste sich Hans Eggers im III. Band der deutschen Sprachgeschichte.[8] Seit seinem Zerwürfnis mit dem Papst urkunde Ludwig nur im Verkehr mit der Kurie lateinisch, im Übrigen aber deutsch. Eggers analysiert eine Urkunde Ludwigs für die Stadt Gelnhausen vom Jahr 1330, wie sie in den *Constitutiones* (VI,1, S. 633) der MGH editiert ist, und bewertet sie wegen ihres klaren Stils als Zeugnis gepflegter Urkundensprache, die auf dem Fundament der mittelhochdeutschen Dichtersprache ruht. Beachtenswert ist, dass Hans Eggers die von ihm analysierte Urkunde Ludwigs für Gelnhausen zusammen mit vielen gleichwertigen Urkunden aus dessen Kanzlei in einer Entwick-

3 Wolf 2014, 26.
4 Bach 1956, 159, § 115.
5 Von Polenz 1978, 64.
6 Greule/Meier/Ziegler 2012, 16.
7 Eisenzimmer 2014, 356.
8 Eggers 1969, 27–28, 63–65, 205.

lungslinie sieht, die mit dem Mainzer Reichslandfrieden a.1235 beginnt.[9] Er ist ferner der Auffassung, dass bei der Abfassung des Reichsgesetzes in der Kanzlei Kaiser Friedrichs II. die höfischen Dichter Pate gestanden hätten und dass der Text Zeugnis gebe für die Verallgemeinerung der höfischen Literatursprache als Gebrauchsprosa. Zu der rund hundert Jahre nach dem Mainzer Landfrieden in der Kanzlei Ludwigs des Bayern entstandenen Urkunde für Gelnhausen bemerkt Hans Eggers, dass sie „in ihrem ganzen Habitus“ zeige, „daß auf dem von den Dichtern gelegten, in der Kanzlei Friedrichs II. gefestigten Grunde allmählich eine Schriftsprache hätte erwachsen können.“[10] Man beachte den Irrealis der Vergangenheit.

Zwei Punkte sollten wir festhalten:

1. Es scheint sich die von Klaus Wolf herausgearbeitete Affinität von Hof und Kanzlei Ludwigs des Bayern zur höfischen Literatur zu bestätigen, indem die bei dem Staufer Friedrich II. beginnende Traditionslinie, wie Hans Eggers annimmt, bei dem Wittelsbacher Ludwig IV. wieder aufgenommen und fortgesetzt wurde.
2. Die Aussagen von Hans Eggers beruhen allein auf der Analyse zweier Urkunden, der des Reichslandfriedens und der Urkunde von 1330 für Gelnhausen und es sind Zweifel angebracht, dass die Analyse einer Urkunde – angesichts von 3400 (nach Böhmer) in der Kanzlei Ludwigs ausgestellten Urkunden – für die weitreichenden Hypothesen von Hans Eggers genügen.

Es ist nun offenkundig, dass es insbesondere der sprachwissenschaftlich gesteuerten Analyse eines viel breiteren Corpus bedarf, um verlässliche Aussagen über die Kanzleisprache Ludwigs treffen zu können. Trotz breiter historischer Forschung zu Ludwig und seiner Kanzlei – ich erinnere an die Dokumentation im Rahmen der Landesausstellung „Wir sind Kaiser“ – sehe ich, soweit mein Auge reicht, keine hinlänglichen Forschungen zur Sprache der Kanzlei; die Analysen von Franz Pfeiffer von 1864 kann man als veraltet beiseitelassen.[11]

Man darf vermuten, dass die Kanzleisprache Ludwigs noch immer im Schatten des Interesses steht, das die Sprachwissenschaft der Sprache der Prager Kanzlei Karls IV. schenkte. Damit zusammenhängen kann auch die Position Ludwigs zwischen Tradition und Innovation, oder banal sprachhistorisch formuliert: Ist die Kanzleisprache Ludwigs nun spätmittelhochdeutsch oder schon frühneuhochdeutsch?

9 Vgl. dazu Schulze 2012, 311.
10 Eggers 1969, 28.
11 Pfeiffer 1864.

2 Die deutsche Urkundensprache in der Kanzlei Ludwigs des Bayern

2.1 Die Urkunde im Rahmen der Kanzleisprache

Die Überschrift zu dem Themenbereich „Die deutsche Urkundensprache in der Kanzlei Ludwigs des Bayern“ ist eine gewollte Adaption an die Untersuchung von Ludwig Erich Schmitt aus dem Jahr 1936: „Die deutsche Urkundensprache in der Kanzlei Kaiser Karls IV.“ Diese Formulierung zwingt uns auch zu einer terminologischen Unterscheidung und zu einer Eingrenzung. Bislang war die Rede sowohl von der „Kanzleisprache“ Ludwigs als auch von der Vorbildlichkeit der Sprache der Urkunden. Es konnte der Eindruck entstehen, dass Sprache der Kanzlei und Sprache der Urkunden das Gleiche sei. Es handelt sich vielmehr um ein Begriffspaar, das im Verhältnis der Ober- und Unterbegrifflichkeit zueinandersteht: Kanzleisprache ist der umfassende Oberbegriff, Urkundensprache der spezifische Unterbegriff.

Die jüngst verstorbene Erforscherin der Altdeutschen Originalurkunden des dreizehnten Jahrhunderts (CAO), Ursula Schulze, definiert die Urkunde ganz allgemein als eine in der Kanzlei gefertigte Textsorte.[12] Es ist in diesem Zusammenhang überflüssig aufzuzählen, welche formalen Merkmale die Textsorte (deutsche) Urkunde aufweist. Im Vorgriff auf das Folgende seien aber die obligatorischen, an die lateinischen Königsurkunden angelehnten Formulare erwähnt: Publicatio, Narratio/Dispositio, Corroboratio, Datum et actum.

Die Auswertung des Archivbestandes einer städtischen Kanzlei im sechzehnten Jahrhundert ergibt zum Beispiel, dass dort – außer Urkunden – Stadtbücher, Steuerbücher, Rechnungsbücher und vor allem Briefe geschrieben wurden.[13] Es verwundert nicht, dass Helmut Bansa in seinen „Studien zur Kanzlei Kaiser Ludwigs des Bayern (1314–1329)“ Art und Menge des Schriftguts, das in der kaiserlichen Kanzlei erzeugt wurde, anders gewichtet: Im Vordergrund stehen – zurecht – die Urkunden einschließlich der auf den Namen des Kaisers gefälschten Urkunden. Erst danach geht Helmut Bansa auch auf die Akten der Kanzlei ein und vermerkt: „Schriftliche Hilfsmittel zur Registrierung und Verwaltung (Güter- und Einkunftsverzeichnisse) und schriftliche Niederschläge aus ihr (Rechnungen, Register, Protokolle) haben sich aus dem Zeitraum (sc. 1314–1329) nur sehr wenige erhalten“.[14] An der Verwaltung der Güter Ludwigs war die Kanzlei nämlich nur in geringem Maß

12 Schulze 2012, 310.

13 Meier 2004, 201.

14 Bansa 1968, 281.

beteiligt und über die Reichseinkünfte fehlen Urbare und Rechnungen.[15] Wir dürfen darüber hinaus davon ausgehen, dass diese Texte noch in lateinischer Sprache verfasst wurden.[16]

2.2 Kanzlei und Urkundensprache Ludwigs des Bayern: Latein und Deutsch

Wenden wir uns im Folgenden nur den Urkunden aus der Kanzlei Ludwigs zu, besonders den in deutscher Sprache geschriebenen Urkunden, denen Ludwig, wie wir gesehen haben, seine Bekanntheit in der Sprach- und Literaturgeschichte verdankt. Dabei wollen wir nicht den vielfach erörterten Gründen nachgehen, warum die Urkunden aus der kaiserlichen Kanzlei auf breiter Front zum Deutschen übergingen.

Deutsche Urkundenausfertigungen beginnen auch nach Ursula Schulze mit dem Mainzer Reichslandfrieden (1235).[17] Der in lateinischen und deutschen Fassungen überlieferte Text gilt als Initialzündung dafür, Urkunden auch in deutscher Sprache auszufertigen. Für die besonders im letzten Jahrzehnt des dreizehnten Jahrhunderts wachsende Zahl deutscher Urkunden sind Städte, adelige Herren und Klöster verantwortlich. Das Corpus der altdeutschen Originalurkunden (CAO) umfasst rund 4400 Exemplare, wobei aber bis zum Jahr 1300 lateinische Urkunden überwiegen und nur 32 lateinisch-deutsche Parallelurkunden im CAO vorhanden sind.[18]

Für die Zeit von 1314–1329 wartet Helmut Bansa mit genauen Zahlen zu den in der Kanzlei Ludwigs des Bayern abgefassten Urkunden auf: ca. 54 Prozent lateinischen Urkunden stehen 46 Prozent deutsche gegenüber; zweisprachige Urkunden mit deutschem Text und lateinischer Datierung sind äußerst selten; einige Parallelurkunden listet Bansa zum Beweis des „gleichberechtigten Nebeneinanders beider Sprachen" auf.[19] Für Urkunden-Empfänger in Bayern wurde zu 78,2 Prozent deutsch geurkundet, bei schwäbischen und ostfränkischen Empfängern beträgt der Anteil deutscher Urkunden 55 Prozent, bei solchen aus den übrigen oberdeutschen und den mitteldeutschen „Dialektgebieten" nur rund 25 Prozent. Mit circa 84 Prozent überwiegen die deutschen Urkunden für weltliche Empfänger des „bayerischen Dialektgebiets", wobei die Urkunden, die Ludwig als bayeri-

15 Vgl. Bansa 1968, 284.
16 Vgl. Bansa 1968, 289–300: Rechnungen aus dem Viztumamt Lengenfeld 1318 und 1328.
17 Schulze 2012, 311.
18 Schulze 2012, 311.
19 Bansa 1968, 90, Anm. 226.

scher Herzog ausstellte, in besonders hohem Maß deutschsprachig sind; für die Städte des Herzogtums wurde mit Ausnahme der Reichsstadt Regensburg nur deutsch geurkundet. Bansa schlussfolgert, dass den wichtigsten Einfluss auf die Sprache der Urkunden „die Heimat, der Stand und die Stellung der Empfänger" gehabt haben dürften.[20]

Die Statistik zur Anwendung der deutschen Sprache, bei der die Parameter „Dialektgebiet" (acht Gebiete!) „Stände" und „Zeiträume" angewendet werden,[21] ist für die weiteren Überlegungen beachtenswert, weil zwar die Relation Sprache der Urkunde und Heimat des Empfängers wichtig ist, die Terminologie, zum Beispiel „bayerisches Dialektgebiet" oder „deutsche Sprache", aber als viel zu ungenau präzisiert werden muss. Obwohl die Identifikation der Schreiberhände und die Prosopographie und Kalligraphie des Kanzleipersonals bei den Untersuchungen von Bansa 1968 (für 1314–1329) und bei Moser 1985 (für 1330–1347)[22] im Vordergrund stehen, erfährt man nichts zu der Frage, ob auch die Herkunft des Schreibers Einfluss auf die Sprachvarietät der deutsch, das heißt nicht lateinisch, geschriebenen Urkunden hatte. Dass die Empfängerperspektive beziehungsweise die Orientierung am Dialektgebiet, in das der Empfänger gehörte, bei der Sprachwahl derart im Vordergrund steht, mag in der Forschungsrichtung begründet sein, in der man aus dem Schreibdialekt der Urkunde auf den Schreiber und seine Herkunft schließen wollte.

2.3 Bestand der deutschen Urkunden Ludwigs des Bayern

Die Urkunden Kaiser Ludwigs des Bayern wurden erstmals von Johann Friedrich Böhmer in den Jahren 1839–1863 zusammengestellt. Böhmer sammelte aufgrund der damals zugänglichen Drucke und Literatur alle bekannten Urkunden des Kaisers und stellte rund 3600 Nummern als Regesten-Werk zusammen.[23] Damit schuf er – bis zur Neuausgabe der Regesten ab 1967[24] – eine unentbehrliche Grundlage aller Forschungen über Ludwig den Bayern – gemeint ist die geschichtswissenschaftliche Forschung, nicht die sprachwissenschaftliche! Die Publikation der dringend notwendigen Neuherausgabe der Regesten geschieht in Regionalbänden: Die Archive und Bibliotheken bestimmter kleinerer Gebiete (es sind mo-

20 Bansa 1968, 90–93.
21 Bansa 1968, 93–102.
22 Moser 1985.
23 Vgl. www.regesta-imperii.de/unternehmen/abteilungen/vii-ludwig-d-bayern (Über uns) (9. Dezember 2020).
24 MGH, Regesta Imperii, VII: Ludwig der Bayer (1314–1347), Heft 1–11.

derne Verwaltungseinheiten) wurden und werden sukzessive aufgearbeitet. Von den 14 geplanten Bänden („Heften") sind bislang elf erschienen; zum Beispiel Heft 5: Die Urkunden aus den Archiven und Bibliotheken im Regierungsbezirk Schwaben (Bayern), bearbeitet von Michael Menzel, Köln u. a. 1995.

Auf der Homepage der Arbeitsstellen wird auch behauptet, dass „dem Leser die Urkunden in so detaillierter Zusammenfassung geboten werden, dass sich die Konsultation von Drucken und Archivalien künftig in der Regel erübrigen dürfte".[25] Das trifft sicherlich auf die Historikerinnen und Historiker zu, nicht jedoch auf die Sprachwissenschaft, die sich eben nicht auf Regesten stützt, sondern den Text, die Urkunde selbst, möglichst im Autograph des Originals vor Augen haben muss. Dennoch ist die Neuherausgabe der Regesten Ludwigs des Bayern beziehungsweise deren Konsultation als erster Schritt sprachhistorischer Erforschung der Urkunden hilfreich, zum Beispiel wenn es darum geht, die Originalurkunden und deren Sprache zu ermitteln, was dank der Tatsache, dass die *Regesta Imperii* online zugänglich sind, schnell möglich ist.

Auch die Hinweise, die in den *Regesta Imperii* auf die Drucke von Urkunden Ludwigs gegeben werden, sind für den Sprachwissenschaftler wertvoll; die reichste Fundgrube an Urkunden-Drucken bilden jedoch die Bände V, VI und VII der MGH *Constitutiones*, die die „Dokumente zur Geschichte des Deutschen Reiches und seiner Verfassung" erfassen.

Es gibt bislang nur vereinzelte Digitalisate von deutschen Originalurkunden aus der Kanzlei Ludwigs.[26]

3 Forschungsdesiderate und Projekte

3.1 Forschungsdesiderate

Bei der Durchsicht der Fachliteratur zu Ludwig dem Bayern ging es mir darum herauszuarbeiten, welche Rolle dem Kaiser in der Sprach- und Literaturgeschichte zu-

25 http://www.regesta-imperii.de/unternehmen/abteilungen/vii-ludwig-d-bayer-friedrich-d-schoene.html (21. Juni 2022).

26 Auf dem Portal „Monasterium" stellen unterschiedliche Archive aus Europa, u. a. auch die Staatlichen Archive Bayerns, ausgewählte Urkundenbestände mit Regesten und digitalen Abbildungen online zur Verfügung. Eine Suche nach „Ludwig der Bayer" wirft unter dem Link: https://www.monasterium.net/mom/search?q=ludwig+der+bayer&option=and&img=&annotations=&sort=date&categories=&context= zahlreiche Urkunden dieses Kaisers aus, darunter auch nicht wenige in deutscher Sprache. – Freundliche Mitteilung von Dr. Michael Unger, Generaldirektion der Staatlichen Archive Bayerns, am 12. Oktober 2020.

gewiesen wird. In Anbetracht der großen Menge an „deutschsprachigen“ Urkunden, die seine Kanzlei im Verlauf von 43 Jahren ausgestellt hat, richtet sich der Blick, besonders der Blick der Sprachhistoriker, wenn sie ihn überhaupt zur Kenntnis nehmen, auf seinen Beitrag zur Geschichte der deutschen Kanzleisprache. Mir scheint eine rechte Würdigung des Schrifttums noch nicht gelungen zu sein und für die sprachwissenschaftliche Forschung, die ganz auf die Entstehung der deutschen Schriftsprache ausgerichtet war, ist die Kanzleisprache des Bayern im Schlagschatten der Prager Urkundensprache seines Nachfolger Karls IV. vergessen worden.

Die im Verlauf der Recherche aufgetauchten Fragen müssen und können durch einen neuen Forschungsimpuls und Forschungsansatz einer Klärung zugeführt werden, an deren Ende dann eine neue Bewertung und Würdigung Ludwigs stehen sollte. Die bislang aufgehäuften Fragen lauten: Stehen Ludwig der Bayer und sein Kanzleipersonal als Förderer der deutschen Sprache am Anfang deutscher Sprachkultur? Strahlte das Mittelhochdeutsche der Dichtung auf die Urkundensprache aus? Konstituiert sich unter Ludwig eine ostoberdeutsche Kanzleisprache? Wenn ja, welche Norm ist erkennbar? Richtet sich der Schreibdialekt der Urkunde nach dem Schreibdialekt des Gebiets, in dem der Urkundenempfänger zuhause ist? Welche Rolle spielte die schreibdialektale Herkunft des Urkundenschreibers? Wie ist die Kanzleisprache Ludwigs sprachperiodisch einzuordnen – als spätmittelhochdeutsch oder als frühneuhochdeutsch oder etwas dazwischen? Inwiefern ist die Sprache der Urkunden Ludwigs *gepflegt*? Leistet sie einen der Sprache der Prager Kanzlei Karls IV. vergleichbaren Beitrag zur Entstehung der deutschen Schriftsprache? Gibt es eine Entwicklungslinie der deutschen Urkundensprache von Friedrich II. über Ludwig den Bayern zu Karl IV.?

Um auf alle diese Fragen Antworten geben zu können, bedarf es der Konzeption und Durchführung eines Forschungsprojekts, das die deutschen Originalurkunden Ludwigs des Bayern sprachhistorischen Analysen detailliert unterzieht. Als Ziel könnten am Ende eine Grammatik und ein Lexikon (samt Namenbuch) der (frühneuhochdeutschen?) Sprache der Urkunden Ludwigs des Bayern stehen.

Ob alle deutschen Originalurkunden der Einzelanalyse, wie ich sie zum Abschluss an einem Beispiel vorführen werde, unterworfen werden können, hängt von der Menge der ermittelten Urkunden und den Rahmenbedingungen eines drittmittelfinanzierten Projekts ab. Möglicherweise muss die Zahl der untersuchten Stücke nach einem repräsentativen Schlüssel reduziert werden. Grundlage des Forschungsprojekts zum Deutsch der Urkunden Ludwigs des Bayern sind jedenfalls die Zusammenstellung aller in deutscher (nicht lateinischer) Sprache verfassten Original-Urkunden aus den *Regesta Imperii*, ihre Kategorisierung nach Empfängerregionen (in Analogie zu Bansa) und die daran anschließende Arbeit an den Originalen in den Archiven oder wenn möglich an Digitalisaten.

3.2 Exemplarische Analyse

Die sprachwissenschaftliche Analyse jedes einzelnen Autographs sollte nach den neuesten Erkenntnissen zur linguistischen Text-Analyse, die nicht nur auf moderne, sondern auch auf historische, mittelhochdeutsche und frühneuhochdeutsche Texte angewendet wurde, vorgehen.[27]

Zu unterscheiden sind dabei zunächst zwei Bereiche: a) die Beschreibung der Kommunikationssituation, in der die analysierte Urkunde als schriftliches Kommunikat funktionierte; die Informationen dazu bezieht man im Wesentlichen aus dem Regest, b) die Beschreibung der textinternen sprachlichen Elemente und Strukturen: auf allen Ebenen der Grammatik (Schreibung-Lautung, Lexik, Phraseologie, Syntax, Textgrammatik).

Simulieren wir, welche Schritte vor der eigentlichen Analyse einer Originalurkunde zu unternehmen sind und welches sprachliche „Porträt" sich für die Urkunde erarbeiten lässt.

Wir legen die Urkunde Augsburg St. Moritz U 2518 zugrunde, deren Original in der Begleitausstellung bewundert werden konnte.

In den Regesta Imperii VII, Heft 5, Nr. 113, S. 147, wird die Urkunde (siehe Abb. 1) so regestiert:

1345 April 30, München
Ks. Ludwig überträgt Albrecht von [Horgauer]greut und seinen Erben für Dienste und 2 Wallache im Wert von 50 Pfund Augsburger Pfennigen die Vogtei zu Biburg mit allem Zubehör, *wann wir si ze disen zeiten mit parschafft nicht bezalen mochten*, und bestimmt, daß sie sie ohne Behinderung und Abzug innehaben sollen, bis er, seine Erben und Nachkommen sie für die genannte Summe auslösen, was jederzeit möglich sein soll.
Überlieferung: Orig. Perg. dt. im StA Augsburg, MüB KU Augsburg-St.Moritz 2518 (= KLS 1104).

Dass die Urkunde in die Kirche St. Moritz in Augsburg gelangte, ist daraus zu erklären, dass Horgauergreut (1178 *vicum qui dicitur Gerute*) zu den Besitzungen der Kirche des Hl. Moritz in Augsburg gehörte. Über den Empfänger Albrecht von Greut ist nichts weiter bekannt.

In Anbetracht des Regests können jetzt schon Vorüberlegung zum Schreibdialekt der Urkunde angestellt werden: Nach Bansas Hypothese müsste die Schreibsprache schwäbisch sein, denn der Empfänger der Urkunde, Abrecht von Greut, lebte im heute schwäbischen (alemannischen) Dialektgebiet, in der Gemeinde Horgauergreut, Lankkreis Augsburg. Über den Schreiber der Urkunde ist nichts

27 Brinker 2014, Riecke et al. 2004, Greule 2016a, Greule 2016b, Greule 2017, Greule/Vogel 2017, Greule/Kohlbeck 2020, Greule/Seyferth 2021.

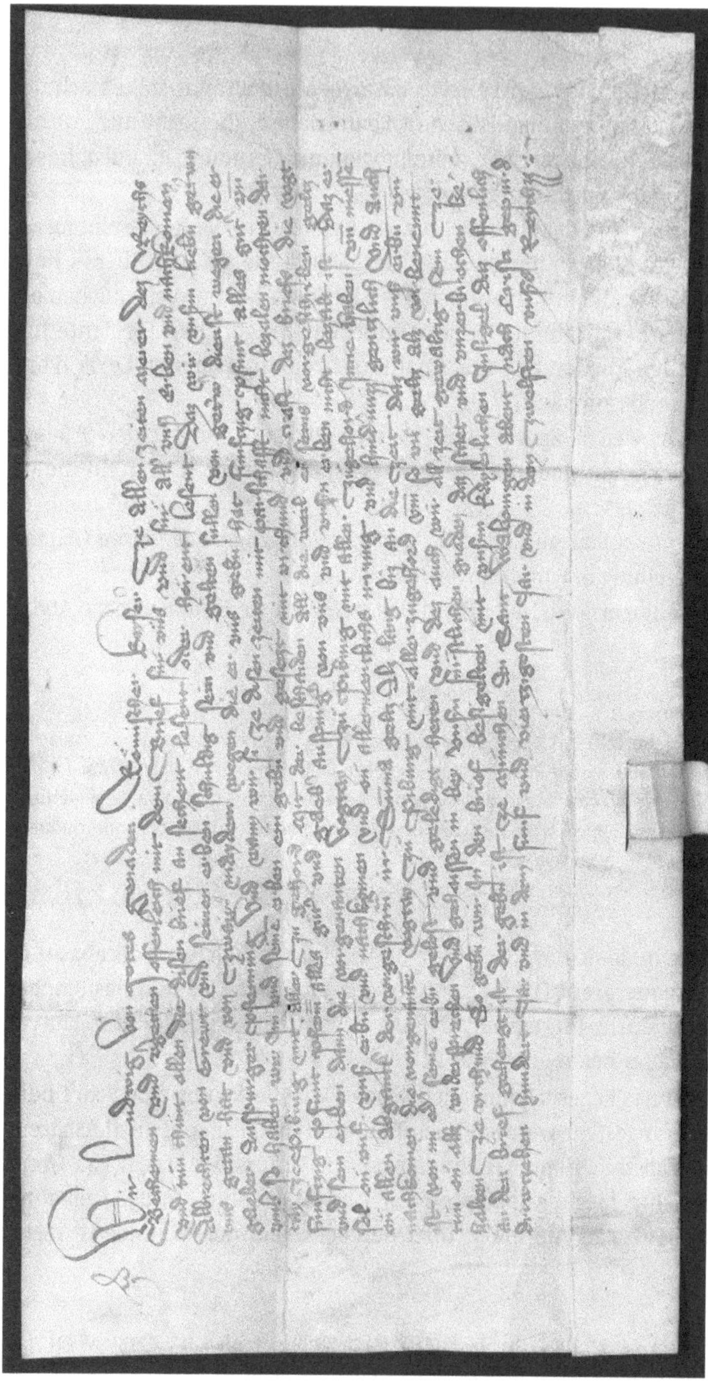

Abb. 1: Urkunde aus dem Staatsarchiv Augsburg als Grundlage der vorliegenden Untersuchung [Bildrechte: Staatsarchiv Augsburg].

bekannt; nahe liegt, dass sie ebenfalls der Schreiber der Urkunde für Augsburg vom 28. April 1345 geschrieben hat, nämlich Leonhard von München.[28] Umgekehrt kann die Urkunde aber auch die Schreibsprache der Münchner Hofkanzlei repräsentieren, also bairische Dialektmerkmal aufweisen – und vielleicht auch eine Mischung aus beiden Schreibdialekten.

Als Nächstes ist die Beschreibung des Textdesigns beziehungsweise der Text-Architektur, der äußeren Gliederung, und der Schrift erforderlich. Dazu stellen wir fest, dass das Pergament im Breitformat mit 18 Zeilen (heute würde man sagen: „im Blocksatz") und deutlichen Wortabständen, aber ohne Interpunktion, beschrieben ist, gut lesbar ist, eine Initiale aufweist und ein Sigel angehängt ist. Die Handschrift kann mit den Schrifttafeln bei Bansa abgeglichen werden.

Die Herstellung eines Transkripts mit der originalen Zeilenzählung, der Einhaltung der Wortabstände und ohne Interpunktion halte ich für notwendig – auch wenn ein Druck beziehungweise eine Edition der Urkunde vorhanden sein sollte. Das Transkript erlaubt dem analysierenden Wissenschaftler – ohne die orthographischen Vorentscheidungen eines Editors – in den Text einzudringen, sich selbständig ein Bild von den Schreib- und Spracheigentümlichkeiten zu machen und diesen Eindruck mit Auflösung der Kürzel schriftlich zu fixieren.

3.2.1 Transkript

1. Wir Ludwig von gotes genaden. Ro̊mischer kayser ze allen zeiten merer dez Reychs
2. Bechennen vnd vergechen offenleich mit dem Brief fuͤr vͤns vnd fuͤr all vns (er) Erben vnd nachkomen
3. vnd tůn chůnt allen die disen brief an sechent lesent oder hoͤrent lesent daz wir vns(er)m lieb(e)n get(re)wn
4. Albrechten von Grewt vnd seinen erben schuldig sein vnd gelten sullen von get(re)w(en) [?] dienst wegen die er
5. vͤns getan hat vnd von zwair maydem wegen die er vͤns geb(e)n hat funftzig pfunt alles gůt(er) vnd
6. gaeb(er) auspurger pfenning Vnd wann wir si ze disen zeiten mit parschafft nicht bezalen mochten. dar
7. vmb so haben wir im vnd seine(m) erben ein geb(e)n und gesetzt mit vrchund vnd craft dez briefs die vogt

28 Prosopographie und kalligraphische Eigenheiten Leonhards von München bei Moser 1985, 12–33.

8. tay zee Piburg mit aller zu gehord mit der beschaiden all die weil er seins vorgeschriben geltz
9. funftzig pfunt pfenning alles gůt(er) vnd gaeb(er) auspurg(er) von v̊ns vnd vns(er)n erben nicht bezalt ist daz er
10. vnd sein erben dann die vorgenanten vogtaij zu(o) Piburg mit aller zu(o)gehord inne haben vn(d) niesse(n)
11. sol on(e) vnser < vnser > erb(e)n vnd nach komen vnd on(e) allermenclichs irrung und hind(er)nůzz gentzlich vnd auch
12. on(e) allen abganck der vorgeschr(ibe)n irr [in?] summa geltz Alz lang biz an die zeit daz wir vnser erb(e)n vn(d)
13. nachkomen die vorgenan(n)te vogtay zů Piburg mit aller zugehord vm(b) so vil geltz alz vor benennt
14. ist von im od(er) seine(n) erben gelost vnd geledigt heten vnd dez auch wir all zeit gewaltig sein ze
15. tůn on(e) all(e)z widersprechen vnd gehaissen in bey vnsen fůrstlichen gnaden daz staet vnd vnzerbrochen be =
16. halten ze vrchund so geben wir in den brief besigelten mit vnserm kayserlichen insigel daz offenlich
17. an den brief gehengt ist der geben ist ze Můnchen an sant Walpurgen abent nach cristi gepůrd
18. driwtzehen hundert jar vnd in dem funf vnd viertzigosten jar vnd in dem zwelften vns(er)s Reychzz

Das Transkript bildet die Grundlage für die folgenden Analysen. Man kann dabei verschiedene Wege einschlagen.

Ich schlage aus textlinguistischer Sicht vor, den Text zuerst syntaktisch zu untergliedern und aufgrund des Wissens um die gleichbleibenden Teile der Urkunde (Urkundenschema) diese als Teiltexte zu markieren.

3.2.2 Text-Komposition der Urkunde Augsburg-St. Moritz U 2518

Publicatio

(MTE1) Wir Ludwig von gotes genaden. Ro̊mischer kayser ze allen zeiten merer dez Reychs // (Z.2) Bechennen vnd vergechen offenleich mit dem Brief fůr v̊ns vnd fůr all vns(er) Erben vnd nachkomen // (Z.3) vnd tůn chůnt allen die disen brief an sechent lesent oder ho̊rent lesent
(Subjunktion) daz

Narratio

(Subtext) (MTE1.1) wir vns(er)m lieb(e)n get(re)wn (Z.4) Albrechten von Grewt vnd seinen erben schuldig sein vnd gelten sullen von get(re)w(en) [?] dienst wegen die er (Z.5) v(e)ns getan hat vnd von zwair maydem wegen die er v̊ns geb (e)n hat funftzig pfunt alles gůt(er) vnd (Z.6) gaeb(er) auspurger pfenning
(Konnektor) Vnd
(MTE1.2) wann wir si ze disen zeiten mit parschafft nicht bezalen mochten. Dar (Z.7) vmb so haben wir im vnd seine(n) erben ein geb(e)n und gesetzt mit vrchund vnd craft dez briefs die vogt (Z.8) tay zee Piburg mit aller zu gehord
(Konnektor) mit der beschaiden (erg. daz)
(MTE1.3) all die weil er seins vorgeschriben geltz (Z.9) funftzig pfunt pfenning alles gůt(er) vnd gaeb(er) auspurg(er) von v̊ns vnd vns(er)n erben nicht bezalt ist daz er (Z.10) vnd sein erben dann die vorgenanten vogtaij zu(o) Piburg mit aller zu(o)gehord inne haben vn(d) niesse(n) (Z.11) sol on(e) vnser < vnser > erb(e)n vnd nach komen vnd on(e) allermenclichs irrung und hind(er)nůzz gentzlich vnd auch (Z.12) on(e) allen abganck der vorgeschr(ibe)n irr [in?] summa geltz Alz lang biz an die zeit daz wir vnser erb(e)n vn(d) (Z.13) nachkomen die vorgenan(n)te vogtay zů Piburg mit aller zugehord vm(b) so vil geltz alz vor benennt (Z.14) ist von im od(er) seine(n) erben gelost vnd geledigt heten
(Konnektor) vnd

Corroboratio

(MTE2) dez auch wir all zeit gewaltig sein ze (Z.15) tůn on(e) all(e)z widersprechen
(Konjunktion) vnd
gehaissen in bey vnsen fůrstlichen gnaden daz staet vnd vnzerbrochen be = (Z.16) halten ze vrchund so geben wir in den brief besigelten mit vnserm kayserlichen insigel daz offenlich (Z.17) an den brief gehengt ist

Datum

(MTE3) der geben ist ze Můnchen an sant Walpurgen abent nach cristi gepůrd (Z.18) driwtzehen hundert jar vnd in dem funf vnd viertzigosten jar vnd in dem zwelften vns(er)s Reychzz

Wir stellen fest: Drei große syntaktische Einheiten (MTE 1–3) stehen den vier Teiltexten des Urkundenformulars gegenüber. *Publicatio* und *Narratio* bestehen aus einer syntaktischen Einheit. Die *Narratio* ist textgrammatisch ein Subtext, der syntaktisch von *tuon chuent* in der *Publicatio* abhängt. Dies alles ohne Interpunktion! Aufgrund dieser Feststellung ist auch eine Einschätzung des Stils möglich: Die syntaktische und textgrammatische Gestaltung lässt den perfekten Stil der Juristen erkennen,[29] was ein weiteres Indiz dafür sein könnte, dass Leonhard von München, der öffentlicher Notar war, die Urkunde verfasst hat. Eine intensive textgrammatische und textsemantische Analyse der Urkunde ermöglicht auch eine verdichtete Zusammenfassung des Urkundeninhalts als Ergänzung zum Regest.

Da die Urkunden durch feste Wendungen (Phraseologismen), die in jeder Urkunde vorkommen, geprägt sind, sind auch sie Gegenstand der sprachlichen Untersuchung. Das beste Beispiel findet sich in der *Publicatio* mit der Adressierung: *tůn chůnt allen die disen brief an sechent lesent oder hőrent lesent.* Weitere Phraseologismen, zum Beispiel die Paarformel mittelhochdeutsch *guot und gœbe,* lassen sich bei genauer Analyse ausmachen; um eventuelle Variation beobachten zu können, bedarf es der Untersuchung weiterer Urkunden.[30]

Abgesehen von den rechtssprachlichen, urkundentypischen Termini, die im Wortregister des 6. Bandes der *Constitutiones* aufgeschlüsselt sind,[31] fällt lediglich die Präpositionalgruppe *von zwair maydem wegen* in der *Narratio* ins Auge. Sie enthält einerseits den Genitiv Plural, der mittelhochdeutsch *zweier meideme* lauten würde, andererseits das Nomen *maydem,* klassisch-mittelhochdeutsch *meidem* ‚Wallach', das im Neuhochdeutschen ausgestorben ist, im Frühneuhochdeutschen als *maiden* ‚Kastrat' noch existierte. An dem Genitiv Plural *zwair maydem* können im Vergleich mit dem Mittelhochdeutschen die in der Urkunde mehrfach vorkommende Synkope und Apokope beobachtet werden.

Sowohl die Orts- als auch die Personennamen sind konsequent in Versalien geschrieben: *Ludwig, Albrecht von Grewt, Piburg*[32], *Műnchen, Walpurgen.* Welche Rolle die Versalien darüber hinaus in dieser Urkunde spielten, müsste untersucht werden.

Zum Schluss der kursorischen Analyse der Urkunde müssen wir uns auf die Schreibung einzelner Laute im Kontrast zu den mhd. Entsprechungen konzentrieren. Während wir bei den Konsonanten keine sonderlichen Auffälligkeiten bemerken (abgesehen von der als typisch bairisch geltenden Schreibung mit < p- > statt < b- > im Anlaut, vergleiche *parschafft, Piburg,* und der anders zu erklärenden Schreibung *dez* und *biz* mit < z > statt mittelhochdeutsch *des, bis*) sind die Diphthongierung und Monophthongierung die neuralgischen Punkte. Das Auftreten

29 Die Verfasser der deutschen Urkunden handhaben, indem sie den Stil der lateinischen Urkunden nachahmen, ihn relativ eigenständig, vgl. Schulze 2012, 320–322.

30 Zu variierenden Formulierungen vgl. Schulze 2012, 316–317.

31 MGH Constitutiones et acta publica imperatorum et regum, Band 6, Teil 2, 1989–2014, 633–693; vgl. auch Schulze 2012, 318–319.

32 Biburg, Lkr. Augsburg, vgl. Eckart 2019, 41–43 (mit problematischer Etymologie).

beider Lautwandlungen gilt als Indiz, dass ein Text nicht mehr als mittelhochdeutsch, sondern als frühneuhochdeutsch kategorisiert wird.

Die Diphthongierung betrifft die mittelhochdeutschen Langvokal /i: u: y:/. Sie ist in der Urkunde konsequent durchgeführt – bis auf die Diphthongierung von /u:/ > /au/, für die es im Text keine Belege gibt. Während die Schreibung des „neuen“ Diphthongs, der aus mittelhochdeutsch /y:/ entstanden ist, einhellig < ew > geschrieben wird (*getrewen*, *Grewt* < mittelhochdeutsch **Geriute*)[33] schwanken die zahlreichen Belege für die Diphthongierung von mittelhochdeutsch /i:/ > /ei/ zwischen < ei >, < ey >, < ay >, < aij >. Hinweise, dass der Schreiber unserer Urkunde auch die Monophthongierung vollzogen hätte, gibt es nicht. Die Monophthongierung betrifft die mittelhochdeutschen Diphthonge /ie uo, ye/, die als solche geschrieben werden, nämlich als < ie > und < ů >; ein Beleg für mittelhochdeutsch /ye/ ist nicht vorhanden.

Das Ausbleiben monophthongischer Schreibungen für die mittelhochdeutschen Diphthonge verwundert in einer Urkunde Ludwigs des Bayern nicht. Nach der Schulmeinung ist die Monophthongierung nämlich ein Lautwandel, der sich seit dem elften/zwölften Jahrhundert vom mitteldeutschen Dialektgebiet her ausbreitete. Umgekehrt gilt die Diphthongierung als ein Lautwandet, der sich am frühesten in bairischen Texten nachweisen lässt, während sich die digraphische Schreibung im Alemannischen erst im fünfzehnten Jahrhundert durchsetzte.[34]

Ist der Schreibdialekt der Urkunde nun bairisch oder alemannisch? Meiner Meinung nach orientierte sich der Schreiber der Urkunde – gegen Bansas Hypothese – nicht nach dem „Dialekt“ der Heimat des Empfängers (dafür war Albrecht von Greut wohl zu unbedeutend), sondern sie ist geprägt vom (bairischen) Schreibdialekt der Münchner Hofkanzlei. Ob dort 1345 die Norm einer ostoberdeutschen Kanzleisprache herrschte, kann erst der Vergleich mit anderen Urkunden zeigen. Wie kompliziert sich der Vergleich gestalten wird, zeigt schon ein Vergleich mit der von Hans Eggers analysierten Urkunde des Kaisers von 1330 für die Stadt Gelnhausen, die im westmitteldeutschen (hessischen) Dialektgebiet liegt: Sie weist keine Diphthongierung auf, sehr wohl aber Hinweise auf die Monophthongierung, zum Beispiel bei den Schreibungen *enbiten, liben, dinste, brif, gebiten*

Bezüglich einer Zuweisung unserer Augsburger Urkunde zu einer Sprachperiode neige ich zu der Einschätzung, dass es sich um einen spätmittelhochdeutsch-bairischen Text handelt.

---

33 In *driwtzehen* (Z.18) = mhd. *driuzehen* ist die Diphthongierung unterblieben; die Schreibung der Zahlwörter weist konservative Züge auf, vgl. *viertzigosten* (Z.18).

34 Vgl. Paul 2007, 74–77.

4 Zusammenfassung

Ich hoffe abschließend, gezeigt zu haben, worin das im Titel des Vortrags genannte Forschungsdesiderat besteht und auf welche Weise es behoben werden kann. Aus der bisherigen Forschung lassen sich zahlreiche Fragen zusammentragen, die die Einschätzung und Bewertung der in der Kanzlei Ludwigs des Bayern praktizierten deutschen Urkundensprache betreffen. Sie sind nur – auf breiter Basis – durch eine die gesamte originale Urkundenproduktion erfassende detaillierte sprachwissenschaftliche Analyse zu beantworten. Dass dies in Anbetracht der erwarteten Textmenge und der differenzierten Methodik, wie gezeigt, nur im Rahmen eines umfangreichen Projekts möglich sein wird, versteht sich von selbst.

Literaturverzeichnis

Bach, Adolf: *Geschichte der deutschen Sprache*. 6. Aufl. Heidelberg 1956.

Bansa, Helmut: *Studien zur Kanzlei Kaiser Ludwigs des Bayern vom Tag der Wahl bis zur Rückkehr aus Italien (1314–1329)*. Kallmünz 1968.

Brinker, Klaus/Cölfen, Hermann/Pappert, Steffen: *Linguistische Textanalyse*. 8., neu bearbeitete und erweiterte Aufl. Berlin 2014.

Eckart, Hans Peter: *Augsburg* (HONB, Schwaben, Bd. 14). München 2019.

Eggers, Hans: *Deutsche Sprachgeschichte III. Das Frühneuhochdeutsche*. Reinbek bei Hamburg 1969.

Eisenzimmer, Mirjam: „Der herrscherliche Hof als Nachrichten- und Kommunikationszentrum", in: *Ludwig, der Bayer (1314–1347)*, hrsg. von Hubertus Seibert. Regensburg 2014. 355–359.

Greule, Albrecht: „Textgrammatik und frühneuhochdeutsche Gebrauchstexte aus tschechischen und slowakischen Archiven (Urbar, Satzung, Kirchenlied): Analyse und Versuch der Didaktisierung", in: *Acta Linguistica Lithuanica* LXXV (2016): 23–38. (= Greule 2016a)

Greule, Albrecht: „Textgrammatik und Kanzleistil am Beispiel frühneuhochdeutscher Texte", in: *Textsortenwandel vom 9. bis zum 19. Jahrhundert. Akten zur internationalen Fachtagung an der Universität Paderborn vom 9.–13.06.2015*, hrsg. von Britt-Marie Schuster und Susan Holtfreter. Berlin 2016. 323–335. (= Greule 2016b)

Greule, Albrecht: „Die *Kaiserchronik* als Gegenstand der textgrammatischen Forschung", in: *Die Kaiserchronik. Interdisziplinäre Studien zu einem* buoch gehaizzen crônicâ. *Festgabe für Wolfgang Haubrichs zu seiner Emeritierung*, hrsg. von Nine Miedema und Matthias Rein. St. Ingbert 2017. 75–89.

Greule, Albrecht/Kolbeck, Christopher 2020: „Kanzleisprachenforschung und Textgrammatik", in: *Perspektiven und Desiderate der europäischen Stadt- und Kanzleisprachenforschung* (Beiträge zur Kanzleisprachenforschung, Bd. 8), hrsg. von Rainer Hünecke und Jörg Meier. Wien 2020. 85–94.

Greule, Albrecht/Meier, Jörg/Ziegler, Arne 2012: *Kanzleisprachenforschung. Ein internationales Handbuch*. Berlin/Boston 2012.

Greule, Albrecht/Seyferth, Sebastian: *Historische Textgrammatik des Deutschen*. Würzburg 2021.

Greule, Albrecht/Vogel, Rainer 2017: „Die Urbare des Fürstentums Jägerndorf als sprachgeschichtliche Quelle", in: *Studia Germanistica* (Ostrava) 20 (2017): 29–35.

Meier, Jörg: *Städtische Kommunikation in der frühen Neuzeit*. Frankfurt am Main u. a. 2004.

Moser, Peter: *Das Kanzleipersonal Kaiser Ludwigs des Bayern in den Jahren 1330–1347*. München 1985.
Paul, Hermann: *Mittelhochdeutsche Grammatik*. 25. Aufl., neu bearbeitet von Thomas Klein, Hans-Joachim Solms und Klaus-Peter Wegera. Berlin 2007.
Pfeiffer, Franz: „Die Kanzleisprache Ludwig des Baiern", in: *Germania, Vierteljahresschrift für deutsches Altertumskunde* 9 (1864): 159–172.
Polenz, Peter von: *Geschichte der deutschen Sprache*. Berlin/New York 1978.
Riecke, Jörg/Hünecke, Rainer/Pfefferkorn, Oliver/Schuster, Britt-Marie/Voeste, Anja: *Einführung in die historische Textanalyse*. Göttingen 2004.
Schmitt, Ludwig Erich: *Die deutsche Urkundensprache in der Kanzlei Kaiser Karls IV*. Halle/Saale 1936.
Schulze, Ursula: „Kontrastive Kanzleisprachenforschung – Deutsch/Latein", in: *Kanzleisprachenforschung. Ein internationales Handbuch*, hrsg. von Albrecht Greule, Jörg Meier und Arne Ziegler. Berlin/Boston 2012. 309–323.
Wolf, Klaus: „König Ludwig IV., genannt ‚der Bayer'", in: *Das Goldene Jahrhundert der Reichen Herzöge* (Schriften aus den Museen der Stadt Landshut 34), hrsg. von Franz Niehoff. Landshut 2014. 14–29.

Christoph Becker

Die Bedeutung Ludwigs des Bayern für die deutsche und europäische Rechtsgeschichte

Oberbayerisches Landrecht und Münchener Stadtrecht im Zusammenhang mit dem gemeinen Recht

1 Lebenszeit Ludwigs des Bayern als Epoche einer Verschriftlichung von Recht

a) Lebens- und Regierungszeit Ludwigs des Bayern fallen in eine rechtshistorisch fruchtbare Epoche. Der bayerische Herzog, deutsche König und römische Kaiser war in den ersten Jahrzehnten des Spätmittelalters, um das Jahr 1285 geboren. Er starb am 11. Oktober 1347. Nach letztwilliger Verfügung seines Vaters Ludwig II. der Strenge (1229–1294) rückte er im Jahre 1294 mit seinem älteren Bruder Rudolf I. von der Pfalz (1274–1319) in die oberbayerische Herzogswürde nach, hielt die Mitherrschaft allerdings erst seit dem Jahre 1302 gesichert inne. Als bayerischer Herzog war Ludwig von Oberbayern der vierte Namensträger, wenn man zwischen seinem Vater Ludwig II. und ihm selbst Herzog Ludwig von Niederbayern (1269–1296) als den dritten Namensträger zählt. Seit dem Jahre 1314 war Ludwig IV. von Oberbayern deutscher König – zunächst im Thronstreit mit seinem ebenfalls gekrönten Vetter Friedrich dem Schönen (1289–1330) –, und im Jahre 1328 errang Ludwig die Kaiserwürde. Auch im deutschen Königreich und im Römischen Reich kann man Ludwig als den vierten Namensträger bezeichnen, wenn man ihm die drei Karolinger Ludwig der Fromme (778–840), Ludwig der Deutsche (um 806–876) und Ludwig das Kind (893–911) voranzählen will.

Die Lebenszeit Ludwigs IV. ist die Zeit einer europaweit vorwärtsdrängenden Entwicklung von Rechtswissenschaft und Normgebung. Als Schlagworte sind hier zu nennen: der Stilwandel in der Jurisprudenz von den Glossatoren zu den Kommentatoren bei einer Welle von Universitätsneugründungen; die anhaltende Ausbreitung der deutschsprachigen Rechtsspiegel (ausgehend von dem um 1225 verfassten Sachsenspiegel; ihm ab der zweiten Hälfte des dreizehnten Jahrhunderts folgend Deutschenspiegel und Augsburger Sachsenspiegel um 1270, Schwabenspiegel um 1275, Frankenspiegel um 1340) sowie die Verbreitung weiterer Aufzeichnungen regionaler Rechtsgewohnheiten (beispielsweise das Freisinger Rechtsbuch Ruprechts von Freisings 1328 oder 1332); Aufzeichnungen von Gewohnheitsrechten anderer Länder oder

https://doi.org/10.1515/9783111165226-004

Regionen (England: *De legibus et consuetudinibus Angliae libri quinque* des Henricus Bracton [Henry de Bracton, um 1205 – um 1268], Frankreich: zahllose örtliche und regionale *Coutumes*, Kastilien: *Fuero viejo de Castilla* um 1248; *Las siete partidas del ssabio rey don Alfonso X* um 1260; Schweden: „Ostgötenrecht" um 1290); die Schaffung neuer weltlicher Gesetzbücher und kommunaler Statuten; schließlich Inkraftsetzen neuer kirchlicher Gesetzbücher (*Liber Sextus* 1298, *Clementinen* 1317) zur Ergänzung von *Decretum Gratiani* (um 1140) und *Liber extra* (1234).

b) Ludwig IV. hatte als Regent an dieser Entwicklung aktiven Anteil, so wie fast immer Rechtsgeschichte als Rechtssetzungs- und Rechtspflegegeschichte sich mit Herrschaftsgeschichte deckt. Speziell für das Wirken Ludwigs IV. weist Hans Schlosser auf einen Zusammenhang mit der durch das Europa des dreizehnten Jahrhunderts ziehenden Woge von Verschriftlichungen hin.[1] Herausragende Früchte der Normsetzung Ludwigs sind das Münchener Stadtrecht und das Oberbayerische Landrecht. Die Genesen dieser beiden Rechtsbücher sind ineinander verwoben.

2 Münchener Stadtrecht um 1340 und 1347 und Landrechtsbuch um 1335 und 1346

a) Ludwig der Bayer, damals bereits Kaiser des Römischen Reichs, verleiht der Stadt München (wo die Herzöge seit der Mitte des Jahrhunderts ihre Residenz im „Alten Hof" hatten) um das Jahr 1340 ein Stadtrecht, das er im Jahre 1347 ergänzt.[2] Bei der Ergänzung handelt Ludwig nicht allein in seinem eigenen Namen, sondern zugleich durch seine an der Landesherrschaft beteiligten Söhne aus erster Ehe Ludwig V. (1315–1361; Markgraf von Brandenburg) und Stephan II. (1319–1375) und aus zweiter Ehe Ludwig VI. (1328–1364 oder 1365) und Wilhelm I. (1330–1389). In der Vorrede des Stadtrechts treten Vater und Söhne zunächst in einem Zuge als das Stadtrecht Erteilende auf. Darauf beschreibt die Vorrede die Entstehungsumstände des Stadtrechts damit, dass die Söhne den Rat des Vaters einholten, um die Gebrechen in der städtischen Rechtspflege zu beheben. Ludwig IV. nutzt, wie es alle mittelalterlichen Herrscher taten, die Gelegenheit einer Normsetzung zur Bekräftigung seines stetigen Anspruchs auf die Herrschaft. Demonstration von Durchsetzungskraft und aktivem Regiment ist in den Machtkämpfen zwischen den und innerhalb der Dynastien und in den Fliehkräften des erstarkenden Bürgertums Lebensnotwendigkeit für eine immerzu mehr oder minder fragile Herrschaft.

1 Schlosser, Kommentar, in: Schlosser/Schwab 2000, 153.
2 Ausgaben: Auer 1969 [1840]; Dirr 1934.

Die Gegenüberstellung von Söhnen und Vater ist ein geschicktes Manöver. Der Vorgang wird über die Landesherrschaft hinaus überhöht. Die territoriale Regelung gewinnt wegen der Personalunion von Herzog und Kaiser imperiale Autorität. Das Münchener Stadtrecht rückt angesichts seiner Urheberschaft auf eine Ebene mit der Schöpfung der *corpus iuris civilis* genannten Gesetzbücher durch den oströmischen Kaiser Justinian in der ersten Hälfte des sechsten Jahrhunderts, woraus, wissenschaftlich durchdrungen von hoch- und spätmittelalterlicher Rechtswissenschaft, das europaweit geltende gemeine Recht – *ius commune* – wurde. Herzog Ludwig kann sich hier ebenso als neuer Justinian präsentieren, wie es beispielsweise knapp zwei Jahrhunderte zuvor Friedrich I. „Barbarossa" tat, als er im Jahre 1156 den Augsburgern ein Stadtrecht zuwies und in der Vorrede seiner Stadtrechtsurkunde für Augsburg aus Justinians Vorrede zum amtlichen Anfängerlehrbuch *Institutiones*[3] einen Satz über die herrscherliche Aufgabe der Rechtspflege zitierte.[4] Von der Inanspruchnahme kaiserlicher Autorität profitieren auch die mit dem Stadtrecht beliehenen Bürger. Sie gewinnen mit dem überantworteten Stadtrecht ein gutes Stück Autonomie oder Bestätigung schon gehabter, möglicherweise zwischenzeitlich beschädigter Autonomie und machen sich überdies Hoffnung auf weiteren Zuwachs an Autonomie (welche im Falle Augsburgs nach langen Werden die im vierzehnten Jahrhundert erzielte Reichsfreiheit war, während München in Landesherrschaft verblieb). Mittelalterliche Stadtrechtszuweisung ist immer das Ergebnis eines in (oftmals zähen) Verhandlungen und zumeist unter Verweis auf zu behebende Missstände erarbeiteten Konsenses mit Vorteilen für alle Seiten und einer sorgsam verteilten Gewichtung von Macht und Einfluss.

Die Konsensualität der Rechtsbildung im Verhältnis zwischen Gesetzgebern und Gesetzesadressaten bildet sich spiegelbildlich auch in dem Zusammenwirken der das Recht Zuweisenden. Vater und Söhne fassen gemeinsam einen Ratschluss, ohne dass von irgend jemandes Unzufriedenheit mit dem Ergebnis die Rede wäre. Überdies verdeutlicht die Beteiligung von Vater und Söhnen, dass dem Normtext eine über Generationen hinweg reichende Verbindlichkeit zukommen soll. Das bewirkt gesamtgesellschaftliche Akzeptanz. Auch dies ist wegen des das Mittelalter prägenden Konsensgedankens wichtig; Normen sollen nicht nur für die am Zustandekommen Beteiligten zu deren Lebzeiten gelten, sondern grundsätzlich für immer – vorbehaltlich etwaigen Änderungsbedarfs wegen Änderung der Verhältnisse. Ein bloßer Verhaltensbefehl eines Herrschers könnte im Laufe der Zeit verblassen, wenn sich kaum noch jemand angesprochen fühlt, da er noch nicht geboren war, als der Befehl erging. Der auf Konsens beruhende Herr-

3 Nämlich aus der Konstitution *Imperatoriam*. Ausgabe: Knütel und andere 2013.
4 Vgl. Becker 2020, XII–XIV.

schaftsakt einer Normsetzung hingegen trägt eine höhere Aussicht auf Beständigkeit in sich.[5]

b) Einem Wandel unterlag zwischen dem neunzehnten Jahrhundert und dem einundzwanzigsten Jahrhundert die Einschätzung zur korrekten zeitlichen Einordnung des Münchener Stadtrechts und des oberbayerischen Landrechts[6]. Die Datierung ist nicht nur für sich genommen interessant, sondern hängt auch mit der mutmaßlichen Beeinflussung der einen Aufzeichnung durch die andere bei auffälliger (indessen keinesfalls überraschender) Ähnlichkeit vieler Regelungen[7] zusammen. Der königlich-bayerische Regierungsassessor und Fiscaladjunkt Franz Auer (1813–1849) nahm bei seiner Edition des Münchener Stadtrechtsbuches an, das Stadtrecht sei im Jahre 1347 entstanden und damit jünger als das oberbayerische Landrecht von 1346. Auer trat damit anderen Vermutungen entgegen, welchen zufolge das Stadtrecht bereits im Jahre 1340 entstanden und deshalb Vorbild für das Landrechtsbuch gewesen war.[8]

Die Zuweisung des Stadtrechts zum Jahr 1347 wird im einundzwanzigsten Jahrhundert nicht mehr geteilt. Doch letztlich geht Auer wie die Wissenschaft des einundzwanzigsten Jahrhunderts davon aus, dass das Landrechtsbuch schon existierte, als der Herzog das Stadtrecht fassen ließ. Allerdings knüpft Auer die Beeinflussung des Stadtrechts an die Schlussfassung des Landrechts vom Jahre 1346 und nicht an eine von ihm bereits vermutete Vorfassung des Landrechtbuches aus den Jahren um 1335, spätestens aus dem Jahre 1336.[9] Hans Schlosser hingegen sieht den nicht erhalten gebliebenen Entwurf des Landrechts aus der Zeit um 1335 als Vorbild für das dem Jahr 1340 zuzurechnende Münchener Stadtrecht.[10] In einer solchen Konstellation lässt sich das Münchener Stadtrecht zu einer denkbaren Rekonstruktion des verlorenen Landrechtsentwurfs heranziehen.[11]

Freilich stammt nicht das gesamte Münchener Stadtrechtsbuch schon aus dem Jahre 1340. Als ursprünglich gelten nur die Artikel 1 bis 193. Nachträge waren zunächst Artikel 194 bis 202, und nur auf die mit ihnen erreichte Fassung des Stadtrechtsbuches bezieht sich das in den Handschriften hinter Artikel 202

---

5 Siehe zur Verbindung von Gebot und Konsens in mittelalterlicher Gesetzgebung Wadle 1977.

6 Ausgaben: Schlosser/Schwab 2000; Volkert 2010.

7 Synopse von Münchener Stadtrecht und oberbayerischem Landrecht bei Auer (1969 [1840]), Einleitung, XIX–XXII (zweite römische Paginierung).

8 Auer 1840, Vorwort, VI (erste römische Paginierung), Einleitung, I–VII (zweite römische Paginierung).

9 Auer 1840, Einleitung III, IX (zweite römische Paginierung).

10 Schlosser, Kommentar, in: Schlosser/Schwab 2000, 156; ihm folgend Bauer/Hecker, Geleitwort, in: Schlosser/Schwab 2000, VII, IX.

11 Bauer/Hecker, Geleitwort, in: Schlosser/Schwab 2000, VII, IX.

notierte Datum *Anno domini millesimo CCC°XL°VII°, in octava Johannis Baptiste*, das heißt: im Jahre 1347 am achten Tag nach dem Fest des Johannes des Täufers (24. Juni), mithin (da der Festtag selbst mitzuzählen ist) am 1. Juli 1347.

c) Es existieren zwei Handschriften dieses Textumfangs, die derselbe Schreiber anfertigte. Eine davon, wohl die Erstschrift, trug ein kaiserliches Siegel, welches den Artikeln 1 bis 202 des Münchener Stadtrechts die Bezeichnung „Versiegeltes Buch" eintrug; im Laufe der Zeit kam zwar das Siegel abhanden, aber die Bezeichnung „Versiegeltes Buch" wurde überliefert.[12] Weitere Nachträge erhielt das Münchner Stadtrecht mit den Artikeln 203 bis 611 bis zum 15. Juni 1365 (wie eine Datierung vor Artikel 607 ausweist). Diese Nachträge stellte der Gerichtsschreiber Perbinus Taentzel im sogenannten *Liber Rufus* zusammen. Diese Bezeichnung rührt von einem roten Ledereinband her. Sie müsste also eigentlich *Liber ruber* lauten. Vielleicht ist eine Verballhornung zu *Liber rubrus* das Bindeglied. Diese wiederum könnte aus einer Anlehnung an das als Adjektiv zu *liber* eigentlich nicht passende Neutrum *rubrum* entstanden sein, weil womöglich zuvor die Wendung *liber rubrum* – „Buch Rot" oder „Rotbuch" in Gebrauch gekommen war.[13] Die Fortschreibung des Stadtrechtsbuches durch den Münchener Schreiber stellt sich nicht als Gegensatz zur Herkunft des Stadtrechts aus der kaiserlichen Kanzlei dar. Es war in konsensorientierter Schaffung mittelalterlichen Stadtrechts üblich, dass die Städter selbst die Gehalte der herrscherlich verliehenen Stadtrechte zumindest in den Grundzügen selbst benannten oder sie sogar im einzelnen weitgehend vorformulierten, so dass die Kanzlei des Herrschers die Regeln nur noch redigierte, um sie in gehörige urkundliche Gestalt zu bringen. War ein Stadtrecht den Städtern einmal zugewiesen, so genossen die mittelalterlichen Städter eine zunehmend wahrgenommene (und in manchen Fällen bis zum Status der Reichsfreiheit sich fortentwickelnde) Autonomie in dem Wortsinne einer Befugnis zur selbstbestimmten Fortentwicklung der Normen. Diese Selbstgesetzgebung der Münchener war im Jahre 1340 bereits angelegt, wie aus dem Umstand hervorgeht, dass in einer Gruppe nachgetragener Artikel zum Berufsrecht eine Bestimmung vom 28. Mai 1333 erscheint (Artikel 396), und vor allem aus den bis in das Ende des dreizehnten Jahrhunderts zurückreichenden Sammlungen der Satzungen des Münchener Stadtrates (sogenannte Satzungsbücher A und B).[14] Ferner sind in den *Liber Rufus* nachgetragene Bestimmungen über den Weinhandel (ab Artikel 590), erlassen am 25. September 1346, älter als die landesherrliche Ergänzung des Stadtrechtsbuches von 1347.

12 Dirr 1934, 90*, 303.
13 Vgl. Dirr 1934, 90*–91*, 303.
14 Ausgabe in: Dirr 1934, 179–300.

Zur redaktionellen Gestaltung des Stadtrechtsbuches von München schließlich ist zu bemerken: Der Text hatte ursprünglich keine Einteilung in Abschnitte oder Titel, sondern die Artikel reihten sich ungegliedert aneinander.[15] Das ist freilich auch in umfänglichen Rechtsbüchern des dreizehnten und des vierzehnten Jahrhunderts nicht ungewöhnlich. Wenn überhaupt, haben sie allenfalls eine sehr weitmaschige einschichtige Unterteilung. Erst mit dem fünfzehnten Jahrhundert, namentlich mit den Rechtsreformationen, wird eine Nachahmung der im *corpus iuris civilis* verwendeten Ordnungsstruktur mit mehreren Ebenen sichtbar.

d) Das in der Moderne sogenannte Oberbayerische Landrecht von 1346 nennt sich am Ende seiner deutschsprachigen Vorrede selbst *daz recht pŭch*. Schlosser bevorzugt deswegen die Benennung als *Rechtsbuch*.[16] Selbstbezeichnungen territorialer Gesetze als *Landrecht* werden erst in der frühen Neuzeit seit den Rechtsreformationen üblich. Der Begriff *Landrecht* für die Gesamtheit des in einem größeren Gebiet geltenden Rechts existierte freilich schon vor dem oberbayerischen Rechtsbuch; beispielsweise erscheint er um das Jahr 1225 im *Sachsenspiegel* Eikes von Repgow, unter anderem bereits in der Vorrede über die Herkunft der Herren im Lande Sachsen.

Der Erlass des Rechtsbuches für Oberbayern im Jahre 1346 ist ein ähnlich performativer Herrschaftsakt wie im Jahr darauf die Erweiterung des Münchener Rechtsbuches. Nach der ersten Ordnung der Rechtspflege in der Stadt um das Jahr 1340 geht es nun im Jahre 1346 um die Rechtspflege im Territorium. Beides zusammen ist Ausdruck eines umfassenden Anspruchs guter Regentschaft. Ludwig stellt sich in der Vorrede zum Landrechtsbuch als römischer Herrscher dar. Seine als *hertzogen in Bayern* angeführten Söhne Ludwig V., Stephan II., Ludwig VI. und Wilhelm I. holen bei ihrem *herren und vaeterlin keyser Ludwigen von Rom* in ihrer Eigenschaft als gemeinsame Herren *in unserm land zu Bayern* Rat ein, um die im Lande bemerkten *gebresten* zu beheben. Wie im Jahr darauf bei der Erweiterung des Münchener Stadtrechts untermauert der Vater in der von der familiären Konstellation eröffneten Interaktion der herzoglichen Würden mit der kaiserlichen Würde gleichzeitig die Geltungskraft der herzoglichen Gesetzgebung seiner Söhne einerseits und seinen eigenen imperialen Machtanspruch andererseits.

e) Das Ende der Vorrede zum Landrechtsbuch von 1346 bemerkt, dass das Buch verbessert und mit neuen Artikeln versehen sei. Hierin liegt ein Hinweis auf den gestreckten Entstehungsprozess des Rechtsbuches. Im Jahre 1346 hätte Kaiser Ludwig auch seine beiden jüngsten Söhne Albrecht (geboren Ende 1336) und Otto (geboren 1341) in die Reihe der Söhne und Nachfolger im Herzogsamte aufzählen können.

15 Betont von Auer 1840, Einleitung, XLII–XLIII (zweite römische Paginierung).

16 Schlosser, Kommentar, in: Schlosser/Schwab 2000, 153 mit Fußnote 1.

Dass Ludwig es nicht tat, gibt zunächst den Grund für die Annahme, dass das Landrechtsbuch in seiner ersten, nicht überlieferten Fassung[17] um das Jahr 1335 vorlag, das heißt zwischen den Geburten Wilhelms (1333) und Albrechts (1336).[18] Offenbar war Ludwig die personale Konstanz im Auftritt mit dem alles überragenden Gestus des Gesetzgebers wichtiger als die exakte, aktualisierte Darstellung des Kreises seiner Nachfolger. Dieselbe Feststellung – Bevorzugung von Gleichklang im Erscheinungsbild der Normsetzung – muss man anscheinend für die Erweiterung des Münchener Stadtrechts im Sommer des Jahres 1347 treffen. Unter der Annahme seiner Erstfassung des Stadtrechtsbuches bereits um das Jahr 1340 wäre zumindest Sohn Albrecht früh genug geboren, um bei der Erweiterung von 1347 als Miturheber benannt zu werden, da bereits am Grundwerk beteiligt (während Otto erst nach dem Grundwerk des Stadtrechts geboren war). Stattdessen verschweigt die Fassung des Münchener Stadtrechts von 1347 ebenso wie die Vorrede von 1346 die beiden jüngsten Söhne. Rund eineinhalb Jahrzehnte Gesetzgebung sollen sich – so scheint Kaiser Ludwig sich vorgestellt zu haben, oder so scheinen seine Ratgeber ihm nahegelegt zu haben – wie bei Justinian als einem einzigen großen Plan folgend darstellen.

Die vier in den Vorreden des Landrechtsbuches und des Stadtrechtsbuches genannten Kaisersöhne sind als voraussichtliche Nachfolger – der Nachfolgefall trat noch im Jahre 1347 mit dem Tode Kaiser Ludwigs am 11. Oktober ein und machte alle sechs Söhne zu bayerischen Herzögen – eigentlich nur dem Namen nach Herzöge. Ludwig der Bayer blieb bayerischer Herzog bis zu seinem Lebensende. Das väterliche Herzogsamt strahlt jedoch auf die Bezeichnung seiner männlichen Abkömmlinge aus. Überdies genießen die Söhne in der dynastischen Prägung des Reichsregimentes eine aussichtsreiche Anwartschaft auf die eigenständige Ausübung des Herzogsamtes. Die gleichzeitige Stellung Ludwigs als Regent des Reiches ermöglicht ihm, die Nachfolge seiner Söhne zu sichern und sie nicht nur nominell als Herzöge auftreten zu lassen. Die Söhne handeln im Auftrag ihres Vaters, weil der Vater die Kompetenz hat, das Auftragsverhältnis herzustellen. Es mochte höchst fraglich sein, ob ein Herzog allein aus seinem Herzogsamte heraus zur Delegation des Herzogsamtes befugt sei. Der König jedenfalls kann, da er den Herzog bestimmt, auch einen Beauftragten bestimmen, der die Herzogswürde ausübt. So kann Ludwig der Bayer gleichzeitig zum einen die familiäre Kontinuität seiner Hausmacht herstellen und sie auf diese Weise noch zu seinen Lebzeiten stärken und zum anderen seinen persönlichen Handlungsspielraum insbesondere auch in Bayern bewahren.

17 Rekonstruktionsversuch durch Volkert 2010, 81–96, der die vermutlich schon in der älteren Fassung existierenden Artikel des Rechtsbuches von 1346, die 1346 überarbeiteten Artikel und die 1346 neu entstandenen Artikel auflistet.
18 Volkert 2010, 67.

f) Der Erlass des überarbeiteten Landrechtsbuches ist in der Vorrede (die man auch als Einführungspatent bezeichnen kann[19]) taggenau datiert. Außer dem Jahr 1346, gezählt von Christi Geburt an, liest man die Angabe *dez naechsten samptztags nach dem òberisten*. Die Rechtsetzung geschah also am Samstag nach dem Dreikönigstag. Im Jahr 1346 war der Dreikönigstag (6. Januar) ein Freitag. Demnach war es der 7. Januar 1346, als die vier Söhne gemäß der Beratung mit ihrem Vater und seinem *gebot und gehaizz* das Rechtsbuch *setzen und bestaetigen*.[20] Anders als im Falle des Münchener Stadtrechts, dessen Fassung von 1347 als „Versiegeltes Buch" überliefert ist, gibt es keinen Hinweis darauf, dass vom Landrechtsbuch eine gesiegelte Erstausfertigung entstand. Vermutlich stellte die Kanzlei des kaiserlichen Herzogs (diese eigentlich unpassend die Herrschaftsebenen vermischende Bezeichnung mag zum Ausdruck bringen, dass die Kanzlei Ludwigs des Bayern trotz Existenz einer den deutschen König bei seinen Amtsgeschäften begleitenden Reichskanzlei[21] wahrscheinlich weder personell noch sachlich scharf zwischen kaiserlichen Angelegenheiten und herzoglichen schied[22]) nie ein „offizielles" Urexemplar her.[23] Das lässt gewisse Zweifel entstehen, ob bestimmte Eigenheiten der in verschiedenen Bibliotheken und Archiven überlieferten Abschriften des Landrechtsbuches[24] authentisch sind oder erst im Zuge von Vervielfältigungen hinzutraten. Einen Teil solcher Zweifel kann man durch einen Vergleich mit der im Stift Sankt Georgenberg-Fiecht verwahrten Handschrift[25] beheben, welche vermutlich den jüngsten enthaltenen Entwurf für das im Januar 1346 promulgierte Rechtsbuch darstellt.

---

19 Schwab, Zimelie 12: Das Oberbayerische Landrecht im Stadtarchiv München, in: Schlosser/Schwab 2000, 11.

20 Volkert 2010, 22, 70. Schwab, in: Schlosser/Schwab 2000, 11, nimmt den 13. Januar 1346 als den Promulgationstag an; anscheinend geht er davon aus, dass der Dreikönigstag 1346 ein Samstag gewesen sei.

21 Siehe zur Reichskanzlei (königlichen Hofkanzlei) Hoke 1990; Csendes 1999; Kotulla 2012.

22 Vgl. zum Zusammentreffen territorialer und reichsbezogener Aufgaben in der Person eines Landesherrn Widder 2016. Über die Tätigkeit der Kanzlei Ludwigs in sowohl imperialen als auch territorialen Angelegenheiten lies Rall 1976; ferner über die wittelsbachischen Kanzleien Rall 1984. Über wissenschaftliche Fundierung des Urkundenwesens in den mittelalterlichen Rechtsschulen lies Wolf 1973, Trusen 1977, Lange 1997, § 54.I.3.b.dd. Zur Frage, wie sehr die Kanzleien von rechtsgelehrten Räten geprägt waren, Widder 2016, 66 71; Schlincker, 2021, § 15 Rn. 20; Schlosser 2021, Kap. 3.II.4.

23 Volkert 2010, 70.

24 Siehe Aufstellungen in: Schlosser/Schwab 2000, 3–4, 7–8; Volkert 2010, 20–66.

25 Stift Fiecht in Sankt-Georgenberg (Tirol), Ms. 201 – sogenannte Georgenberger Handschrift. Über sie Volkert 2010, 24–27.

3 Verhältnis der Rechtsbücher Ludwigs zum römischen Recht und „professionelle“, „römisch-rechtliche“ Diktion

a) Das ansonsten nicht gegliederte Landrechtsbuch von 1346 enthält in der am Anfang stehenden Titelübersicht und ihr entsprechend im laufendem Text 28 lateinische Titelüberschriften, während Überschriften der 350 unter die 28 Titel gesetzten Artikel volkssprachlich sind. Die juristische Fachsprache Latein begegnet mit dem vordergründigen Anliegen verknüpft, der Bevölkerung und auch den vielen ungelehrten Verwaltungs- und Gerichtspersonen einen muttersprachlichen, im Idealfall durch eigene Lektüre, ansonsten beim Vorlesen verständlichen Normtext zu vermitteln. Dahinter ist das weitere Anliegen erkennbar, das Rechtsbuch als konform mit dem gelehrten römischen Recht auszuweisen. Das Münchener Stadtrechtsbuch enthält in den bis zum Jahr 1347 entstandenen Teilen (das heißt: bis zu Artikel 202) keine lateinischen Einschübe – von der Schlussformel nach Artikel 202 abgesehen. In das (wie das Augsburger Stadtrecht von 1276, wo allein eine Anrufung Gottes zu Beginn der Vorrede in lateinischer Sprache geschrieben steht)[26] nahezu vollständig volkssprachlich gefasste Münchener Rechtsbuch flossen jedoch alsbald mit den hinter Artikel 202 niedergeschriebenen Nachträgen lateinische Ausdrücke ein. Hier scheint die städtische Rechtspflege unter dem Eindruck des Landrechtsbuches nachgeholt zu haben, was die herrscherliche Kanzlei selbst für das Stadtrecht nicht vollzog. Die Städter leiten auf diese Weise unwidersprochen herrscherliche Autorität auf sich selbst über. Man wird angesichts der Geschwindigkeit, mit welcher das Stadtrechtsbuch bis zum Jahr 1365 auf einen dreifachen Umfang anschwoll, sogar vermuten dürfen, dass zwischen Ludwig und den Münchener Räten abgesprochen war, die Rechtszuweisung Ludwigs alsbald um Nachträge zu ergänzen, welche die Räte selbst bestimmten und wozu sie zum Teil auf ältere Ratsbeschlüsse zurückgreifen konnten. So vermochte das zugeteilte Stadtrechtsbuch sich auf einen Grundbestand an Regelungen zu konzentrieren. Die anschließende ungehinderte nähere Ausgestaltung des Zusammenspiels von Ortsgebrauch und gemeinem Recht durch die städtischen Räte ließ sich als Rechtsetzung im herrscherlichen Auftrag wahrnehmen.

Der Ausweis von Konformität des lokalen und des territorialen Rechts mit dem römisch-gemeinen Recht soll selbstredend nicht beanspruchen, dass jedes Regelungsdetail in Stadtrechtsbuch und Landrechtsbuch sich auf Justinians *corpus iuris civilis* zurückführen lasse. Für die Selbstdarstellung der herrscherlichen Aufgaben

26 Ausgabe in: Meyer 1872, 1–229.

mit ihrer Rückanbindung an das römische kaiserliche Selbstverständnis[27] genügt der Beleg für eine Auseinandersetzung mit dem vom gemeinen Recht gezogenen Rahmen, der mit Inhalten gefüllt werden darf, die der Zeit und dem Ort mit ihren tradierten besonderen Gewohnheiten und Satzungen entsprechen. Diese Inhalte dürfen durchaus im Detail vom römischen Recht abweichen. Über viele Themen mittelalterlichen Rechts ist wegen abweichender sozialer und ökonomischer Gegebenheiten in den dem Mittelalter noch bekannten Quellen des römischen Rechts ohnehin nur andeutungsweise oder gar nichts zu lesen. Insbesondere Regelungen zum örtlichen Wirtschaftsleben waren in römischer Zeit auf kommunaler Ebene zu setzen. Davon hat sich kaum Quellengut erhalten. Und die wenigen überlieferten zentral geschaffenen römischen Munizipalgesetze standen nicht im Mittelpunkt der klassischen römischen Rechtswissenschaft, aus welcher sich der Kernbestand des im *corpus iuris civilis* überlieferten römischen Rechts formte. Daher konnte das aus dem *corpus iuris civilis* im Mittelalter durch wissenschaftliche Durchdringung gewonnene gemeineuropäische Recht keine überall flächendeckende Rechtsordnung, sondern nur eine von Ort zu Ort in verschiedenen Umfängen genutzte subsidiäre Rechtsordnung sein.

b) Die Kanzlei Ludwigs des Bayern war offensichtlich genügend personalstark, um das komplexe Anliegen einer Anschlussfähigkeit des Münchener Stadtrechts ebenso wie des Landrechtsbuches an das römisch-gemeine Recht bei gleichzeitiger unverfälschter Wiedergabe der lokalen Satzungen und Gepflogenheiten wie auch der territorialen Gesetze und Gewohnheiten jeweils mit einem geeignet konzipierten Text zu erfüllen. Leider ist nicht ganz sicher, wie weitgehend, vielleicht sogar demonstrativ, die Berufung auf die römische Antike in einer authentischen Fassung des Landrechtsbuches war. Das ist Folge der Ungewissheit darüber, ob überhaupt je eine Originalausfertigung des Landrechtsbuches von 1346 entstand oder ob nicht schlicht die um 1335 entstandene und heute verlorene Entwurfsfassung in einfacher Form, zwar amtlich, aber ohne förmliche Verlautbarung fortgeschrieben wurde. Eine Erklärung für Verzicht auf feierliche Promulgation des Landrechtsbuches könnte darin zu suchen sein, dass es sich im Gegensatz zum Münchener Stadtrechtsbuch nicht nur an einen abgrenzbaren und abgrenzungsbedürftigen Teil der im Herrschaftsgebiet lebenden Untertanen richtete, sondern an alle dem Territorium Zugehörigen. Sonderstellungen (Privilegien) einzelner oder bestimmter Gruppen bedürfen besonderer Hervorhebung auch und gerade gegenüber den von der Rechtszuweisung Ausgeschlossenen, die Zweifel haben könnten, wenn man sie nicht auf eine authentische Normsetzung verweisen kann. Was hingegen für alle

27 Siehe oben 2.a.

gelten soll, mag unspektakulär eingeführt und verbreitet werden, weil niemand zu seinem Schaden oder zu seinem Vorteil exkludiert ist.

c) Die Ungewissheit darüber, wie eine von der Kanzlei selbst geschaffene Fassung des Landrechtsbuches auf dem Stand des Jahres 1346 ausgesehen haben mag, beginnt mit einer kurzen Vorrede in lateinischer Sprache, die in der Handschrift des Stadtarchivs München[28] zu lesen ist, welche Schlosser und Schwab ihrer Edition des Oberbayerischen Landrechts[29] zugrundelegten. Diese Einführung, ganz an den Beginn, noch vor eine Titel- und Artikelübersicht (auf welche in der Handschrift des Stadtarchivs München die deutschsprachige Promulgationsformel vom Jahre 1346 folgt) gestellt, verweist auf Isidor von Sevilla (Isidorus Hispalensis; geboren um 560; gestorben 636). Isidor hatte in seiner „Etymologie"[30] eine Kompilation des antiken Wissens niedergeschrieben. Die lateinische Vorrede zum oberbayerischen Landrechtsbuch zitiert das Fünfte Buch der „Etymologie". Es handelt von den Gesetzen und von den Zeiten (Fristen): *De legibus – De temporibus*.[31] Die Vorrede bedient sich daraus mit einer kurzen Betrachtung zu den Begriffen Recht (*ius* als Zusammenfassung von Gesetzen und Gepflogenheiten), Gesetz (*lex* als geschriebene Satzung: *constitutio scripta*) und Gepflogenheit (*mos* als Satzung durch Billigung von alters her: *constitutio vetustate approbata*).[32] Ludwig, vierter Kaiser der Römer, habe das Heil (*salus*) seiner Getreuen Bayerns voranbringen wollen. Damit sie in gleicher Ordnung leben und innerhalb gleicher Gesetze regiert werden mögen, habe Ludwig aus der Gnade seiner Hoheit die Aufzeichnung (*conscribi*) dessen befohlen, was man mit einem anderen Ausdruck auch als örtliche Rechte (*iura municipalia*) bezeichnen könne. Dieser Schlusssatz der Einleitung spricht die Parallelität von lokaler und territorialer Normsetzung an, die sich aus der Gesamtverantwortung des Herrschers ableitet. Er belegt die Absicht, das Münchener Stadtrecht und das Landrechtsbuch als Gesetzgebung aus einem einzigen Plan auftreten zu lassen – wenn denn der Schlusssatz und überhaupt die lateinische Vorrede wirklich aus der Kanzlei stammt und im Jahre 1346 mitpromulgiert wurde. Immerhin kann man sagen: falls die lateinische Vorrede nur zu wohlmeinender Erläuterung von einem gelehrten Auftraggeber dem Kopisten mitgegeben wurde, so trifft sie das typische herrscherliche Anliegen jener Zeit gut.

Die letzte bekannte Konzepthandschrift vor der Fassung von 1346, die sogenannte Handschrift G, aufbewahrt in der Bibliothek des Benediktinerstifts Georgen-

28 Zimelie 12.
29 Schlosser/Schwab 2000.
30 Etymologiarum sive originum libri XX.
31 Ausgabe des Buches V aus Isidors „Etymologie": Yarza Urquiola/Andrés Santos 2013.
32 Übernommen aus Isidor, Etymologiarum 5.3.1 und 2.

berg, enthielt die lateinische Vorrede noch nicht. Dieser Befund ist zweideutig. Das Fehlen der lateinischen Vorrede im Entwurf kann gegen ihre Authentizität sprechen. Die lateinische Vorrede könnte aber ebensosehr von allerhöchster Authentizität sein, weil sie als Teil des Promulgationspatents entstand und ebendeswegen im Konzept noch nicht zu lesen sein kann (wie ja auch die deutsche Vorrede in der Georgenberger Handschrift noch nicht steht). Die Titel- und Artikelübersicht fehlt ebenfalls noch in der Georgenberger Entwurfsfassung. Hingegen kann man die häufig mit Begriffen des römischen Rechts ausgestatteten lateinischen Titelüberschriften – und auch ohne juristische Fachbegriffe enthält wiederkehrende Wahl des Lateinischen in einem Rechtsdokument eine generelle Erinnerung an die rahmende Wirkung des römischen Rechts – im laufenden Text bereits im Georgenberger Entwurf vorfinden.[33]

d) Größere Gewissheit über die enge Verflechtung von ortsrechtlicher Tradition und gemeinem Recht liefern Disposition und die Regelungsgehalte des Münchener Stadtrechtsbuches und des oberbayerischen Landrechtsbuches. Hierzu gibt der folgende Abschnitt einige Beispiele. Dabei darf nach Ansicht des Verfassers der Umstand unterschlagen werden, dass keine authentische Fassung des Landrechts von 1346 bekannt ist, sondern nur unautorisierte Abschriften. Anders als hinsichtlich der zuvor[34] erwähnten lateinischen Vorrede zum Landrechtsbuch wird man nicht befürchten dürfen, dass Artikel des Landrechtsbuches Zutaten eines Kopisten oder des Auftraggebers eines Kopisten gewesen sein möchten. Sehr zu Recht tritt Schlosser energisch der im zwanzigsten Jahrhundert verbreiteten Einschätzung entgegen, das oberbayerische Landrecht bezeuge ganz überwiegend deutschrechtliche Überlieferungen und sei vom römischen Recht weitgehend unberührt.[35]

4 Kaiserliches Recht in den landesherrlichen Rechtsbüchern für München und Oberbayern

Die deutlichen Anklänge an das im Mittelalter als „kaiserliches Recht“ empfundene gemeine Recht in den beiden Rechtsbüchern für die Stadt München und für das oberbayerische Territorium sind Zeugnisse für die Funktionstüchtigkeit eines aus vielen Quellen gespeisten Rechtslebens und zugleich Beleg für Selbstauffassung und Selbstdarstellung herrscherlicher Normsetzung als der Staatsklugheit des Römischen Reiches legitim nachfolgend. Soweit die Münchener stadtrechtli-

33 Siehe zu den Eigenheiten der Georgenberger Handschrift Volkert 2010, 20, 24.
34 Siehe soeben 3.c.
35 Schlosser, Kommentar, in: Schlosser/Schwab 2000, 172–176.

chen Belege aus den Nachträgen zum „Versiegelten Buch“ stammen, sind sie Adaptionen herrscherlicher Attitüde durch die eigene Rechtspflege der Städter. Der städtische Rat führt die Münchener Rechtssammlung im Bewusstsein fort, herrscherliche Verleihung und Bekräftigung kommunaler Autonomie zu genießen. Er liefert damit jedoch mittelbar Zeugnis für die Selbstsicht des normsetzenden Herrschers, welche er nachahmt. Das gilt zum einen für die erst nach der landesherrlichen Fassung des Münchener Stadtrechts von 1347 entstandenen Ratssatzungen. Es gilt aber auch und erst recht für diejenigen Nachträge, welche dem „versiegelten Buch“ Bestimmungen anfügen, die schon vor der landesherrlichen Satzung von 1340 oder zumindest vor der neuen Fassung des Stadtrechtsbuches von 1347 Münchener Stadtrecht kraft Ratssatzung waren.[36] Soweit also der Münchener *Liber Rufus* Hinweise auf das römisch-gemeine Recht enthält, enthüllt er ein bereits vor der landesherrlichen Gestaltung von 1340 und 1347 geltungskräftiges stadtrechtliches Geflecht von Ortstradition (Satzungen und Gewohnheiten) und gemeineuropäischer (auf dem *corpus iuris civilis* fußender) Entwicklung. Die Kanzlei des Kaisers und Herzogs Ludwig schrieb gewissermaßen in dieses Geflecht hinein. Man kann somit von einer Wechselwirkung zwischen schon vorhandenem von den Städtern autonom gepflegten Stadtrecht und landesherrlicher Rechtszuweisung sprechen. In dieser Wechselwirkung profitieren beide Seiten – im wechselseitigen Respekt des Konsenses, das heißt: ohne dass der Gewinn der einen Seite ein Verlust der anderen wäre – von der den Herrschaftsanspruch nach innen wie nach außen legitimierenden Idee, das geschriebene Recht in Kontinuation römischen Rechtslebens zu formen. Dieses Zusammenspiel macht auch die autonomen Münchener Stadtrechtsnachträge zu geeigneten Belegen für die vom Landesherrn getragene planvolle Konstruktion der Stadtrechtsaufzeichnung als wirksames Gefüge aus örtlichem und gemeineuropäischem Recht. Nur eine Nebenbemerkung soll hier sein, dass das gemeineuropäische Recht sich nicht im römisch-gemeinen Recht erschöpft, sondern auch aus dem (seinerseits aus römischem Recht gespeisten) kanonischen Recht des Mittelalters besteht. Auch zum kanonischen Recht bestehen in der Rechtsetzung Ludwigs, insbesondere im Landrechtsbuch (und dort in Prozessregelungen und in eherechtlichen Bestimmungen) Bezüge. Darauf wies bereits Schlosser nachdrücklich hin.[37]

a) Auffallende Belege für eine Orientierung am gemeinen Recht sind die schon erwähnten[38] lateinischen Zwischenüberschriften in Stadtrechtsbuch und Landrechtsbuch. Die Verwendung lateinischer Ausdrücke trägt die unausgesprochene Aussage

---

36 Siehe oben 3.a.

37 Schlosser, Kommentar, in: Schlosser/Schwab 2000, 174–175.

38 Siehe oben 3.a und c.

in sich, dass der mit ihnen verbundene Normtext ganz oder teilweise aus dem gemeinen Recht gewonnen ist oder dass der Normtext sich zwar als ein Element örtlicher Rechtsentwicklung darstellt, die sich aber bruchlos in die gemeinrechtliche Überlieferung einfügt, welche einen örtlich unterschiedlich ausfüllbaren Rahmen setzt. In diesem Sinne sind sowohl Schlagworte, welche unmittelbar dem Vokabular des *corpus iuris civilis* entlehnt sind und in einschlägigem Zusammenhang auftreten, Belege für die Anerkennung des römisch-gemeinen Rechts, als auch Schlagworte, welche ohne spezifische Assoziation einer römischen Regelung nur überhaupt die Eigenschaft des Lateinischen als Sprache gelehrten Rechts in Erinnerung rufen und damit eine generelle Übereinstimmung des Rechtsbuches mit dem gemeinen Recht reklamieren.

Im Landrechtsbuch sind stets Gruppen von thematisch zusammengehörigen Artikeln mit vorangestellten lateinischen Zwischenüberschriften markiert. Die erste Gruppe (Artikel 1 bis 31) versammelt allgemeine prozessrechtliche Bestimmungen und trägt die direkt auf den sachlichen Gehalt zuführende Bezeichnung *de iudiciis*. Genau so sind ganze Titel über Gerichtsverfahren in den Digesten[39] und im Codex Iustinianus[40] überschrieben. Die zweite Zwischenüberschrift kündigt mit den Worten *titulus furtorum* Bestimmungen über den Diebstahl an (Artikel 32 bis 50). Mit den Worten *de furtis* sind aber auch zwei Titel in Digesten[41] und Codex[42] überschrieben,[43] und außerdem gibt es einen Digestentitel speziell über Diebstahlsbezichtigungen gegen Schiffsführer, Gastwirte, Stallwirte, also Situationen Reisender betreffend, die leicht Opfer von Übergriffen werden können.[44] Später erscheint im Landrechtsbuch ein *titulus super dampnis edificiorum et agriculturae* (vor Artikeln 65 bis 72). Der gelehrte zeitgenössische Leser verstand dies ohne weiteres als Verweis auf die römischen Bestimmungen über Sachbeschädigung aufgrund der sogenannten *lex Aquilia*, aus welcher die Klage (*actio*) wegen widerrechtlicher Schadenszufügung (*damnum iniuria datum* oder kurz *damnum*) hervorging.[45] Ein weiterer Titel bündelt Regelungen über die Rechtsstellung der Gastwirte gegenüber ihren Gästen: *titulus de iure hospitantium et cauponum* (vor Artikeln 269 bis 276). Dieser Landrechtstitel entspricht in systematischer Hinsicht (wenn auch im Detail andere Fallgestaltungen betreffend) neben dem soeben schon erwähnten Digestentitel über Diebstahlsklagen gegen Schiffsführer, Gastwirte oder Stallwirte einem Di-

39 Digesten 5.1.
40 Codex 3.1.
41 Digesten 47.2.
42 Codex 6.2.
43 Überdies ist das *furtum* nach wenigen allgemeinen Worten über Delikte Gegenstand von Institutiones 4.1.
44 Digesten 47.5.
45 Digesten 9.2, Codex 3.35. Siehe auch Institutiones 4.1.principium und 4.3.

gestentitel über die Haftbarkeit von Schiffsführern, Gastwirten und Stallwirten für eingebrachtes Gut der Reisenden.[46]

Im Münchener Stadtrechtsbuch ist die Gelegenheit zu Nachträgen dazu genutzt, Regelungen zum Ausschank der Gastwirte (Artikel 335 bis 340), die im Detail nichts mit der Haftung für eingebrachte Sachen zu tun und auch sonst keine Parallele im *corpus iuris civilis* haben, mit einer Zwischenüberschrift auszustatten, welche an die Haftung nach gemeinem Recht erinnert: *Nota: caupones in suis acciones*. Dies dient einer Aufwertung des örtlichen Gewerberechts als nahtlos anschließend an das gelehrte römische Recht. Dasselbe geschieht mit der Überschrift *Institores* vor einigen nachgetragenen stadtrechtlichen Artikeln über Orte und Zeiten, zu denen Händler ihre Stände aufschlagen dürfen, und über das zugehörige Warenangebot (Artikel 525 bis 529). Der *institor* ist in Digesten[47] und Codex[48] Justinians der leitende Ladenangestellte, der vom Geschäftsinhaber eingesetzte Geschäftsleiter, welcher im Laden steht (*instat*).[49] Mit seiner Rolle war das alltägliche Problem verbunden, ob er Geschäfte zu tätigen vermochte, die den Geschäftsinhaber unmittelbar begünstigen, aber auch verpflichten. Das römische Recht kannte noch keine allgemeine Regel, dass man zu (nahezu) jeglichem Geschäft einen Stellvertreter berufen kann, dessen Handeln genauso wirkt wie ein Handeln des Vertretenen selbst. Das Instrument der Stellvertretung entwickelte erst nach und nach die frühe Neuzeit. An dieser Entwicklung hatte die notarielle Praxis in den Handelsstädten einen gewichtigen Anteil, indem sie beharrlich wortreiche Urkunden erzeugte, in welchen Handelsherren versprachen, die Geschäfte ihrer in alle Welt entsandten gehobenen Mitarbeiter wie persönlich getätigte zu erfüllen.[50] Im vierzehnten Jahrhundert indessen war man von einer gesicherten rechtlichen Handhabung von Stellvertretungen noch weit entfernt. Doch hatte schon das antike römische Recht einen zusätzlichen Anspruch entwickelt, den der Geschäftspartner gegen den Geschäftsinhaber (welcher ihm eigentlich gar nicht vertraglich verbunden war) erheben und notfalls mit einer Klage (*actio institoria*) verfolgen durfte, wenn der Geschäftsleiter als der primär haftbare Vertragspartner keine Vertragserfüllung bewirkte. Um diese Haftbarkeit des Geschäftsinhabers für Geschäfte seines Geschäftsführers geht es in den mit *Institores* überschriebenen Artikeln des Münchener Stadtrechts nicht im Geringsten. Aber die Zitation des mit überragender alltäglicher Bedeutung beladenen Rechtsbegriffes lässt den kundigen Leser wissen, dass bei der Niederschrift des Ortsrechts Fachleute am Werke waren, die für

46 Digesten 4.9.
47 Digesten 14.3.
48 Codex 4.25.
49 Siehe Ulpianus Digesten 14.3.3.
50 Vgl. Becker 2018.

die rechte Verbindung zwischen gemeinem Recht und Ortsrecht zu sorgen wussten und so das herrscherliche Anliegen des Stadtrechtsbuches richtig ausführten.

Wenn der Gläubiger bei außergerichtlicher Ansprache des Schuldners keinen Erfolg hat, so beschreitet er den Rechtsweg. Das drückt das Landrechtsbuch in einer Titelüberschrift vor Artikeln 277 bis 299 aus: *Titulus ocupationum per viam iuris et dampnorum et super actionibus debitorum*. Eben der Begriff des Rechtsweges (*via iuris*) begegnet auch in einem Digestentitel[51] über Machenschaften zum Nachteil des Gläubigers.[52]

Die Reihe solcher schon in der äußeren Textdisposition erzeugten Parallelen und Verknüpfungen ließe sich fortsetzen. Nach äußerlichen Bezeichnungen unter Benutzung von Vokabular des römischen Rechts geben aber auch viele Regelungsdetails Aufschluss über ein zeitgenössisches Verständnis der Rechtsordnung als funktionstüchtiges Gewebe aus Ortsrecht und gemeinem Recht:

b) Vereinzelt begegnet im Text eines Artikels ein lateinisches Versatzstück, das der kundige Leser sofort als Rückgriff auf das römisch-gemeine Recht interpretiert. So findet sich im nachgetragenen Artikel 345 des Stadtrechtsbuches eine Verdoppelung des an Richter und Stadt München zu entrichtenden Bußgeldes (*judici duplicatam penam, civitati tantum*), wenn ein Münchener Bürger das bußbewehrte Münchener Verbot von Spielen um Geld (Artikel 343 und 344) dadurch zu umgehen sucht, dass er sich in eine andere Stadt begibt, um dort seiner Spielleidenschaft zu frönen.

c) Die meisten Beziehungen zwischen Ortsrecht und gemeinem Recht sind indessen mehr oder minder deutlich in den volkssprachlichen Regelungen zu erkennen. Nirgends ist zwar ein erschöpfendes Aufgreifen der römischen Quellen und ihrer mittelalterlichen gelehrten Ausführung mit ausdrücklicher Bestätigung durch das örtliche Recht oder mit scharf definierter Abweichung des örtlichen Rechts zu lesen. Eine solche Vollständigkeit gab es in Mittelalter oder früher Neuzeit nirgends jemals. Sie wäre unvereinbar mit der Auffassung des römisch-gemeinen Rechts (und auch des kanonischen Rechts) als subsidiär in ihrer Gänze jederzeit verfügbarer Rechtsmasse gewesen. Man musste sich nicht mit allen Details des gemeinen Rechts beschäftigen, weil es als gültig vorauszusetzen war und nur einige wichtige Berührungspunkte, Abweichungen oder Ergänzungen örtlichen Rechts schriftlich niederzulegen waren. Vieles weitere konnte unaufgezeichnet als örtliche Gewohnheit Rechtskraft haben oder in verstreuten Dokumenten außerhalb des Rechtsbuches bewahrt bleiben (oder auch außer Gebrauch geraten). Erst die seit der Mitte

51 Digesten 48.2: *Quae in fraudem creditorum facta sunt ut restituantur.*
52 Scaevola Digesten 42.8.22.

des achtzehnten Jahrhunderts konzipierten Kodifikationen treten mit dem Anspruch auf vollständiger Erfassung der Normenwelt auf.

d) Zwei im *Codex Iustinianus* überlieferte spätantike kaiserliche Konstitutionen sahen Anpassung oder Rückgängigmachen eines Kaufvertrages vor, in welchem Wert der Kaufsache und gezahltes Kaufgeld um mehr als die Hälfte voneinander abwichen.[53] In den den Erlassen zugrundeliegenden Fällen waren Grundstücke um weniger als die Hälfte ihres wahren Wertes verkauft worden. Die mit den Erlassen eröffnete nachträgliche Korrektur war Ausnahme vom Grundsatz, dass eine jede Vertragsseite sich vor dem Vertragsabschluss überlegen musste, ob das Geschäft ein glückliches werde. War der Kauf einmal getätigt, musste man normalerweise mit dem Ergebnis leben.[54] Daran erinnerte der jüngere der beiden Erlasse ausdrücklich. Nur eine seit dem Mittelalter sogenannte übermäßige Schädigung (*laesio enormis*; in den beiden Kaiserkonstitutionen erscheint der Ausdruck noch nicht) eröffnete gemäß den kaiserlichen Erlassen die Möglichkeit, das Geschäft anzugreifen. Eine ähnliche, allerdings mit einer anderen Proportion von Leistung und Gegenleistung ausgestattete Regelung hatte auch die in den ersten Jahrzehnten des dritten Jahrhunderts abgeschlossene Sammlung des gelehrten jüdischen Rechts, die Mischna, enthalten.[55] Sie ging später in den Talmud ein (sowohl in den um das Jahr 400 entstandenen Jerusalemer Talmud[56] als auch um 500 in den Babylonischen Talmud[57]).[58] Das alltägliche Problem der Abweichung vom gerechten Preis (*iustum pretium* oder *verum pretium* in den beiden einschlägigen kaiserlichen Erlassen) greifen zwei nachgetragene Bestimmungen des Münchener Stadtrechts auf. Artikel 330 bezeichnet als „Unkauf" (*unchauff*) den Verkauf zu weniger als der Hälfte des rechten Wertes. Der Unkauf hat keinen Bestand, weil ein übervorteilendes Geschäft (*überwett*) kraftlos ist, wie in verkürzter Form schon Artikel 229 besagt: *Allew überwett habent chain chraft.*

Andere Regelungen zum Alltagesgeschäft Kauf sind nicht dem römischen Recht entlehnt, sondern entspringen mittelalterlicher Praxis. Das betrifft beispielsweise das Verbot des Fürkaufs (Aufkaufen von Ware zwecks Spekulation) in Artikel 298 des Münchener Stadtrechts mit begleitender Einkaufsbeschränkung zulasten Auswärtiger (Gäste) in Artikel 325. Trotz seiner überragenden Bedeutung findet das Kaufgeschäft wie auch alle anderen Themen im Stadtrechtsbuch keine

53 Diocletianus et Maximianus Codex 4.44.2 (Erlass von 285) und Codex 4.44.8 (Erlass von 293).

54 Ulpianus Digesten 4.4.16.4.

55 Mischna 4.2.4.3 und 4.2.4.4. Angreifbar war der Vertrag nach herrschender Meinung bereits bei Abweichung um mehr als ein Sechstel.

56 Jerusalemer Talmud zu Mischna 4.2.4.3 und 4.2.4.4.

57 Babylonischer Talmud zu Mischna 4.2.4.3 und 4.2.4.4.

58 Zum Vergleich der römischen und der jüdischen Vorschriften siehe Forster 2018.

erschöpfende Behandlung. Auch das Landrechtsbuch behandelt mit Kauf zusammenhängende Fragen nur in Auswahl.

e) Der (unentgeltlich tätige) Verwahrer haftet gemäß dem Stadtrechtsbuch (Artikel 92) ebenso wie gemäß dem Landrechtsbuch (Artikel 295) für das Gut. Haftungsmaßstab ist die Sorgfalt des Verwahrers, welche er seiner eigenen Habe gegenüber anwendet. Wer das anvertraute Gut nicht übler verwahrt als sein eigenes Gut, schuldet keinen Schadensersatz. Der Hinterleger muss sich vorher Gedanken darüber machen, bei welchem Hilfsbereiten er seine Habe hinterlegt, nicht erst dann, wenn ein Schaden eintritt. Diese Milde entspricht dem Haftungsmaßstab des römischen Rechts, welches den uneigennützig Handelnden nicht beschweren will.[59] Eine ähnliche Parallele zum gemeinen Recht gibt es in der Haftung des Leihnehmers auf die schadenfreie Rückgabe der Leihsache gemäß Artikel 93 des Münchener Stadtrechts sowie gemäß Artikeln 83 (entgeltliche Viehleihe, also Miete, betreffend: *umb lon*), 84 (unentgeltliche Viehleihe betreffend: *an lon*) und 296 (Leihe von Gut ohne Frage nach Entgeltlichkeit) des Landrechtsbuches. Wie das römische Recht[60] sehen weder das Münchener Stadtrecht noch das Oberbayerische Landrecht eine Haftungsbeschränkung des die Sache zu eigenem Nutzen Gebrauchenden auf eigenübliche Sorgfalt vor. Im Gegenteil begründet Artikel 84 des Landrechtsbuches spiegelbildlich zum römischen Autor Ulpianus, der den alleinigen Nutzen des Leihnehmers im unentgeltlichen Gebrauch hervorhebt,[61] die Haftung des unentgeltlich die Sache Gebrauchenden mit der Uneigennützigkeit des Leihgebers.

f) Die landrechtliche Darstellung von Gebrauchsüberlassungen, welche das Landrechtsbuch in der Volkssprache sämtlich mit „Leihe“ bezeichnet – wie auch heute noch bei beweglichen Sachen alltagssprachlich keine Unterscheidung zwischen Leihe und Miete stattfindet –, enthält zugleich einen verdeckten Hinweis auf die dem römischen Recht eigene systematische Unterscheidung zwischen Leihe und Miete. Artikel 83 und 84 des Landrechts wirken auf den ersten Blick redundant formuliert. Beide Vorschriften gelangen zum selben Ergebnis: Wer eine Sache zum Gebrauch empfing, muss sie hüten und schonen, um Haftbarkeit zu meiden. Das hätte sich auch in einer gemeinsamen Regelung beschreiben lassen. Ohne Hinweis auf Entgeltlichkeit und Unentgeltlichkeit kommen denn auch der Landrechtsartikel 296 und der Stadtrechtsartikel 93 aus (siehe soeben). Trotzdem bevorzugt das Land-

---

59 Siehe Celsus Digesten 16.3.32; Institutiones 3.14.3. Vergleiche auch Ulpianus Digesten 13.6.5.2.
60 Siehe im römischen Recht zur Haftung des Leihnehmers Ulpianus Digesten 13.6.5 bis Pomponius 13.6.23. Haftungsmaßstab ist der allersorgfältigste Hausvater; siehe Gaius Digesten 13.6.18. principium. Zur gleich strengen Haftung des Mieters siehe Institutiones 3.24.5; Ulpianus Digesten 13.6.5.2 und 15; Diocletianus et Maximianus Codex 4.65.28 (aus dem Jahre 298).
61 Ulpianus Digesten 13.6.5.3.

rechtsbuch eine zunächst getrennte Darstellung. Die Trennung ist dann notwendig, wenn man die Spielarten der „Leihe“ auf das römische Recht zurückführt. Dort sind Leihe im engen Sinne unentgeltlicher Gebrauchsüberlassung (*commodatum*) und Miete als entgeltliche Gebrauchsüberlassung (*locatio conductio*) trotz Ähnlichkeit im äußeren Geschehen juristisch nur sehr weitläufig verwandt. Beide Geschäfte sind vertraglicher Natur. Doch bevor man zu den einzelnen Geschäftstypen gelangt, muss man im römischen Recht zunächst eine Gruppenbildung nach der Art und Weise des Zustandekommens durchschreiten. Vier Gruppen stehen zur Verfügung: Geschäfte unter Hingabe einer Sache (Realkontrakte), Geschäfte durch förmliches Versprechen (Verbalkontrakte, auch Stipulationen genannt), Geschäfte durch schriftliche Niederlegung (Litteralkontrakte) und Geschäfte aus schlichter Willensübereinstimmung (Konsensualkontrakte).[62]

Die Leihe zählt zu den Geschäften, die ihre Gültigkeit nicht bereits aus bloßer unförmlicher Absprache beziehen. Der Leihvertrag gilt erst, wenn die Leihsache ausgehändigt ist.[63] Hingegen zählt die Miete zu den durch bloßen Konsens (*consensus*) begründeten Geschäften. Der Mieter muss natürlich den Mietgegenstand empfangen. Aber das ist erst Folge des Vertragsschlusses, nicht schon Erzeugung der Verbindlichkeit. Die Miete steht in der Gruppe der Konsensgeschäfte gemeinsam mit den alltäglichen Geschäften Kauf (*emtio venditio*), Auftrag (*mandatum*), Gesellschaft (*societas*).[64] Mietbar sind im römischen Recht sowohl einzelne Sachen und bewirtschaftungsfähige Gegenstände als auch Arbeitskraft freier Menschen (die Miete eines Unfreien wäre Sachmiete). Das Geschäft *locatio conductio* entspricht also in heutiger Rechtssprache Deutschlands je nach konkretem Gehalt der Miete, dem Leasinggeschäft, der Pacht, dem Arbeitsvertrag, dem Arbeitnehmerüberlassungsvertrag und dem Werkvertrag. Heute wäre die Frage nach Entgeltlichkeit die entscheidende Abgrenzung zur Leihe. Im römisch-gemeinen Recht ist es die Typologie der Entstehungsumstände. Auf sie nimmt die redaktionelle Gestaltung des Landrechtsbuches Rücksicht und weist sich so als mit dem gemeinen Recht abgestimmt aus.

Eine weitere sorgsame redaktionelle Trennung geschieht – scheinbar unnötig – bei der Lösung von Rechtsfragen des Gelddarlehens. Auch hier ist von „Leihe“ die Rede (*gelihens gelt* in Artikeln 288, 290, 293, 294). Doch muss das Landrechtsbuch das Gelddarlehen aus zwei Gründen getrennt von sonstiger (entgeltlicher oder unentgeltlicher) „Leihe“ behandeln: Erstens ist im römisch-gemeinen Recht das Gelddarlehen (wie auch das Darlehen anderer Sachen; alles heißt *mu-*

62 Institutiones 3.13.2.

63 Siehe Institutiones 3.14.2.

64 Institutiones 3.22.principium.

tuum) ein Realkontrakt und damit nur der Leihe im engen Sinne kostenloser Gebrauchsüberlassung unmittelbar benachbart, nicht hingegen der Miete.[65] Und zweitens gibt der Darlehnsschuldner die ihm gewährte Sache nicht zurück, sondern er darf sie verbrauchen. Vielmehr ist es Pflicht des Darlehensschuldners, zur Tilgung Gleichartiges zu erstatten.[66] Der einheitliche Begriff „Leihe" dient also im Landrechtsbuch nicht zur Markierung einer systematischen Einheit, sondern muss im Gegenteil von Fall zu Fall im Bewusstsein vorgegebener systematischer Differenzierung verwendet werden.

g) Ein Beispiel für eine einzelne Regelung, welche komplementär zum römisch-gemeinen Recht steht, gibt die Tierhalterhaftung. Artikel 79 des Landrechtsbuches sieht vor, dass jedermann grundsätzlich auch gefährliche Tiere halten darf. Verursacht das Tier jedoch einen Schaden, so können die Geschädigten dem Halter durch den Fronboten (Vollstreckungsbeamten) das weitere Halten des Tieres verbieten lassen. Beachtet der Halter das Verbot nicht und hält das gefährliche Tier weiter, so muss er nicht nur den Schaden ausgleichen, sondern auch ein Bußgeld an das Gericht zahlen. Schadensverursachung durch ein von einem Menschen gehaltenes Tier ist ein alltägliches Problem. So mag es auf den ersten Blick verwundern, dass das Landrecht den Schadensersatz erst für einen Vorfall erwähnt, der sich nach dem Verbot zuträgt. Die Erklärung ist darin zu suchen, dass das Landrechtsbuch hier die Schadensersatzpflicht nur klarstellen will. Niemand solle denken, dass mit der ans Gericht zu leistenden Bußsumme alles erledigt sei. Der Schaden nach dem Verbot muss genauso ersetzt werden, wie auch schon der vor einem Verbot eingetretene Schaden. Die Schadensersatzpflicht des Tierhalters überhaupt kann man in einem örtlichen Rechtsbuch niederschreiben. Man kann auch eine schon in der Antike herrschende Regelung setzen, dass der Tierhalter dem Geschädigten alternativ zum Schadensersatz das schädigende Tier überlässt. Beides bestimmte um das Jahr 1275 der Schwabenspiegel (Landrecht Artikel 204).[67] Eine ortsrechtliche Bestimmung ist aber grundsätzlich nicht notwendig, weil das römische Recht die Schadensersatzverpflichtung (insbesondere aufgrund der oben schon genannten *lex Aquilia*)[68] mitsamt der Alternative einer Aushändigung des schädigenden Tieres (sogenannte Noxalhaftung: *noxalis actio*) bereithält.[69]

65 Institutiones 3.14.principium.

66 Ebenfalls Institutiones 3.14.principium.

67 Dazu Becker 2011.

68 Siehe oben 4.a.

69 Siehe Institutiones 4.9. Noxalklage gab es auch wegen der Delikte eines Sklaven; der verurteilte Eigner des schadenstiftenden Sklaven zahlte Schadensersatz, oder er lieferte den Sklaven aus; siehe Institutiones 4.8.

h) Ähnlich isoliert erscheinen auf den ersten Blick einige kasuistische Beispiele für bußgeldpflichtige Beleidigungen, welche Artikel 60 bis 64 des Landrechtsbuches bereithalten. Das Gefüge von Regelungen zu Angriffen auf die Persönlichkeit (*iniuriae*) ist im *corpus iuris civilis* breit ausgebaut und steht hinter den Beispielen im Landrechtsbuch.[70]

Nicht näher erläutert, sondern als bekannte rechtliche Institution vorausgesetzt ist in Artikel 72 des Landrechtsbuches die Klage auf Zweifachbuße wegen Schadens. Diese Klage scheint mit der römischen Klage auf doppelten Schadensersatz (*duplum*) wegen Sachbeschädigung (*damnum iniuria datum*)[71] identisch zu sein. Grundsätzlich richtet sich der Anspruch des Geschädigten aufgrund der *lex Aquilia* auf einfachen Schadensausgleich.[72] Bestreitet jedoch der Schädiger seine Verantwortlichkeit und wird im Prozess überführt, so wird er in die doppelte Summe verurteilt.[73] Dies liegt an der Doppelfunktion der Klage nach der *lex Aquilia*. Sie verbindet als sogenannte gemischte Klage (*actio mixta*) den Aspekt der Sachverfolgung (*rei persecutio*) – das ist das Interesse an Wiedergutmachen des Schadens – mit einer Strafverfolgung (*poenae persequendae causa*).[74]

Auch die eklektisch anmutende Bestimmung zu Viehmängeln in Artikel 244 des Landrechtsbuches steht in einem Zusammenhang gemeinen Rechts. Die Haftung des Verkäufers für Mängel der verkauften Sache ist in den Digesten als auf das Edikt des Marktaufsehers (des kurulischen Ädilen) zurückgehend umfänglich beschrieben.[75]

i) In der Zusammenschau von Normtext und gedanklich verbundenem gemeinen Recht erweisen sich die Rechtsbücher Ludwigs des Bayern trotz ihrer sperrigen Materialanordnung als kunstvolle Gebilde. Sie sind in einer für das Mittelalter typischen Reihung von Aspekten nur grob sachlich geordnet. Die Gedankenfolge ist bald behutsam in Assoziationen fortschreitend, bald sprunghaft. Manche Themen wiederholen sich. Ein fachlich unvorbereiteter Leser der Zeit oder ein Zeitgenosse, der sich das Münchener Stadtrecht oder das Oberbayerische Landrecht vorlesen ließe, hätte wenig Nutzen von der Lektüre. Doch vermochte der gelehrte Leser die

70 Siehe über die *iniuria* Institutiones 4.4, Digesten 47.10, Codex 9.35.
71 Siehe oben 4.a und 4.g.
72 Institutiones 4.3.principium und 4.3.14.
73 Institutiones 4.6.19 und 4.6.23.
74 Siehe Institutiones 4.6.18 und 19.
75 Digesten 21.1: *De aedilicio edicto et redhibitione et quanti minoris*. Sonderbestimmungen zur Viehmängelhaftung gab es auch noch in der Moderne bis zum Ende des Jahres 2001: Verordnung betreffend die Hauptmängel und Gewährfristen beim Viehhandel, vom 27. März 1899, Reichs-Gesetzblatt 1899, 219. Ermächtigungsgrundlage für die Kaiserliche Verordnung war § 482 Abs. 2 BGB in der ursprünglichen Fassung vom 18. August 1896, Reichs-Gesetzblatt 1896, 195.

Einbettung der Regelungen in den systematisch erfassbaren Zusammenhang des römisch-gemeinen Rechts zu erkennen. So kann man mit dem Befund schließen, dass Ludwigs Kanzleijuristen die Aufzeichnungen mit der Erwartung herstellten, die Leserschaft werde zumindest dann, wenn letztgültige Entscheidungen anhand der Rechtsbücher zu treffen waren, aus ihnen gleich fachlich Versierten bestehen – rechtsgelehrt oder immerhin in der Rechtspflege langerfahren – oder in der Lage sein, gelehrten oder erfahrungsgesättigten Rat einzuholen. Ludwig der Bayer, in dessen Auftrag die Kanzlisten die Rechtsverschriftlichung ausübten, kann man daher als einen Herrscher bezeichnen, der die voranstrebende Wirkmächtigkeit des gemeineuropäischen Rechts begünstigte.

Quellen- und Literaturverzeichnis

Auer, Franz (Hrsg.): *Das Stadtrecht von München nach bisher ungedruckten Handschriften mit Rücksicht auf die noch geltenden Rechtssätze und Rechtsinstitute*. München 1840. Nachdruck Aalen 1969.

Augsburger Stadtrecht von 1276: siehe Meyer 1872, 1–229.

Babylonischer Talmud: siehe Goldschmidt 1981.

Becker, Christoph: „Tierschaden – Über den Zusammenhang augsburgischen und gemeinen Rechts am Beispiel menschlicher Haftung für vom oder am Tier verursachte Schäden“, in: *Augsburg, Schwaben und der Rest der Welt. Neue Beiträge zur Landes- und Regionalgeschichte. Festschrift für Rolf Kießling zum 70. Geburtstag*, hrsg. von Dietmar Schiersner, Andreas Link, Barbara Rajkay und Wolfgang Scheffknecht. Augsburg 2011. 1–20.

Becker, Christoph: „Vollmachten, Forderungsverfolgungen, Kredite und andere Vermögensangelegenheiten im frühneuzeitlichen Augsburger Notararchiv Johann Spreng“, in: *Schätze der Welt aus landeshistorischer Perspektive. Festschrift zum 65. Geburtstag von Wolfgang Wüst*, hrsg. von Sabine Wüst. St. Ottilien 2018. 31–42.

Becker, Christoph: „Geleitwort und Einführung des Herausgebers der ‚Augsburger Schriften zur Rechtsgeschichte‘“, in: *Das Augsburger Stadtrecht von 1156. Zweisprachige Ausgabe mit Erläuterungen*, hrsg. von Christoph Becker und Matthias Ferber. Berlin 2020. IX–XIV.

Codex Iustinianus: Siehe Krueger 1970.

Csendes, P.: „Kanzlei. A. Allgemeine Fragestellungen und westlicher Bereich. I. Allgemeine Fragestellungen und Deutsches Reich“, in: *Lexikon des Mittelalters, V. Hiera-Mittel bis Lukanien*, hrsg. von Robert-Henri Bautier [u. a.]. Stuttgart/Weimar 1999. 910–911.

Derschka, Harald Rainer (Hrsg.): *Der Schwabenspiegel übertragen in heutiges Deutsch mit Illustrationen aus alten Handschriften*. München 2002.

Digesten: siehe Mommsen/Krueger 1973, 1–957 (zweite Paginierung).

Dirr, Pius (Hrsg.): *Denkmäler des Münchner Stadtrechts, Erster Band, 1158 – 1403*. München 1934.

Dirr, Pius (Hrsg.): *Denkmäler des Münchner Stadtrechts, Erster Band, 1158 – 1403. Register und Erläuterungen*. München 1936.

Forster, Doris: *Ona'ah und laesio enormis. Preisgrenzen im talmudischen und römischen Kaufrecht*. München 2018.

Goldschmidt, Lazarus: *Der Babylonische Talmud, Baba Qamma/Baba Meçia*. Königstein/Taunus 1981.

Hoke, R.: „Reichskanzlei“, in: *Handwörterbuch zur deutschen Rechtsgeschichte, IV. Band: Protonotarius Apostolicus – Strafprozeßordnung*, hrsg. von Adalbert Erler, Ekkehard Kaufmann und Ruth Schmidt-Wiegand. Berlin 1990. 662–667.

Institutiones: siehe Knütel/Kupisch/Lohsse/Rüfner 2013.

Isidor von Sevilla, *Etymologiarum sive originum libri XX*: siehe Yarza Urquiola/Andrés Santos 2013.

Jerusalemer Talmud: siehe Wewers 1982.

Knütel, Rolf/Kupisch, Berthold/Lohsse, Sebastian/Rüfner, Thomas (Hrsg.): *Corpus Iuris civilis. Die Institutionen. Text und Übersetzung*. 4. Aufl. Heidelberg 2013.

Kotulla, Michael: „Kanzlei“, in: *Handwörterbuch zur deutschen Rechtsgeschichte, Band II: Geistliche Gerichtsbarkeit – Konfiskation*, hrsg. von Albrecht Cordes, Heiner Lück, Dieter Werkmüller und Christa Bertelsmeier-Kierst. 2. Aufl. Berlin 2012. 1595–1597.

Krueger, Paulus (Hrsg.): *Corpus Iuris Civilis, Volumen Secundum. Codex Iustinianus*. 15. Aufl. Dublin/Zürich 1970.

Lange, Hermann: *Römisches Recht im Mittelalter, Band I. Die Glossatoren*. München 1997.

Meyer, Christian (Hrsg.): *Das Stadtbuch von Augsburg, insbesondere das Stadtrecht vom Jahre 1276, nach der Originalhandschrift zum ersten Male herausgegeben und erläutert*. Augsburg 1872.

Mischna: siehe Windfuhr 1923.

Mommsen, Theodorus/Krueger, Paulus (Hrsg.): *Corpus Iuris Civilis, Volumen Primum. Institutiones. Recognovit Paulus Krueger. Digesta. Recognovit Theodorus Mommsen. Retractavit Paulus Krueger*. 22. Aufl. Dublin/Zürich 1973.

Münchener Satzungsbücher A und B: siehe Dirr 1934, 179–300.

Münchener Stadtrecht um 1340: siehe Auer 1840 und Dirr 1934, 301–506. Nachweise aus dem Münchener Stadtrecht folgen der Ausgabe Dirr.

Oberbayerisches Landrecht 1346: siehe Schlosser/Schwab 2000 und Volkert 2010.

Rall, Hans: „Urkundenwesen, Kanzlei und Rat der Wittelsbacher Pfalzgrafen bei Rhein und Herzoge von Bayern (1180/1214–1436/1438)“, in: *Grundwissenschaften und Geschichte. Festschrift für Peter Acht*, hrsg. von Waldemar Schlögl und Peter Herde. Kallmünz 1976. 274–294.

Rall, Hans: „Die Kanzlei der Wittelsbacher im Spätmittelalter“, in: *Landesherrliche Kanzleien im Spätmittelalter. Referate zum VI. Internationalen Kongreß für Diplomatik*, hrsg. von Gabriel Silagi. München 1983, Teilbd. 1. München 1984. 109–126.

Schlincker, Steffen: *Rechtsgeschichte*. München 2021.

Schlosser, Hans: *Europäische Rechtsgeschichte. Privat- und Strafrecht von der Spätantike bis zur Moderne*. 4. Aufl. München 2021.

Schlosser, Hans/Schwab, Ingo (Hrsg.): *Oberbayerisches Landrecht Kaiser Ludwigs des Bayern von 1346. Edition, Übersetzung und juristischer Kommentar*. Köln/Weimar/Wien 2000. Nachweise aus dem Oberbayerischen Landrecht folgen dieser Ausgabe.

Schwabenspiegel: siehe Derschka 2002.

Talmud: siehe Goldschmidt 1981 und Wewers 1982.

Trusen, Winfried: „Zur Urkundenlehre der mittelalterlichen Jurisprudenz“, in: *Recht und Schrift im Mittelalter*, hrsg. von Peter Classen. Sigmaringen 1977. 197–219.

Volkert, Wilhelm (Hrsg.): *Das Rechtsbuch Kaiser Ludwigs des Bayern von 1346*. München 2010.

Wadle, Elmar: „Über Entstehung, Funktion und Geltungsgrund normativer Rechtsaufzeichnungen im Mittelalter“, in: *Recht und Schrift im Mittelalter*, hrsg. von Peter Classen. Sigmaringen 1977. 503–518.

Wewers, Gerd A.: *Übersetzung des Talmud Yerushalmi, Band IV/1–3. Bavot. Pforten. Bava Qamma – Erste Pforte. Bava Mesia – Mittlere Pforte. Bava Batra – Letzte Pforte*. Tübingen 1982.

Widder, Ellen: *Kanzler und Kanzleien im Spätmittelalter. Eine Histoire croisée fürstlicher Administration im Südwesten des Reiches*. Stuttgart 2016.
Windfuhr, Walter: *Die Mischna, Baba meßia („Mittlere Pforte" des Civilrechts). Text, Übersetzung und Erklärung*. Gießen 1923.
Wolf, Armin: „Das öffentliche Notariat", in: *Handbuch der Quellen und Literatur der neueren europäischen Privatrechtsgeschichte, Erster Band. Mittelalter (1100–1500). Die gelehrten Rechte und die Gesetzgebung*, hrsg. von Helmut Coing. München 1973. 505–514.
Yarza Urquiola, Valeriano/Andrés Santos, Francisco Javier (Hrsg.): *Isidor de Sevilla. Etimologías*, Libro V. De legibus – De temporibus. Paris 2013.

Magdalena Weileder

Empfängerausfertigungen Kaiser Ludwigs des Bayern

Empfänger mittelalterlicher Urkunden konnten in vielfältiger Weise auf die innere und äußere Gestalt dieser Schriftstücke Einfluss nehmen – sei es, indem sie Bittschriften, Konzepte, Vorurkunden oder Besitzlisten vorlegten, die in den Wortlaut der Urkunde einflossen,[1] oder indem sie die Urkunde sogar selbst anfertigten bzw. anfertigen ließen und von Seiten des Ausstellers nur noch die Besiegelung erfolgte.[2] Auch Einflussnahmen beteiligter oder unbeteiligter Dritter waren möglich, etwa durch die Beauftragung sogenannter Gelegenheitsschreiber, also Personen, die weder der Aussteller- noch der Empfängerkanzlei angehörten, sondern eher zufällig vor Ort waren, als man sie brauchte. Will man die Kanzleimäßigkeit einer Urkunde beurteilen, die Entwicklung eines Kanzleistils untersuchen oder Fälschungen erkennen, muss der Anteil der Empfänger stets berücksichtigt werden. Bei den Herrscherurkunden gelten Empfänger- und Fremdausfertigungen vor allem im Hochmittelalter als zeitweise sehr häufig; beispielsweise nimmt man für bestimmte Regierungsphasen Friedrichs II. an, dass sie zwei Drittel aller erhaltenen Originalurkunden ausmachen.[3]

Man geht davon aus, dass die Bedeutung von Empfängerausfertigungen bei Herrscherurkunden ab dem vierzehnten Jahrhundert zurückging.[4] Doch entgegen der 1934 geäußerten Auffassung Friedrich Bocks, „Empfängerausfertigungen [seien] für die Zeit Ludwigs überhaupt sehr selten",[5] sind auch unter den über 5700 Königs-

1 Vgl. Spiegel 1997; in Bezug auf Papsturkunden auch Johrendt 2004; Werner 2017. Auf die Notwendigkeit einer stärkeren Einbeziehung der Empfänger in der traditionell ausstellerzentrierten Diplomatik weist etwa Huschner 2019, 363–370 hin.

2 Zu Empfängerausfertigungen allgemein vgl. Koch 1986; Kruisheer 1979, 256–262; im Zusammenhang mit der Kanzleisprachenforschung Elstner 2012, 121.

3 Vgl. Koch 1986, Sp. 1891: „Während des ersten Aufenthaltes Ks. Friedrichs II. in Deutschland (1212–1220) sind etwa zwei Drittel der erhaltenen Originale Fremdausfertigungen. Sonst liegt der Prozentsatz bei etwa einem Viertel bis zu einem Drittel." – Auch bei den böhmischen Herrscherurkunden des zwölften Jahrhunderts lag das Verhältnis von Kanzlei- zu Empfängerausfertigungen zeitweise bei 1:2, vgl. Šebánek 1976/1977, 116. Für die Diplome Friedrichs I. macht Appelt (1987, 382) einen Anteil von 7 Prozent Empfängerausfertigungen gegenüber 70 Prozent Kanzleiausfertigungen aus.

4 Vgl. Hlaváček 1970, 263. – Zu einer Empfängerausfertigung Karls IV. vgl. Kühn 1954; zu Beispielen bei König Wenzel Hlaváček 1970, 263–265.

5 Bock 1934, 326.

https://doi.org/10.1515/9783111165226-005

und Kaiserurkunden Ludwigs des Bayern[6] gar nicht wenige Empfängerausfertigungen. Diese wurden jedoch noch nie gesondert thematisiert. Hier soll nun der Stand der Forschung zu diesem Thema zusammengetragen und durch einige Beobachtungen zu bestimmten Empfängern ergänzt werden.[7] So sollen einerseits kurz die Kurfürsten und Erzbischöfe Peter von Mainz (1306–1320) sowie Balduin von Trier (1307–1354) in den Blick genommen werden, die in zwei Heften der *Regesta Imperii* Ludwigs des Bayern als zentrale Empfänger erscheinen[8] und von denen man weiß, dass sie Königsurkunden durch eigene Schreiber anfertigen ließen. Andererseits sollen in Rücksicht auf die Reihe „Studia Augustana" die Urkunden für Augsburger Empfänger – Bischöfe und Reichsstadt – überprüft werden. Hierfür kann auf die Materialsammlung der *Regesta Imperii* zurückgegriffen werden, die Abbildungen von den Originalurkunden Ludwigs im Staatsarchiv Augsburg und im Stadtarchiv Augsburg enthält.[9] Zu Augsburger Empfängerausfertigungen ist bislang nur wenig bekannt; die Beschäftigung mit ihnen erscheint auch deshalb lohnenswert, weil bekanntlich personelle Verbindungen zwischen Augsburg und Ludwigs Kanzlei bestanden.

1 Der Begriff „Empfänger"

Vorweggeschickt sei noch eine kurze Bemerkung zum Begriff „Empfänger". Als den Empfänger einer Urkunde definiert Harry Bresslau „[d]enjenigen, zu dessen Gunsten die Urkunde ausgestellt ist, dem sie als Zeugnis ausgehändigt wird und der sie

6 Die Arbeitsdatenbank der *Regesta Imperii* verzeichnet (Stand 11. Juni 2021) 5742 Urkunden Ludwigs des Bayern (inklusive Deperdita, nur abschriftlich überlieferter Urkunden und Fälschungen). Als Regesten publiziert wurden bisher ca. 3800 Urkunden (davon ca. 500 nur als Kurzregest; zu den Unterschieden zwischen den Voll- und Kurzregesten der Reihe vgl. Weileder 2021, XIX–XX).

7 Ausfertigungen von Urkunden Dritter, die in der Kanzlei Ludwigs entstanden, sind ebenfalls vielfach belegt, vgl. z. B. Schnurrer 1972, 28 (zu Urkunden der niederbayerischen Herzöge); Bansa 1968, 129 (Urkunden der Erzbischöfe Peters von Mainz und Balduins von Trier für die Stadt Augsburg); sie stehen hier jedoch nicht im Fokus.

8 Erzbischof Peter von Mainz ist der wichtigste Empfänger der im 12. Heft der Regesten Ludwigs des Bayern (= Weileder 2021) verzeichneten Urkunden; Erzbischof Balduin wird in Heft 15, das die Überlieferung der Urkunden Ludwigs in Rheinland-Pfalz erschließen wird, eine zentrale Rolle spielen (die Bearbeitung dieses Hefts durch die Autorin läuft).

9 Regesten zur Augsburger Überlieferung bei Menzel 1998. – Abbildungen der meisten Urkunden im Bestand Staatsarchiv Augsburg, Reichsstadt Augsburg Urkunden sind auch über die Online-Findmittel des Archivs abrufbar: https://www.gda.bayern.de/findmitteldb/Findbuch/8437 (29. Juni 2021).

behält".[10] Meistens ist die Identifizierung der Empfänger unproblematisch, da die von Bresslau genannten Kriterien offensichtlich in einer Person oder Institution vereint sind, etwa wenn in einem Urkundenbestand eines bestimmten Klosters ein Kaiserdiplom überliefert ist, das demselben Kloster seine Rechte bestätigt. Es gibt jedoch Urkunden, bei denen die Empfängerbestimmung sehr schwierig ist, weil es mehrere Begünstigte gibt[11] und die Überlieferungslage keine Rückschlüsse darauf zulässt, in wessen Besitz die Urkunde ursprünglich war.[12] Wenn der Empfänger unklar ist, lässt sich natürlich auch dessen Einfluss auf die jeweilige Urkunde nur schwer feststellen, denn dies erfordert notwendigerweise einen Vergleich mit anderen Erzeugnissen der Kanzlei dieses Empfängers.

2 Forschungsstand

Die Forschungslage zu den Empfängerausfertigungen Ludwigs des Bayern ist überschaubar: Das Meiste, was bislang dazu bekannt ist, findet sich in Helmut Bansas „Studien zur Kanzlei Ludwigs des Bayern vom Tag der Wahl bis zur Rückkehr aus Italien (1314–1329)" von 1968. Auf der Grundlage von ca. 1000 Originalurkunden[13] ermittelt er 88 verschiedene Hände, die Urkunden Ludwigs des Bayern schrieben. 49 davon bezeichnet er mit der Sigle „H" (für Hermann von Lichtenberg, den im Untersuchungszeitraum nachweisbaren Kanzler) und einer Nummer.[14] Einige von ihnen lassen sich über viele Jahre und an vielen verschiedenen Orten in Diensten Ludwigs nachweisen, sodass man von einer festen Verbindung

10 Bresslau 1969, 4.

11 Z. B. Schiedsurteile, Sühnen, Bündnisse, Landfrieden, aber auch Stadtrechtsprivilegien, an denen nicht allein die Einwohner, sondern vor allem auch die Stadtherren Interesse haben konnten, vgl. z. B. Weileder 2021, 42 Nr. 56, 110 Nr. 163, 123 Nr. 187).

12 Vgl. z. B. Weileder 2021, 58–59 Nr. 84, 78 Nr. 125, 163–164 Nr. 258: zur Problematik auch Weileder 2021, XXIII–XXIV Anm. 135.

13 Die genaue Anzahl der berücksichtigten Originalurkunden nennt Bansa nicht. Im Vorwort (Bansa 1968, VII) schreibt Peter Acht, Bansa habe „über 1200 Originale der Jahre 1314–1329" gesammelt; die Bemerkung auf 222, wonach 87 bzw. 90 Urkunden knapp 9 Prozent der herangezogenen Originale ausmache, spricht indes für eine etwas niedrigere Gesamtzahl (ca. 1000). Das Verzeichnis aller berücksichtigten Urkunden (354–449) lässt keine Schätzung zu, da es auch Abschriften, Urkunden anderer Aussteller sowie Urkunden jenseits des Untersuchungszeitraums 1314–1329 auflistet.

14 Bansa 1968, 108. Sechs Schreiber konnte Bansa (1968, 115–116) namentlich identifizieren: H 1 = Johann Certamen, 134–136: H 17 = Bertold, 171–172: H 29 = Ulrich von Riedenburg, 175: H 33 = Hu(go?), 191: H 45 = Leonhard von München. Mit den Siglen H 24a, H 41a, H 42a und H 46a bezeichnet Bansa (1968, 179 und 203–204) weitere vier Hände, die nur Teile von Kaiserurkunden oder Registereinträge schrieben.

zur Kanzlei ausgehen kann. Andere waren nur kurzfristig als Mundatoren für Ludwig tätig, was Bansa vermuten lässt, dass sie teilweise nur „in Erfüllung einer Pflicht den Kanzleidienst ausübten, etwa entsprechend dem für frühere Zeiten belegten Recht des Königs, von jedem Domstift einen Geistlichen zum Hofdienst heranzuziehen.“[15] Für einige Hände konnte Bansa nicht mehr als 10, in acht Fällen sogar nur zwei Ludwigsurkunden feststellen.[16] Nicht alle von ihnen wird man tatsächlich als „Kanzleiangehörige“ Ludwigs bezeichnen können.

Weitere 39 Hände ordnete Bansa ausdrücklich als kanzleifremd ein. Schreiber erzbischöflicher und bischöflicher Kanzleien sind ebenso darunter wie Schreiber von Herzogen, Grafen und Städten.[17] Insgesamt kann Bansa auf 103 Ludwigsurkunden die Schrift einer dieser kanzleifremden Hände identifizieren, was etwa 10 Prozent aller von ihm berücksichtigten Urkunden ausmachen müsste.[18] Besonders hoch ist ihr Anteil in den ersten Wochen nach Ludwigs Wahl, als die königliche Kanzlei erst noch im Aufbau begriffen war (über 42 Prozent).[19] Außerdem listet er 87 Ludwigsurkunden auf, deren Schreiber er nicht bestimmen konnte und zu denen er bemerkt:

15 Bansa 1968, 132.

16 Nur zwei Urkunden weist Bansa für H 8, H 10, H 20, H 22, H 25, H 41, H 46 und H 49 nach, mehr als 10 Urkunden für H1, H 2, H 3, H 4, H 9, H 11–14, H 17, H 18, H 21, H 23, H 26, H 33, H 35, H 36, H 43 und H 45. Bei H 36 und H 47 vermutet Bansa (1968, 183 bzw. 201), dass sie wohl nicht in erster Linie in Diensten Ludwigs, sondern des Burggrafen von Nürnberg bzw. Pfalzgraf Rudolfs II. standen; bei H 35 revidierte er die Vermutung, dieser habe vor allem für Berthold von Henneberg gearbeitet (Bansa 1968, 181), in Bansa 1973, 117*. Auch bei H 4, H 7 und H 19 könnte es sich nach Bansa (1968, 122–123, 133) um Gelegenheitsschreiber handeln.

17 Bansa 1968, 204–222 (Fragezeichen jeweils von Bansa gesetzt): 1.–4. Schreiber des Erzbischofs von Mainz, 1.–3. Schreiber des Erzbischofs von Trier, Schreiber des Bischofs von Freising, des Bischofs von Augsburg, des Bischofs von Regensburg, König Johanns von Böhmen, des Herzogs Heinrich von Kärnten, 1.–3. Schreiber der niederbayerischen Herzöge, 1.–2. Schreiber Graf Bertholds von Henneberg, Schreiber des Grafen Wilhelm von Holland, des Grafen Wilhelm von Arnsberg, Krafts von Hohenlohe, Ulrichs von Hanau, Eberhards von Breuberg, Schreiber der Stadt Aachen, der Stadt Köln, der Stadt Speyer, der Stadt Regensburg, Münchner Schreiber, Schreiber der Stadt Ingolstadt, 1.–2. Schreiber des Münchner Angerklosters, Schreiber einer Münchner Stiftung, Herzog Rudolfs (?), des Clarissinnenordens, Fränkischer Schreiber (im Dienst der Herren von Weinsberg?), Niederrheinischer Schreiber (im Dienst der Grafen von Berg?), Oberbayerischer Schreiber (im Dienst des Klosters Neuburg?), Herdegen von Bamberg (Stadtschreiber von Nürnberg, vgl. unten bei Anm. 30), Landfriedensschreiber (?) und Schreiber der Königin Beatrix.

18 Zur Gesamtzahl der von Bansa untersuchten Urkunden vgl. Anm. 14.

19 Bansa 1968, 204: „Über 42 % der erhaltenen Originale aus dem Dezember 1314 sind Empfängerausfertigungen, und unter den zahlreichen unbestimmten Stücken dieses Monats (ca. 30 %) dürfte auch noch die ein oder andere stecken.“

> Bei einigen dürfte es sich um Empfängerausfertigungen handeln, die entweder, weil die Gelegenheit der für den Nachweis notwendigen Vergleichsarbeit fehlte, oder aus Mangel an Vergleichsmaterial nicht als solche nachgewiesen werden konnte.[20]

Es wäre also durchaus möglich, durch Schriftvergleich mit Urkunden anderer Aussteller weitere Schreiber fremder Kanzleien zu identifizieren – auch unter den mit der H-Sigle bezeichneten Personen. Für die Jahre 1314–1329 könnte der Gesamtanteil von Empfängerausfertigungen damit von 10 auf über 20 Prozent ansteigen.

Obwohl Bansa im Vorwort anmerkt, dass eine „der beiden wesentlichen Forschungsmethoden der mittelalterlichen Diplomatik, der Diktatvergleich, [...] auf spätmittelalterliche Urkunden nicht mehr anwendbar" sei und daher alles „mit der anderen Methode, dem Schriftvergleich, geleistet werden" müsse,[21] kann er doch bei seiner Darstellung der äußeren und inneren Merkmale der Urkunden Ludwigs des Bayern immer wieder weitere Details beobachten, die auf Empfänger- oder Fremdausfertigungen hindeuten. So können eine Blindlinierung des Pergaments, eine bestimmte Farbe von Seidenschnüren, unübliche Varianten der Siegelbefestigung, eine ungewöhnliche Reihenfolge der Formularteile, bestimmte Begriffe in der Corroboratio, eine lateinische Datierung in einer ansonsten deutschen Urkunde, das Fehlen des Ausstellungsorts oder der Regierungsjahre sowie das Vorhandensein einer Zeugenliste, die in den Urkunden Ludwigs ansonsten selten sind, auf eine Entstehung außerhalb der Kanzlei Ludwigs hindeuten.[22] Die Beschaffenheit des Pergaments oder dessen Abmessungen, die möglicherweise ebenfalls als Kriterium dienen könnten,[23] spielt bei Bansa indes keine Rolle.

Zwölf weitere Schreiber von Urkunden Ludwigs des Bayern aus den Folgejahren identifizierte Bansa im Zusammenhang seiner Edition der Register Ludwigs von 1971.[24] Darauf aufbauend legte dann Peter Moser 1985 eine kanzleigeschichtliche Untersuchung für die Jahre 1330 bis 1347 vor. Wie Bansa ordnet er die ihm

---

20 Bansa 1968, 222.

21 Bansa 1968, IX.

22 Vgl. Bansa 1968, 1–2 mit Anm. 7, 7–8 Anm. 40, Anm. 43–44, 39 Anm. 20, 44, 46–47, 53, 55.

23 Die Kanzlei Ludwigs benutzte in der Regel wahrscheinlich das beidseitig sorgfältig bearbeitete nördliche Pergament; ob die Verwendung südlichen Pergaments auf die Zeit des Italienaufenthalts oder auf Empfängerausfertigungen beschränkt blieb, wurde bisher noch nicht untersucht. Seit dem 11. Heft der Regesten Ludwigs des Bayern werden erstmals systematisch die Abmessungen des Pergaments sowie des Schriftspiegels erfasst, vgl. Bulach 2018, XXIV. Daraus ergab sich, dass Seitenränder von weniger als 2 cm auf kanzleifremde Urkunden hinweisen können, vgl. Weileder 2021, XXXI–XXXII Anm. 220.

24 Bansa 1973, 117*–121*: H 50–62, wobei H 60 nach Moser identisch ist mit H 62, vgl. Anm. 27.

bekannten Originalurkunden (ca. 1600?)[25] 32 verschiedenen Schreiberhänden zu, die er mit der Sigle „K“ (für „Kaiserzeit“) bezeichnet und von denen er 17 mit einem schon von Bansa identifizierten Schreiber gleichsetzt.[26] Auf den Schreiber einer Empfängerkanzlei geht Moser in einem Exkurs zu einem „2. Schreiber der Reichsstadt Nürnberg“ ein.[27] Zwei weitere Schreiber mit K-Siglen standen ebenfalls in Diensten Anderer, zumindest zeitweise: K 31 war, bevor er Anfang 1344 in die Reichskanzlei eintrat, Stadtschreiber von Augsburg und mundierte in dieser Zeit mindestens eine Ludwigsurkunde.[28] Der namentlich identifizierbare Notar K 32, Herdegen von Bamberg, der frühestens „von Oktober 1346 bis August 1347 als Mundator in der Kanzlei beschäftigt“ war, fertigte schon früher einige Ludwigsurkunden für die Reichsstadt Nürnberg an, als deren Stadt- beziehungsweise Stadtgerichtsschreiber er vorher und nachher nachweisbar ist.[29]

Wie bei Bansa ist auch bei Moser die Kanzleizugehörigkeit einiger Schreiber eher fraglich. Gelegentlich merkt Moser dies selbst an: So vermutet er, dass K 11 ein Schreiber der Stadt Ravensburg gewesen sei,[30] lässt für den Schreiber K 13 offen, ob dieser in Diensten der oberschwäbischen Landvogtei stand,[31] und erwägt, dass K 27 nur aushilfsweise für Ludwig Urkunden schrieb.[32] Als Angehöriger der kaiserlichen Kanzlei ist wohl auch K 28 nicht zu kennzeichnen, da er ausschließlich Urkunden Ludwigs als Vormund Herzog Johanns von Niederbay-

---

25 Moser (1985) gibt die Gesamtzahl der berücksichtigten Originalurkunden nicht an; die Schätzung beruht auf der Arbeitsdatenbank der *Regesta Imperii* (Stand 11. Juni 2021).

26 Vgl. Moser 1985, Inhaltsverzeichnis: K 1 = H 23, K 2 = H 35, K 3 = H 45 = Leonhard von München, K 4 = H 43, K 5 = H 48, K 6 = H 50, K 7 = H 51, K 8 = H 52, K 9 = H 53, K 10 = H 54, K 11 = H 55, K 12 = H 56, K 13 = H 57, K 14 = H 58, K 15 = H 60 = H 62; K 16 = H 61 = Friedrich von Regensburg, K 32 = H 59 = Herdegen von Bamberg. Namentlich identifizieren konnte Moser zudem noch K 26 = Ludwig von Nordenberg. – Den Schreiber K 7 = H 51 identifizierte Moser 1989, 460 nachträglich mit einem Pfarrer von Taufers namens Rudolf.

27 Moser 1985, 201–204. Unter den 22 Urkunden, die er diesem Nürnberger Schreiber zuordnet, sind sieben Ludoviciana (1336–1344), außerdem drei Urkunden Karls IV. von 1347 und eine Urkunde Herzog Stephans von Bayern von 1348.

28 Bei einer auf 31. August 1337 datierten Urkunde aus der Feder von K 31 vermutet Moser (1985, 152) eine Rückdatierung (bei Eisenzimmer 2015, 213 Nr. 337 fehlt der Hinweis darauf); zu einer Urkunde von K 31 vom 3. Dezember 1340 vgl. unten Anm. 87.

29 Moser 1985, 7.

30 Vgl. Moser 1985, 61–62.

31 Vgl. Moser 1985, 62–63. K 13 habe zudem Urkunden Graf Heinrichs von Werdenberg geschrieben.

32 Vgl. Moser 1985, 137.

ern schrieb.[33] Einige weitere, mit K-Siglen bezeichnete Mundatoren lassen sich wiederum nur für relativ kurze Zeit in Diensten Ludwigs nachweisen.[34]

Wie viele der bei Moser verzeichneten Urkunden als Empfängerausfertigung anzusehen sind, bleibt daher letztlich unklar. Nimmt man allein die Kaiserurkunden von K 31 und K 32 aus ihrer Stadtschreiberzeit sowie des „2. Schreibers der Stadt Nürnberg", käme man auf lediglich 19,[35] und damit erheblich weniger als in der ersten Regierungshälfte. Allerdings ließ Moser relativ viele Originalurkunden seines Untersuchungszeitraums unberücksichtigt[36] und verglich sein Material nur sehr punktuell mit Urkunden aus Empfängerkanzleien. Da er sich zudem ausschließlich mit der Schrift befasst und die weiteren äußeren und inneren Merkmale völlig außen vor lässt,[37] bleiben Besonderheiten, die auf kanzleifremde Entstehung hindeuten könnten, unentdeckt. Für die zweite Regierungshälfte Ludwigs ist der Forschungsstand zu den Empfängerausfertigungen daher noch sehr rudimentär.

3 Empfängerausfertigungen für Erzbischof Peter von Mainz und Erzbischof Balduin von Trier

Wie groß der Einfluss des Empfängers auf die Urkunden Ludwigs sein konnte, zeigt das Anfang 2021 erschienene 12. Heft der *Regesta Imperii* Ludwigs des Bayern, das die Überlieferung in den Archiven und Bibliotheken Unterfrankens erschließt: Insgesamt sind mindestens 15 Prozent aller 175 unterfränkischen Origi-

---

33 K 28 schrieb von Januar bis April 1340 in Straubing sechs Urkunden Ludwigs als Vormund Herzog Johanns, vgl. Moser 1985, 138–139.

34 Dies betrifft zusätzlich zu den bereits erwähnten Schreibern K 11, K 13, K 28 und K 32 noch K 6, K 8–10, K 12, K 15, K 17–21, K 23 und K 24, vgl. Moser 1985, 6–7.

35 Vgl. Moser 1985, 155 (zwei Urkunden von K 31, davon eine vermutlich rückdatiert, vgl. Anm. 29), 185–197 (elf Urkunden von K 32), 202–203 (sieben Urkunden des 2. Schreibers der Stadt Nürnberg).

36 Die von Moser (1985) im Vorwort geäußerte Schätzung, „daß etwa 95 Prozent der in den Jahren 1330–1347 ausgestellten Originalurkunden Ludwigs des Bayern für die Bestimmung der Schriftmerkmale herangezogen werden konnten", scheint deutlich zu hoch gegriffen. In einem unveröffentlichten maschinenschriftlichen Nachtrag (Moser 2004) ordnete er zwar noch 137 weitere Originalurkunden den bekannten Schreibern zu (die Arbeitsstelle der *Regesta Imperii* in München besitzt eine Kopie dieses Nachtrags, der in den Regesten Ludwigs des Bayern jeweils berücksichtigt wird, vgl. z. B. Menzel 1998, 114 Nr. 240; Bulach 2018, 170 Nr. 267), dennoch beläuft sich die Zahl der mittlerweile bekannten Originalurkunden Ludwigs von 1330–1347, die Moser nicht berücksichtigte, auf mehrere Hundert (schätzungsweise über 20 Prozent, vgl. auch Anm. 40, 41).

37 Im Vorwort bei Moser (1985) findet sich nur der Hinweis: „Auf die Behandlung der äußeren und inneren Merkmale der Urkunden Kaiser Ludwigs konnte verzichtet werden, da diese gegenüber der Zeit vor 1330 keine wesentlichen Änderungen erfuhren."

nalurkunden Ludwigs als Empfängerausfertigungen anzusehen.[38] Zum Vergleich: Der Anteil an Urkunden erwiesenermaßen kanzleifremder Schreiber lag bei Heft 10 bei rund 3 Prozent[39] und bei Heft 11 bei weniger als 1,5 Prozent.[40]

Der vergleichsweise hohe Anteil in Unterfranken erklärt sich dadurch, dass ein großer Teil des Archivs der Erzbischöfe von Mainz heute aus archivhistorischen Gründen[41] im Staatsarchiv Würzburg liegt. Unter ihnen ragt Peter von Aspelt als einer der wichtigsten Verbündeten Ludwigs heraus.[42] Für seine Unterstützung bei der Königswahl erhielt Peter schon in den ersten Wochen der Regierungszeit Ludwigs zahlreiche Privilegienbestätigungen und Begünstigungen, von denen die meisten Empfängerausfertigungen sind. Das stellte bereits Bansa fest: Nur drei von ihnen stammen ihm zufolge von einem Schreiber der königlichen Kanzlei,[43] fünf listet er unter den unbestimmten Stücken auf, die übrigen wies er vier verschiedenen Händen der erzbischöflichen Kanzlei zu.[44] Von den 21 Originalurkunden, die König Ludwig noch Ende 1314 für Peter beziehungsweise das Erzstift Mainz ausstellte,[45] stammt nicht eine einzige von einem bekannten königlichen Schreiber.

Abgesehen von der Schrift verweisen auch einzelne Begriffe wie *typario* in der Siegelankündigung und Formeln wie römischrechtliche Einredeverzichtsformeln in diesen durchweg lateinischen Urkunden auf eine Entstehung außerhalb der Kanzlei Ludwigs.[46] Sogar die Siegelschnüre scheint die erzbischöfliche Kanzlei Peters zur Verfügung gestellt zu haben: Denn die schwarzen Seidenfäden, die an sechs Urkunden für Peter hängen, sind für Ludoviciana ansonsten völlig unüblich.[47] Eine Besonderheit der Urkunden für Peter ist außerdem das Vorkommen

---

38 Vgl. Weileder 2021, XXXIX.

39 Vgl. Eisenzimmer 2015, XL; 10 von 309 Originalurkunden stammen von kanzleifremden Schreibern; weitere 56 (rund 18 Prozent) wurden noch keinem Schreiber zugeordnet.

40 Vgl. Bulach 2018, XXXII: vier von 273 Originalurkunden können als Fremdausfertigungen gelten, die Schreiber weiterer 71 Originale (rund 22 Prozent) wurden bisher noch nicht bestimmt.

41 Vgl. dazu Weileder 2021, IX–X (mit weiterführenden Literaturangaben).

42 Zu Peter von Aspelt vgl. Kirt 2013; ausführlicher zu Peters Rolle bei der Königswahl und seinem Verhältnis zu Ludwig bereits Heidemann 1875.

43 Weileder 2021, 22–24 Nr. 22 (H 9), Nr. 24 (H 8), Nr. 25 (H 1).

44 Vgl. Bansa 1968, 205–208.

45 Weileder 2021, 1–18 Nr. 1–13, Nr. 15.

46 Vgl. Weileder 2021, XXXVII. – Zu Einredeverzichtsformeln allgemein vgl. Schlosser 1963.

47 Vgl. Weileder 2021, XXXV. Anders als Bansa (1968, 8 Anm. 44) vermerkt, sind an den Urkunden mit der Altsignatur KLS 22/I und II (= Weileder 2021, 14–15 Nr. 11), KLS 24/I und II (= Weileder 2021, 16 Nr. 13) und KLS 17/2 (= Weileder 2021, 12–13 Nr. 8 (A2)) keine schwarzen Seidenfäden festzustellen. Möglich wäre zwar, dass sie ursprünglich vorhanden waren und sich die besonders empfindlichen schwarzen Fasern aufgelöst haben, allerdings sind sie auch im Repertorium zum 1988 aufgelösten Bestand „Kaiser-Ludwig-Selekt“ (KLS) des Bayerischen Hauptstaatsarchivs von Karl-Ernst Lupprian, das die Siegelschnurfarben ebenfalls verzeichnet, nicht mehr nachgewiesen.

von Vorsiegeln, *lecta*-Vermerken und einer besonderen Registratasigle auf der Rückseite, die ebenfalls in der erzbischöflichen Kanzlei entstanden sein könnten.[48]

Unter Peters Nachfolgern nahm die Zahl der Empfängerausfertigungen offenbar ab, nur noch zwei Beispiele sind bekannt: Erzbischof Mathias (1321–1328) ließ von einem Notar, der bereits für Peter tätig gewesen war, je ein königliches Stadtrechtsprivileg für Lahnstein und Sobernheim nach dem Vorbild Frankfurts am Main schreiben, das auf den 9. Januar 1324 datiert ist und mit dem Königssiegel besiegelt wurde.[49] Doch es gibt wiederum einige im Original erhaltene Ludwigsurkunden für die Mainzer Erzbischöfe Mathias und Heinrich III. (1337–1353), die Peter Moser in seiner Untersuchung unberücksichtigt ließ.[50]

Außen vor gelassen hat Moser auch einige Urkunden, die Erzbischof Balduin von Trier 1332 als Provisor des Mainzer Erzstifts erhielt.[51] Von Balduin weiß man wiederum, dass er königliche Urkunden durch erzbischöfliche Schreiber anfertigen ließ, zumindest in den ersten Wochen des Königtums. Wie Peter empfing auch der Trierer Erzbischof Balduin von Luxemburg Ende 1314 eine Reihe von Urkunden, bei denen es sich um Empfängerausfertigungen handelt: Elf der 23 im Original erhaltenen Ludwigsurkunden für Balduin vom Dezember 1314[52] (rund 48 Prozent) hat Bansa einem von drei Schreibern der Kanzlei des Trierer Erzbischofs zugeordnet.[53] Sechs weitere reihte er bei den Unbestimmbaren ein und wies darauf hin, dass drei davon von derselben Hand stammen[54] – möglicherweise also ebenfalls ein erzbischöflicher Notar. Die übrigen sechs Urkunden dieses Zeitraums weist er verschiedenen, mit H-Siglen bezeichneten Schreibern zu.[55] Unter ihnen ist mit

48 Vgl. Weileder 2021, XXXV–XXXVI.

49 Weileder 2021, 54–55 Nr. 77, Nr. 78 (2. Schreiber des Erzbischofs von Mainz, vgl. Bansa 1968, 207).

50 Weileder 2021, 144–145 Nr. 226, 158 Nr. 250, 166–167 Nr. 263 (stammt vermutlich von K 26), 202–203 Nr. 308, 208–209 Nr. 318, 223 Nr. 340.

51 Weileder 2021, 80–83 Nr. 129, 95–96 Nr. 133, 101–102 Nr. 143, Nr. 144 (eine weitere Urkunde für Balduin als Mainzer Provisor vom 6. September 1333 ist nur abschriftlich überliefert: Mötsch 1980, 235 Nr. 1065).

52 Landeshauptarchiv Koblenz, Bestand 1 A Nr. 4476–4497, 450, 451.

53 Vgl. Bansa 1968, 208–210. – Unter den Schreibern Balduins zeichnet sich der „zweite Schreiber des Erzbischofs von Mainz" durch kunstvoll verzierte Initialen und eine sehr gleichmäßige, gerade Schrift aus; zudem erscheint das Pergament seiner Urkunden ein helleres nördliches Pergament zu sein, während die meisten anderen Urkunden für Balduin aus südlichem Pergament gefertigt wurden. Der „erste Schreiber" Balduins verzierte die Initialen nur sehr spärlich mit fleuronné-ähnlichen Konturbegleitstrichen (Terminologie der Initialenbeschreibung nach Jakobi-Mirwald 2008, 66).

54 Vgl. Bansa 1968, 223 Anm. 184.

55 Vgl. Bansa 1968, 110 (H 3), 112 (H 5), 113 (H 6), 118 (H 1), 121 (H 2).

„H 1“ (2 Urkunden) zumindest eine Person, die wahrscheinlich aus dem Einflussbereich Balduins in die königliche Kanzlei kam: Es handelt sich um Johann Certamen, der bereits in der Kanzlei von Balduins Bruder Heinrich VII. tätig war.[56]

Auch innere Merkmale weisen auf den Einfluss der erzbischöflichen Kanzlei hin: Es fallen einige besonders umfangreiche und mitunter mehrteilige Arengen auf.[57] Zudem finden sich gehäuft Formeln und Begriffe, die in anderen Ludwigsurkunden eher selten auftauchen, zum Beispiel der Begriff *mulcta* [Buße] in der Pönformel[58] oder die Formel *ex certa scientia.*[59] Diese Formel, die möglicherweise auf juristische Bildung hinweist,[60] wäre folglich ebenso wenig der Kanzlei Ludwigs zuzurechnen wie die römischrechtlichen Einredeverzichtsformeln in den Urkunden für Erzbischof Peter von Mainz.

Der Anteil von Ludwigsurkunden für Balduin, die nicht von einem königlichen Schreiber mundiert wurden, liegt für Ende 1314 bei rund 74 Prozent. Über Empfängerausfertigungen der Folgezeit ist bisher nichts bekannt; keine der nach 1314 datierenden Urkunden wurde von Bansa oder Moser einem erzbischöflichen Schreiber zugeordnet, wobei mindestens 9 erhaltene Originalurkunden nach 1330 unberücksichtigt blieben.[61] Eine genauere Analyse der inneren und äußeren Merkmale der über 70 Ludwigsurkunden für Balduin sowie ein Vergleich mit Urkunden, die Balduin selbst ausstellte, würde sicherlich weitere Hinweise auf den Einfluss dieses besonderen prominenten Empfängers bieten, kann an dieser Stelle jedoch nicht geleistet werden.

---

56 Zu Johann Certamen vgl. Bansa 1968, 115–121.

57 Z. B. MGH Const. 5, 147–149 Nr. 155, 153–154 Nr. 160. – Zu den Arengen in den Urkunden für Balduin vgl. auch Fischer 1987, 27–28, 159.

58 Z. B. MGH Const. 5, 149–150 Nr. 156 (hier 149 Zeile 39), 153–154 Nr. 160 (hier 154 Zeile 5), 151–153 Nr. 159 (hier 152 Zeile 13).

59 Z. B. MGH Const. 5, 147–149 Nr. 155 (hier 149 Zeile 9), 153–154 Nr. 160 (hier 154 Zeile 5), 155 Nr. 162, 203–204 Nr. 231. Die Formel kommt ist auch bei Kanzleiausfertigungen für Balduin zu beobachten, z. B. bei Landeshauptarchiv Koblenz, Bestand 1 A Nr. 4487 und 4488 (= MGH Const. 5, 149–150 Nr. 156, hier 149 Zeile 39), die nach Bansa (1968, 121 bzw. 118) von H 2 bzw. H 1 geschrieben wurden – hier stammte vermutlich das Diktat aus der Kanzlei Balduins.

60 Zur rechtlichen Bedeutung dieser Formel vgl. Hageneder 1999.

61 Landeshauptarchiv Koblenz, Bestand 1 A Nr. 459, 4744, 4747, 4748, 4764–4766, 4980, Bestand 112 Nr. 1150.

4 Urkunden für die Bischöfe von Augsburg und die Reichsstadt Augsburg

Es ist vielleicht nicht überraschend, dass Kurfürsten durch Wahlversprechen in eine Position kamen, in der sie dem neuen König diktieren konnten, was in den für sie ausgestellten Königsurkunden stehen sollte. Gleichwohl war es keineswegs den Reichsfürsten vorbehalten, fertige Urkunden zur Besiegelung durch die Ludwigs Kanzlei vorzulegen; schließlich sind Empfängerausfertigungen für Bischöfe (zum Beispiel Freising, Regensburg) sowie für Reichsstädte und Städte ebenso belegt.[62]

Dass auch die Bischöfe von Augsburg oder die Reichsstadt Augsburg Urkunden auf Ludwigs Namen anfertigen und von der Reichskanzlei besiegeln ließen, ist daher nicht unwahrscheinlich. Die Verbindungen Augsburgs zur Reichskanzlei sind bekanntlich überaus eng: Peter Moser nannte die Stadt in Bezug auf die Herkunft der Kanzleiangehörigen sogar eines von zwei Zentren (neben Nürnberg).[63] So taucht seit 1334 in verschiedenen Quellen ein Schreiber Ludwigs namens Johann von Augsburg auf;[64] seit 1335 ist der aus Augsburg stammende Ulrich der Hofmaier, der schon 1331 als Gesandter Ludwigs zum Papst nach Avignon reiste, als kaiserlicher Protonotar belegt.[65] 1336 wurde Ulrich von Schönegg, Bischof von Augsburg (1331–1337), als Nachfolger Hermanns von Lichtenberg Kanzler des Kaisers.[66] Ob Ulrichs Bruder und bischöflicher Nachfolger Heinrich (1337–1348), der in einer englischen Quelle zu 1337 ebenfalls als Kanzler des Kaisers bezeichnet wird, diesen Titel tatsächlich führte, ist dagegen zweifelhaft.[67] Schließlich ist noch der bereits erwähnte Augsburger Stadtschreiber „K 31" zu nennen, der wohl Anfang 1344 in die Reichskanzlei eintrat.[68]

Noch dazu diente Augsburger Geld wiederholt dazu, Angehörige von Ludwigs Kanzlei zu entlohnen: Kaiserliche Anweisungen der Augsburger Reichssteuer an den bereits erwähnten Protonotar Ulrich Hofmaier gibt es aus den Jahren 1336,

62 Vgl. oben Anm. 18.

63 Moser 1985, 273.

64 Aus dem Namen „Johann von Augsburg" kann jedoch nicht zwangsläufig eine Herkunft aus Augsburg geschlossen werden, vgl. Elstner 2012, 122, 123.

65 Zu Ulrich dem Hofmaier vgl. Riezler 1874, 10–17; Moser 1985, 209–210; Kluge 2014, 227–229.

66 Vgl. Moser 1985, 205.

67 Vgl. Moser 1985, 205–206.

68 Vgl. Moser 1985, 152. – Zu den Augsburger Stadtschreibern im vierzehnten und fünfzehnten Jahrhundert vgl. Schmid-Grotz [2015], 188–201.

1340, 1344 und 1345;[69] die kaiserlichen Schreiber Werner von Neuburg und Otto von Rain erhielten 1341 beziehungsweise 1343 Anteile der Augsburger Steuergelder.[70]

Ob und in welchem Ausmaß die genannten Personen Einfluss auf die äußere und innere Gestalt der Urkunden Ludwigs des Bayern nahmen, konnte bislang nicht ermittelt werden und ist schwer zu beurteilen. Dass Bischof Ulrich als Kanzler oder Ulrich der Hofmaier als Protonotar tatsächlich an der Herstellung von Kaiserurkunden beteiligt waren, ist fraglich.[71] Da man nicht weiß, wie die Handschriften von Johann von Augsburg, Otto von Rain oder Werner von Neuburg aussehen,[72] bleibt ihre konkrete Tätigkeit in der Kanzlei ungewiss. Lediglich von K 31 ist die Handschrift bekannt, doch da er bislang nicht namentlich identifiziert wurde, ist über ihn weiter nichts herauszufinden.

Auch unabhängig von der konkreten Beteiligung der Augsburger Kanzleiangehörigen wäre es freilich möglich, dass die engen Verbindungen der kaiserlichen Kanzlei zur Stadt Augsburg zu einer erhöhten Bereitschaft führten, von Augsburgern angefertigte Urkunden zur Besiegelung durch die Reichskanzlei zuzulassen. Die Urkunden für die Augsburger Bischöfe bieten hierauf jedoch keine Hinweise. In den ersten Regierungswochen, in denen Empfängerausfertigungen besonders häufig sind, stellte Ludwig keine Urkunden für den Bischof von Augsburg aus. Da Bischof Friedrich (1309–1331) im Thronstreit auf der Seite Friedrichs des Schönen stand,[73] erhielt er erst nach dem Sieg bei Mühldorf eine erste und einzige Urkunde von Lud-

69 Menzel 1998, 103 Nr. 213 (K 22), 126–127 Nr. 265 (K 26), 143–144 Nr. 305 (K 31), 149 Nr. 318 (H 45 = K 3).

70 Menzel 1998, 130–131 Nr. 274 (K 26), 140–141 Nr. 297 (K 25). – Zu Geschenken der Stadt Augsburg an die königliche Kanzlei vgl. Bansa 1968, 279–280; Kluge 2014, 226.

71 Vgl. Bansa 1968, 103.

72 Dass Werner von Neuburg, der 1344 eine von K 22 geschriebene Urkunde rekognoszierte, mit diesem Schreiber identisch ist, schließt Moser 1985, 254 aus. – Es wäre möglich, dass der Kanzleischreiber Johann von Augsburg identisch ist mit Johannes de Augusta, Kleriker und öffentlicher Notar kaiserlicher Autorität (*imperiali publicus auctoritate notarius*), der am 2. Februar 1336 in auf der Festung Marienberg über Würzburg ein Notariatsinstrument im Auftrag Bischof Ottos von Würzburg ausstellte (Staatsarchiv Würzburg, Kloster Ebrach Urkunden 1336 II 2; vgl. Kern/Weileder 2012, 29 Nr. 123). Die ausdrücklich eigenhändige Schrift des Notars auf dieser Urkunde weist Ähnlichkeiten zu mehreren bekannten Kanzleischreibern auf; da deren Handschriften sich untereinander teilweise stark ähneln (vgl. auch Elstner 2012, 124), wäre eine eindeutige Identifikation nur anhand eines detaillierten Schriftvergleichs und einer genauen Überprüfung der Itinerare möglich, was an dieser Stelle nicht geleistet werden kann. Zu öffentlichen Notaren in Diensten Ludwigs vgl. Moser 1985, 265–268; zu Notarsurkunden im Allgemeinen vgl. Weileder 2019.

73 Vgl. Weitlauff 2001a, 16. – Zum Verhältnis der Augsburger Bischöfe zu Ludwig vgl. auch Zoepfl 1948.

wig. Sie ist auf den 7. Dezember 1322 datiert und wurde von H 18, einem über viele Jahr für Ludwig tätigen Mundator, geschrieben.[74]

Der 1331 wohl mit Unterstützung Ludwigs gewählte Ulrich von Schönegg[75] erhielt acht Urkunden, die zwischen Mai 1332 und Juli 1336 ausgestellt wurden. Moser ordnet sie fünf verschiedenen Händen zu.[76] Zwar stammen die ältesten vier jeweils von K 5, doch sind daraus keine Schlüsse zu ziehen, da K 5 generell einer der produktivsten Schreiber der kaiserlichen Kanzlei war.[77] Auch die vier Urkunden, die Bischof Heinrich[78] empfing, stammen von mindestens drei verschiedenen Händen.[79]

Ergiebiger für die Frage nach Empfängerausfertigungen sind die Urkunden für die Reichsstadt Augsburg. Das Verhältnis Ludwigs zur Stadt gilt von Anfang an als eng.[80] Während seiner Regierungszeit hielt er sich mindestens 21 mal in Augsburg auf. Meist blieb er nur wenige Tage, mindestens viermal scheint sein Aufenthalt über eine Woche gedauert zu haben: im November/Dezember 1322, November 1330, September/Oktober 1337 und Mai 1346.[81] Möglicherweise hielt er sich auch über den Jahreswechsel 1336/1337 für mehrere Wochen in Augsburg auf.[82] Zudem urkundete Ludwig durchaus häufig für Augsburg: Nach dem Empfängerverzeichnis in Heft 5 der Regesten Ludwigs des Bayern erhielt die Reichsstadt Augsburg 36 Urkunden von Ludwig, erstmals am 20. Januar 1315 und zuletzt am 21. November 1346.[83]

74 Menzel 1998, 18–19 Nr. 40. – Zu H 18 vgl. Bansa 1968, 146–159.

75 Zu Ulrich von Schönegg vgl. Weitlauff 2001b, 18–19.

76 Menzel 1998, 77 Nr. 159 (K 5), 78 Nr. 161 (K 5), 82–83 Nr. 170 (K 5), 88 Nr. 179 (K 5), 93–94 Nr. 192 (zwei Ausfertigungen: K 3 und K 22), 96–97 Nr. 199 (K 22), 102–103 Nr. 212 (K 25).

77 K 5 (= H 48 bei Bansa 1973, 119*) war ab 1330 in der Kanzlei tätig und schrieb vor allem in den ersten vier Jahren zahlreiche Ludwigsurkunden, vgl. Moser 1985, 34.

78 Zu Heinrich von Schönegg vgl. Weitlauff 2001c.

79 Menzel 1998 109–110 Nr. 228 (K 25), 117–118 Nr. 247 (fehlt bei Moser 1985, erscheint jedoch nicht kanzleifremd), 151–152 Nr. 324 (K 22), 157 Nr. 336 (K 31).

80 Vgl. Herberger 1853, 3; Menzel 1998, XV; Kluge 2014, 138.

81 Aufenthalte, die länger als eine Woche dauerten: 24. November–13. Dezember 1322 (vgl. Böhmer 1839–1865, 29–30 Nr. 486–514, 354 Nr. 3200), 17. –26. November 1330 (vgl. Menzel 1998, 53–56 Nr. 117–122), 14. September–1. Oktober 1337 (vgl. Böhmer 1839–1865, 116 Nr. 1859–1865), 3.–12. Mai 1346 (vgl. Böhmer 1839–1865, 156–157 Nr. 2491–2496).

82 Am 22. Dezember 1336 und 1. Januar 1337 urkundete Ludwig in Augsburg, vgl. Menzel 1998, 105–106 Nr. 216, Nr. 217; aus der Zwischenzeit sind keine Ludwigsurkunden überliefert.

83 Dagegen kennt Kluge (2014, 224) 62 Königs- und Kaiserurkunden für die Reichsstadt Augsburg aus der Regierungszeit Ludwigs des Bayern; darunter sind vermutlich die Urkunden aus dem Augsburger Stadtarchiv und dem reichsstädtischen Urkundenbestand des Staatsarchivs Augsburg, für die Menzel (1998, 171–173) verschiedene Augsburger Bürger und Landvögte sowie weitere Einzelpersonen als Empfänger angibt. Bei einigen davon ließe sich gemäß der Vorbemerkung zum Empfängerbegriff (vgl. oben bei Anm. 13) darüber diskutieren, ob nicht doch die Reichsstadt als Empfängerin anzusehen ist, da die Urkunden teilweise Steuerquittungen für die Stadt beinhalten; in der folgenden Untersuchung bleiben sie dennoch ausgeklammert, zumal sie größtenteils von be-

Die elf Urkunden, die vor 1330 datieren, hat Bansa neun verschiedenen Schreibern zugeordnet.[84] Von den übrigen 25 Urkunden hat Moser nur 18 berücksichtigt: Sie wurden von elf verschiedenen Händen geschrieben,[85] wobei keine davon auffallend häufig ist. Bis auf zwei dieser Hände waren alle über mehrere Monate, meist für mehrere Jahre in Ludwigs Kanzlei tätig. Als Empfängerausfertigung kann dagegen ein Mandat vom 3. Dezember 1340 gelten, das von K 31 in seiner Zeit als Augsburger Stadtschreiber geschrieben wurde.[86] Der Geleit- und Schutzbrief vom 30. Januar 1340, den Ludwig als Vormund Herzog Johanns I. von Niederbayern ausstellte,[87] ist zwar keine Empfängerausfertigung, aber auch kein Produkt der kaiserlichen Kanzlei im engeren Sinne: Er stammt von K 28 und damit einer Person, die mit kaiserlichen Urkunden nur im Zusammenhang mit dieser Vormundschaft zu tun hatte.[88]

Allerdings sind unter den sieben Stücken, die Moser nicht berücksichtigte, ausgerechnet vier umfangreiche Landfriedens- und Bündnisurkunden von 1330, 1331 und 1333. Bei diesen erscheint eine Einflussnahme der Empfängerseite besonders wahrscheinlich, schließlich gehen ihnen deutlich intensivere Verhandlungen voraus, als bei anderen Urkundentypen anzunehmen ist.[89] Und tatsächlich scheinen diese vier Urkunden nicht in der kaiserlichen Kanzlei entstanden zu sein. So weist der Landfrieden vom 4. Oktober 1330 (Abb. 1)[90] eine recht markante Schrift auf: Auffällig daran sind insbesondere die stets ganz gerade nach unten unter die Grundlinie gezogenen Abstriche des Minuskel-h, die bei den bei Moser nachge-

---

kannten Schreibern stammen. – Zum Vergleich: Laut den Empfängerverzeichnissen der entsprechenden Regestenhefte erhielt die Reichsstadt Nürnberg 51 Urkunden, Rothenburg ob der Tauber 30 Urkunden (vgl. Eisenzimmer 2015, 349), Mühlhausen 26 Urkunden (vgl. Bulach 2018, 375), Frankfurt am Main ca. 80 Urkunden (vgl. künftig Oehler-Klein [voraussichtlich Ende 2023/Anfang 2024]).

84 Menzel 1998, 3–4 Nr. 3 (H 3), 4 Nr. 4 (H 17), 9 Nr. 18 (H 13), 10 Nr. 19 (H 11), 10–11 Nr. 20 (H 14), 12–13 Nr. 24 (H 2), 27 Nr. 61 (26), 27–28 Nr. 62 (H 18), 28 Nr. 63 (H 18), 40–41 Nr. 94 (H 23 = K 1).

85 Menzel 1998, 45 Nr. 103 (K 3), 56 Nr. 123 (K 5), 62 Nr. 135 (K 7), 92 Nr. 189 (K 20), 104 Nr. 214 (K 25), 105–106 Nr. 217 (K 25), 120 Nr. 252 (K 28), 121–122 Nr. 255 (K 3), 124 Nr. 260 (K 22), 125–126 Nr. 263 (K 7), 126–127 Nr. 265 (K 26), 128 Nr. 268 (K 25), 128 Nr. 269 (K 31), 130–131 Nr. 274 (K 26), 150 Nr. 320 (K 30), 152–153 Nr. 326 (K 31), 153 Nr. 327 (K 22), 154 Nr. 329 (K 22), 155 Nr. 330 (K 32).

86 Menzel 1998, 128 Nr. 269. – Zu zwei von K 31 im Kontext mit diesem Mandat geschriebenen Urkunden der Stadt Augsburg vgl. Menzel 1998, 128 Nr. 269 Anm. 5 und Bansa 1968, 156–157.

87 Menzel 1998, 120 Nr. 252.

88 Zu K 28 vgl. oben Anm. 34.

89 Schon Hlaváček (1970, 264) stellte für die Urkunden König Wenzels fest, dass die in dessen Regierungszeit eher seltenen Empfängerausfertigungen speziell bei Landfrieden häufiger festzustellen sind.

90 Stadtarchiv Augsburg, Allgemeines Urkundenselekt 1330 Oktober 4 (= Menzel 1998, 51–53 Nr. 115).

wiesenen Schreibern nicht zu beobachten sind.[91] Es gibt zwei weitere Ausfertigungen des Landfriedens in Mainz[92] und München[93], die ebenfalls markante Schriften zeigen, die zu keinem bekannten Schreiber passen. Zudem unterscheidet sich die Mainzer Ausfertigungen sprachlich deutlich von den anderen beiden,[94] was dafür spricht, dass die drei Exemplare jeweils von unterschiedlichen Parteien des Landfriedens angefertigt wurden.

Für die Bündnisbriefe vom 20. November[95] bzw. 5. Dezember 1331[96] hat bereits Otto Clavadetscher die Entstehung in einer städtischen, wahrscheinlich der Augsburger Kanzlei erwogen.[97] Beim ersten erscheint dies ziemlich eindeutig: Er ist zwar formal vom Kaiser ausgestellt, indes nicht mit einem kaiserlichen Siegel, sondern von Berthold von Neuffen besiegelt, der am Ende der Urkunde erklärt, hierzu bevollmächtigt zu sein. Auf eine Fremdausfertigung deutet außerdem das Fehlen der Regierungsjahre hin[98] sowie der Ausstellungsort (Ulm), der mit dem

91 Auf den bei Moser (1985) im Anhang abgebildeten Schriftbeispielen sind die Abstriche des h mehr oder weniger stark geschwungen bis s-förmig; eine vergleichbare h-Form ist bei K 23 (Tf. 19a, z. B. Zeile 3: *Hâheltingen, schuldig*) zu beobachten, allerdings im Wechsel mit anderen, weit nach unten links gezogenen, gerade oder leicht geschwungenen Varianten (z. B. Zeile 1: *Romischer*, Zeile 2: *offenlich*; auch die Form des z unterscheidet sich deutlich).

92 Stadtarchiv Mainz, Urkunden 1330 X 4; Abbildung auf Monasterium.net: https://www.monasterium.net/mom/DE-StaAMainz/Urkunden/U_%7C_1330_Oktober_4/charter (23. Juni 2021).

93 Bayerisches Hauptstaatsarchiv, Abt. III (Geheimes Hausarchiv), Hausurkunden 193.

94 Z. B. heißt es in der Augsburger und Münchner Ausfertigung jeweils: *Tuen chunt allen den den diser brief gezaiget wirt und die in sehent* [...] *Daz ist Augspurch Lantsperg Schongawe Fůzzen* [...]; in der Mainzer dagegen: *Tuont kunt allen den den diser brief geczeiget wirt unde die in sehent* [...] *Das ist Augespurg Landespg. Schenowe Frůzzen.*

95 Stadtarchiv Augsburg, Allgemeines Urkundenselekt 1331 November 20_2. Der hierzu bei Menzel 1998, 69–71 Nr. 150 angegebene Schreiber K 11 (zu ihm siehe auch Anm. 31) hat nicht die Augsburger Ausfertigung geschrieben, sondern die Abschrift eines Konzepts dieser Urkunde, die sich heute im Hauptstaatsarchiv Stuttgart, H 51 Nr. 313 befindet, vgl. Online-Findbuch mit Abbildung: http://www.landesarchiv-bw.de/plink/?f=1-1260277 (29. Juni 2021); Moser 1985, 62.

96 Stadtarchiv Augsburg, Allgemeines Urkundenselekt 1331 Dezember 5 (= Menzel 1998, 73–75 Nr. 154).

97 Clavadetscher 1990, 124–130 Nr. 3475, Nr. 3476.

98 Clavadetscher 1990, 124 führt neben der Besiegelung und den fehlenden Regierungsjahren einen Wechsel des Ausstellers von Ludwig zu den Städten innerhalb des Texts als nicht kanzleigemäßes Merkmal an; allerdings ist der Abschnitt, der mit *Wir die vorgenanten herren vnd stett* beginnt, als Insert zu verstehen, das durch die vorangestellten Worte: *als her nach gescriben stat*, auch als solches gekennzeichnet wird. Ein Wechsel des Ausstellers an dieser Stelle ist daher nicht ungewöhnlich.– Zu weiteren Beispielen für Perspektivwechsel in Urkunden Ludwigs, die nicht durch Inserte begründet sind, vgl. Weileder 2021, XXXVIII.

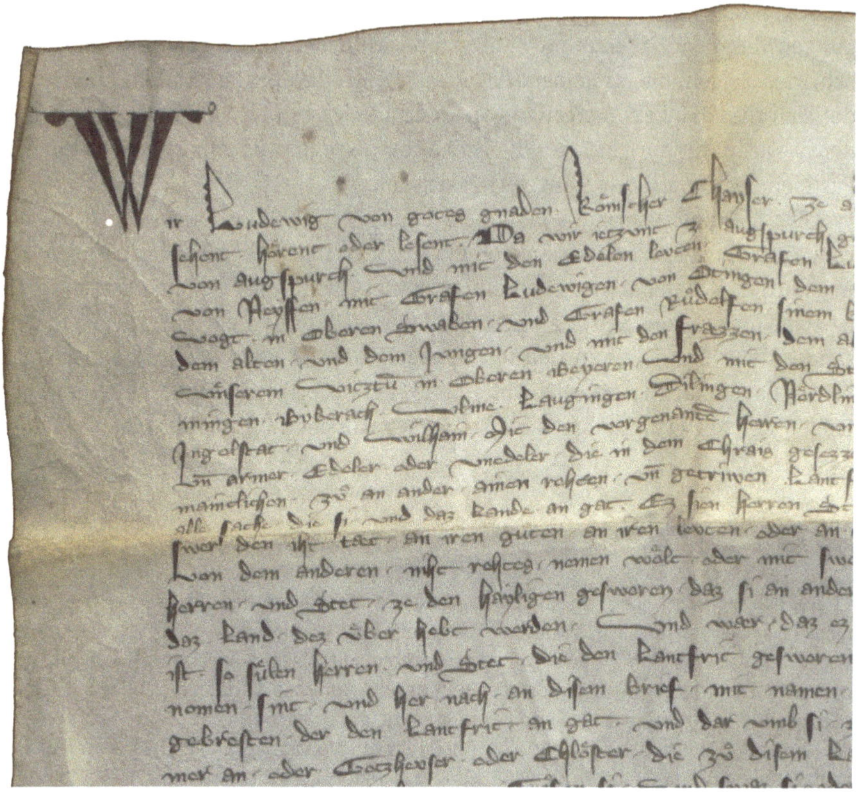

Abb. 1: Stadtarchiv Augsburg, Allgemeines Urkundenselekt 1330 Oktober 4 (Ausschnitt).

Itinerar Ludwig nur schwer zu vereinbaren ist.[99] Die zweite Urkunde vom 5. Dezember, bei der der Wortlaut der ersten in eine knappe Rahmenurkunde inseriert ist, wurde dagegen mit dem Kaisersiegel beglaubigt. Allerdings ist auch sie wegen des fehlenden Ausstellungsorts,[100] eines falsch angegebenen Regierungsjahres und der Schrift, die zumindest auf den ersten Blick keinem Schreiber Ludwigs zuzuordnen scheint, wohl als Fremdausfertigung einzuschätzen. Clavadetscher vermutet, dass die Initiative zum Landfrieden und dessen Beurkundung durch den

99 Eine weitere Urkunde Ludwigs vom 20. November ist nicht bekannt; am Folgetag stellte er jedoch im über 150 Kilometer entfernten Nürnberg eine Urkunde aus (vgl. Menzel 1998, 71–72 Nr. 151); davor urkundete er zuletzt er am 13. November in München (vgl. Menzel 2003, 144 Nr. 336).

100 Zum Fehlen des Ausstellungsorts als Anzeichen kanzleifremder Ausfertigung vgl. oben bei Anm. 23.

König „von den Städten ausging und Augsburg [...] die führende Rolle spielte. Die Städte wünschten offenbar am 20. Nov. eine vorläufige sofortige Verpflichtung des Kaisers durch seinen Bevollmächtigten, Berthold von Neuffen, bestanden aber auf einer baldigen Beglaubigung ([...] 5. Dez.) mit dem kaiserlichen Siegel."[101] – In ihrer Dissertation von 2009 konnte Felicitas Schmid-Grotz diese Ausfertigung vom Dezember einem Schreiber zuordnen, der 1331 einen Eintrag in das Augsburger Achtbuch vornahm.[102]

Der Landfrieden vom 10. Juni 1333 (Abb. 2)[103] scheint dem Schriftbild nach ebenfalls kein Produkt der kaiserlichen Kanzlei zu sein. Dafür können wiederum die Abstriche des Minuskel-h als Argument dienen: Anders als bei den bekannten kaiserlichen Schreibern werden sie meist in einer geraden oder leicht gebogenen Linie relativ weit nach unten links gezogen. Auffällig ist auch das runde *s* am Wortende von *das* und *es* (zum Beispiel in Zeile 15). Zudem fehlt auch bei dieser Urkunde der Ausstellungsort.

An den Verhandlungen, die der Ausstellung dieser vier Urkunden vorangingen, waren neben Ludwig und Augsburg noch viele weitere Personen und Städte beteiligt, die auf Inhalt, Formulierung und äußere Erscheinung der Dokumente eingewirkt haben könnten. Ob sie Produkte einer Augsburger Kanzlei, eines beteiligten Dritten oder eines Gelegenheitsschreibers sind, bliebe bei den Urkunden von 1330, November 1331 und 1333 noch zu klären. Unter den Urkunden für die Reichsstadt Augsburg, die Moser unberücksichtigt ließ, ist jedoch noch ein weiteres Stück, bei dem eine Ausfertigung durch einen Augsburger Schreiber mangels weiterer Beteiligter besonders wahrscheinlich ist: Die Urkunde vom 20. April 1344 mit der Erlaubnis, schädliche Leute abzuurteilen,[104] ist wiederum durch die Schrift,[105] das Fehlen des Ausstellungsorts und ein falsches Regierungsjahr als kanzleifremd einzuordnen. Auch die Einhängung des Siegels ist ungewöhnlich: unterhalb der beiden Lö-

---

101 Clavadetscher 1990, 124.

102 Vgl. Schmid-Grotz [2015], 205–209. Derselben Hand, die sie mit der Sigle „J" bezeichnet, weist Schmid-Grotz den Landfrieden vom 4. Oktober 1330 zu; die Beschreibung der Abstriche von *h* als „schräg nach links weit unter die Zeile verlängert" (206) stimmt jedoch nicht mit der oben (bei Anm. 92) beschriebenen Form überein; ein direkter Vergleich ist leider nicht möglich, da die Abbildungen der Schriftbeispiele in der nur als Onlineversion verfügbaren Dissertation geschwärzt wurden.

103 Stadtarchiv Augsburg, Allgemeines Urkundenselekt 1333 Juni 10 (= Menzel 1998, 85–87 Nr. 177).

104 Staatsarchiv Augsburg, Reichsstadt Augsburg Urkunden Nr. 97 (= Menzel 1998, 145–146 Nr. 301); Abbildung im Online-Findmittel: https://www.gda.bayern.de/findmitteldb/Archivalie/87540 (29. Juni 2021).

105 Nur auf den ersten Blick ähnelt die Schrift derjenigen von K 16 (Moser 1985, Tf. 14a), bei genauerem Hinsehen unterscheidet sie sich deutlich etwa in der Form der Buchstaben *g* und *v*; zudem ist K 16 in den 1340er Jahren nicht mehr als Kanzleischreiber belegt, vgl. Moser 1985, 68.

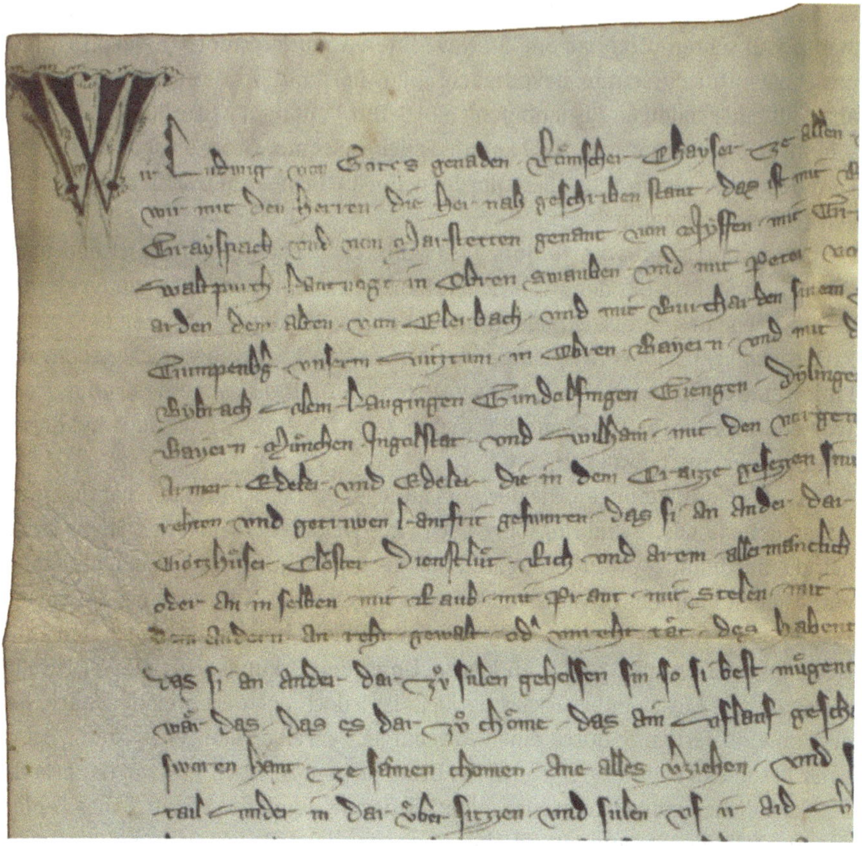

Abb. 2: Stadtarchiv Augsburg, Allgemeines Urkundenselekt 1333 Juni 10 (Ausschnitt).

cher für die Seidenschnüre wurde mittig ein waagrechter Schnitt in die Plica geschnitten, durch den beide Fäden gezogen wurden.[106]

Von den sieben Urkunden für die Reichsstadt Augsburg, deren Schreiber noch nicht von Bansa oder Moser identifiziert wurden, bleiben somit nur noch zwei übrig, die kanzleimäßig erscheinen.[107] Insgesamt sieben und damit fast 20

---

106 Zu einem ähnlichen Beispiel im Stadtarchiv Köln (ebenfalls eine Empfängerausfertigung) sowie zur üblichen Befestigung der Seidenschnüre an den Urkunden Ludwigs vgl. Bansa 1968, 7 mit Anm. 40.

107 Die Schrift auf Staatsarchiv Augsburg, Hochstift Augsburg Urkunden 1331 VII 10 (früher KLS 488) (= Menzel 1998, 63 Nr. 138) und Stadtarchiv Augsburg, Allgemeines Urkundenselekt 1339 August 22 (= Menzel 1998, 118 Nr. 248) könnte jeweils von einem der bekannten Schreiber stammen

Prozent der 36 Ludoviciana für die Reichstadt Augsburg sind folglich nicht in der königlichen beziehungsweise kaiserlichen Kanzlei entstanden. Alle sieben entstanden nach 1330, also in der Regierungshälfte, für die bislang kaum Informationen zu Fremdausfertigungen vorlagen (für diese Zeit liegt ihr Anteil damit sogar bei 28 Prozent).

5 Zusammenfassung/Ausblick

Zusammenfassend lässt sich damit festhalten, dass mit kanzleifremden Ausfertigungen während der gesamten Regierungszeit Ludwigs des Bayern zu rechnen ist. Sie sind besonders häufig in den ersten Wochen seiner Regierung, wie auch die Urkunden für die Erzbischöfe Peter von Mainz und Balduin von Trier vom Ende des Jahres 1314 zeigen, die zu 100 beziehungsweise 74 Prozent als Empfänger- oder Fremdausfertigungen anzusehen sind. Dies ist einerseits auf die besondere Situation nach der Königswahl zurückzuführen, in der der hohe Bedarf nach Beurkundungen nicht durch die königliche Kanzlei gedeckt werden konnte, andererseits auf die herausgehobene Stellung der beiden Kurfürsten, denen Ludwig für ihre Wahlstimmen zu Dank verpflichtet war. Inwiefern einflussreiche Empfänger wie Balduin in der Folgezeit die inneren und äußeren Merkmale der Urkunden Ludwigs beeinflussten, bleibt künftigen Untersuchungen vorbehalten.

Während Empfängerausfertigungen für die Bischöfe von Augsburg nicht nachweisbar sind, zeigen die Urkunden für die Reichsstadt Augsburg sehr deutlich, dass Fremdausfertigungen auch noch in der zweiten Regierungshälfte toleriert wurden. Mit fast 20 Prozent erscheint ihr Anteil hier erstaunlich hoch, allerdings fehlt ein Vergleichsmaßstab. Die Forschungslage speziell zu den Jahren 1330 bis 1347 ist zu lückenhaft, um diese Zahl zuverlässig zu interpretieren: Handelt es sich tatsächlich um einen außergewöhnlichen hohen Anteil? Und wenn ja: ist er auf ein besonders enges Verhältnis Ludwigs oder seiner Kanzlei zur Stadt Augsburg zurückzuführen oder vor allem inhaltlich durch die Urkundentypen Landfrieden beziehungsweise Bündnisbrief begründet?

Um Antworten darauf zu geben, wäre es notwendig, aufbauend auf den Studien von Bansa und Moser auch die Schreiber der zahlreichen Originalurkunden zu identifizieren, die diese beiden Autoren noch nicht berücksichtigt haben. Dabei wären Urkunden der Empfänger zum Vergleich heranzuziehen und auf ungewöhnliche innere und äußere Merkmale zu achten. Besonders ertragreich könnten hier

---

(zur Schwierigkeit der genauen Identifikation vgl. Anm. 73); das Formular beider Urkunden ist unauffällig.

sprachgeschichtliche Untersuchungen der Urkunden Ludwigs des Bayern sein, mit deren Hilfe sich vielleicht auch Ausfertigungen Dritter oder unklarer Empfänger zuordnen ließen.

Literaturverzeichnis

Appelt, Heinrich: „Der Anteil der Empfänger an der Ausfertigung der Diplome Friedrichs I.“, in: *Geschichte und ihre Quellen: Festschrift für Friedrich Hausmann zum 70. Geburtstag*, hrsg. von Reinhard Härtel in Verbindung mit Günter Cerwinka, Walter Höflechner, Othmar Pickl und Hermann Wiesflecker. Graz 1987. 381–386.

Bansa, Helmut: *Studien zur Kanzlei Kaiser Ludwigs des Bayern vom Tag der Wahl bis zur Rückkehr aus Italien (1314–1329)*. Kallmünz 1968.

Bansa, Helmut: „Zum Problem des Zusammenhangs von Formular und Registereintrag: Beobachtungen aus der Kanzlei Ludwigs des Bayern“, in: *Deutsches Archiv für Erforschung des Mittelalters* 29 (1973): 529–550.

Bock, Friedrich: „Fälschungen von Hofmarksprivilegien Ludwigs des Bayern“, in: *Archivalische Zeitschrift* 42/43 (1934): 322–337.

Böhmer, Friedrich: *Regesta Imperii inde ab anno 1314 usque ad annum 1347: Die Urkunden Kaiser Ludwigs des Baiern, König Friedrichs des Schönen und König Johanns von Böhmen. Nebst einer Auswahl der Briefe und Bullen der Päbste und anderer Urkunden in Auszügen*. Frankfurt am Main 1839; 1–3. Ergänzungsheft. Frankfurt am Main u. a. 1841–1865.

Bresslau, Harry: *Handbuch der Urkundenlehre für Deutschland und Italien*. 1. Bd. 4. Aufl. Berlin 1969.

Bulach, Doris (Bearb.): *Regesten Kaiser Ludwigs des Bayern (1314–1347)*: *Heft 11: Die Urkunden aus den Archiven und Bibliotheken Berlins, Brandenburgs, Mecklenburg-Vorpommerns, Sachsens, Sachsen-Anhalts, Thüringens*, hrsg. von Michael Menzel. Köln/Weimar/Wien 2018.

Eisenzimmer, Mirjam (Bearb.): *Regesten Kaiser Ludwigs des Bayern (1314–1347)*: *Heft 10: Die Urkunden aus den Archiven und Bibliotheken Mittel- und Oberfrankens*, hrsg. von Michael Menzel. Köln/Weimar/Wien 2015.

Elstner, Kerstin: „Schreiber und Kanzlisten“, in: *Kanzleisprachenforschung: Ein internationales Handbuch*, hrsg. von Albrecht Greule, Jörg Meier und Arne Ziegler. Berlin/Boston 2012. 119–129.

Fischer, Christa: *Studien zu den Arengen in den Urkunden Kaiser Ludwigs des Bayern (1314–1347): Beiträge zu Sprache und Stil*. Kallmünz 1987.

Hageneder, Othmar: „Die Rechtskraft spätmittelalterlicher Papst- und Herrscherurkunden *‚ex certa scientia‘*, *‚non obstantibus‘* und *‚propter importunitatem petentium‘*“, in: *Papsturkunde und europäisches Urkundenwesen: Studien zu ihrer formalen und rechtlichen Kohärenz vom 11. bis 15. Jahrhundert*, hrsg. von Peter Herde und Hermann Jakobs. Köln/Weimar/Wien 1999. 401–429.

Herberger, Theodor: *Kaiser Ludwig und die treue Stadt Augsburg mit einer Auswahl der wichtigsten, noch ungedruckten Urkunden*. Augsburg 1853.

Hlaváček, Ivan: *Das Urkunden- und Kanzleiwesen des böhmischen und römischen Königs Wenzel (IV.) 1376–1419: Ein Beitrag zur spätmittelalterlichen Diplomatik*. Stuttgart 1970.

Huschner, Wolfgang: „Originale, imitierende Kopien, Fälschungen. Die Nutzung und Sicherung mittelalterlicher Herrscherurkunden durch geistliche Empfänger Italiens (10.–12. Jahrhundert)“, in: *Die Urkunde: Text–Bild–Objekt*, hrsg. von Andrea Stieldorf. Berlin/Boston 2019. 363–381.

Jakobi-Mirwald, Christine: *Buchmalerei: Terminologie in der Kunstgeschichte*. 3. Aufl. Berlin 2008.

Johrendt, Jochen: „Der Empfängereinfluß auf die Gestaltung der Arenga und Sanctio in den päpstlichen Privilegien (896–1046)“, in: *Archiv für Diplomatik, Schriftgeschichte, Siegel- und Wappenkunde* 50 (2004): 1–11.

Kern, Elfriede/Weileder, Magdalena (Bearb.): *Notare und Notarssignete vom Mittelalter bis zum Jahr 1600 aus den Beständen der Staatlichen Archive Bayerns: Folgeband: Funktionen und Beurkundungsorte, Quellennachweise, Indizes und Nachträge.* München 2012.

Kirt, David: *Peter von Aspelt (1240/45–1320): Ein spätmittelalterlicher Kirchenfürst zwischen Luxemburg, Böhmen und dem Reich.* Luxemburg 2013.

Kluge, Mathias Franc: *Die Macht des Gedächtnisses: Entstehung und Wandel kommunaler Schriftkultur im spätmittelalterlichen Augsburg.* Leiden 2014.

Koch, Walter: „Empfängerausfertigung“, in: *Lexikon des Mittelalters* 3 (1986): Sp. 1890–1891.

Kruisheer, Jaap: „Kanzleianfertigung, Empfängeranfertigung und Anfertigung durch Dritte: Methodologische Anmerkungen anläßlich einiger neuerer Untersuchungen“, in: *Archiv für Diplomatik, Schriftgeschichte, Siegel- und Wappenkunde* 25 (1979): 256–300.

Kühn, Margarete: „Eine Urkunde aus der Kanzlei Karls IV.: Beitrag zum Wesen von Kanzlei- und Empfängerausfertigungen“, in: *Forschungen und Fortschritte* 28 (1954): 115–118.

Menzel, Michael (Bearb.): *Regesten Kaiser Ludwigs des Bayern (1314–1347): Heft 5: Die Urkunden aus den Archiven und Bibliotheken im Regierungsbezirk Schwaben (Bayern)*, hrsg. von Peter Acht. Köln/Weimar/Wien 1998.

Menzel, Michael (Bearb.): *Regesten Kaiser Ludwigs des Bayern (1314–1347): Heft 7: Die Urkunden aus den Archiven und Bibliotheken Ober- und Niederbayerns*, hrsg. von Peter Acht und Michael Menzel. Köln/Weimar/Wien 2003.

Moser, Peter: *Das Kanzleipersonal Kaiser Ludwigs des Bayern in den Jahren 1330–1347.* München 1985.

Moser, Peter: „Personelle Beziehungen der Reichskanzlei zur Grafschaft Tirol zur Zeit Kaiser Ludwigs des Bayern“, in: *Archiv für Diplomatik, Schriftgeschichte, Siegel- und Wappenkunde* 35 (1989): 457–461.

Moser, Peter: *Nachtrag zum Kanzleipersonal Kaiser Ludwigs des Bayern in den Jahren 1330–1347.* München 2004 (unveröffentlicht).

Mötsch, Johannes: *Die Balduineen: Aufbau, Entstehung und Inhalt der Urkundensammlung des Erzbischofs Balduin von Trier.* Koblenz 1980.

Oehler-Klein, Sigrid (Bearb.): *Regesten Kaiser Ludwigs des Bayern (1314–1347): Heft 13: Die Urkunden aus den Archiven und Bibliotheken Hessens*, hrsg. von Michael Menzel. [Erscheint voraussichtlich Ende 2023/Anfang 2024].

Riezler, Sigmund: „Kaiser Ludwig der Baier, Meister Ulrich der Wilde und Meister Ulrich der Hofmaier von Augsburg“, in: *Forschungen zur deutschen Geschichte* 14 (1874): 1–17.

Schlosser, Hans: *Die Rechts- und Einredeverzichtsformeln (*renuntiationes*) der deutschen Urkunden des Mittelalters vom 13. bis zum ausgehenden 15. Jahrhundert.* Aalen 1963.

Schmid-Grotz, Felicitas: *Das Augsburger Achtbuch: Ein Herrschaftsmedium in der spätmittelalterlichen Stadt?* https://opus.bibliothek.uni-augsburg.de/opus4/3111, Augsburg [2015] (29. Juni 2021).

Schnurrer, Ludwig: *Urkundenwesen, Kanzlei und Regierungssystem der Herzöge von Niederbayern (1255–1340).* Kallmünz 1972.

Šebánek, Jindřich: „Die Kanzlei der böhmischen Herrscher des Přemyslidenzeitalters“, in: *Sborník prací Filozofické Fakulty Brnenské Univerzity C* 23/24 (1976/77): 113–119.

Spiegel, Joachim: „Vorurkunde“, in: *Lexikon des Mittelalters* 8 (1997): Sp. 1868–1869.

Weileder, Magdalena: *Spätmittelalterliche Notarsurkunden: Prokuratorien, beglaubigte Abschriften und Delegatenurkunden aus bayerischen und österreichischen Beständen.* Wien/Köln/Weimar 2019.

Weileder, Magdalena (Bearb.): *Regesten Kaiser Ludwigs des Bayern (1314–1347): Heft 12: Die Urkunden aus den Archiven und Bibliotheken Unterfrankens*, hrsg. von Michael Menzel. Wien/Köln/Weimar 2021.

Weitlauff, Manfred: „Friedrich Spät von Faimingen", in: *Die Bischöfe des Heiligen Römischen Reiches 1198 bis 1448: Ein biographisches Lexikon*, hrsg. von Erwin Gatz. Berlin 2001. 15–18. (= Weitlauff 2001a)

Weitlauff, Manfred: „Ulrich von Schönegg", in: *Die Bischöfe des Heiligen Römischen Reiches 1198 bis 1448: Ein biographisches Lexikon*, hrsg. von Erwin Gatz. Berlin 2001. 18–19. (= Weitlauff 2001b)

Weitlauff, Manfred: „Heinrich von Schönegg", in: *Die Bischöfe des Heiligen Römischen Reiches 1198 bis 1448: Ein biographisches Lexikon*, hrsg. von Erwin Gatz. Berlin 2001. 19–20. (= Weitlauff 2001c)

Werner, Judith: *Papsturkunden vom 9. bis ins 11. Jahrhundert: Untersuchungen zum Empfängereinfluss auf die äußere Urkundengestalt*. Berlin/Boston 2017.

Zoepfl, Friedrich: „Die Augsburger Bischöfe und ihre Stellung im Kampf Ludwigs des Bayern mit der Kurie", in: *Zeitschrift für bayerische Kirchengeschichte* 18 (1948): 1–21.

Andrea Stieldorf

Die Königs- und Kaisersiegel Ludwigs des Bayern zwischen Tradition und Innovation

Am Anfang der Königszeit Ludwigs des Bayern stand kein Königssiegel. Vielmehr benutzte er nach seiner Wahl am 20. Oktober 1314 und vor seiner Aachener Krönung am 25. November in einigen Fällen sein kleineres Reitersiegel, das er bereits als Pfalzgraf bei Rhein und Herzog von Bayern geführt hatte und das ausdrücklich als Ersatz für das noch fehlende königliche Siegel angekündigt wurde.[1] (Abb. 1)

In anderen Fällen übernahmen der Mainzer Erzbischof Peter von Aspelt oder Ludwigs Gemahlin Beatrix von Schlesien-Schweidnitz die Besiegelung, bei letzterer handelte sich wahrscheinlich um ein Siegel als bayerische Herzogin[2]. Das königliche Siegel Ludwigs sollte laut der Corroboratio in diesen Fällen nachträglich angebracht werden – ob dies auch geschah, kann freilich nicht nachgewiesen werden.[3] Die Urkunden vor seiner Königskrönung stellte Ludwig als *Lud(wicus)*

1 Dieser Beitrag entstand im Rahmen des von mir geleiteten Teilprojektes „Bilder vom König. Macht und Herrschaft der ostfränkisch-deutschen Könige im Siegel- und Münzbild (936–1250)" im Bonner Sonderforschungsbereich 1167 „Macht und Herrschaft. Vormoderne Konfigurationen in transkultureller Perspektive". – Primbs 1883, 265 Nr. 8; Posse 1, 1909, 37–38 sowie Taf. 50 Nr. 3; Rainer Kahsnitz in: Glaser 1980, 217–218 Nr. 224* (mit Abb. des großen Siegels). Vgl. die Urkunde Ludwigs für Johann von Lichtenberg vom 24. Oktober 1314, MGH Const. 5, 107 Nr. 109: *Dantes sibi has litteras sigillo nostro comitatus palatini Reni ducatus Bawarie signatas, quia adhuc regium non habemus, in testimonium super eo.* Ähnlich in einer für König Johann von Böhmen und Erzbischof Balduin von Trier ausgestellten Urkunde vom 26. Oktober 1314, MGH Const. 5, 107–108 Nr. 110: *In quorum testimonium, quia sigillo regio caremus, has litteras sigillo ducatus nostri fecimus roborari.* Vgl. Schaus 1894, 8; Rainer Kahsnitz in: Glaser 1980, 219–220 Nr. 325*, mit dem Hinweis, dass das Thronsiegel erstmals am Tag der Krönung in Aachen verwendet wurde. – Bei dem kleineren Reitersiegel als Herzog von Bayern handelt es sich um Posse 1, 1909, Taf. 50 Nr. 3.

2 Allerdings stellt Rainer Kahsnitz in: Glaser 1980, 220–221 Nr. 327*, fest: „Ein Siegel aus ihrer Herzoginnenzeit ist nicht bekannt." Da Beatrix bereits seit 1309 mit Ludwig verheiratet war, erscheint es jedoch wahrscheinlich, dass sie vor 1314 ein eigenes Siegel als Herzogin hatte, worauf auch die *Corroboratio* der betreffenden Urkunde hindeutet. Das Königinnensiegel der Königin Beatrix bei Posse 1, 1909, Taf. 52 Nr. 1 ist erstmals 1315 belegt. Als Nr. 2 führt Posse ein Wappensiegel mit der Umschrift SIGILLVM BEATRICIS DVC[ISSAE] an, das in einem Dreiecksschild einen bekrönten Löwen zeigt und zu 1315 belegt ist. Kull 1887, 32 Nr. 13 nennt für dieses Siegel einen Beleg bereits zu November 1314. Primbs 1890, 86 zu 1314.

3 MGH Const. 5, 105–106 Nr. 107 vom 24. Oktober 1314: *In cuius rei testimonium dicto archiepiscopo presentes litteras dedimus sigillis nostro et conthoralis nostre predicte, quibus ante electionem nostram, cum adhuc non habeamus sigilla regalia, utebamur, communitas. Promittentes, quod easdem sigillis regalibus innovabimus, quando ad hoc per predictum archiepiscopum fuerimus requisiti.* Im Privileg für Aachen vom 23. November 1314 (MGH Const. 5, 125–126 Nr. 125)

https://doi.org/10.1515/9783111165226-006

Dei gratia in regem Romanorum electus (o. ä.) aus; er führte in der Zeit zwischen Wahl und Weihe kein Thronsiegel, auch keines, das ihn als Elekten bezeichnete, wie wir es beispielsweise von Wilhelm von Holland kennen.[4]

Im Folgenden geht es um die Siegel aus der Königs- und Kaiserzeit Ludwigs, die in chronologischer Folge untersucht werden, wobei alle verwendeten Siegelarten in den Blick genommen werden, also nicht nur die repräsentativeren Majestätssiegel und Bullen, um der Vielfalt der Siegelarten, die im vierzehnten Jahrhundert weiter an Bedeutung gewinnt, Rechnung zu tragen[5]. Es gilt auch nach der Funktion der Siegelbilder zu fragen, insbesondere danach, inwieweit diese auf konkrete historische Konstellationen zu reagieren vermochten.

Trotz der von einigen vor der Krönung ausgestellten Urkunden erwähnten königlichen Siegelkarenz führte Ludwig der Bayer bereits zwischen Wahl und Krönung ein königliches Siegel, dabei handelt es sich jedoch nicht um ein Thronsiegel, sondern vielmehr um ein Wappensiegel mit einem rechtssehenden Adler im Dreiecksschild. (Abb. 2)[6]

Hierbei handelt sich um das erste reine Wappensiegel eines römisch-deutschen Königs, denn die Nebensiegel Albrechts I. und Heinrichs VII. zeigen den rechts sehenden Adler mit ausgebreiteten Schwingen frei im Siegelfeld schwebend – sofern man bei der recht formalen Einteilung bleiben möchte, dass nur Siegel mit der heraldischen Figur in einem Schild als Wappensiegel bezeichnet werden; trotzdem ist dies ein interessanter Punkt, wie sich im Folgenden zeigen wird.[7] Die Gestaltung dieses Siegels wurde vermutlich durch die bereits üblichen reichsfürstlichen Siegel mit Wappenschild beeinflusst – Ludwig selbst nutzte als Herzog von Bayern und Pfalzgraf bei Rhein Wappensiegel als Sekrete.[8] Hinzu kam vielleicht auch, wie Alois

---

wird das Königssiegel bereits angekündigt: *et renovabimus eis specialiter sigillo nostre maiestatis illud privilegium, quod presentibus litteris est annexum.* Weiter unten heißt es dann, dass die Besiegelung zunächst mit dem Sekret erfolgt: *Secreto nostro sigillo utimur in premissis.*

4 Posse 1, 1909, Taf. 35 Nr. 3: WILHЄLMUS D(Є)I GR(ATI)A ROMANORVM RЄX ЄLЄCTUS SЄMPЄR AVGVSTVS. Auch Konrad IV. führte ein Elektensiegel: Posse 1, 1909, Taf. 32 Nr. 4.

5 Zur Verwendung mehrerer Siegelarten durch die Herrscher vgl. Posse 5, 172–175; dieser weist darauf hin, dass nach Albrecht I. vor allem seit Ludwig IV. der selbstständige Gebrauch der Sekrete ansteige, wobei sich in der Kaiserzeit auch dessen Anbringungsart geändert habe, indem zuerst ein Papier auf das Wachs gelegt und dann erst der Stempel eingedrückt worden sei (S. 175). Vgl. auch Krissl 1990.

6 Posse 1, 1909, Taf. 50 Nr. 6 (erstes Königssekret), Abb. von einer Urkunde von 1325; vgl. auch Gritzner 1902, 87. Erstmals bezeugt ist es an einer Urkunde vom 29. Oktober 1314. In der Urkunde fordert Ludwig die Stadt Konstanz auf, ihm zu gehorchen und nicht Friedrich den Schönen zu unterstützen: MGH Const. 5, 110 Nr. 13; Wetzel 1994, 3 Nr. 2.

7 Posse 1, 1909, Taf. 45 Nr. 3 für Albrecht I.

8 Posse 1, 1909, Taf. 50 Nr. 1, Taf. 50 Nr. 4; hierbei handelt es sich um ein Helmsiegel mit einem bekrönten Löwen.

Schmid meinte, die intensive bildkünstlerische Nutzung des Adlers jenseits der Siegelbilder und auch in der Historiographie;[9] hierin wird der Versuch Ludwigs des Bayern nach Legitimitätsstiftung durch Tradition erkennbar, denn solche Adlersiegel sind seit Rudolf von Habsburg belegt.[10]

Die Umschrift bezeichnet das Siegel als S • SЄCTV̅ • LOD • RЄG • ROMANORV. Im Unterschied zu den Thronsiegeln mit der Umschrift in der Nominativform wird die Kollektivform gewählt mit dem einleitenden *sigillum secretum*, auf das sich der Königsname und -titel im Genitiv beziehen; zudem verzichtet Ludwig auf die Legitimationsformel.[11] Auf diese Weise wird der Rangunterschied zwischen den beiden Siegelarten deutlich gemacht, der erklären kann, warum das Wappensiegel bereits vor der Krönung genutzt wurde, das Thronsiegel aber nicht.

9 Eine jüngere Studie, die die Durchsetzung von Wappen seit der Zeit um 1200 sowie der Wappensiegel in der Mitte des dreizehnten Jahrhunderts, zunächst als *secretum*, dann auch als *sigillum* bezeichnet, deutlich macht: Werlich 2012, 125–127 und 137–146 sowie Peltzer 2013, 277–278, 281–282, Peltzer 2015, 67–70. Auch der Doppeladler ist bereits seit der Mitte des zwölften Jahrhunderts belegt; vgl. Pferschy-Maleczek 1996, 440–441, die ebd. 443–444 zudem betont, dass dieser zunächst nicht auf den Siegeln verwendet worden sei, wie das Beispiel Ludwigs des Bayern belege, der den Doppeladler gleichwohl auf anderen Medien ins Bild bringen lässt; Korn 1966/68, 369. Zu den Wappensiegeln Ludwigs als Herzog: Posse 1, 1909, Taf. 50 Nr. 1 (schildförmig, nicht rund wie das Königssekret) sowie Taf. 50 Nr. 4 (Helmsiegel). – Es kann an dieser Stelle nicht um die Bedeutung der Adlerdarstellungen insgesamt sowie des Aufkommens des Reichsadlers gehen; vgl. hierzu Giese 2010; Thier 2017, der ebd. 372–377 auf das Aufkommen heraldischer Darstellungen mit nach rechts oder auch links sehenden Adlerdarstellungen auf ganz unterschiedlichen Medien seit dem Ende des zwölften Jahrhunderts hinweist sowie auch Beispiele für die Verwendung des Adlers durch die Staufer zeigt, der durchaus auch noch linkssehend sein konnte. Gerade „die Kontrolle dieses Zeichens bedeutet Herrschaftsdurchsetzung, es war der materielle Beweis der Verkörperung von Befugnissen und Rechten, eine Art visuelle Legitimation" (ebd. 375 unter Verweis auf Groebner 2004, 39).

10 Vgl. Schmid 2012, 157, 159–160. Zu den Beispielen aus Ludwigs Königszeit zählt der Adler als Schlussstein der Münchener Lorenzkapelle im Alten Hof; vgl. ebd. 162. Auch auf dem Grabmal seiner 1322 verstorbenen ersten Gemahlin Beatrix befand sich der Reichsadler (vgl. ebd.). Auch Hillenbrand 1997, 55 hebt die durch die Kaiserkrönung gesteigerte Bedeutung des Adlers hervor und betont, dass dies auf Ludwig selbst bzw. sein unmittelbares Umfeld zurückgehe. – Bei der Interpretation des Adlers darf allerdings nicht vergessen werden, dass er offenbar als Zeichen der (Lehns-)Treue zu Herrscher und Reich, auch bei den frühen Wittelsbacher Siegeln eine Rolle spielt, wie auf dem Siegel Ottos I. zu 1179 (Primbs 1891, S. 2 unter A), Ludwigs des Kelheimers zu 1204 (ebd.); erst allmählich setzte sich im dreizehnten Jahrhundert der Löwe sowie das Rautenwappen durch; vgl. Primbs 1883, 248–260; Volkert 1980 mit Abb.; Drös 2002, 106–109.

11 Vgl. Schöntag 1999.

Erst mit dem Tag der Aachener Königskrönung, deren konstituierende Funktion auf diese Weise betont wird,[12] nutzt Ludwig ein Thronsiegel. (Abb. 3)[13] Die Umschrift lautet + LVDOWICVS • DЄI • GRACIA • ROMANORVM • RЄX • SЄMPЄR • AVGVSTVS. Der König trägt eine Laubkrone, unter der das lockige Haar hervorragt[14]. Wie auf den Siegeln seit Konrad IV., die das gelockte Haar und einen erhabenen, aber eher heiteren Herrscher zeigen, sollte hier das ideale, ausgeglichene – sanguinische – Temperament des Herrschers gezeigt werden[15]. Wie seine Vorgänger seit der Karolingerzeit trägt Ludwig einen Mantel mit üppigem Faltenwurf, der über der rechten Schulter von einer rautenförmigen Agraffe gehalten wird.

Das Zepter in der rechten Hand ist laubbekrönt, worüber sich ein kleines Kreuz erhebt; der Reichsapfel in der linken Hand wird von einem Kreuz überhöht. Der recht breite, sich über einer zwickelartigen Konsole erhebende Thron wird durch gotische Formensprache dominiert. Auffällig sind die beiden schmalen Türmchen an den Seitenlehnen, die nach oben spitz zulaufen und in einem kleinen Kreuz beziehungsweise Kreuzblume enden. Auf diese Weise sind alle drei von Ludwig gezeigten Insignien von einem Kreuz überhöht: die Krone steht unter dem die Umschrift einleitenden Kreuz, auch Reichsapfel und Zepter tragen ein Kreuz und nun weist selbst der Thronstuhl Kreuze auf. Möglicherweise kann man in der Betonung des Kreuzes eine Reaktion auf das besondere Legitimationsbedürfnis durch die Doppelwahl 1314 sehen; bei einem Siegel, das insgesamt deutlich die Siegel der Vorgänger rezipiert und sich somit in deren Tradition stellt.[16]

Neben diesem Majestätssiegel, das im europäischen Vergleich eher auf das Amt des Königs und dessen Einsetzung durch Gott verweist, gibt es ein weiteres Thronsiegel, das auf eine Funktion des Königs verweist und durch einen königlichen Amtsträ-

---

12 Vgl. hierzu auch Menzel 2015/16, 46–47 mit Anm. 9; daneben betonte Ludwig auch die Rolle der Wahl (ebd. 58 mit Anm. 54); Schneidmüller 2013, bes. 376–386, der auch das Ringen um diesen Konsens am Ende der 1330er Jahre aufzeigt.

13 Posse 1, 1909, Taf. 50 Nr. 5; Rainer Kahsnitz in: Glaser 1980, 218–220 Nr. 325* mit Abb. sowie einer ausführlichen Beschreibung. Eine sehr gute Abbildung findet sich bei Suckale 1993, 19 Abb. 6.5. Das Siegel befindet sich auch an einer am 3. Dez. 1314 ausgestellten Urkunde für Heinrich II. von Mecklenburg: Bulach 2018, Nr. 2.

14 Wie viele Vorgänger im Königtum trägt er vermutlich einen Bart. Zu den Ausnahmen zählt Rudolf von Habsburg; vgl. Haberditzl 1908, 640. Dass der Bart kein wesentliches Kriterium für Herrscherdarstellungen im Allgemeinen ist, zeigt etwa das Grabmal Peters von Aspelt, auf dem die drei dargestellten Könige keinen Bart tragen; vgl. Wolf u. a. 2014, 126.

15 Vgl. Suckale 1993, 27. Siehe auch Posse 1, 1909, Taf. 33 Nr. 4 (Konradin), Taf. 35 Nr. 4 (Wilhelm von Holland), Taf. 40 Nr. 4, 5 (Rudolf von Habsburg), Taf. 43 Nr. 2, 3 (Adolf von Nassau), Taf. 45 Nr. 1 (Albrecht I.), Taf. 46 Nr. 4, 5, Taf. 47 Nr. 1 (Heinrich VII.).

16 Vgl. Stieldorf 2020/2021.

ger verwendet wird: das königliche Hofgerichtssiegel.[17] (Abb. 4) Hier sitzt König Ludwig auf einer Thronbank ohne Rückenlehne und auch ohne Verweis auf gotische Formensprache.[18] Nicht zuletzt darum bleibt das Siegelfeld jenseits der Figur des Herrschers leer. Battenberg geht aufgrund des Unterschiedes in der Throngestaltung zum Königssiegel Ludwigs davon aus, dass es sich um eine Gerichtsbank handeln könnte, welche im Freien steht; diese Situation könnte zudem die im Verhältnis zum Königssiegel schlichtere Kleidung erklären.[19] Diese reduzierte Formensprache ist jedoch eine Veränderung gegenüber den aufwändiger gestalteten Hofgerichtssiegeln Albrechts I. und Heinrichs VII.[20] Ludwig trägt wie auf dem Königssiegel eine Laubkrone, unter der das halblange lockige Haar hervorragt. Mit der rechten Hand hält der König ein Schwert, das er auf den Knien abgelegt hat, in der vom Körper abgestreckten und auf dem Rand der Thronbank ruhenden Linken hält er ein Lilienzepter. Die Umschrift lautet: + BЄRTOLT · DЄR HOVERIHTЄR .... DЄS · KVNIGЄS. Auffällig ist, dass dieses möglicherweise bereits 1315 benutzte Siegel zur Einfachheit des Hofgerichtssiegels unter Adolf I. zurückkehrt, also hinter die formale Weiterentwicklung unter Albrecht I. und Heinrich VII. zurückgeht.[21] Dies passt auch zur Umschrift, die sich eher an die Formulierungen unter Rudolf von Habsburg anlehnt.[22] Das Hofgerichtssiegel ist offenbar als eigenständiges Medium angesehen worden, so dass ein

---

17 Vgl. Battenberg 1987, XIII. Siehe auch Stieldorf 2018 zur siegelbildlichen Unterscheidung von Amt und Funktion.

18 Posse 4, 1913, Taf. 75 Nr. 1; Battenberg 1979, 99–103 Nr. 8. Ders. nennt als Erstbeleg eine Urkunde vom 31. Mai 1315 für die Stadt Rothenburg (ebd. 40, 214 Nr. 81). Das bei Posse abgebildete Siegel ist nicht mehr an der Urkunde des Hofrichters Graf Berthold von Graisbach vom 16. August 1324 befestigt; vgl. Battenberg 1979, 99. Gudenus 1747, 1026–1027 Nr. 93 beschreibt das Siegel, wenngleich ungenau; vgl. hierzu Battenberg 1979, 99–100, der die Beschreibung von Gudenus für in Teilen unzutreffend hält, aber nur einen einzigen Stempel der Königszeit annehmen möchte. Bei dem erhaltenen Abdruck handelt es sich um einen losen Abdruck, an dem aber ein Zettel mit der Jahresangabe 1324 befestigt wurde. Ein Thron mit Rückenlehne findet sich durchaus auf älteren Hofgerichtssiegeln, z. B. bei Konrad IV. (Posse 1, 1909, Taf. 32 Nr. 5) und Rudolf von Habsburg (ebd. Taf. 42 Nr. 4).

19 Vgl. Battenberg 1979, 101. Kocher 1992, gibt zahlreiche Beispiele (Abb. 15, 34, 40, 45, 65, 96, 97, 103, 115, 150), die den König als Richter zeigen. Der König sitzt dabei meist auf einem Thronstuhl mit Rückenlehne, meist einstufig erhöht, wohingegen (andere) Richter in der Regel auf Thronbänken sitzen, die nur gelegentlich erhöht sind (Abb. 3, 6.4, 12, 73, 224, 227, 238, 247, 239, 245). Der König führt dabei keineswegs immer eine Insignie, zuweilen aber ein Zepter oder ein Schwert, manchmal wird er durch den Zeigefingergestus als Belehrender dargestellt.

20 Vgl. Battenberg 1979, 92–95 Nr. 5 (Albrecht I.), 95–98 Nr. 6 (Heinrich VII.).

21 Vgl. Battenberg 1979, 92–96 sowie 102–103; Posse 1, 1909, Taf. 45 Nr. 4 (Albrecht I.), Taf. 47 Nr. 8 (Heinrich VII.).

22 Vgl. Battenberg 1979, 40; Posse 1, 1909, Taf. 42 Nr. 4 (Hofgerichtssiegel Rudolfs: Umschrift nur noch Fragment), Taf. 42 Nr. 5 [+ S · HЄ]R[MAN · DE]R · HOFRI[H]CH[ЄR · D[E]S K[U]NIGЄS RUODOLFS UON RO[MЄ].

direkter Bezug zum Majestätssiegel nicht hergestellt wurde: Während die Majestätssiegel im Wesentlichen das Amt des Herrschers visualisieren, steht beim Hofgerichtssiegel eine zentrale und zumindest theoretisch integrierende Funktion des Königs beziehungsweise später des Kaisers im Mittelpunkt. Dies könnte der Grund sein, aus dem dieses Siegel überhaupt geschnitten wurde – in England und Frankreich nahm das Rechtswesen mit dem Schwert auf den Thronseiten der englischen und der Main de la Justice auf den Thronsiegeln der französischen Könige auf deren Hauptsiegeln eine prominente Stellung ein –, denn die faktische Bedeutung des Hofgerichtes wird in der Forschung als eher gering eingeschätzt.[23] Die Siegel der Königszeit Ludwigs bleiben also insgesamt stark der Tradition seiner Vorgänger verpflichtet.

Tatsächlich können wir umfangreichere Neuerungen erst in der Kaiserzeit beobachten, dies dann aber gleich zu deren Beginn, was darauf hindeutet, dass die entsprechenden Konzeptionen bereits vor Ludwigs Kaiserkrönung in Rom am 17. Januar 1328 vorbereitet und diskutiert worden waren. Gewissermaßen mit einem Paukenschlag eröffnete Ludwig der Bayer die Siegelführung seiner Kaiserzeit mit seinem erstmals zehn Tage nach der Kaiserkrönung sicher belegten Kaisersiegel.[24]

(Abb. 5) Wie bereits sein Vorgänger Heinrich VII. zeigte er sich nicht mehr auf einem Thronstuhl oder einer Thronbank sitzend, sondern auf einem aus zwei Tieren gebildeten Sitz: Doch während dies bei Heinrich VII. Löwen waren, handelt es sich bei Ludwig um zwei Adler, deren Körper sich voneinander abwenden, die ihre Köpfe jedoch dem Kaiser zuwenden. Mit ihren Krallen halten sie jeweils einen liegenden Löwen gefangen; die Löwen liegen mit den Köpfen zueinander, auf ihnen lässt der Kaiser seine Füße ruhen.[25] In der rechten Hand, der Unterarm ruht auf

23 So betont auch Thomas 1993, 150–152, dass das Hofgericht bestenfalls rudimentär entwickelt und keineswegs die einzig mögliche Instanz war.

24 Posse 1, 1909, Taf. 51 Nr. 1; Colsmann 1955, 116–118; Rainer Kahsnitz, in: Glaser 1980, 214–216 Nr. 322*; Suckale 1993, 249–250 Nr. 55; Hillenbrand 1997, 59–60 mit Abb. 6.4; Schmid 2012, 157–158, 177 Abb. 6.6; Peter Fleischmann in: Wolf u. a. 2014, 187–189. Zum ersten Beleg am 27. Januar 1328 vgl. Kahsnitz, der annimmt, dass das Siegel bereits am Krönungstag vorlag. In den am 18. Januar 1328 ausgestellten Schreiben wird jedenfalls bereits ein *sigillum maiestatis* angekündigt; vgl. MGH Const. 6/1, 286–287 Nr. 384–385 vom 18. Januar 1328.

25 Faltstühle mit Löwentatzen und Löwenköpfen finden sich auf den Siegeln französischer Könige seit dem seit 1080 belegten zweiten Thronsiegel Philipps I.: Dalas 1991, 143 Nr. 64, wobei das Thronsiegel Philipps IV. des Schönen diese Elemente schließlich umformt zu zwei sich voneinander abwendenden Löwen, deren Körper weitgehend von einer Decke und der darauf thronenden Figur des Königs verdeckt sind, so dass man nur noch Mähne und Vorderläufe erkennt: Dalas 1991, 166 Nr. 85; dieses Siegel dürfte Heinrich VII. als Anregung gedient haben. Davon geht auch Hillenbrand 1997, 56–57 aus; vgl. zudem Jäckel 2006, 153–154, 283–294 zum Löwen als Thronfigur, u. a. auf dem Siegel Heinrichs VII.; er verweist u. a. auf den Thron Salomons, den er auch als Vorbild für die Faltstühle mit Löwenköpfen nennt, wie sie auf den Siegeln der französischen Könige

dem rechten Bein, hält der Kaiser ein Zepter, das in einer Laubbekrönung endet, aus der sich ein Adler erhebt. In der erhobenen linken Hand hält der Kaiser einen von einem Kreuz überhöhten Reichsapfel. Die Platten des Kronreifs sind mit Adlern belegt, dieser Reif ist über die gut erkennbare Mitra gesetzt. Ungewöhnlich ist auch die Gewandung des Kaisers, dessen Mantel nicht mehr über der rechten Schulter von einer Agraffe zusammengehalten wird, sondern mittig über dem Brustkorb; darunter ist ein langes Gewand, eine Albe, zu erkennen. Darüber trägt der Kaiser eine vor der Brust gekreuzte Stola, die verziert ist. Allerdings ist nicht ganz sicher zu erkennen, ob es sich hier, wie in einigen Buchmalereien, um Adlerstickereien handeln könnte; einige Abdrucke lassen diese Überlegung immerhin zu.[26] Die Adlersymbolik wird auf diesem Siegel gegenüber den Sekretsiegeln dadurch gesteigert, dass die Adler nicht nur den Thron des Kaisers bilden, sondern durch die von ihnen in den Fängen gehaltenen Löwen als *aquiliae triumphantes* gestaltet sind und somit den Anspruch auf kaiserliche Vorherrschaft zum Ausdruck bringen.[27]

Die Adlersymbolik ist beim Kaisersiegel folglich besonders präsent, zumal zu diesem ein meist als Rücksiegel verwendetes Adlersiegel[28] konzipiert wurde (Abb. 6), das als Symbolsiegel gedeutet werden kann, weil seine Umschrift + IVSTE IVDICATE FILII HOMINUM nach Psalm 57,2 auf einen wichtigen Aspekt von Ludwigs Herr-

zu finden sind. In Bezug auf römisch-deutsche Herrscher findet sich ein solcher Thron bei der Darstellung Heinrichs VI. im *Liber ad honorem Augusti* des Petrus de Ebulo.

26 Battenberg 1979, 104, meint auf der Stola des Kaisersiegels Sterne zu erkennen. Vgl. zur Adlerstola Keupp 2015, der die Stola mit Vorsicht für einen Auftrag aus dem Umfeld Ludwigs des Bayern hält und auch auf die Darstellung Ludwigs mit (der) Adlerstola eingeht (S. 55). Gritzner 1902, 87, weist auf die gut erkennbare Adlerstola des Kaisersiegels hin. Neben der Adlerstola ist auf die Dalmatik mit 68 Adlermedaillons hinzuweisen, die Ludwig fertigen ließ; vgl. Schramm/Fillitz 1978, 55–60 Nr. 19 mit Abb.; Suckale 1993, 34–36 mit Abb. 20 und 21; Schmid 2012, 158–160, 178 Abb. 8, 9. – Auch auf den Urkunden der Kaiserzeit, die illuminierte Initialen aufweisen, ließ Ludwig sich mit Stola abbilden, die aber in diesen Fällen mit Kreuzen bestickt war; vgl. Suckale 1993, 36–38 mit Abb. 22–25.

27 Vgl. Rödel 2016, 69; Neudeck 2017, 203.

28 Posse 1, 1909, Taf. 51 Nr. 2, der auf die Funktion als Rücksiegel (z. B. Wetzel 1994, Nr. 264 von 1338 VI 2 an Abt und Konvent von Herrenalb; Bulach 2018, Nr. 396 von 1338 VI 2 an den Burggrafen Meinhard von Meißen) sowie als eigenständiges Siegel (z. B. Eisenzimmer 2015, Nr. 182 von 1338 IV 23 an Abt und Konvent von Heilsbronn) hinweist, wobei letzteres nach Durchsicht der Angaben in den entsprechenden *Regesta Imperii* Bänden eine absolute Ausnahme darstellt; vgl. Gritzner 1902, 87. Eine Durchsicht der *Regesta Imperii* zeigt zudem, dass sich die von Ewald 1914, 97–99, Kittel 1970, 156–158, und Battenberg 1979, 108–109, vertretene Annahme, das Rücksiegel habe sich bald zu einem eigenständigen Sekret entwickelt, welches durch ein neues Kaisersekret als Rücksiegel ersetzt worden sei, nicht bestätigen lässt.

schaftskonzeption verweist, nach der es, wie etwa Franz-Reiner Erkens herausgestellt hat, die Funktionen des Herrschers als Gesetzgeber und Richter sind, die die im Kaisersiegel visualisierte Priesterähnlichkeit des Kaisers begründen. Die richterlichen Aufgaben, die auf den deutschen Herrschersiegeln im Unterschied etwa zu den Thronseiten der englischen Herrschersiegel nicht explizit angesprochen werden, gelangen so immerhin auf die Rückseite des Kaisersiegels.[29]

Der Adler ist deutlich naturalistischer gestaltet als auf anderen Siegeln mit Adlerdarstellungen Ludwigs, so dass er nicht als formal heraldische Darstellung gedeutet werden kann,[30] wie sie beispielsweise auf den beiden erhaltenen Kaisersekreten Ludwigs begegnen (Abb. 7), die jedoch den Adler nicht wie das erste Königssiegel Ludwigs in einen Schild stellen und damit zugleich heraldisch begrenzen, sondern ihn frei im runden Siegelfeld platzieren; die Umschrift weist beide Stempel und ihre Abdrucke als Sekretsiegel Kaiser Ludwigs aus: + S(IGILLVM) SECR(ETVM) LVDOVICI DEI GR(ATI)A ROMANOR(UM) IMPERATORIS.[31] Während Ludwig als König das erste herrscherliche Wappensiegel im engeren Sinne nutzte, in dem er den Adler als gemeine Figur in einen Schild setzen ließ, wurde diese Begrenzung beziehungsweise strikte heraldische Darstellung auf den Siegeln der Kaiserzeit wieder aufgegeben, auch wenn die Darstellung der Adler auf den Sekreten der weitgehend symmetrischen Figurengestaltung wegen klar heraldisch geprägt ist. Dies könnte – wenn man diese Gestaltung als bedeutungstragend ansehen möchte – ein Indiz dafür sein, dass trotz der Verwendung des Adlers, der als Wappen des Reiches in vielerlei Medien sowohl des Herrschers als auch etwa der Reichsstädte anzutreffen und damit auch als heraldische Figur deutbar ist, auf eine Einordnung des Kaisers in die heraldische Zeichensprache auf den Siegeln, für andere Medien wie etwa die Münzen gilt dies nicht,[32] noch verzichtet wurde.

---

29 Auch Heinrich VII. hatte diesen Vers auf seinem Rücksiegel genutzt: Posse 1, Taf. 47 Nr. 2; vgl. Korn 1966/68, 341–342.

30 Derartige Wechsel zwischen heraldisch stilisierten und eher naturalistisch dargestellten Adlern sind immer wieder zu finden, aber bislang nicht sinnvoll deutbar; vgl. am Beispiel des Reutlinger Stadtsiegels von 1267, das nach 1280 durch eines mit einer heraldischen Adlerdarstellung abgelöst wurde, Deigendesch 2015, 116–119, der auf italienische und auch französische Vorbilder bzw. Parallelen sowie auf den Adler als Symbol des hl. Johannes verweist.

31 Posse I, Taf. 51 Nr. 3 (Erstbeleg nach Posse 1332 II 15) sowie ebd., Taf. 51 Nr. 4 (Erstbeleg nach Posse 1341 VII 3).

32 Vgl. hinsichtlich der Münzen Ludwigs des Bayern – z. B. des etwa 2,9 cm großen Goldschilds – Gritzner 1902, 85–91; vgl. zur Verwendung des Adler(wappen)s auf Ludwigs Siegeln sowie des Doppeladlers auf Münzen; Korn 1966/68, 369 und Abb. 85; Mäkeler 2010, 45–76; Martin Hirsch in: Wolf u. a. 2014, 224–227 mit Abb. Anders als auf dem Kaisersiegel und der Thronseite der Goldbulle zeigt sich der Kaiser hier mit einem gezückten, blanken Schwert in der rechten Hand, während er die Linke auf einen Schild stützt, der einen doppelköpfigen Adler zeigt. Hirsch vermutet,

Trotz des historisch bedingten Antagonismus bei der Interpretation von Adler und Löwen sind diese nicht als gegensätzliches Paar zu verstehen.[33] Sowohl im Adler als auch im Löwen wird man grundsätzlich Embleme sehen dürfen, die sowohl den Willen des Herrschers verkörpern als auch zugleich den legitim handelnden Herrscher selbst.[34] Dass der Löwe aber zugleich den unterlegenen Gegner symbolisieren kann, ist kein Widerspruch, sondern liegt in der auch anderen Lebewesen und Objekten innewohnenden Mehrdeutigkeit begründet.[35] Die Verwendung beider Figuren durch Ludwig deutet darauf hin, dass einfache Deutungen wie des Adlers als Zeichen der Unabhängigkeit vom Papst[36] oder des Löwen als Zeichen der „papsttreuen" Luxemburger oder gar als päpstliches Zeichen[37] zu kurz greifen.

Doch kommen wir noch einmal zurück zum Kaisersiegel (Abb. 5), dessen Kaiserornat an priesterliche beziehungsweise bischöfliche Gewänder angelehnt ist, auf den Herrschersiegeln ist dies erstmals anzutreffen.[38] In der Forschung wird dies zurecht als Visualisierung eines vom Papst unabhängigen Kaisertums und auch Kaisers verstanden, der nicht nur der päpstlichen Approbation nicht bedarf, sondern auch die päpstliche Vermittlung bei Gott nicht benötigt – und somit die seit 1324 andauernde Bannung gewissermaßen visuell ausgleicht –, darauf hat in Bezug auch auf das Siegel bereits Franz-Reiner Erkens aufmerksam gemacht.[39] Ist

---

dass mit dieser Prägung der doppelköpfige Adler „auch auf den im Reich kursierenden Münzen als kaiserliches Wappen etabliert werden sollte."

33 Vgl. Jäckel 2006, 185–188, der auch die historischen Beispiele nennt, in denen diese Auffassung begründet liegt.

34 Vgl. Jäckel 2006, 291. In der Literatur können die Wappentiere auch als Mitkämpfer des Herrschers fungieren; vgl. Neudeck 2017, 207–208; wenn die Trennung erfolgt, dient dies meist der Herrscherkritik (ebd., 209); Kellermann 2021, 247, 251–252.

35 Vgl. Jäckel 2006, 143–144.

36 Dies betonen u. a. die Ausführungen von Schmid 2012.

37 Auch unter den illuminierten Initialen einiger Prachturkunden Ludwigs des Bayern findet sich ein Adler, der einen Löwen bezwingt, doch stammen auch diese Darstellungen erst aus der Zeit deutlich nach der Kaiserkrönung; vgl. Hillenbrand 1997, 65–67 mit Abb. 9; Schmid 2012, 156–157 mit den Nachweisen sowie 175 Anm. 4. – Immerhin ließ sich Papst Johannes XXII. auf einer Münze auf einem Löwenthron darstellen; vgl. Hillenbrand 1997, 67–68 mit Abb. 68. Jäckel 2006, 154–157, 162, 181–195 zu den unterschiedlichen Eigenschaften, die dem Löwen als Herrscher zugewiesen werden, wie Zorn, Furchtlosigkeit, Maßhalten, Mut, Gerechtigkeit.

38 Dies bemerkten zunächst Colsmann 1955, Rainer Kahsnitz in: Glaser 1980, 214–216 Nr. 322*.

39 Vgl. Erkens 2003a; Erkens 2003b, der klar herausarbeitet, dass es nicht um ein königliches oder kaiserliches Priestertum ging, sondern um eine durch Krönung und Salbung begründete priesterähnliche Stellung, die in der Funktion des Königs und Kaisers als Gesetzgeber und Richter gründete – ein Aspekt, der schon unter Roger II. in den Assisen von Ariano angesprochen, aber seit dem dreizehnten Jahrhundert immer stärker ausgearbeitet wird und in liturgischen Handlungen der Herrscher wie dem seit Karl IV. nachweisbaren Weihnachtsdienst eine ritualisierte und institutionalisierte Fassung findet. Auf dem Kaisersiegel Ludwigs des Bayern wird dies erstmals visualisiert, indem der Kaiser

die Darstellung also höchst innovativ, was für mittelalterliche Herrschersiegel sehr ungewöhnlich ist, so wird auf die Tradition insofern rekurriert, als die Umschrift + LVDOVICVS QUARTVS DEI GRACIA ROMANORVM IMPERATOR SEMPER AVGVSTVS der Formulierung der Vorgänger folgt, den Kaiser durch die Einfügung der Ordnungszahl *quartus* aber gezielt als Nachfolger seiner gleichnamigen Vorgänger – zum Beispiel bezogen auf das ostfränkische Reich Ludwigs des Frommen, Ludwigs des Deutschen und Ludwigs des Jüngeren, auch wenn nur der erste von diesen tatsächlich die Kaiserkrone erlangte, denkbar wäre auch die Reihe der Kaiser Ludwig der Fromme, Ludwig II. von Italien und Ludwig der Blinde – ausweist und ihn damit insbesondere in die Tradition der karolingischen Kaiser stellte, denen sich Ludwig verbunden sah; einer Verbindung, aus der er Legitimation schöpfte.[40]

Herausragend ist zudem die spätestens ab dem 27. März 1328 gebrauchte kaiserliche Goldbulle (Abb. 8), die in der Forschung viel Aufmerksamkeit gefunden hat und

---

die Stola wie ein Priester vor der Brust kreuzt und zudem das vorne offene Pluviale trägt. Andere Medien wie die Kaiserdarstellung im Oberbayerischen Landrecht folgten; vgl. auch Suckale 1993, 38–39 mit Abb. 16; Hillenbrand 1997, 63–64 mit Abb. 6.7; Schmid 2012, 176 mit Abb. 6.5. Friedrich III. thematisierte dies zu 1486 ausdrücklich (nach dem Bericht Augustinus Patritius bei: Heimpel 1983, 192): *imperator in sua maiestate sedens paludamento sacerdotali, et subtus stola in crucis modum ante pectus ornatus exprimitur.*) Vgl. auch Erkens 2003b, 797–799. In der Anekdote zu Friedrich III. wird sogar auf das Siegelbild Bezug genommen; demnach hat er die römischen Kleriker belehrt, dass der Kaiser das Pluviale nicht nach Art der Diakone, sondern nach Art der Priester trage, und dabei auch auf das kaiserliche Siegel verwiesen: *Sed cum paludamentum deinde album illi imponerent aptarentque eius aperturam ab humero dextro, ut aliis non initiatis fieri solet, renuit imperator aptavitque illud cum apertura ante pectus, asserens caesarem pluviale et stolam ad morem sacerdotum gestare oportere atque ita, ut in magno caesareo sigillo sculptum vidimus, ubi imperator in sua maiestate sedens paludamento sacerdotali, et subtus stola in crucis modum ante pectus ornatus.* Besonders auf die Entwicklung der Stola zum Herrschaftszeichen seit Heinrich VII. und verstärkt unter Ludwig dem Bayern weist Keupp 2015, 56–63 hin; vgl. auch Suckale 1993, 33. – Zur angestrebten Unabhängigkeit des Königs und des Kaisers vom Papst insbesondere in den Werken des Marsilius von Padua vgl. Godthardt 2011, 109–110, 114–127 (zur Wahl des Kaisers, für die alleine die Wahl zum römisch-deutschen König durch die Kurfürsten entscheidend ist, und zur Krönung im Grunde als „Befestigungskrönung") sowie zu dessen Befugnissen gegenüber der Kirche ebd., 153–167. Dies ist zudem ein häufiges Thema in den Arengen Ludwigs; vgl. Fischer 1987, 48.

40 Dies kommt nur selten vor, so etwa unter den Saliern bei Heinrich III. (Posse 1, 1909, Taf. 14 Nr. 2), Heinrich IV. (ebd., Taf. 17 Nr. 3, Nr. 4, Nr. 5) und Heinrich V. (ebd., Taf. 19 Nr. 1, 2, 3). Zur Bedeutung der karolingischen Tradition für Ludwig vgl. Menzel 2012, 173; Godthardt 2011, 113–114, 320–331, 343–356; Schneidmüller 2013, 380, der darauf hinweist, dass auch Ludwigs Vita diese Zählung aufweist. – Die Bezugnahme auf die Karolinger, insbesondere natürlich auf Karl den Großen, ist ein im vierzehnten und fünfzehnten Jahrhundert verbreitetes und den Zeitgenossen vertrautes Muster der Legitimitäts- und auch Identitätsstiftung, wie Monnet 2015 am Beispiel Frankfurts erneut herausgearbeitet hat.

deren Umschrift auf dem Avers mit der des Kaisersiegels identisch ist.[41] Die 45 mm große Bulle zeigt auf dem Avers den Kaiser erneut nicht auf einem klassischen Thronsitz, sondern auf einem von zwei Tieren gebildeten Sitz; nur handelt es sich diesmal nicht um Adler, sondern wie bei Heinrich VII. um zwei Löwen. Die Herrscherfigur entspricht der des Kaisersiegels; erneut wird das quasi-priesterliche Gewand betont, so sind beispielsweise die Vittae gut zu erkennen. Der Avers scheint keinen Verweis auf die Adlersymbolik zu enthalten, denn weder auf dem Zepter noch auf den Kronenplatten ist eine entsprechende Darstellung zu sehen; dennoch ist die Bulle nicht „adlerfrei", denn in diesem Fall weist der Steg zwischen Avers und Revers Adlerdarstellungen auf, was auf den Abbildungen der Bulle normalerweise nicht zu erkennen ist.[42] Auch auf der Bulle finden sich also Adler- und Löwendarstellungen, die Löwen stehen in diesem Fall im Mittelpunkt, die Adler sind nachgeordnet – genau dies aber macht die Interpretation dieser Embleme schwierig.[43] Dennoch steht ansonsten gerade auch in der kaiserlichen Repräsentation der Adler im Vordergrund, wobei darauf hinzuweisen ist, dass nicht nur die Historiographen ihn, sondern sich Ludwig selbst später bei herausragenden Gelegenheiten als Adler inszenierte, was eine deutliche Steigerung gegenüber seinen Vorgängern markiert.[44]

Der Revers der Bulle, die Romseite, folgt zwar mit der Umschrift + ROMA CAPVT MVNDI ORBIS FRENA ROTVNDI der unter Konrad II. gestalteten Formulie-

41 Posse 1, 1901, Taf. 50 Nr. 7 und 8 (Erstbeleg nach Posse 1328 III 27); Erben 1931, 57–58; Colsmann 1955, 119–121; Schramm/Fillitz 1978, 54 Nr. 14 mit Abb. (120); Kahsnitz, in: Glaser 1980, 216–217 Nr. 323** mit Abb.; Diederich 1978, 156 (mit dem Revers); Suckale 1993, 31–32, 250 Nr. 56; Hillenbrand 1997, 57–59 mit Abb. 2, 3.

42 Darauf weist Kahnsitz in: Glaser 1980, 216, hin; vgl. auch Hillenbrand 1997, 57, der dies auf das Vorbild der Bulle Heinrichs VII. zurückführt, die ebenfalls einen mit Adlern beprägten Schild aufweist.

43 Auch Suckale 1993, 32, kann hier keine zufriedenstellende Lösung anbieten, sondern überlegt, ob es sich einfach allgemein um das Böse handeln könnte, oder ein unterlegenes Herrscherhaus. Denkbar ist zudem, dass damit insbesondere die Anjou gemeint sein könnten, die sich ebenfalls der Löwensymbolik bedienten (ebd., 249). Als Symbolisierung des Bösen durch die Löwen interpretiert Wrede 1980, 78, zumindest die Adler-Löwen-Darstellung der Urkunden. Hillenbrand 1997, 68–69 mit Abb. 11 interpretiert den unterlegenen Löwen als Zeichen der Luxemburger, beruft sich dafür aber auf die Urkundeninitialen, deren erste 1336 belegt ist, was er in den Zusammenhang mit dem Konflikt um Tirol stellt. Darauf, dass mit den Löwen tatsächlich (zumindest auch) die Luxemburger gemeint sein könnten, deutet womöglich das Kaisersiegel Karls IV. hin, dessen den Thron bildende Adler keine Löwen mehr in ihren Fängen halten. Das Königssiegel stellt Löwe und Adler als Wappenschilde sogar in ein Siegelbild; vgl. hierzu Hillenbrand 1997, 71, sowie allgemein Hablot 2018, der die Funktion dieser Darstellungen als politische Repräsentation betont.

44 Vgl. zum Hoftag 1338, an dem auch König Eduard von England teilnahm, Schwedler 2008, 38–72 zur Bedeutung des Ereignisses insgesamt, ebd., 382, zu dem Eduard entgegengesandten Adler.

rung, interpretiert die Romdarstellung jedoch neu, die die übliche symmetrisch angeordnete Stadtabbreviatur abwandelt zu einer Stadtdarstellung (Abb. 9), in der zahlreiche Gebäude der Stadt gut erkennbar und auch in etwa im Verhältnis ihrer Lage zueinander vor allem nach ihrer Lage diesseits und jenseits des durch die Brücken gut erkennbaren Tiber angeordnet und einer perspektivischen Anordnung unterworfen werden.[45] Auf die Bedeutung dieser Darstellung aus kunsthistorischer Sicht, Suckale bezeichnet sie als „umstürzlerisch", kann hier nicht weiter eingegangen werden.[46] Wichtig für die Aussage des Rombildes ist die Zurückdrängung der Kirchen wie des Lateran, Alt-St. Peter oder auch Santa Maria in Trastevere an den Bildrand, wohingegen Kapitol, Colosseum und das Pantheon und damit auf das Zentrum des antiken, kaiserlichen Roms, aber auch der aktuellen stadtrömischen, weltlichen Führungsschicht und ihrer Organe weisende Bildbestandteile im Mittelpunkt des Arrangements stehen. Korrespondierend zum Avers und auch zum Kaisersiegel wird die weitgehende Unabhängigkeit der Kaiserwürde vom in Avignon residierenden Papst auf dem Rombild noch stärker visuell umgesetzt.[47] Das hohe Innovationspotential dieses Bullenreverses zeigt sich auch im Vergleich zur Bulle Heinrichs VII., deren Kaiserdarstellung zwar als Vorlage für die Bulle Ludwigs diente, deren Rombild aber noch den symmetrischen Aufbau der Stadtabbreviaturen zeigt.[48]

---

45 Vgl. Erben 1931, 57–68; Matthäus 2006, bes. 69–71 mit Abb.

46 Vgl. Suckale 1993, 31. Nach Haberditzl 1908, 646 wurde diese Darstellung vom Monte Pincio aus gemacht, auch die Zuweisung zu einem italienischen Goldschmied ist hier nicht von Interesse. Jörg Schwarz in: Wolf u. a. 2014, 192–193, nimmt als Grundlage des Siegelbildes die Beschreibung der Stadt Rom in den vor Sept. 1143 abgeschlossenen Mirabilia Urbis Romae eines Kanonikers von St. Peter an; vgl. zu den möglichen Vorlagen auch Erben 1931, 68–74.

47 Zu den im Umfeld Ludwigs vor allem von Marsilius von Padua (weiter)entwickelten Konzepten einer auf die Kultausübung beschränkten Kirche und einer Kaiserherrschaft, die unmittelbar dem Willen des Volkes – gemeint sind die Fürsten des Reiches bzw. der römische Stadtadel – entsprang vgl. Menzel 2012, 170–171, mit Hinweisen auf die einschlägige Literatur; vgl. auch ebd., 171–175 zum Ablauf der Kaiserkrönung und den wichtigsten Aspekten des dahinter stehenden Konzeptes von Kaiserherrschaft, sowie ausführlich Godthardt 2011, 230–281; ferner Walther 2018, Die ganze Kirchengeschichte als (korrigierbarer) historischer Irrtum? Marsilius von Padua zu den historischen Rahmenbedingungen des päpstlichen Primats (‚Defensor pacis', Dictio II), in: Irrtum – Error – Erreur, hrsg. von Andreas Speer/Maxime Mauriège (Miscellania Mediaevalia 40) Berlin/Boston 2018, der die Kritik des Marsilius am Papsttum zusammenfasst, welche sich ausdrücklich an Ludwig den Bayern gerichtet habe, dem so Gründe und Vorschläge für sein Handeln unterbreitet worden seien. Ansatzweise ein Vorbild könnten die Königs- und die Kaiserbullen Friedrichs I. gewesen sein, deren Rombild noch unter Beibehaltung der symmetrisch aufgebauten Stadtabbreviatur immerhin das gut erkennbare Kolosseum in den Mittelpunkt der Darstellung rückten und damit auch auf Friedrichs unmittelbare Beziehung zur Spitze der weltlichen Stadtführung Roms anspielten: Posse 1, 1909, Taf. 21 Nr. 4, Taf. 22 Nr. 4; vgl. Fees 2014, 63–65 mit Abb.; Fees 2015, 101–104, 124–129; Stieldorf 2018.

48 Posse 1, 1909, Taf. 47 Nr. 3, 4.

Innovativ ist des Weiteren das kaiserliche Hofgerichtssiegel (Abb. 10), das den Herrscher erstmals nicht in Ganzfigur, sondern in Halbfigur zeigt.[49] Wie auf Kaisersiegel und Kaiserbulle trägt Kaiser Ludwig nun das Gewand mit vor dem Körper gekreuzter Stola und über dem Brustkorb von einer Agraffe zusammengehaltenem Mantel sowie die von einem Bügel überwölbte Kaiserkrone, allerdings keine Mitra. Das Zepter, auch hier mit einer Adlerbekrönung, wird in der linken Hand gehalten, während die rechte Hand das Schwert hält, das so vor den Körper gehalten wird, dass es gleichsam zur Grundlage der Kaiserstellung selbst wird.[50] Damit wird das Recht als Basis der kaiserlichen Rechtsprechung betont, zu diesem Siegel gibt es ein kleineres Rücksiegel mit dem Kaiser im Hüftbild, allerdings hält er das Szepter mit Laubbekrönung und ohne Adler nun in der rechten Hand und den Reichsapfel in der Linken; damit finden nun beide sonst auf den Thronsiegeln verwendeten Insignien Eingang in das Hofgerichtssiegel.[51] Durch die Gewandung des Kaisers wird trotz der Verwendung des Hüftbildnisses und trotz der fehlenden Mitra das Hofgerichtssiegel mit seinem neuen Rücksiegel näher an die Kaiserdarstellung des Kaisersiegels und der Goldbulle herangerückt, wodurch wohl auch das Hofgericht in die von Ludwig propagierte sazerdotale Aura seines Kaisertums hineingezogen wurde.[52]

Fazit

In der Königszeit folgen die Siegel Ludwigs des Bayern weitgehend dem durch seine Vorgänger vorgegebenen Rahmen. Sein Thronsiegel akzentuiert zwar die Kreuzsymbolik stärker, als wir es bis dahin gewohnt sind, worin man einen Rekurs auf das besondere Legitimationsbedürfnis durch die Doppelwahl sehen kann; das gilt im Übrigen auch für den hier nicht weiter diskutierten Friedrich den Schönen.[53] Das Thronsiegel wird bis zur Kaiserkrönung weiter verwendet,

49 Posse 1, 1909, Taf. 51 Nr. 6 und dazu das Rücksiegel Nr. 7; vgl. zu Ludwigs Hofgerichtssiegel als Kaiser Battenberg 1979, 103–110 Nr. 9, der in der Halbfigur eine Reduktion des Bildes sieht; auch die Verwendung eines Rücksiegels zum Hofgerichtssiegel stelle eine Neuerung dar. Das Bedürfnis, bestimmte Funktionen auch im Siegelgebrauch spezifischer auszuweisen, zeigt sich auch im Vormundschaftssiegel Posse 1, 1909, Taf. 51 Nr. 5.

50 Es sieht so aus, als thronte der Kaiser und legte er das Schwert in seinem Schoß ab; Battenberg 1979, 108 meint, das kleinere Hofgerichtssiegel signalisiere die ausdrückliche Zustimmung des Kaisers zu den Urkunden.

51 Stieldorf 2018 zur Unterscheidung von Amt und Funktion.

52 Diese Überlegung stellte bereits Battenberg 1979, 105, an.

53 Vgl. Stieldorf 2020.

was bedeutet, dass weder das durch den Münchener Vertrag 1325 wenigstens theoretisch begründete Doppelkönigtum, obwohl der Vertrag eigentlich für jeden der beiden Könige ein neues Siegel vorsah, noch Ludwigs alleinige Herrschaft nach dem Tode Friedrichs des Schönen 1330 in der Siegelführung des Wittelsbachers gespiegelt werden.[54] Das königliche Hofgerichtssiegel Ludwigs bleibt nicht nur ebenfalls gänzlich in dem durch die Vorgänger gesetzten Rahmen, sondern greift sogar auf altertümliche Formen zurück, womöglich, um dadurch die lange Tradition des Hofgerichtssiegels zu betonen und dieses damit zugleich zu legitimieren. Ohne dass sich dies wirklich erklären ließe, führte Ludwig im Unterschied zu seinen unmittelbaren Vorgängern keine Königsbulle.[55]

Obwohl Ludwig als erster der deutschen Könige ein Sekret verwendete, das als reines Wappensiegel gestaltet war – also den Reichsadler nicht frei ins Siegelfeld stellte, sondern ihn in einen Schild stellte – verzichten königliches Thronsiegel und Hofgerichtssiegel auf formale Ansätze zur Heraldisierung, die bei reichsfürstlichen Siegeln und auch auf den Siegeln anderer europäischer Herrscher schon weit vorangeschritten waren,[56] und dies, obwohl andere Bildmedien

---

54 MGH Const. 6/1, 72–74 Nr. 105, hier 74 c. 11: *Dar über zů urchůnd geben wir disen brief mit unsern hangenden insigeln, der wir ietz(o) walten, versigelten und geheizzen bei aller der verbundniůz, als nů vor geschriben ist, daz wir in verniwen und versigeln mit unsern niwen insigeln, als si schirest gegraben werdent*; vgl. Schwedler 2014, 155–156 mit einer Abbildung der Urkunde; Stieldorf 2020, 124–125. Immerhin gibt es eine im Auftrag Ludwigs erstellte gemeinsame Darstellung der beiden Könige, denn die Bekrönung des Gitters an der Sakristei der Marburger Elisabethkirche zeigt diverse Adelige auf ihrer Pilgerfahr nach Marburg 1326. In der Mitte sind Ludwig und Friedrich, beide mit Krone, dargestellt. Da Friedrich an der Wallfahrt gar nicht teilgenommen hatte, wird die visuelle Dokumentation und Bestätigung des Münchener Bündnisses ein Ziel der Darstellung gewesen sein; vgl. hierzu Suckale 1993, 21–22 mit Abb. 8.

55 Dies stellt auch Rainer Kahsnitz in: Glaser 1980, 216, fest.

56 In Frankreich erscheinen die ersten heraldischen Figuren auf Gegensiegeln, konkret auf dem ersten Gegensiegel eines französischen Königs, dem schriftlosen Rücksiegel Philipps II. August, das erstmals 1180 belegt ist und eine heraldische Lilie frei im Siegelfeld zeigt (Dalas 1991, 150 Nr. 150bis). Das Gegensiegel des Regentschaftssiegels während des Kreuzzugs zeigt einen nach rechts gewendeten Adler mit ausgebreiteten Flügeln (ebd., 152 Nr. 72bis). Unter Ludwig VIII. handelt es sich um einen mit Lilien bestreuten Rundschild in ovalem Siegelfeld (ebd., 154 Nr. 186bis, 155 Nr. 187bis). Danach folgen wechselnd freistehende Lilien im ovalen Siegelfeld oder mit Lilien übersäte Dreiecksschilde, diese Siegel bleiben bis zum Ende der Kapetinger ohne Umschrift. Seit Ludwig IX. weist der Herrschermantel auch eine mit Lilien bestickte Borte auf (ebd., 156 Nr. 76), was unter Ludwig X. zurückgenommen wird (ebd., 173 Nr. 50, 174 Nr. 51). Philipp V. zeigt die Lilien auf einem Wandbehang hinter dem Thron (ebd., 178 Nr. 95). Auf dem Thronsiegel Johanns von Böhmen als König von Polen und Böhmen zeigt er sich bereits mit dem Adlerschild zur Rechten und dem Löwenschild zur Linken (Posse 1, 1909, Taf. 48 Nr. 6). Die englischen Könige führten seit Richard I. auf der Reiterseite ihrer Münzsiegel den Schild mit den drei Leoparden: http://www.mernick.org.uk/seals/angevin/richard1.htm (7. August 2020). Seit Heinrich III. wird der

die Heraldisierung auch des Königtums und Kaisertums bereits kennen – wie etwa auf den Münzen.

Dies gilt streng genommen auch für die Kaisersiegel, die aber dennoch heraldische Figuren – nicht zwangsläufig auch in heraldischer Stilisierung – wie den Löwen und den Adler als kaiserliche Attribute nutzen. Aber auch auf den Sekreten wird der Adler nicht wieder in einen Schild gestellt, sondern wie bei Ludwigs Vorgängern frei ins Siegelfeld gestellt. Auffällig ist zudem die Akzentuierung, die nun auf den Adler gesetzt wird, der in unterschiedlichen Zusammenhängen ins Bild gebracht wird. Jenseits der personalen Amtsdarstellung des Kaisers gewinnt somit ein transpersonales Reichszeichen auf den Siegeln an Bedeutung, bevor Wappen seit Karl IV. auch auf den Majestätssiegeln der Herrscher abgebildet werden.

Zudem ist auf den kaiserlichen Bildsiegeln Ludwigs bei aller grundsätzlichen Treue zu den Vorgängern hinsichtlich der Typenwahl deutlich ein eigener Gestaltungswille zu erkennen. Die von Ludwig vorgenommenen Innovationen wie der Adlerthron des Kaisersiegels und die neue Gewandung werden auf dem Kaisersiegel seines Nachfolgers Karl IV. aufgenommen und weiter interpretiert – sowie um Wappen ergänzt[57], die Halbfigur des Hofgerichtssiegels schon in dessen Königszeit verwendet.[58] Im Unterschied zu Ludwig kehrt Karl auf seiner Goldbulle wieder zur symmetrischen Stadtabbreviatur zurück und führt die Aussage des Rombildes wieder auf ihren ursprünglicheren Gehalt zurück.[59] Ludwigs Kaisertum und wohl vor allem auch die Begegnung mit italienischen Kunst- und Repräsentationsformen auf seinem Italienzug hatte großen Einfluss darauf, dass er als Kaiser wesentlich mehr Wert auf Kunstförderung und repräsentative Kunstformen legte, dies zeigt sich an den Siegeln, aber auch anderen Medien.[60]

Zu den wesentlichen Änderungen der Siegel in Ludwigs Kaiserzeit zählt die veränderte vestimentäre Ausstattung der thronenden Herrscherfigur, die durch die vor der Brust gekreuzte Stola, den pluvialeähnlichen Mantel sowie die nun

Thron um Löwenelemente erweitert: http://www.mernick.org.uk/seals/angevin/henry3.htm (7. August 2020). Unter Edward I. wird dies durch Anbringung der Löwen auch auf der Pferdedecke erweitert: http://www.mernick.org.uk/seals/angevin/edward1.htm (7. August 2020). Unter Edward II. wird die Verwendung heraldischer Zeichen auf den Siegeln noch einmal deutlich ausgeweitet: http://www.mernick.org.uk/seals/angevin/Edward3.htm (7. August 2020).

57 Posse 2, 1910, Taf. 3 Nr. 4; vgl. Diederich 1978, 154.

58 Posse 2, 1910, Taf. 2 Nr. 3 (königliches Hofgerichtssiegel), ebd., Taf. 5 Nr. 1 (kaiserliches Hofgerichtssiegel); vgl. zu beiden Diederich 1978, 157 mit Abb.

59 Vgl. Matthäus 2006, bes. 66–69.

60 Vgl. Suckale 1993, 31, der dies geradezu als „neue Staatssymbolik“ interpretiert, sowie ebd., 33. Diese Einschätzung teilt Schmid 2012, 154.

stärker erkennbare Mitra mit Vittae[61] auf die Priesterähnlichkeit des Kaisers verweist, die als Repräsentanz des sich als vom Papsttum unabhängig verstehenden Kaisertums gedeutet werden kann. Diese visuelle Botschaft richtet sich freilich nicht nur an den Papst und die Kurie in Avignon, denen Ludwig auch in seinen Handlungen deutlich machte, dass er sich mindestens als gleichrangig verstand.[62]

Vielmehr bezieht sie die Empfänger von Herrscherurkunden im Reich mit ein, insbesondere auch die Kurfürsten. Das Konzept eines papstunabhängigen Kaisertums ist immerhin in den Diskussionen der 1320er Jahre bis zur Schaffung des Kaisersiegels und der Kaiserbulle 1328 und darüber hinaus etwa in *Licet iuris* und *Fidem catholicam* geradezu untrennbar verbunden mit der Wahl des römisch-deutschen Königs, der konsequenterweise auch (fast schon) Kaiser ist, durch die Kurfürsten.[63] Das Thronbild von Kaisersiegel und Bullenavers erinnert folglich die Kurfürsten an die von ihnen mitgetragene neue Herrschaftskonzeption und verpflichtet sie zugleich auf diese. Nur durch das Einbeziehen der Urkundenempfänger lassen sich also die entscheidenden Veränderungen in den Siegelbildern Ludwigs erklären, die vermuten lassen, dass in einer annähernd vergleichbaren Situation, als Heinrich IV. gebannt war, keine entsprechenden, visualisierbaren Konzepte vorlagen, denn die Siegel Heinrichs IV. betonen die Tradition, besonders den Anschluss an seinen Vater Heinrich III.[64] Obwohl mit dem Thronsiegel als solchem die Tradition und die Anlehnung an die Siegelbilder Generationen früherer Könige und Kaiser gewahrt bleibt, zeigen die Siegel Ludwigs des Bayern beispielhaft, dass spätmittelalterliche Herrschersiegel weitaus mehr

61 Bereits auf dem Siegel Ottos IV. war eine Mitra als „spitze Kegelform" zu erkennen, möglicherweise orientierte sich Ludwig hieran; vgl. Suckale 1993, 33–34. Zur Bedeutung der Gewandung, die deutlich machen sollte, dass der Kaiser im Range eines Priesters und nicht eines Diakons handelte, vgl. auch Erkens 2003a, 32–35, 38–41.

62 So z. B. in der eigentlich nur dem Papst zustehenden Schenkungen von Rationalen; ein solches aber schenkte Ludwig zwischen 1323 und 1327 seinem damaligen Parteigänger Nikolaus von Ybbs, Bischof von Regensburg; vgl. Suckale 1993, 28–30 mit Abb. 15, der ebd., 33, darauf hinweist, dass Ludwig bereits auf dem Stifterrelief der 1324 eingerichteten Margaretenkapelle in München eine Stola trage (ebd., 24 Abb. 11), dies aber erst als Kaiser verstärkt eingesetzt habe.

63 Vgl. Menzel 2015/16, 59–64; Godthardt 2011, 324–331; Becker 2002. Dass sich die Kurfürsten diese Auffassung zu eigen machten, belegt das zwischen 1320 und 1337 von Balduin vom Luxemburg für Peter von Aspelt errichtete Grabmal, das zeigt, wie der Mainzer Erzbischof Ludwig krönt; Peter war aber 1320 bereits verstorben; vgl. Menzel 2015/16, 62. In diese Richtung deutet auch die Darstellung Ludwigs im Rathaussaal in Nürnberg, die in den 1330er Jahren entstanden ist; vgl. Hillenbrand 1997, 61–62. – Freilich darf man nicht vergessen, dass sich wie bereits Heinrich III. und Heinrich IV. auch Ludwig IV., nachdem er Johannes XXII. für abgesetzt erklärt hatte und einen neuen Papst Nikolaus V. hatte erheben lassen, sich von diesem zur Bekräftigung seiner Kaiserwürde erneut krönen ließ; vgl. Schneidmüller 2013, 379–380.

64 Vgl. hierzu künftig die Bonner Dissertation von Mareikje Mariak.

sind als die Fortführung ihrer hochmittelalterlichen Vorbilder und fast noch stärker als diese geeignet waren und genutzt wurden, um neue Herrschaftskonzepte ins (Siegel-)Bild zu bringen.

Literaturverzeichnis

Battenberg, Friedrich: *Das Hofgerichtssiegel der deutschen Kaiser und Könige 1235–1451* (Quellen und Forschungen zur höchsten Gerichtsbarkeit im Alten Reich 6). Köln/Wien 1979.

Battenberg, Friedrich (Bearb.): *Urkundenregesten zur Tätigkeit des deutschen Königs- und Hofgerichts bis 1451, Bd. 5: Die Zeit Ludwigs des Bayern und Friedrichs des Schönen* (Quellen und Forschungen zur höchsten Gerichtsbarkeit im Alten Reich. Sonderreihe 5). Köln/Wien 1987.

Becker, Hans-Jürgen: „Das Kaisertum Ludwigs des Bayern", in: *Kaiser Ludwig der Bayer. Konflikte, Weichenstellungen und Wahrnehmungen seiner Herrschaft*, hrsg. von Hermann Nehlsen und Hans-Georg Hermann (Quellen und Forschungen aus dem Gebiet der Geschichte NF 22). Paderborn u. a. 2002. 119–138.

Bulach, Doris (Bearb.): *Regesten Kaiser Ludwigs des Bayern (1314–1347). Heft 11: Die Urkunden aus den Archiven und Bibliotheken Berlins, Brandenburgs, Mecklenburg-Vorpommerns, Sachsens, Sachsen-Anhalts, Thüringens* (Regesta Imperii, Abt. VII, Heft 11). Köln/Weimar/Wien 2018.

Colsmann, Gudrun: *Die Denkmale der deutschen Kaiser und Könige im 14. Jahrhundert. Geschichte und Deutung.* Göttingen 1955.

Dalas, Martine: *Corpus des sceaux français du moyen âge, Bd. 2: Les sceaux des rois et de régence.* Paris 1991.

Deigendesch, Roland: „Adler versus Hirschhorn. Zur Geschichte von Siegel und Wappen der Reichsstadt Reutlingen", in: *Reichszeichen. Darstellungen und Symbole des Reichs in Reichsstädten. 2. Tagung des Arbeitskreises „Reichsstadtgeschichtsforschung" Mühlhausen 3. bis 5. März 2014* (Studien zur Reichstagsgeschichte 2), hrsg. von Helge Wittmann. Petersberg 2015. 113–136.

Diederich, Toni: „Siegelkunst", in: *Die Parler und der schöne Stil 1350–1400. Europäische Kunst unter den Luxemburgern. Ein Handbuch zur Ausstellung des Schnütgen-Museums in der Kunsthalle Köln*, hrsg. von Anton Legner, Bd. 3. Köln 1978. 151–159.

Drös, Harald: „Löwe, Rauten, roter Schild. Zum Wappen der pfälzischen Wittelsbacher im Spätmittelalter", in: *Mittelalter. Schloss Heidelberg und die Pfalzgrafschaft bei Rhein bis zur Reformationszeit* (Schätze aus unseren Schlössern 7), Red. Volker Rödel. Regensburg 2002. 104–116.

Eisenzimmer, Mirjam (Bearb.): *Regesten Kaiser Ludwigs des Bayern (1314–1347). Heft 10: Die Urkunden aus den Archiven und Bibliotheken Mittel- und Oberfrankens* (Regesta Imperii, Abt. VII, Heft 10). Köln/Weimar/Wien 2015.

Erben, Wilhelm: *Die Rombilder auf kaiserlichen und päpstlichen Siegeln des Mittelalters* (Veröffentlichungen des Historischen Seminars der Universität Graz 7). Graz 1931.

Erkens, Franz-Reiner: „Heißer Sommer, geistliche Gewänder und königliche Siegel. Von der Herrschersakralität im späten Mittelalter", in: *Lectiones eruditorum extraneorum in facultate philosophica Universitatis Carolinae Pragensis factae fasc. 6*, Prag 2003. 29–44. (= Erkens 2003a)

Erkens, Franz-Reiner: „*Sol iusticie* und *regis regum vicarius*. Ludwig der Bayer als ‚Priester der Gerechtigkeit'", in: *Zeitschrift für bayerische Landesgeschichte* 66 (2003): 795–818. (= Erkens 2003b)

Ewald, Wilhelm: *Siegelkunde* (Handbuch der mittelalterlichen und neueren Geschichte, Abt. IV: Hilfswissenschaften und Altertümer). München/Berlin 1914.

Fees, Irmgard: „Friedrich Barbarossa in seinen Siegeln", in: *BarbarossaBilder. Entstehungskontexte, Erwartungshorizonte, Verwendungszusammenhänge*, hrsg. von Knut Görich und Romedio Schmitz-Esser. Regensburg 2014. 60–75.

Fees, Irmgard: „Die Siegel und Bullen Kaiser Friedrichs I. Barbarossa", in: *Archiv für Diplomatik* 61 (2015): 95–132.

Fischer, Christa: *Studien zu den Arengen in den Urkunden Kaiser Ludwigs des Bayern (1314–1347). Beiträge zu Sprache und Stil* (Münchener Historische Studien. Abt. Geschichtliche Hilfswissenschaften 22). Kallmünz 1987.

Giese, Martina: „Der Adler als kaiserliches Symbol in staufischer Zeit", in: *Staufisches Kaisertum im 12. Jahrhundert. Konzepte – Netzwerke – Politische Praxis*, hrsg. von Stefan Burkhardt, Thomas Metz, Bernd Schneidmüller und Stefan Weinfurter. Regensburg 2010. 323–360.

Glaser, Hubert (Hrsg): *Die Zeit der frühen Herzöge. Von Otto I. zu Ludwig dem Bayern. Katalog der Ausstellung auf der Burg Trausnitz in Landshut 14. Juni – 5. Oktober 1980* (Wittelsbach und Bayern I/2). München/Zürich 1980.

Godthardt, Frank: *Marsilius von Padua und der Romzug Ludwigs des Bayern. Politische Theorie und politisches Handeln* (Nova Medievalia 6). Göttingen 2011.

Gritzner, Erich: *Symbole und Wappen des alten Deutschen Reiches* (Leipziger Studien aus dem Gebiet der Geschichte VIII,3). Leipzig 1902.

Groebner, Valentin: *Der Schein der Person. Steckbrief, Ausweis und Kontrolle im Europa des Mittelalters*. München 2004.

Gudenus, Valentin Ferdinand: *Codex Diplomaticus sive anecdotorum res Mogvntinas, Francicas, Trevirenses, Colonienses, finitimarvmque regionvm nec non ivs Germanicvm et S.R.I. historiam vel maxime illvstrantivm*, tomus II. Frankfurt/Leipzig 1747.

Haberditzl, Franz M.: „Über die Siegel der deutschen Herrscher vom Interregnum bis Kaiser Sigmund", in: *Mitteilungen des Instituts für Österreichische Geschichtsforschung* 20 (1908): 625–661.

Hablot, Laurent: „Formes et fonctions de l'emblématique dans les chartes ornées. L'exemple du corps français", in: *Illuminierte Urkunden. Beiträge aus Diplomatik, Kunstgeschichte und Digital Humanities* (Archiv für Diplomatik. Beiheft 6), hrsg. von Gabriele Bartz und Markus Gneiß. Köln/Weimar/Wien 2018. 215–232.

Heimpel, Hermann: „Königlicher Weihnachtsdienst im späteren Mittelalter", in: *Deutsches Archiv* 39 (1983): 131–206.

Hillenbrand, Eugen: „›Ecce sigilli faciem‹. Das Siegelbild als Mittel politischer Öffentlichkeitsarbeit im 14. Jahrhundert", in: *Bild und Geschichte. Studien zur politischen Ikonographie. Festschrift für Hansmartin Schwarzmaier*, hrsg. von Konrad Krimm und Herwig John. Sigmaringen 1997. 53–77.

Jäckel, Dirk: *Der Herrscher als Löwe. Ursprung und Gebrauch eines politischen Symbols im Früh- und Hochmittelalter* (Archiv für Kulturgeschichte. Beiheft 60). Köln/Weimar/Wien 2006.

Kittel, Erich: *Siegel* (Bibliothek für Kunst- und Antiquitätenfreunde 11). Braunschweig 1970.

Kellermann, Karina: „Gerupfte Adler und kämpfende Löwen. Wappenallegorien in der deutschsprachigen politischen Kleindichtung", in: *Macht und Herrschaft im Siegel- und Münzbild* (Studien zu Macht und Herrschaft 14), hrsg. von Andrea Stieldorf. Göttingen 2021. 243–280.

Keupp, Jan: „Verselbständigter Sinn. Die Wiener Adlerstola", in: *Neue alte Sachlichkeit. Studienbuch Materialität des Mittelalters*, hrsg. von Jan Keupp und Romedio Schmitz-Esser. Ostfildern 2015. 47–76.

Kocher, Gernot: *Zeichen und Symbole des Rechts. Eine historische Ikonographie*. München 1992.

Korn, Johannes Enno: „Adler und Doppeladler. Ein Zeichen im Wandel der Geschichte (Fortsetzung)", in: *Der Herold* NF 8 (1966/68): 299–306, 334–344, 361–369, 421–420, 441–453, 481–489.
Krissl, Michaela: „Sekretsiegel, Siegelkarenz und Neuausfertigung von Urkunden König Albrechts I.", in: *Mitteilungen des Instituts für Österreichische Geschichtsschreibung* 98 (1990): 119–130.
Kull, Johann Veit von: „Die Münzen, Medaillen und Siegel Kaiser Ludwigs IV. des Bayern", in: *Mitteilungen der Bayerischen Numismatischen Gesellschaft* 6 (1887): 1–42.
Mäkeler, Hendrik: *Reichsmünzwesen im späten Mittelalter. 1: Das 14. Jahrhundert* (Vierteljahrschrift für Sozial- und Wirtschaftsgeschichte. Beiheft 209). Stuttgart 2010.
Mariak, Mareike: *Die Siegel der ostfränkisch-deutschen Herrscher zwischen 936 und 1250*. Diss. masch. Bonn 2022.
Matthäus, Michael: „Die Kaisergoldbulle Karls IV. im Kontext der Entwicklung deutscher Herrschersiegel im Mittelalter", in: *Die Kaisermacher. Frankfurt am Main und die Goldene Bulle 1356–1806. Aufsätze*, hrsg. von Evelyn Brockhoff und Michael Matthäus. Frankfurt 2006. 64–75.
Menzel, Michael: *Die Zeit der Entwürfe. 1273–1347* (Gebhardt. Handbuch der deutschen Geschichte 7a). Stuttgart 2012.
Menzel, Michael: „Am Ende des Reiches. Aachen, Ludwig IV. und die Wahlmonarchie", in: *Zeitschrift des Aachener Geschichtsvereins* 117/118 (2015/2016): 43–74.
MGH Constitutiones, Bd. 5, hrsg. von Jakob Schwalm. Hannover/Leipzig 1909–1913.
MGH Constitutiones, Bd. 6/1, hrsg. von Jakob Schwalm. Hannover 1914–1927.
Monnet, Pierre: „Königs- und/oder Kaiserbilder. Reichssymbolik im mittelalterlichen Frankfurt", in: *Reichszeichen. Darstellungen und Symbole des Reichs in Reichsstädten. 2. Tagung des Arbeitskreises „Reichsstadtgeschichtsforschung" Mühlhausen 3. bis 5. März 2014* (Studien zur Reichstagsgeschichte 2), hrsg. von Helge Wittmann. Petersberg 2015. 31–53.
Neudeck, Otto: „König der Vögel. Der Adler als Herrschaftssymbol in mittelalterlicher Wappendichtung", in: *Tiere: Begleiter des Menschen in der Literatur des Mittelalters*, hrsg. von Judith Klinger und Andreas Kraß. Köln/Weimar/Wien 2017. 201–213.
Peltzer, Jörg: „Bildgewordene Autorität. Annäherungen an einen Vergleich der Siegel der Reichsfürsten und der Earls im 13. und 14. Jahrhundert", in: *Autorität und Akzeptanz. Das Reich im Europa des 13. Jahrhunderts*, hrsg. von Hubertus Seibert, Werner Bromm und Verena Türck. Ostfildern 2013. 267–284.
Peltzer, Jörg: „Making an Impression. Seals as Signifiers of Individual and Collective Rank in the Upper Aristocracy in England and the Empire in the Thirteenth and Fourteenth Centuries", in: *Seals and Their Context in the Middle Ages*, hrsg. von Philip R. Schofield. Oxford 2015. 63–76.
Pferschy-Maleczek, Bettina: „Der Nimbus des Doppeladlers. Mystik und Allegorie im Siegelbild Sigmunds", in: *Zeitschrift für historische Forschung* 23 (1996): 433–471.
Posse, Otto: *Die Siegel der deutschen Kaiser und Könige von 751 bis 1913*, 5 Bde. Dresden 1909–1913.
Primbs, Karl: „Die Entwicklung des Wittelsbachischen Wappens von Herzog Otto I. bis Kurfürst Max III. Joseph, 1180–1777. Altbayerische Serie", in: *Archivalische Zeitschrift* 8 (1883): 247–269.
Primbs, Karl: „Die Siegel der Frauen und Töchter des Hauses Wittelsbach. Anhang A zu Entwicklung des Wappens der Wittelsbacher", in: *Archivalische Zeitschrift* NF 1 (1890): 84–99.
Primbs, Karl: „Siegel der Wittelsbacher in Bayern bis auf Max III. Joseph (Nachtrag)", in: *Archivalische Zeitschrift* NF 2 (1891): 1–26.
Rödel, Volker: „Zur Adlersymbolik an und in Herrschaftsbauten des Mittelalters", in: *Tiere auf Burgen und frühen Schlössern* (Forschungen zu Burgen und Schlössern 16), Red. Daniel Burger. Petersberg 2016. 65–75.
Schaus, Emil: *Zur Diplomatik Ludwigs des Bayern*. München 1894.

Schmid, Alois: „Das Motiv des Adlers bei Ludwig dem Bayern“, in: *Studien zur bayerischen Landesgeschichtsschreibung in Mittelalter und Neuzeit. Festgabe für Andreas Kraus* (Zeitschrift für bayerische Landesgeschichte. Beiheft 41), hrsg. von Alois Schmid und Ludwig Holzfurtner. München 2012. 151–183.
Schneidmüller, Bernd: „Kaiser Ludwig IV. Imperiale Herrschaft und reichsfürstlicher Konsens“, in: *Zeitschrift für historische Forschung* 40 (2013): 369–392.
Schöntag, Wilfried: „Amts-, Standesbezeichnungen und Titel in Siegellegenden im 12. und 13. Jahrhundert“, in: *Zeitschrift für die Geschichte des Oberrheins* 147 (1999): 145–169.
Schramm, Percy Ernst/Fillitz, Hermann: *Denkmale der deutschen Könige und Kaiser II: Ein Beitrag zur Herrschergeschichte von Rudolf I. bis Maximilian I. 1273–1519* (Veröffentlichungen des Zentralinstituts für Kunstgeschichte in München 7). München 1978.
Schwedler, Gerald: *Herrschertreffen des Spätmittelalters. Formen – Rituale – Wirkungen* (Mittelalter-Forschungen 21). Ostfildern 2008.
Schwedler, Gerald: „Bayern und Österreich auf dem Thron vereint. Das Prinzip der gesamten Hand als Verfassungsinnovation für das Doppelkönigtum von 1325“, in: *Ludwig der Bayer (1314–1347). Reich und Herrschaft im Wandel*, hrsg. von Hubertus Sesibert. Regensburg 2014. 147–166.
Stieldorf, Andrea: „Das Bild des Königs. Siegel und Münzen der Staufer und Anjou-Plantagenêt im Vergleich“, in: *Staufen and Plantagenets. Two Empires in Comparison* (Studien zu Macht und Herrschaft 1), hrsg. von Alheydis Plassmann und Dominik Büschken. Bonn 2018. 197–227.
Stieldorf, Andrea: „Der Kampf um die Königsherrschaft – ein Fall für das Siegelbild? Die Siegel Ludwigs des Bayern und Friedrichs des Schönen im Vergleich“, in: *Zeitschrift des Aachener Geschichtsvereins* 121/122 (2019/2020): 109–132.
Suckale, Robert: *Die Hofkunst Kaiser Ludwigs des Bayern*. München 1993.
Thomas, Heinz: Ludwig der Bayer (1282–1347). Kaiser und Ketzer. Regensburg u. a. 1993.
Thier, Bernd: „Vögel der Macht. Adlerdarstellungen als Erkennungszeichen herrschaftlicher Funktionsträger“, in: *Tiere und Tierdarstellungen in der Archäologie. Beiträge zum Kolloquium in Gedenken an Torsten Capelle, 30.–31. Oktober 2015 in Herne* (Veröffentlichungen der Altertumskommission für Westfalen Landschaftsverband Westfalen-Lippe 22), hrsg. von Vera Brieske, Aurelia Dickens und Michael M. Rind. Münster 2017. 371–388.
Volkert, Wilhelm: „Die Bilder in den Wappen der Wittelsbacher“, in: *Die Zeit der frühen Herzöge. Von Otto I. bis zu Ludwig dem Bayern. Beiträge zur Bayerischen Geschichte und Kunst 1180–1350*, hrsg. von Hubert Glaser (Wittelsbach und Bayern I/1). München/Zürich 1980. 13–28.
Walther, Helmut G.: „Die ganze Kirchengeschichte als (korrigierbarer) historischer Irrtum? Marsilius von Padua zu den historischen Rahmenbedingungen des päpstlichen Primats (‚Defensor pacis‘, Dictio II)“, in: *Irrtum – Error – Erreur* (Miscellania Mediaevalia 40), hrsg. von Andreas Speer und Maxime Mauriège. Berlin/Boston 2018. 435–456.
Werlich, Ralf-Gunnar: „Die Siegel der pommerschen Greifenherzöge“, in: *Die Herzöge von Pommern. Zeugnisse der Herrschaft des Greifenhauses. Zum 100-jährigen Jubiläum der Historischen Kommission für Pommern* (Veröffentlichung der Historischen Kommission für Pommern 45), hrsg. von Norbert Buske, Joachim Krüger und Ralf-Gunnar Werlich. Wien/Köln/Weimar 2012. 107–161.
Wetzel, Johannes (Bearb.): *Regesten Kaiser Ludwigs des Bayern (1314–1347). Heft 2: Die Urkunden aus den Archiven und Bibliotheken Badens* (Regesta Imperii, Abt. VII, Heft 2). Köln/Weimar/Wien 1994.
Wolf, Peter u. a. (Hrsg.): *Ludwig der Bayer – Wir sind Kaiser! Katalog zur Bayerischen Landesausstellung 2014* (Veröffentlichungen zur Bayerischen Geschichte und Kultur 63). Regensburg 2014.
Wrede, Christa: *Leonhard von München, der Meiser der Prunkurkunden Kaiser Ludwigs des Bayern* (Münchener Historische Studien. Abt. Geschichtliche Hilfswissenschaften 17). Kallmünz 1980.

Abb. 1: Reitersiegel Herzog Ludwigs IV., Bayerisches Hauptstaatsarchiv München, Kloster Fürstenfeld Urk. 75.

Abb. 2: Wappensiegel König Ludwigs IV., Bayerisches Hauptstaatsarchiv München, Kloster Fürstenfeld Urk. 2926.

Abb. 3: Königssiegel Ludwigs IV. (Thronsiegel), Bayerisches Hauptstaatsarchiv München, Kurbayern Urk. 12068.

Abb. 4: Hofgerichtssiegel König Ludwigs IV., aus: Posse 4, Taf. 75 Nr. 1.

Abb. 5: Kaisersiegel Ludwigs IV., Bayerisches Hauptstaatsarchiv München, Geheimes Hausarchiv, Urk. 129.

Abb. 6: Rücksiegel Kaiser Ludwigs IV., Bayerisches Hauptstaatsarchiv München, Geheimes Hausarchiv, Urk. 106.

Abb. 7: Sekretsiegel Kaiser Ludwigs IV., Bayerisches Hauptstaatsarchiv München, Sankt Emmeram Urk. 341.

Abb. 8: Kaiserbulle Ludwigs IV., Thronseite, Staatsarchiv Bamberg, Brandenburg-Bayreuth Urk. 148 (Altsignatur: Bayerisches Hauptstaatsarchiv München, Kaiser-Selekt 1266).

Abb. 9: Kaiserbulle Ludwigs IV., Romseite, Staatsarchiv Bamberg, Brandenburg-Bayreuth Urk. 148 (Altsignatur: Bayerisches Hauptstaatsarchiv München, Kaiser-Selekt 1266).

Abb. 10: Hofgerichtssiegel Kaiser Ludwigs IV., Stadtarchiv Mainz, Urkunden U 1332 Januar 28 IV.

Peter Wiesinger

Die habsburgische Urkundensprache der Herzöge Friedrichs des Schönen (1308–1330) und Albrechts II. des Weisen (1330–1358) in der ersten Hälfte des vierzehnten Jahrhunderts

1 Die geschichtlichen Voraussetzungen

In der ersten Hälfte des vierzehnten Jahrhunderts herrschten in Österreich als Herzöge nacheinander die habsburgischen Brüder Friedrich der Schöne (1308 bis 1330) und Albrecht II. der Weise oder auch der Lahme (1330 bis 1358). Ihre Beinamen erhielten sie erst von der Geschichtsschreibung des sechzehnten Jahrhunderts, wobei Friedrich in der habsburgischen Zählung die Zahl I und als österreichischer Herzog sowie als zeitweiliger deutscher König jeweils die Zahl III zukäme, was jedoch beides ungebräuchlich ist.[1] Sie waren Söhne König Albrechts I. (1282/98 bis 1308) und seiner Gemahlin Elisabeth von Görz. Friedrich wurde 1289 geboren, Albrecht 1298. Dazwischen liegt Herzog Leopold I. (1293 bis 1326), und nach Albrecht folgten Herzog Heinrich (1299 bis 1327) und als jüngster Sohn Herzog Otto der Fröhliche (1301 bis 1339).[2]

Das Herrschaftsgebiet der Habsburger bestand damals aus 2 Teilen: Österreich im Osten und getrennt davon die habsburgischen Stammlande als Vorderösterreich oder die Vorlande im Westen. Österreich umfasste das heutige Niederösterreich und den Osten und Norden Oberösterreichs mit dem Hausruck-, Traun- und Mühlviertel, die Steiermark mit der Windischen Mark, Krain und Portenau/Pordenone sowie seit 1335 das Herzogtum Kärnten. Die Vorlande bestanden aus der Nordschweiz mit der Habsburg als Stammburg im Aargau, Streubesitz nördlich des Rheins und seit der Heirat von Herzog Albrecht II. 1324 mit der Erbtochter Johanna von Pfirt aus dem angeschlossenen oberelsässischen Sundgau. Diese Zweiteilung der habsburgischen Territorien bedingte auch getrennte Verwaltungen, wobei die Geschäfte in den Vorlanden jeweils vom jüngeren Bruder des regierenden Herzogs

1 Diese Zählungen waren im neunzehnten Jahrhundert durchaus üblich, wurden aber dann im Hinblick auf Kaiser Friedrich III. als verwirrend aufgegeben.

2 Zur Geschichte Österreichs im Spätmittelalter vgl. Lhotsky 1967 und Niederstätter 2001, zu den Habsburgern im Besonderen Krieger 2004 und zu Friedrich dem Schönen besonders Lackner 2017.

https://doi.org/10.1515/9783111165226-007

ambulant geführt wurden. Es war dies zur Zeit Friedrichs Herzog Leopold I., dem nach seinem Tod 1326 Herzog Albrecht II. folgte, bis er selbst nach Friedrichs Tod 1330 zum Regenten aufstieg, aber bereits 1329 die Vorlande seinem jüngeren Bruder Herzog Otto dem Fröhlichen übertrug.

Während des Interregnums, das 1273 mit der Wahl Rudolfs von Habsburg zum deutschen König beendet wurde, hatte der Böhmenkönig Ottokar das seit 1256 mit dem Tod des letzten Babenbergers Herzogs Friedrichs II. des Streitbaren verwaiste Österreich okkupiert. Nachdem König Rudolf 1278 in der Schlacht auf dem Marchfeld König Ottokar besiegt hatte, bemühte er sich, Österreich zu gewinnen und übertrug es 1282 seinen Söhnen Albrecht I. und Rudolf II. 1298 wurde dann Herzog Albrecht zum deutschen König gewählt. Er war nicht nur wegen seiner unverbindlichen Art in Wien und Österreich unwillkommen, sondern er und sein Gefolge auch als Fremde mit fremdländischer alemannischer Sprechweise, die sich deutlich von dem in Wien heimischen Bairisch unterschied. Nachdem König Albrecht I. 1308 von seinem Verwandten Johannes Parricida aus persönlichen Gründen ermordet worden war und Albrechts Sohn Friedrich der Schöne in Wien die Herrschaft antrat, kam es zum Aufstand, dessen Anführer Friedrich hart bestrafte. Erst allmählich gewöhnte man sich an den neuen Herzog, wenn auch König Albrecht I. mit der Namenwahl seiner Söhne als Friedrich und Leopold in babenbergischer Tradition den Österreichern entgegenkommen wollte und Friedrich und seine Brüder in Wien aufgewachsen waren. Dass die Reichspolitik Herzog Friedrich in den Jahren 1314 bis 1327 außerdem von längeren Wien-Aufenthalten abhielt,[3] trug wohl auch zur Beruhigung und allgemeinen Gewöhnung bei. Anerkennung fanden auch die Bemühungen Friedrichs um sein Land. So gründete er 1313/16 die Kartause Mauerbach im Wienerwald und förderte verschiedentlich auch die Stadt Wien.[4]

Nachdem 1313 der Luxemburger König Heinrich VII. verstorben war, bemühten sich die Habsburger, die deutsche Königs- und die römische Kaiserkrone wiederzugewinnen. Andererseits strebten auch die bayerischen Wittelsbacher danach. Beide Parteien trachteten durch Zuwendungen die Kurfürsten für sich zu gewinnen. So kam es 1314 zur Doppelwahl des Habsburgers Friedrichs des Schönen und des Wittelsbachers Ludwig, der erst später in den Auseinandersetzungen mit Papst Johannes XXII. von diesem den herabwürdigend gedachten Beinamen *Bavarus/der*

3 Hödl 1970, 14 gibt folgende Aufenthalte Friedrichs an: März und April 1316, Frühjahr und Sommer 2017, März bis Oktober 1318; Juni, Juli und November 2019, Frühjahr und Sommer 1321, November 1321 bis Februar 1322, Juli 1322, Mai 1325.

4 Im Einzelnen vgl. dazu Hödl 1970.

Bayer erhielt.[5] Obwohl beide von ihren geistlichen Wahlmännern zu Königen gekrönt worden waren, konnte keiner eine verbindliche Herrschaft ausüben, und jeder regierte für seine Anhängerschaft. Obwohl eine entscheidende kriegerische Auseinandersetzung unausbleiblich war, zog sich diese 8 Jahre hin und kam es erst 1322 zur Schlacht von Mühldorf am Inn, die Ludwig gewann. Er nahm Friedrich gefangen und setzte ihn auf der Burg Trausnitz in Niederbayern fest. Nachdem Friedrich und seine Brüder die Herrschaft Ludwigs anerkannt hatten, wurde Friedrich ohne Lösegeld freigelassen und im Münchener Vertrag von 1325 ein Doppelkönigtum vereinbart. Es war voraussehbar, dass dieses eben so wenig funktionieren konnte wie die vorangegangene ungeregelte Doppelherrschaft, so dass Ludwig nach zwei Jahren 1327 den Vertrag aufkündigte und als alleiniger deutscher König fortan bis zu seinem Tod 1347 regierte. Das ermöglichte Friedrich den Rückzug, nachdem er ohnedies durch den Tod seiner Brüder Leopold I. 1326 und Heinrich 1327 in Depression gefallen war. In Wien erledigte er noch einige Geschäfte und gründete vor allem das Kloster der Augustinereremiten und die Augustinerkirche als Hofkirche, verfasste sein Testament und zog sich teils in seine Kartause Mauerbach und teils auf die Burg Gutenstein zurück. Das machte die Rückkehr Herzog Albrechts II. aus den Vorlanden notwendig, der dort nach dem Tod Herzog Leopolds I. die Nachfolge angetreten hatte und 1329 die Verwaltung der Vorlande seinem jüngeren Bruder Otto dem Fröhlichen übertrug. Herzog Friedrich der Schöne starb schließlich 1330 in Mauerbach, und Herzog Albrecht II. wurde sein Nachfolger.

Albrecht II. der Weise war der vierte, 1298 geborene Sohn König Albrechts I.[6] Er war für die geistliche Laufbahn bestimmt. 1313 sollte er als Fünfzehnjähriger in einer dubiosen Wahl Bischof von Passau werden, was fehlschlug. Fünf Jahre später verzichtete er 1318 auf ein geistliches Leben. Während seiner fast dreißigjährigen Regierung traten in Österreich relativ ruhige Verhältnisse ein, zumal er das König- und Kaisertum Ludwigs des Bayern uneingeschränkt anerkannte und sich aus der Reichspolitik heraushielt. Das bewirkte auch die zu Beginn seiner Herrschaft 1330 eingetretene, zur Lähmung führende Erkrankung. 1985 durchgeführte Untersuchungen seiner Gebeine ergaben, dass es sich um Polyarthritis, eine Art Gelenksrheumatismus als dauerhafte, schmerzhafte, bewegungshemmende Erkrankung, handelte. So musste Herzog Albrecht auf einem Stuhl getragen werden und schränkte auch seine Reisetätigkeit ein, indem er sich nur in einer Art Hängematte zwischen zwei sie tragenden Pferden fortbewegen konnte. Der dadurch bedingte weitgehende Aufenthalt in Wien, die Heranziehung öster-

5 Zur Königswahl und zu den Auseinandersetzungen mit Ludwig dem Bayern vgl. besonders Menzel 2003.

6 Herzog Albrecht II. wird zwar in den in Anm. 2 genannten Werken behandelt, aber speziell nur in der kaum beachteten, weil ungedruckten Dissertation von Eloga 1952.

reichischer Adeliger und österreichischen Personals an den Hof sowie die Förderung von Kirchen und Klöstern, Adeligen und Städten trugen wesentlich dazu bei, dass die Habsburger nun richtig heimisch wurden. Sogleich mit dem Herrschaftsantritt gründete Herzog Albrecht auch die Kartause in Gaming als sein Hauskloster. Mit Wien als Herrschaftszentrum erkannte Herzog Albrecht auch, dass es notwendig und sinnvoll ist, das Herrschaftsgebiet zu festigen und von hier aus zu vergrößern. So gelang ihm 1335 die Gewinnung des Herzogtums Kärnten. In den 1330er Jahren versuchte er auch die Annexion von Tirol, die aber erst 1363 sein Sohn und Nachfolger Herzog Rudolf IV. der Stifter erreichte. Angesichts der zeitgenössischen Teilungen von Herrschaften unter mehreren Söhnen und damit der Machtschwächung erließ Herzog Albrecht II. 1355 die Hausordnung, wonach zwar alle Söhne gleichberechtigt sein, aber der älteste Sohn die Regierung führen sollte. Die Aufforderung zur brüderlichen Verbundenheit betraf nicht weniger als die vier Söhne Rudolf IV., Friedrich († 1362), Albrecht III. und Leopold III., die nach dem Tod Rudolfs IV. des Stifters († 1365) die Regierung antraten.[7] Herzog Albrecht II. starb 1358 im damals höheren Alter von 60 Jahren und wurde in seiner Kartause Gaming beigesetzt. Sein allseits politisch kluges Verhalten trug ihm später zu Recht den Beinamen *der Weise* ein.

2 Fragen zum habsburgischen Urkundenwesen in der ersten Hälfte des vierzehnten Jahrhunderts aus germanistisch-sprachwissenschaftlicher Sicht

Trotz der territorialen Zweiteilung der habsburgischen Herrschaft über Österreich und die Vorlande und trotz der vorübergehenden Zeit Friedrichs des Schönen als deutscher König gab es nur eine einzige habsburgische Kanzlei in Wien, wobei während der Doppelherrschaft Friedrichs die Geschäfte fließend ineinander übergingen. Als Aussteller von Urkunden nannte sich Herzog Friedrich der Schöne von 1308 bis zur Königswahl 1314 *Wir Fridrich von Gotz gnaden Herzog ze Osterreiche vnd ze Steyre, Herre ze Chrayen, avf der Marche vnd ze Portenawe* und seit der Königswahl nur mehr *Wir Friderich von gots gnaden Romscher Chunig / alle zeit ein merer des Reichs.*[8] Herzog Albrecht II. der Weise urkundete dann nur

7 Vgl. Eloga 1952, 106–107 und Niederstätter 2001, 144–145.
8 Nach den Urkunden vom 15. April 1310 und vom 24. Juni 1327 bei Wiesinger 1977, 578 und 581.

als *Wir Albrecht von gotes gnaden Hertzog ze Osterreich vnd ze Steyr,*[9] dem er seit 1336 noch *ze Kernden* anschloss, während die von Friedrich genannten weiteren Herrschaften nur bei besonderen Anlässen hinzugefügt wurden. Vorweggenommen sei, dass im Folgenden nur die österreichische Urkundensprache der Herzöge Friedrichs und Albrechts II. Gegenstand der Untersuchungen sein wird, nicht aber die vorderösterreichischen Verhältnisse.

Seitens der germanistischen Sprachwissenschaft stellen sich an das habsburgische österreichische Urkundenwesen in der ersten Hälfte des vierzehnten Jahrhunderts folgende 4 Fragenkomplexe:

1. Wie gestaltet sich das Verhältnis von Lateinisch und Deutsch als Urkundensprachen in zeitlicher, räumlicher und gesellschaftlicher Hinsicht?
2. Wie ist das Kanzleiwesen gestaltet? Wer sind die Schreiber der deutschen Urkunden, und wie bestimmen sie den Schreibstand der Kanzlei?
3. Wie gestaltet sich der Schreibstand der deutschen Urkunden? Welchem Schreibdialekt beziehungsweise welchen Schreibdialekten gehören sie an? Wie verhalten sich die Beziehungen von Schreibung und Aussprache, kurz von Graphem und Phonem? Wie gestalten sich zumindest entscheidende Teile von Morphologie und Lexik? Welche schreibsprachlichen Entwicklungstendenzen zeichnen sich ab?
4. In welchen schreiblandschaftlichen Zusammenhängen steht die habsburgische deutsche Urkundensprache in der ersten Hälfte des vierzehnten Jahrhunderts, und wie wirkt sie innerhalb des spätmittelalterlichen Deutsch weiter?

3 Das Verhältnis von Lateinisch und Deutsch als Urkundensprache

Schon für die letzten beiden Jahrzehnte des dreizehnten Jahrhunderts stellt Felix Merkel für die Wiener Stadtkanzlei fest, dass seit 1280 die Ratsurkunden zum größten Teil deutsch abgefasst sind und dass seit 1290 fast ausschließlich Deutsch herrscht, so dass Latein stark zurücktritt.[10] Nicht so zur selben Zeit in den Herzogsurkunden und dann in den Königsurkunden Albrechts I. Obwohl Herzog Albrecht I. in Wien ein durchorganisiertes Kanzleiwesen führt, tritt dort das Deutsche gegenüber dem dominanten Latein stark zurück. Das ändert sich erst unter Friedrich

9 Vgl. die Urkunde vom 27. Jänner 1342 im Wiener Schottenstift.
10 Vgl. Merkel 1930, 29.

dem Schönen. Hier ist zu bemerken, dass die Söhne König Albrechts I. Friedrich und Rudolf II. schon während der Königszeit des Vaters seit 1300 offenbar zu dessen Entlastung im Herzogtum urkunden. Darin zeigt sich die von Anfang an im Hause Habsburg herrschende Gleichberechtigung der Herzöge, die dann Herzog Albrecht II. bekräftigt.

Die Verwendung von Latein und Deutsch als Urkundensprache lässt sich für die Zeit Friedrichs des Schönen mit Hilfe der Regesten von Lothar Groß (1924) feststellen. Als deutscher König seit 1314 urkundet Friedrich weitgehend lateinisch. So stellt er in seinem ersten Königsjahr 1314/15 allein 100 lateinische und 10 deutsche Urkunden aus und mit seinem Bruder Leopold, der das alemannische Vorderösterreich leitete, 6 lateinische und 8 deutsche Urkunden. Zusammengenommen sind das 106 lateinische und 18 deutsche Urkunden, was ein Verhältnis von 91:9 Prozent ausmacht. Wahrscheinlich haftet dem Lateinischen ein der königlichen Würde entsprechendes Prestige an, wenn auch zahlreiche Urkunden Erneuerungen älterer, lateinisch abgefasster Privilegien sind.

Betrachtet man aber Friedrichs Urkundenwesen als Herzog von Österreich, so verschieben sich die Verhältnisse zugunsten des Deutschen deutlich. Als Beispiele seien die Jahre 1319 aus der mittleren Zeit und 1327 als letztes aktives Regierungsjahr Friedrichs gewählt.

1319: lateinisch 13 : deutsch 15 = 46:54 Prozent
1327: lateinisch 6 : deutsch 21 = 22:78 Prozent

Fragt man nach den Empfängern der Urkunden, so ergehen 1319 12 Urkunden an verschiedene Männerklöster, und die dreizehnte Urkunde ist eine Erneuerung der 1231 von Herzog Friedrich II. dem Streitbaren der Stadt Enns gewährten Privilegien. Von den 15 deutschen Urkunden erhalten 3 Urkunden Nonnenklöster, wo das Lateinische weniger beherrscht wird als in Männerklöstern, 2 Urkunden betreffen kirchliche Institutionen in aktuellen Angelegenheiten, und solchen aktuellen Inhalts sind auch die 3 Urkunden für Städte und die 7 Urkunden für Adelige. Ähnlich verhalten sich auch die Urkunden 1327. Von den 6 lateinischen Urkunden ergehen 5 an Männerklöster und kirchliche Institutionen, mehrfach als Erneuerung älterer Privilegien, und 1 Urkunde betrifft die Französin Beatrix von Savoyen, eine Verwandte von Herzog Friedrichs Gattin Katharina von Savoyen. Von den 21 deutschen Urkunden gelten 9 Männerklöstern, 7 einzelnen Städten und 4 Adeligen zumeist in aktuellen Angelegenheiten und 1 Urkunde ist das Testament Herzog Friedrichs.

Man kann also sagen, dass die Sprachwahl der Urkunden funktional bedingt ist. So erhalten Männerklöster und kirchliche Institutionen, wo man das Lateinische beherrscht, sowie Städte dann meist lateinische Urkunden, wenn ältere, lateinisch abgefasste Privilegien erneuert werden. Schließlich dient Latein als internationale Koine gegenüber Fremdsprachigen. Dagegen wird für Nonnenklöster, wo Latein weniger beherrscht wird, sowie für Männerklöster, Städte und Adelige in aktuellen Angelegenheiten das Deutsche als Alltagssprache gewählt.

Schwieriger ist die Feststellung der Sprachenverteilung für die Zeit Herzog Albrechts II., weil es dafür keine *Regesta Habsburgica* gibt.[11] Zieht man jedoch die im Österreichischen Staatsarchiv aufbewahrten Urkunden aus der Regierungszeit Herzog Albrechts von 1330 bis 1358 heran, so verkörpern sie zwar nur eine Auswahl des verstreuten Gesamtbestandes, lassen aber zumindest annähernd die Verteilungen erkennen.[12] Daraus ergeben sich folgende Verhältnisse:

Lateinisch 10 : deutsche Originale 88 + 20 deutsche Abschriften = 108 = 8,5:91,5 Prozent

Von den 10 lateinischen Urkunden betreffen 6 Männerklöster, 3 die Könige von Böhmen und Ungarn und 1 die Stadt Wiener Neustadt. Funktional liegen damit dieselben Verhältnisse wie unter Herzog Friedrich dem Schönen vor, wobei die Urkunden für die Könige von Böhmen und Ungarn deutlich die Verwendung von Latein als internationale Koine anzeigen. Wenn sich unter den deutschen Urkunden 14 für Männerklöster und eine für eine Pfarrkirche befinden, so werden darin in der Alltagssprache aktuelle Angelegenheiten geregelt.

4 Zur Frage der Leiter und der Schreiber in der habsburgischen Kanzlei

Prinzipiell tragen weder die für das Reich noch die für Österreich bestimmten Urkunden der Herzöge Friedrichs des Schönen und Albrechts II. des Weisen Kanzleivermerke. Nur durch Zufall werden in einzelnen Urkunden oder in anderen Dokumenten Personen greifbar.

Zur Durchführung der Verwaltung verfügte jeder Herrscher über eine Kanzlei. Schon Herzog und dann König Albrecht I. führte in Wien ein wohlgeordnetes Kanzleiwesen mit einem Kanzler (lat. *cancellarius*) und ein oder zwei Protonotaren (dt. *obrister schreiber*), die die eigentlichen Kanzleigeschäfte leiteten. Man geht davon aus, dass der Kanzler oder der Protonotar mit einem Schreiber (lat. *notarius*) den Urkundentext konzipierte und dass anschließend dieses Konzept

11 Zwar bringt Lichnowsky 1838, 324–525 in seinem „Verzeichnis der Urkunden zur Geschichte des Hauses Habsburg von 1308 bis 1358“ als Regesten Inhalt, Aufbewahrungs- und Publikationsort der Urkunden, nennt aber nicht die Abfassungssprache.

12 Nach der Zusammenstellung der Urkunden bei Ernst 1972, 3ff.

durchgesehen und korrigiert wurde, ehe es der Schreiber auf dem Pergament in Reinschrift brachte und es zur Bestätigung gesiegelt wurde. Für die Textgestaltung der Urkunden war daher der Protonotar, für ihre Schreibsprache aber der jeweilige Schreiber verantwortlich. Wie schon oben erwähnt, urkundete Herzog Friedrich bereits vor seinem Regierungsantritt in der väterlichen Kanzlei, die 1308 bruchlos in seine eigene Kanzlei überging.

Als Kanzler bestellte bereits König Albrecht I. 1303 Johann von Zürich, der Alemanne war und 1306 Bischof von Straßburg wurde. Unter Herzog Friedrich scheint er von 1308 bis zu seinem Tod 1328 zwar als Kanzler auf – so in Urkunden von 1321 und 1326 als Zeuge –, doch dürfte dies nur eine beibehaltene Titulatur gewesen sein, denn die eigentliche Kanzleileitung oblag einem Protonotar.[13] Als solcher lässt sich schon aus der Kanzlei König Albrechts I. von 1306 bis 1312 Magister Berthold von Kiburg († 1314), sichtlich ein Alemanne, nachweisen. Von 1317 bis 1319 ist Magister Konrad von Meinwang, ein Alemanne aus Meinwangen bei Konstanz, überliefert, der 1319 seinen Tod bei einem Überfall in der Nähe von Treviso in Oberitalien fand. Erst 1322 ist ein bairischer Österreicher bezeugt, nämlich Heinrich Vissler († 1336), Pfarrer in Wien, der von 1323 bis 1328 Protonotar der Herzöge Albrechts II. und Ottos war und kurz vor der Schlacht von Mühldorf als *imperialis aule notarius* bezeichnet wird. Von 1325 bis 1327 tritt der Kärntner Piterolf von Görtschach als königlicher Notar und Kanzleileiter auf, der als Burgkaplan wirkte. Die beiden Alemannen hatten an der Universität in Bologna Jus studiert, und Berthold von Kiburg besaß ein erhaltenes Formularbuch. Es ist jedoch nicht untersucht, ob und wenn inwieweit es Form und Sprache der Urkunden beeinflusste. Gegenüber diesen mehreren, allerdings nur lückenhaft nachgewiesenen Protonotaren, ist lediglich ein einziger Schreiber bekannt. Es ist der in einer Urkunde vom 8. März 1328 als Zeuge genannte Meister Heinrich, Pfarrer von Laa, als ehemaliger Schreiber der Herzöge von Österreich und damit in sprachlicher Hinsicht ein bairischer Österreicher. Angesichts der alemannischen Protonotare stellt sich aber die Frage, ob sie vielleicht auch Alemannen als Schreiber nach Wien mitbrachten und beschäftigten. Diese Frage kann erst anhand der Schreibsprache der Urkunden mit Graphematik, Morphologie und Lexik beantwortet werden.

Ebenso lückenhaft zeigt sich die fast dreißigjährige Regierungszeit Herzog Albrechts II., aus der nur 4 Protonotare namentlich bekannt sind.[14] Als solcher wird 1328 und 1331 Magister Heinrich von Winterthur († 1338) bezeichnet, der als Alemanne zunächst im vorderösterreichischen Dienst Herzog Albrechts stand und dann in Wien als Pfarrer von St. Stephan wirkte und 1333 Bischof von Lavant in Kärnten

13 Vgl. dazu Hödl 2003, 294. Zum Kanzleiwesen überhaupt und zu den einzelnen Protonotaren vgl. Stelzer 1983.

14 Vgl. Eloga 1952, 97–98 und Stelzer 1983.

wurde. Seit 1339 war als Protonotar Magister Johann Windlock († 1356) tätig, der 1349 als *cancellarius* bezeichnet wird und 1352 das Bischofsamt in Konstanz erhielt. Wahrscheinlich war auch er ein Alemanne und hatte gleich Heinrich von Winterthur in Bologna Jus studiert. In den beiden letzten Lebensjahren von Herzog Albrecht II. ist 1356 und 1358 als Protonotar Mag. Heinrich Sachs († 1366), Dekan von Enns in Oberösterreich, bezeugt, der schon vor 1344 als *secretarius et notarius* für Herzog Friedrich II. († 1344), den Sohn Herzog Ottos des Fröhlichen, tätig war. Zur Zeit des Protonotars Heinrich Sachs war *cancellarius* der Alemanne Johann Ribi von Platzheim bzw. Lenzburg († 1374), der nach Herzog Albrechts Tod der Kanzlei von Herzog Rudolf IV. dem Stifter vorstand, 1359 Bischof von Gurk in Kärnten und schließlich 1363 Bischof von Brixen in Südtirol wurde. Wie schon bei Friedrich dem Schönen stellt sich auch hier die Frage, ob den alemannischen Protonotaren alemannische Schreiber folgten oder ob unter ihrer Leitung bairische Österreicher beschäftigt waren. Ein Urteil kann auch hier erst anhand des Schreibstandes und damit anhand von Graphematik, Morphologie und Lexik der Urkunden gefällt werden.

Über die hier angesprochene sprachwissenschaftliche Methodik zur Bestimmung der Schreiberherkunft auf Grund vor allem ihrer Graphematik, wie sie im folgenden Kapitel erfolgen soll, wird auch die graphologische Methodik der Zuweisung von Urkunden an einzelne Schreiber auf Grund ihres Schreibduktus angewandt. Sie kann auf diese Weise allerdings nur Gruppen von Urkunden zusammenstellen und einzelnen Schreibern zuweisen. Das kann für die nach wie vor erforderliche sprachliche Analyse zur Feststellung der Schreiberherkunft hilfreich sein. So ermittelte Ivo Luntz die Schreiberhände und Urkundengruppen der Herzogskanzlei Albrechts I. in den Jahren 1281 bis 1298, doch bezweifelte der Herausgeber der Untersuchung des im Ersten Weltkrieg gefallenen Autors Lothar Groß einzelne Ergebnisse, so dass Unsicherheit besteht.[15] In unserem Fall ist eine solche vollständige Gewinnung von Urkundengruppen einzelner Schreiber schon deshalb nicht möglich, weil die jeweiligen Urkundenbestände im Österreichischen Staatsarchiv nur eine Auswahl der insgesamt nachweisbaren Urkunden verkörpern.

15 Vgl. Lothar Groß in Anm. 1 zu Luntz 1917. Pratscher 1982, 207 stellt Urkunden nach sprachlichen Kriterien zusammen und kommt z. B. zum Ergebnis, dass nach Luntz die Urkunden 16 vom Schreiber I und 43 vom Schreiber G sprachlich dieselben Verhältnisse aufweisen. Umgekehrt konstatiert Pratscher 1982, 121 und 123 in den nach Luntz vom selben Schreiber O stammenden Urkunden 37 und 38 sprachliche Unterschiede. So erweist sich die graphologische Methodik im Vergleich mit der graphematischen Analyse als fragwürdig, es sei denn, die Schreiber verfuhren in den einzelnen Urkunden unterschiedlich.

5 Zu Graphematik, Morphologie und Lexik der österreichischen Urkunden der Herzöge Friedrichs des Schönen und Albrechts II. des Weisen in der ersten Hälfte des vierzehnten Jahrhunderts

5.1 Zu den Urkunden Herzogs Friedrichs des Schönen (1308–1330)

In meiner 1977 erschienenen ausführlichen Untersuchung der Graphematik und einzelner morphologischer Erscheinungen ausgewählter charakteristischer 7 Urkunden Herzogs Friedrichs des Schönen aus einem einbezogenen Gesamtkorpus von rund 35 Urkunden der Jahre 1308 bis 1327 konnte ich drei grundsätzliche Schreibgruppen feststellen:

1. relativ wenige neutral bairische Urkunden mit aktuellem Schreibstand
2. relativ wenige neutral alemannische Urkunden mit aktuellem Schreibstand
3. eine große Gruppe bairisch-alemannisch gemischtsprachiger Urkunden mit Abstufungen des alemannischen Einflusses.

Im Rahmen der ersten Gruppe finden sich auch Urkunden mit Schreibvariation sowie mit dialektalen Einflüssen. Ebenso gibt es hier auch vereinzelt Urkunden, die zwar bairisch sind, aber für die Zeit ihrer Ausstellung einen veralteten Schreibstand aus früherer Zeit aufweisen, was ihnen ein pseudoalemannisches Aussehen verleiht.

Für das Bairische sind folgende Schreibverhältnisse charakteristisch:[16]

Vokalismus

Mhd. *î – û – iu* werden digraphisch wiedergegen als < *ei – au/aw – eu/ew/åu/åw* >, z. B. *zeit, reich – haus, auf, – heuser, leut.* Dies entspricht der dialektalen diphthongischen Aussprache als [*ai̯ – au̯*] bei Umlautentrundung.

Mhd. *ei – ou* werden ebenfalls digraphisch als <*ai – au/aw*> ausgedrückt, wobei das palatale Glied von <*ei*> für mhd. *î* unterschieden wird, während die velaren Glieder mhd. *û* und *ou* identisch bezeichnet werden und für seltenes

16 Vgl. allgemein die Angaben zum Bairischen bei Moser 1929 und 1931, zum Schreibverhalten Wiens Wiesinger 2012, 428 ff. und zu den Dialektverhältnissen Wiesinger 1970.

mhd. *öü* Beispiele fehlen, z. B. *paid, allain – verchauffen, gelauben*. Der Unterscheidung der palatalen Glieder entspricht die dialektale Realisierung von mhd. *ei* als Diphthong [*ǫɒ*]. Obwohl auch mhd. *û* und *ou* dialektal als [*aų*] und [*ā*] unterschieden werden, tradiert die Schreibung die schon im 12./13. Jh. zumindest teilweise übliche Wiedergabe.

Mhd. *ie – uo – üe* werden weiterhin digraphisch als < *ie – ue* > wiedergegeben, wobei velares Glied und Umlaut identisch sind, z. B. *prief, lieb – guet, mueter – volfueren, guetlich*. Dies entspricht den dialektalen Aussprachen [*iɒ – uɒ*].

Mhd. *ir – ur – ür* werden anfänglich als < *ir – ur – uͤr* > von den digraphischen Wiedergaben von mhd. *ie – uo – üe* vor *r* unterschieden, z. B. *wir, wirt*: *vier, vierzehen, gepurt*: *er fuert*. Obwohl in der dialektalen Aussprache Identität besteht, wird die diphthongische Aussprache schriftlich erst allmählich eingeführt, doch abgehoben mit übergesetztem *e*, z. B. *wiͤrtin, gepuͤrt*.

Mhd. *a, â – ä, æ*. Während mhd. *a, â* normal als < *a* > wiedergegeben werden, z. B. *schaffen, tag*; *lazzen, bedacht*, obwohl ihre dialektale Aussprache [*ǫ, ǭ*] lautet, wird der Umlaut in beiden Fällen davon variabel als < *æ/aͤ/ê/e* >, anfänglich meist < *æ, aͤ* > oder gar nicht unterschieden, z. B. *tægelich, stætte*; *selgeræt, stæt*. Dieselbe Verfahrensweise gilt für die Wiedergabe der weiteren Velaren und ihrer Umlaute mhd. *u – ü* monographisch als < *u – uͤ* > und mhd. *o, ô – ö, oe* als < *o – oͤ* >, z. B. *phruͤnde, fvͤrbaz*; *goͤtleich, Sand Poͤlten*; *erloͤset, hoͤrent*.

Konsonantismus

Ahd. *ff* und *zz*. Die ahd. Frikativgeminaten *ff* und *zz* werden im Bairischen über das Mhd. hinaus nicht nur nach Kurzvokalen, sondern auch nach mhd. Langvokalen und Diphthongen bewahrt, z. B. *begreiffen, verchauffen*; *lazzen, gehaizzen, muezzen*. Im Dialekt werden diese Frikativgeminaten zwar als Fortes bewahrt, bewirken aber vorangehende Kurzvokale und Kurzdiphthonge.

Ahd. *p* / mhd. *b* im Anlaut. Im Bairischen wird das anlautende ahd. *p* in mhd. Zeit bewahrt und bleibt weiterhin schriftlich als *p* erhalten, z. B. *prief, pischof*.

Mhd. *pf*. Die mhd. Affrikata *pf* wird im Bairischen schriftlich als < *ph* > realisiert, z. B. *phunt, phennig*.

Mhd. *s* und *z* im Auslaut. Die beiden mhd. dentalen Frikative bleiben im Auslaut weiterhin getrennt, z. B. *des tages, haus*: *ez, daz, auz*. Auch die inlautenden Frikativgeminaten *ss* und *zz* werden weiterhin unterschieden, z. B. *messen*: *vergezzen*.

Ahd. *ch* / mhd. *k* im Anlaut. Die ahd. velare Affrikata *ch* [*kχ*] bleibt im Bairisch-Mhd. erhalten und wird weiterhin < *ch* > geschrieben, z. B: *chunig, chunt, nachchomen, verchauffen*. Sie gilt dialektal in Teilen des Südbairischen heute noch, während sie sonst zu aspiriertem [*kh*] abgeschwächt wurde.

Morphologie

Ordinalia: Die auf *-ig* endenden Zehner erhalten das Suffix *-ist*, z. B. *zwainzigist.*
Partizip präs.: Es endet auf *-und*, z. B. *mit anhangundem Insigel.*
Wurzelverben: ‚stehen' und ‚gehen' haben im Indikativ Präsens in allen Personen im Singular und Plural als mhd. *stên* und *gên* *ê*-Vokalismus.

Lexik

Die Wochentagsbezeichnungen ‚Dienstag' und ‚Donnerstag' weisen als bairische Kennwörter die Bezeichnungen *eritag* und *phinztag* auf.[17]

Man sieht anhand dieser charakteristischen Eigenheiten, dass die bereits nach der Mitte des zwölften Jahrhunderts einsetzenden mündlichen Weiterentwicklungen des Bairischen im schriftlichen Vokalismus und Konsonantismus des Frühneuhochdeutschen der ersten Hälfte des vierzehnten Jahrhunderts sehr deutlich hervortreten und sich vom sogenannten „Normalmittelhochdeutschen" des zwölften/dreizehnten Jahrhunderts, das alemannisch geprägt ist, klar abheben. Die obgenannte erste Gruppe der neutral bairisch geprägten Urkunden weist alle diese Charakteristika auf. Sie entspricht den zur selben Zeit auftretenden Schreibverhältnissen in Klöstern und Städten und hat als bodenständig zu gelten.[18] Es gibt teilweise aber auch noch einzelne dialektale Einflüsse der gesprochenen Sprache als gelegentliche phonetische Direktanzeigen oder verdeckte hyperkorrekte Schreibungen. So findet sich vereinzelt < *o* > für mhd. *a* und *â* nach [ǫ, ǭ], z. B. *postub* ‚Badestube', *spitol, lozzen, noch, hot*; hyperkorrektes < *ê*, *e* > für mhd. *ei* nach wienerisch-oberschichtigem [ā] für mhd. *ei*, z. B. *flesch*; < *ar* > für mhd. *or* auf Grund von wienerisch-oberschichtigem [ǫr], z. B. *var, geswaren, sand Larentzen*; und sehr selten < *w* > für inlautendes mhd. *b* und das Präfix *be-*, z. B. *geschriwen, wesunders*, und umgekehrt < *b* > für mhd. *w*, z. B. *gebesen, antbuͤrten, zbay*. Auch die Schreibungen < *iͤ* > – < *uͤ* > für mhd. *ir – ur – ür* sind zunächst dialektal bedingt.

---

17 Vgl. Wiesinger 1987, 644 ff.

18 Vgl. Pinsker 1933, der die Urkunden der niederösterreichischen Stifte Herzogenburg, Altenburg und Seitenstetten sowie des Schottenstiftes in Wien untersucht, sowie Strebl 1956 und Ponleitner 1975, die die niederösterreichischen Stifte Klosterneuburg und Heiligenkreuz behandeln. Die Wiener Ratsurkunden untersucht Ernst 1994, die Untersuchung von Riepl 1973 betrifft die Stadt Steyr im ostoberösterreichischen Traunviertel. Auf verschiedenen Urkunden aus Oberösterreich basiert Haasbauer 1926. Ergänzend kann einbezogen werden Masařík 1966 für Südmähren.

Im Alemannischen und insbesondere im Hochalemannischen der Nordschweiz als den habsburgischen Stammlanden und vorderösterreichischen Gebieten treten folgende charakteristische Schreibverhältnisse auf.[19]

Vokalismus

Mhd. *î – û – iu*. Die mhd. Monophthonge bleiben gesprochen als Längen oder Kürzen [*ī/i – ū/u – ü-/ü*] bei bewahrter Umlautrundung und geschrieben als < *i – u – iu* > erhalten, z. B. *allezit, rich – hus, uf – driuzehen.*

Mhd. *ei – ou*. Während die Diphthongreihe im Westen, gesprochen als [*aį – aų*] und geschrieben als < *ei – ou/ow* >, fortbesteht – für mhd. *öü* fehlen Beispiele –, ist sie im Osten als [*ā/ā̈ – ǫu*] aufgelöst und wird als < *ai, ou/ow* > geschrieben, z. B. *stein/stain, eigen/aigen, ouch, verkoufen, vrowen.*

Mhd. *ä* und *œ*. Die beiden Umlaute werden im Westen [*ę*] und [*ē, ę̄*] gesprochen und auch < *e* > geschrieben, im Osten aber [*ä, ä̅*] gesprochen und < *œ* > oder unbezeichnet < *a* > geschrieben, z. B. *tegelich, tægelich/tagelich, besweren, beswæren/beswaren.* Die gerundet bewahrten Umlaute mhd. *ü, ö, oe* werden auch entsprechend < *uͤ, oͤ* > geschrieben.

Mhd. *ie – uo – üe*. Die fallenden Diphthonge werden weiterhin als [*iə – uə – üə*] gesprochen und schriftlich auch als solche bezeichnet. Während aber mhd. *ie* meist digraphisch < *ie* > und nur selten < *iͤ* > geschrieben wird, sind für die weiteren Diphthonge < *ů – uͤ* > üblich, z. B. *brief – gůt – fuͤren.* Dieselben Verhältnisse gelten für die Lautfolgen mhd. *ir – ur – ür.*

Konsonantismus

Vereinfachung der ahd. Frikativgeminaten *ff* und *zz* nach Langvokalen und Diphthongen, z. B. *verkoufen, muͤzen.*

Mhd. *b* im Anlaut erhalten, z. B. *brief, brůder, gebůrt.*

Mhd. *pf* schriftlich beibehalten, z. B. *pfund, pfruͤnde.*

Mhd. *s* und *z* im Auslaut austauschbar, z. B. *des/dez, uz/us.* Teilweise erfolgt dies auch im Inlaut, besonders für seltenes mhd. *ss*, z. B. *mezze, prezze.*

Mhd. *k* im Anlaut. Teilweise ist die ahd. Affrikata < *ch* > noch erhalten, mehrheitlich aber tritt < *k* > auf, z. B. *chrieg/krieg, chunig/kunig.*

---

19 Vgl. allgemein die Angaben zum Alemannischen bei Moser 1929 und 1931 und zu den Dialektverhältnissen bei Wiesinger 1970.

Morphologie

Feminine Abstrakta enden auf *-i*, z. B. *mishelli.*[20]

Konjunktiv 1. und 3. Person sing. präs. und prät. enden auf *-i*, z. B. *er welli, ez beschehi, es stuͤndi.*[21]

Ordinalia: Die auf *-ig* endenden Zehner erhalten das Suffix *-ost*, z. B. *zweinzigost.*

Partizip präs.: Es endet auf *-end*, z. B. *mit anhangendem Insigel.*

Wurzelverben: ‚stehen' und ‚gehen' haben im Indikativ Präsens in allen Personen im Singular und Plural als mhd. *stân* und *gân* *â*-Vokalismus.

Lexik

Die Wochentagsbezeichnungen ‚Dienstag' und ‚Donnerstag' treten als *zi(n)stag* und *dunrestag* auf.

Während nur wenige rein alemannische, in Österreich ausgestellte Urkunden vorkommen, findet sich eine große Gruppe bairisch-alemannisch gemischtsprachiger Urkunden ebenfalls mit österreichischem Ausstellungsort des Herzogs bzw. Königs. Ihre Grundlage ist zweifellos bairisch, indem durchaus die obgenannten bairischen Charakteristika vorhanden sind. Aber neben ihnen finden sich in unterschiedlichem Ausmaß auch alemannische Erscheinungen. So begegnen am häufigsten einzelne Wörter mit < *i* – *u* – *iu* > für mhd. *î* – *û* – *iu* wie *min, zit, rich* – *husvrowe, tusent* – *driuzehen, lute* ‚Leute', wobei es auch zum Nebeneinander beider Schreibungen in den selben Wörtern kommt, wie etwa *mein/min*. Für mhd. *ei* – *ou* treten die entsprechenden Schreibungen < *ei* – *ou* > auf, z. B. *beider, cheinem* – *verchouffen, vrowen*. Dabei kann wie in *cheinem* und *verchouffen* der Konsonantismus durchaus bairisch sein. Da aber im Bairischen mhd. *û* und mhd. *ou* schriftlich in < *au* > zusammenfallen, kann alemannischer Einfluss in beiden Fällen zur Schreibung < *ou* > führen wie etwa in *housvrowe*. Als alemannisch haben die Schreibungen < *ie* – *ů* – *uͤ* > für mhd. *ie* – *uo* – *üe* und damit die Unterscheidung des velaren Reihengliedes von seinem Umlaut zu gelten. Dieselben Schreibungen < *iͤ*– *ů* – *uͤ* > finden sich auch für die Lautfolgen mhd. *ir* – *ur* – *ür* und sind trotz der auch bairischen Diphthongierung eher alemannischem Einfluss zuzuschreiben, denn bairisch ist auch hier die einheitliche Schreibung < *ů* > für mhd. *ur- ür* üblich. Im Konsonantismus dringt anlautendes alemannisches < *b* > ein und das besonders in den häufigen

---

20 Vgl. Stopp 1973. 106 ff.
21 Vgl. Stopp 1973, 102 ff.

Substantiven *brief* und *brůder*. Anlautendes alemannisches < *k* > anstelle der Affrikata < *ch* > kommt erst allmählich seit 1314 auf. Wenig Niederschlag findet die alemannische labiale Affrikatenschreibung < *pf* > und dies vor allem in *pfingsten, pfunt* und *pfennig*. Die auslautende *-s*/*-z*-Verwechslung betrifft besonders *dez*. Gelegentlich begegnen die alemannische Ordnungszahl *zwainzigost*, die Endung *-end* im Partizip präs. und die Verbform *stan*.

5.2 Zu den Urkunden Herzogs Albrechts II. des Weisen

Gegenüber den Urkunden Friedrichs des Schönen weisen jene Herzogs Albrechts II. ein wesentlich einheitlicheres Gepräge auf.[22] So fehlen alemannische Urkunden völlig und entwickelt sich auf der Basis der bairisch-alemannisch gemischtsprachigen Urkunden ein eigener Kanzleiusus. Das vollzieht sich in der Weise, dass zu den grundlegenden bairischen Eigenschaften gewisse, zunächst alemannische Erscheinungen hinzutreten und sich festigen.

Weiterhin grundlegend ist der bairische Konsonantismus mit den Frikativgeminaten < *ff* > und < *zz* > nach Langvokalen und Diphthongen, z. B. *lazzen, stozzen, vleizzichlich, auzzerhalb, verchauffen*; mit anlautendem < *p* >, z. B. *pezzer, purger, paide*, wenn auch weiterhin mehrheitlich *brief* und *brůͤder* geschrieben wird; mit beibehaltenem < *ph* > für die Affrikata mhd. *pf*, z. B. *pharrer, phleger*; sowie mit der weiterhin geltenden velaren Affrikata < *ch* >, z. B. *chunig, chamer, chrieg, chnecht*, neben der zunächst als Alemannismus vereinzelt und dann als jüngere Schreibung ab 1354 öfters < *k* > auftritt. Selten ist die Verwechslung von mhd. *-s* und *-z* im Auslaut, z. B. *auz* /*aus*.

Im Vokalismus gilt für die fallenden Diphthonge mhd. *ie – uo – üe* in den 1330er Jahren vornehmlich die alemannische dreigliedrige Reihe < *ie* > – < *ů* > – < *ůͤ* >, während die zweigliedrige bairische Reihe mit dem schriftlichen Zusammenfall von mhd. *uo* und seinem Umlaut mhd. *üe* in einheitliches < *ůͤ* > zwar von Anfang an vereinzelt, aber seit 1340 häufiger und seit 1346 ausschließlich vorkommt. Die typisch alemannischen Monographe < *i* > – < *u* > für die auch weiterhin im Alemannischen monophthongisch gesprochenen Langvokale mhd. *î – û* streuen zwar sehr vereinzelt während der ganzen Zeit, doch gelten weiterhin die üblichen bairischen Schreibungen < *ei* > – < *au* > als Usus. Dagegen festigt sich ein zunächst alemannischer Gebrauch von < *ou* > für mhd. *ou* gegenüber zwar weiterhin geltendem, doch stark zurücktretendem bairischen < *au* >, während für mhd. *ei* stets < *ai* > gebräuchlich ist. So heißt es z. B. für mhd. *ou ouch, erlouben, chouffen, houptman, auflouf,*

22 Vgl. Ernst 1972, 15 ff.

vrowe. Da im Bairischen < *au* > auch die reguläre Wiedergabe von mhd. *û* ist, kommt es dafür teilweise ebenfalls zu < *ou* >-Schreibungen, z. B. *ouf, hous, housvrowe, tousent, louterlich*. Für die Umlaute mhd. *ä* und *æ* waren in der Zeit Friedrichs des Schönen variable Schreibungen üblich. Zwar treten nun anfänglich auch noch die Schreibungen < *å* > und unbezeichnet < *a* > auf, z. B. *nåchsten, nachsten*, aber bald setzt sich < *e* > fast ausschließlich durch, z. B. *bestetigen, undertenig, grefin, andechtig, ierlich, weren*. Neu ist neben stark zurücktretendem regulärem < *o* > für die mhd. Lautfolge *or* und für mhd. *ô* die Schreibung < *o̊* >, z. B. *vo̊r, o̊rdenung, vo̊rdern; to̊d, no̊tdurft, chlo̊ster*. Diese sonst den Umlauten mhd. *ö* und *oe* zukommende Schreibung drückt die ländliche mittelbairisch-dialektale steigende Diphthongierung zu *ou* und dessen Palatovelarisierung zu einem *öü*-ähnlichen Laut aus. Es tritt heute im westmittelbairischen Raum mit dem oberösterreichischen Innviertel und südlichen Traunviertel als palatovelares [ɔʊ] auf, das im oberösterreichischen Hausruck-, nördlichen Traun- und südlichem Mühlviertel zu velopalatalem [ɛɔ] weiterentwickelt und im nördlichen Mühlviertel und am Nordrand des niederösterreichischen Waldviertels zu [ǫi] entpalatalisiert wurde. Dagegen galt in der oberschichtigen Wiener Sprachform der offene Monophthong [ǭ], der sich in Niederösterreich ausgebreitet hat.[23] Er scheint vereinzelt in Urkunden Friedrichs des Schönen als < *a* > auf, z. B. *var, geswaren, sand Larentzen*.

Aus der Morphologie ist anzuführen, dass die Zehner-Ordinalia stets das bairische Suffix *-ist* aufweisen, z. B. *dreizzigistem, vierzigistem*. Fast durchgängig gilt auch das bairische Partizip präs. auf *-und*, z. B. *ligunt, anhangundem*, neben dem nur selten alemannisches *-end* begegnet. Ausschließlich kommen die bairischen Wochentagsnamen *eritag* ‚Dienstag' und *phintztag* ‚Donnerstag' vor.

5.3 Wer waren die unbekannten Schreiber der Urkunden?

Da die Schreiber der Urkunden in den beiden herzoglichen Kanzleien ja unbekannt sind, kann ihre Herkunft nur aus ihrer Graphematik und wenigen spezifischen morphologischen und lexikalischen Erscheinungen erschlossen werden. Dabei ist aber zu bedenken, dass es gewisse kanzleibedingte Gewohnheiten und Traditionen gab, die sich auch in die Kanzlei eingetretene Schreiber aus anderen deutschen Dialekt- und Schreibregionen aneignen konnten. Das ist gerade bezüglich der Habsburger Kanzlei möglich, wo Protonotare aus den alemannischen schweizerischen Vorlanden namentlich bekannt sind, die einzelne Schreiber mitgebracht haben können.

23 Zu den dialektalen Entwicklungen von mhd. *ô* vgl. Wiesinger 1970, Bd. 1, 231 ff.

Für die Kanzlei Friedrichs des Schönen kann kein Zweifel bezüglich der Herkunft von Schreibern rein bairischer Urkunden sowie von bairischen Urkunden mit altertümlichen Zügen und mit wenigen mittelbairischen dialektalen Eigenheiten bestehen. Sie kamen wahrscheinlich aus Wien oder Niederösterreich, wofür das oberschichtige < *ar, a* > als Wiedergabe von offenem [ǭ] für mhd. *or, ô* spricht, das in allen niederösterreichischen Klöstern und im Wiener Schottenstift sowie in Südmähren neben < *o* > auftritt,[24] nicht aber in den zeitgleichen Wiener Ratsurkunden.[25] Von historischer Seite wurde davon unabhängig vermutet, dass die Schreiber überhaupt Absolventen der Wiener Stephansschule am Dom waren. Wahrscheinlich wirkten anfangs auch Schreiber weiter, die in der Kanzlei von Herzog Friedrichs Vater, König Albrecht I., beschäftigt waren, wie ja Herzog Friedrich auch den Protonotar Magister Berthold von Kiburg übernahm. Nicht nur dass Herzog Friedrich schon vor seinem Regierungsantritt Urkunden in der väterlichen Kanzlei ausstellte, sondern es bestehen anfangs auch graphematische Zusammenhänge.[26]

Ebenso sicher darf man für die Schreiber der wenigen in österreichischen Orten ausgestellten rein alemannischen Urkunden annehmen, dass sie aus dem hochalemannischen Gebiet der habsburgischen Vorlande in der Nordschweiz stammten und von den von dort kommenden Protonotaren mitgebracht wurden.

So stellt sich nun die Frage, wer die Schreiber der zahlreichen bairisch-alemannisch gemischtsprachigen Urkunden waren. Hier ist davon auszugehen, dass ihr hervortretendes grundlegendes Gepräge bairisch ist, während die alemannischen Anteile unterschiedlich sind. Zunächst ist zu verweisen auf das hohe Prestige, das das Alemannische als die höfische Sprache der mittelhochdeutschen Dichtung bis gegen die Mitte des vierzehnten Jahrhunderts genoss. So wirkte damals in Wien Heinrich von Neustadt als Verfasser der geistlichen Epen „Von Gottes Zukunft“ (8129 Verse) und der „Visio Philiberti“ (582 Verse) sowie des Abenteuerromans „Apollonius von Tyrlant“ (20644 Verse), dessen Mittelteil aus der jüngeren Heldenepik und aus den ersten Büchern von Wolfram von Eschenbachs „Parzival“ schöpft.[27] So wurden bis dahin auch in klösterlichen und landstädtischen Kanzleien einzelne mittelhochdeutsch-höfische Schreibungen quasi als das Prestige erhöhende Zierelemente eingebracht, sonderbarer Weise aber nicht in den völlig bairischen Wiener Ratsurkunden. Dazu gehören insbesondere die Monograph/Monophthong-Schreibungen < *i* > – < *u* > – < *iu* > für mhd. *î* – *û* – *iu* neben längst eingebürgerten bairischen Digraphen/Diphthongen < *ei* > – < *au* > – < *eu* >, wobei

24 Vgl. Pinsker 1933, 12 ff.; Strebl 1956, 54; Masařík 1966, 47–48.

25 Vgl. Ernst 1994, 115 ff.

26 Das zeigen eindeutig die Angaben und Urkundenanalysen von Pratscher 1982.

27 Vgl. Wiesinger 2013, 606 ff.

besonders < *i* > hervortritt. Das zeigt sich deutlich in der mehrfachen Intitulatio als *Wir Friderich ... allzit ein merer des Richs*[28] sowie in den Urkunden des niederösterreichischen Benediktinerstiftes Seitenstetten, dessen Name bis 1355 *Sytanstetten* noch dazu mit seltenem *y* geschrieben wird.[29] Ferner gehört hierher die Digraph-/Diphthongschreibung < *ou* > für mhd. *ou* statt bairischem < *au* >. Hingegen scheint die Dreigliedrigkeit < *ie* > – < *ů* > – < *uͤ* > für die fallenden Diphthonge mhd. *ie – uo – üe* statt bairischer Zweigliedrigkeit < *ie* > – < *ue* > mit dem Zusammenfall des Velardiphthongs und seines Umlautes in dieselbe Graphie eher auf alemannischen Einfluss zurückzugehen, zumal die klösterlichen und landstädtischen Urkunden davon kaum Gebrauch machen.[30] Ähnlich verhalten sich dieselben Schreibungen für die Lautfolgen mhd. *ir – ur – ür*, wobei das palatale Glied im Unterschied zu mhd. *ie* < *iͤ*> geschrieben wird. Einzelne weitere Alemannismen sind dann anlautendes < *b* > statt bairischem <*p* >, wovon besonders die Wörter *brief* und *brůder*, auch zum Teil in klösterlichen und landstädtischen Urkunden, betroffen sind, nicht aber in den Wiener Ratsurkunden, wo *brief* nur vereinzelt gegenüber regulärem *prief* auftritt;[31] < *pf* > statt bairischem < *ph* > und < *k* > für mhd. *k* statt der bairischen Affrikata < *ch* >, das die klösterlichen und landstädtischen Urkunden aber erst im letzten Drittel des vierzehnten Jahrhunderts und das auf Grund des damals beginnenden bairischen Lautwandels allmählich aufgreifen, während die Wiener Ratsurkunden bis auf vereinzeltes < *k-* > weiterhin konservativ verbleiben.[32]

Dieses gemischtsprachige Verhalten kann einerseits auf alemannische Schreiber aus den Vorlanden im Gefolge von dorther stammenden Protonotaren zurückgehen, die sich den in der Kanzlei gebräuchlichen bairischen Schreibusus angeeignet haben und von ihnen mitgebrachte Alemannismen einfließen lassen. Andererseits ist aber auch die umgekehrte Annahme möglich, dass heimische bairische Schreiber Alemannismen aufgreifen, die sowohl höfisches Prestige vermitteln als auch sinnvoll erscheinen, wie besonders die dreifache Unterscheidung von < *ie* > – < *ů* > – < *uͤ* > für mhd. *ie – uo – üe* und die Lautfolgen mhd. *ir – ur – ür*. Ein aufschlussreiches Beispiel für die erste Möglichkeit bietet sich 60 Jahre später in der Kanzlei von Herzog Leopold III., der die Steiermark, Kärnten, Tirol und die Vorlande verwaltete. Dort schrieb der namentlich bekannte alemannische Urkun-

---

28 Vgl. die Urkunde vom 1. Juni 1321 bei Wiesinger 1977, 592.

29 Vgl. Pinsker 1933, 37.

30 Vgl. Pinsker 1933, 48–49.; Ponleitner 1975, 63 ff; Strebl 1956, 77 ff.; Masařík 1966, 55 ff.; Haasbauer 1926, 37–38; Riepl, 32–33 gegenüber Ernst 1994, 115 ff.

31 Vgl. Pinsker 1933, 116; Strebl 1956, 104; Haasbauer 1926, 37, 53; Riepl 1973, 37 gegenüber Ernst 1994, 115 ff.

32 Vgl. Pinsker 1933, 179 ff.; Haasbauer, 1926, 51; Riepl 1973, 40 ff.; Masařík 1966, 78 ff. gegenüber Ernst 1994, 158 ff.

denschreiber Rüdiger Ölhafen aus Zürich bairisch-alemannisch gemischtsprachige Urkunden teils mit mehr und teils mit weniger alemannischen Anteilen, so dass er sich den bairischen Schreibusus angeeignet hatte.[33] Ähnliches gilt 1493 für den Schwaben Johannes Höchstetter von Nördlingen, der in Wien völlig bairisch-neutral den Traktat „Erkenntnis der Sünde“ von Heinrich von Langenstein abschrieb.[34] Wahrscheinlich gab es in der Kanzlei Friedrichs des Schönen Schreiber sowohl alemannischer als auch bairischer Herkunft. Sie verhielten sich im Schreiben jeweils individuell, so dass die alemannischen Anteile in den einzelnen Urkunden schwanken.

Unter Herzog Albrecht II. dem Weisen setzen sich zunächst die bairisch-alemannisch gemischtsprachigen Urkunden fort, was für ein kontinuierliches Weiterwirken des vorhandenen Kanzleipersonals spricht und dies umso mehr, als sich ja Herzog Friedrich der Schöne in seinen letzten drei Lebensjahren 1327 bis 1330 zurückzog und die Herrschaft allmählich in die Hände seines jüngeren Bruders Albrecht II. überging. So verbleiben weiterhin der bairische Vokalismus, < *ou* > für mhd. *ou* und die dreigliedrige Reihe < *ie* > – < *ů* > – < *uͤ* > für mhd. *ie – uo – üe*. Neuerlich treten die Schreibungen < *aͤ* > und unbezeichnet < *a* > für die Umlaute mhd. *ä* und *æ* auf. Gleichzeitig wird aber sichtlich neues hiesiges Personal aufgenommen, wofür besonders das neu aufkommende < *oͤ* > für mhd. *or* und *ô*, aber auch das sich wieder einstellende < *e* > für die Umlaute mhd. *ä* und *æ* spricht. Während aber im Wiener Schottenstift, in Niederösterreich und in Südmähren zur Zeit Albrechts II. für mhd. *or* und *ô* < *a* > geschrieben wird, ist für Oberösterreich die Schreibung < *oͤ* > neben zurücktretendem < *a* > charakteristisch.[35] Hingegen wird sowohl in Oberösterreich als auch in Niederösterreich und im Wiener Schottenstift mhd. *ä*, *æ* jetzt vorwiegend < *e* > geschrieben und treten die anderen Schreibungen zurück, während die Wiener Ratsurkunden bei < *æ* > bleiben.[36] Es scheint also, dass die neu in die Kanzlei aufgenommenen Schreiber aus Oberösterreich stammten. Die fortwirkenden älteren Schreiber schieden dann gegen 1340/45 aus, wofür der Rückgang und das Ausbleiben der dreigliedrigen Reihe < *ie* > – < *ů* > – < *uͤ* > für mhd. *ie – uo – üe* zugunsten der heimischen zweigliedrigen Reihe < *ie* > – < *uͤ* > spricht. So entwickelt sich allmählich um 1340/45 durch heimische Schreiber ein fortan bleibender bairischer Kanzleiusus, in dem als Besonderheit von den einstigen Alemannismen die Schreibung < *ou* > für mhd. *ou* und teilweise statt üblichem < *au* > auch für mhd. *û* verbleibt. Von der habsburgischen Kanzlei wird dieses < *ou* > als Variante

33 Vgl. Lackner 2002, 241.

34 Vgl. Wiesinger 1971, 377–378 und Wiesinger 2011.

35 Vgl. Haasbauer 1926, 20, 28; Riepl 1973, 18, 25.

36 Vgl Pinsker 1933, 6 ff., 28 ff.; Hausbauer 1926, 15–16, 25–25; Riepl 1973, 20, 26–27; Strebl 1956, 46 ff., 61; Ponleitner 1975, 41 ff. gegenüber Ernst 1994, 129 ff.

von < *au* > im Wiener Schottenstift und teilweise in landstädtischen Kanzleien aufgegriffen, während sonst und vor allem in den Wiener Ratsurkunden weiterhin bairisches < *au* > geschrieben wird.[37] Der Grund dafür dürfte in soziologisch bedingten Lautgegensätzen zwischen den mittelbairisch-ländlichen Dialekten und der oberschichtigen Sprache Wiens liegen. Ländlich war gegen Ende des dreizehnten Jahrhunderts nicht nur mhd. *ou* zu [ā] monophthongiert, sondern um diese Zeit wurden auch die neuen Diphthonge [ai̯] – [au̯] für die Reihe mhd. *î* – *û* – *iu* über [āi̯] – [ā] zu einheitlichem [ā] monophthongiert, während sie oberschichtig fortbestanden. So gab es im ersten Drittel bis um die Mitte des vierzehnten Jahrhunderts ländlich den einheitlichen Monophthong [ā] für mhd. *î* – *û* – *iu* und *ou*, während oberschichtig den Diphthongen [ai̯] – [au̯] für mhd. *î* – *û* – *iu* der Monophthong [ā] für mhd. *ou* gegenüberstand.[38] Diese oberschichtige Trennung gegenüber der ländlichen Einheitlichkeit dürfte dazu geführt haben, dass die bairischen Schreiber der herzoglichen Kanzlei mit gewohntem einheitlichem < *au* > für mhd. *ou* und *û* das zunächst als Alemannismus eingeführte < *ou* > aufgriffen und beibehielten, um damit den Unterschied von [ā] für mhd. *ou* und [au̯] für mhd. *û* in der Herrensprache auszudrücken. So ergibt sich in der zweiten Hälfte der Regierungszeit Herzog Albrechts II. zwar ein in sich relativ einheitlicher bairischer, aber im Vergleich zu den Klöstern und Landstädten und erst recht gegenüber den konservativen Wiener Ratsurkunden spezifischer herzoglicher Kanzleiusus.

6 Ergebnisse und Ausblick

Bei Beschränkung auf das Urkundenwesen in der habsburgischen, in Wien ansässigen Kanzlei von Herzog Friedrich dem Schönen (1308–1330) für Österreich stellt sich zunächst die Frage nach dem Gebrauch von Latein und Deutsch. Als vorübergehender deutscher König nach der Doppelwahl von 1314 mit Ludwig dem Bayern als Gegner, der sich nach der Entscheidungsschlacht von 1322 und endgültig ab 1327 als deutscher König durchsetzte, urkundete Friedrich der Schöne für seine Anhängerschaft anfänglich größtenteils lateinisch, doch zunehmend deutsch. Das österreichische Urkundenwesen zeigt diesbezüglich drei Funktionen der lateinischen Sprache. So ergingen lateinische Urkunden an Männerklöster, während Frauenklöster, wo Latein weniger beherrscht wurde, deutsche Urkunden erhielten. Ferner wurden sowohl für Klöster als auch für Städte ältere lateinisch abgefasste Privilegien auch la-

37 Vgl. Pinsker 1933, 43; Haasbauer 1926, 25; Riepl 1973, 29–30; Strebl 1956, 46 ff., 61; Ponleitner 1975, 41 ff.; Masařík 1966, 54; Ernst 1994, 129 ff.

38 Vgl. Wiesinger 1970, Bd. 1, 102–103.

teinisch erneuert. Schließlich diente Latein als internationale Koine für fremdsprachige Empfänger. Dagegen wurden aktuelle Angelegenheiten sowohl für Männerklöster als auch für Städte sowie für Adelige zunehmend in deutscher Sprache durchgeführt, während Latein kontinuierlich zurückging.

Zwar gab es unter Friedrich dem Schönen offiziell einen Kanzler, was jedoch wegen dessen Nichtanwesenheit wohl nur als Titulatur anzusehen ist, so dass die eigentliche Kanzleiführung durchgehend einem Protonotar oblag. Soweit diese Protonotare namentlich bekannt sind, stammten sie als Alemannen aus den Vorlanden. Da man aber mit einer einzigen Ausnahme die Schreiber der Urkunden nicht kennt und es keinerlei Kanzleivermerke auf Urkunden gibt, kann die Herkunft der die Sprache der Urkunden bestimmenden Schreiber nur aus der Graphematik und gewissen Eigenheiten der Morphologie und Lexik ermittelt werden. In sprachlicher Hinsicht gibt es dreierlei Urkunden: neutral bairische Urkunden und zum Teil solche in älterer Ausprägung und solche mit geringen dialektalen ostmittelbairischen Anteilen; neutral alemannische Urkunden; und eine große Gruppe bairisch-alemannisch gemischtsprachiger Urkunden auf bairischer Grundlage mit unterschiedlichen alemannischen Anteilen. Daran ist abzulesen, dass die Schreiber der neutral bairischen Urkunden aus Wien oder seinem niederösterreichischen Umland stammten, wobei von historischer Seite Absolventen der Wiener Domschule von St. Stephan angenommen wurden, und dass die Schreiber der neutral alemannischen Urkunden wahrscheinlich von den alemannischen Protonotaren mitgebracht wurden. Für die Schreiber der zahlreichen gemischtsprachigen Urkunden kann entweder alemannische Herkunft mit weitreichender Angewöhnung bairischer Schreibgewohnheiten angenommen werden, oder es handelte sich umgekehrt um bairische Schreiber, die sich ein teilweise alemannisches Verhalten aneigneten. Jüngere Beispiele zeigen, dass sich Gebietsfremde den hiesigen Kanzleiusus weitgehend oder ganz aneigneten und nur wenige oder gar keine mitgebrachten Einzelheiten einfließen ließen. Das wird auch hier der Fall sein. Außerdem setzte sich das Mittelhochdeutsche des dreizehnten Jahrhunderts im Alemannischen weitgehend fort und genoss auf Grund der weiterhin großen Bedeutung der geistlichen wie profanen Dichtung bis gegen die Mitte des vierzehnten Jahrhunderts noch hohes Prestige. Wahrscheinlich muss mit all diesen Möglichkeiten gerechnet werden.

Unter Herzog Albrecht II. dem Weisen (1330–1358) wurden die Habsburger in Wien und Österreich erst richtig heimisch. In der Kanzlei gingen lateinische Urkunden zugunsten deutscher stark zurück, wobei sich die schon unter Friedrich dem Schönen geltenden Funktionen fortsetzten. Obwohl auch jetzt die überlieferten Protonotare aus den alemannischen Vorlanden stammten, gibt es keine rein alemannischen Urkunden mehr und dürften zunehmend heimische bairische Schreiber angestellt worden sein. So gehen um 1340/45 die Alemannismen gemischtsprachiger Urkunden wohl mit dem Ausscheiden in solcher Weise verfahrender älterer Schreiber zugunsten des Bairischen zurück. Das zeigt sich auffällig im Vokalismus. Hier weicht die dreifache alemannische Unterscheidung von mhd. *ie* – *uo* – *üe* und der Lautfolgen mhd. *ir* – *ur* – *ür* als < *ie/iͤ* > – < *ů* > – < *uͤ* > der nur zweifachen bairischen als < *ie/iͤ*> – < *uͤ* > mit dem Zusammenfall von Velar und Umlaut. Merkwürdig ist die Festsetzung von alemannischem < *ou* > für mhd. *ou* gegenüber < *au* > für mhd. *û* (bei nur geringer Ausdehnung auf dieses) wohl als Schreibunterscheidung von [*ā*] für mhd. *ou* und [*au̯*] für mhd. *û* in der oberschichtigen Wiener Herrensprache gegenüber damals ländlich-dialektalem Zusammenfall beider mhd. Phoneme in [*ā*]. Neu ist die Schreibung < *oͤ* > für mhd. *ô* und die Lautfolge mhd. *or* neben < *o* >. Sie entspricht der mittelbairischen Palatovelarisierung zu einem *ö*-artigen Monophthong und seinen diphthongischen Weiterentwicklungen in Oberösterreich, wo entsprechend auch < *oͤ* > geschrieben wird. Man darf also annehmen, dass die neuen bairischen Schreiber aus Oberösterreich stammten. Wenn sich für mhd. *ä* und *æ* die Schreibung < *e* > durchsetzt, so verläuft dies mit dem sonstigen bairischen Schreibverhalten konform. Vergleicht man das habsburgisch-kanzleisprachliche Verhalten unter Herzog Albrecht II. insgesamt mit dem gleichzeitigen Schreibgebrauch in den Klöstern und Landstädten, so zeigen sich deutliche Unterschiede, indem es dort kein < *ou* > gibt, sondern für mhd. *ou* und mhd. *û* einheitlich < *au* > geschrieben wird, die fallenden Diphthonge nur als < *ie/iͤ*> – < *uͤ* > wiedergegeben werden und für mhd. *ô* und *or* neben < *o* >-Schreibungen nur < *a* > und < *ar* > stehen, die dem oberschichtigen Monophthong [*ǭ*] entsprechen, der sich von Wien aus über Niederösterreich und die Steiermark ausgebreitet hat. Sowohl von den habsburgischen Urkunden als auch von den klösterlichen unterscheiden sich die Wiener Ratsurkunden, die auf einem konservativen neutral bairischen Schreibstand verharren. Auf diese Weise erhält die habsburgische Urkundensprache unter Albrecht II. seit 1340/45 zwar ein ziemlich einheitliches Gepräge, das sich aber durch seine spezifischen Eigenheiten deutlich vom landesüblichen bairischen Schreibgebrauch abhebt.

Betrachtet man die Schreibverhältnisse in der habsburgischen Urkundensprache in der zweiten Hälfte des vierzehnten Jahrhunderts Herzog Rudolfs IV. des Stifters sowie der habsburgischen Brüder Albrecht III. (1365–1395) und Leopold III. (1365/1379–1386) zunächst in der Doppelherrschaft und dann ab 1379 getrennt, so gibt es bis 1380 sowohl kontinuierliche Fortsetzungen als auch Neuerungen.[39] Zeigte sich bereits unter Albrecht II. seit den 1350er Jahren im Konsonantismus für anlautendes mhd. *k* statt der üblichen Affrikatenwiedergabe < *ch* > die Schreibung < *k* >, so gilt diese nun durchwegs, weil dialektal die Affrikata [*kχ*] zu aspirier-

39 Zum Folgenden vgl. Kommer 1975, der eine Auswahl von Urkunden vorrangig beider Herzöge untersucht, und Wiesinger, 2012, 434 ff.

tem [*kh*] abgeschwächt wurde. Das betrifft erst seit etwa 1370 die klösterlichen und landstädtischen Urkunden, nicht aber die Wiener Ratsurkunden, die konservativ bei < *ch* > verharren. Weiterhin verbleibt aber anlautendes < *p* > für mhd. *b* außer in schon früher geltendem *brief* und *brůder*. Im Vokalismus gibt es für mhd. *ô* und die Lautfolge mhd. *or* weder das albertinische < *o̊* > noch das sonstige < *a* >, sondern es wird einheitlich < *o* > geschrieben. Hingegen verbleibt < *ou* > für mhd. *ou*, wenn es auch zugunsten von schon immer vorhandenem < *au* > seit 1370/75 stark zurückgeht. Zur selben Zeit aber tritt ein deutlicher Schreibwechsel für mhd. *ie* – *uo* – *üe* und die Lautfolgen mhd. *ir* – *ur* – *ür* ein, indem statt der bisherigen Zweigliedrigkeit wieder Dreigliedrigkeit als < *ie/iͤ*> – < *ů* > – < *uͤ* > eintritt. Keine zeitliche Festlegung erlauben für mhd. *ä* und *œ* die von Anfang an neben zurücktretendem bisherigen < *e* > neuerlichen Schreibungen < *aͤ, œ* >, zu denen nun < *eͤ* > hinzukommt. Diese Schreibneuerungen erfolgen unabhängig vom gesprochenen Dialekt und gehen daher auf neue Schreiber zurück. Zumindest teilweise dürfte sich hier die 1365 gegründete Wiener Universität mit Studierenden verschiedener Herkunft und solchen Schreibungen auswirken.[40] Auf jeden Fall aber unterscheidet sich die habsburgische Kanzleisprache der zweiten Hälfte des vierzehnten Jahrhunderts. deutlich von der zeitgleichen bairischen Schreibsprache in den Klöstern und Landstädten Nieder- und Oberösterreichs, die den bisherigen obgenannten Schreibgebrauch fortsetzen und seit etwa 1370 die Affrikatenschreibung < *ch* > zugunsten von < *k* > entsprechend der Entwicklung der gesprochenen Sprache, aber auch die Sonderschreibungen < *a* > und < *o̊* > für mhd. *ô* und *or* zugunsten von schon immer daneben geltenden < *o* > auslaufen lassen. Dagegen bewahren die Klosterurkunden das verbale Partizip praes. auf *-und*, während es die Urkunden Albrechts III. und Leopolds III. zugunsten von *-end* aufgeben. Überall aber gelten die bairischen Wochentagsbezeichnungen *er(i)tag* und *phincztag*. Abweichend konservativ verbleiben schließlich als dritte Gruppe die Wiener Ratsurkunden.

Wie sich die habsburgische Kanzleisprache ab der Herrschaftsteilung in die albertinische Linie mit Nieder- und Oberösterreich und die leopoldinische Linie mit Steiermark, Kärnten, Krain, Tirol und den Vorlanden seit 1380 weiterentwickelt, bleibt mangels Untersuchungen offen.

40 Vgl. Wiesinger 1971 mit verschiedenen geistlichen, profanen und kanzlistischen Texten von 1369–1396.

Literaturverzeichnis

Eloga, Erika: *Albrecht II. Herzog von Österreich. Eine Monographie*. Diss. (masch.). Wien 1952.

Ernst, Franz: *Untersuchungen zur deutschen Urkundensprache unter Herzog Albrecht II. dem Weisen von 1330 bis 1358*. Ex. (masch.). Wien 1972.

Ernst, Peter: *Die Anfänge der frühneuhochdeutschen Schreibsprache in Wien* (Schriften zur diachronen Sprachwissenschaft 3). Wien 1994.

Groß, Lothar: *Die Regesten der Herzoge von Österreich sowie Friedrichs des Schönen als deutschen Königs von 1314 - 1330* (Regesta Habsburgica III). Innsbruck 1924.

Haasbauer, Anton: *Zur Geschichte der oberösterreichischen Mundarten* (Prager deutsche Studien 39). Reichenberg i. B. 1926.

Hödl, Günther: „Friedrich der Schöne und die Residenz in Wien. Ein Beitrag zum Hauptstadtproblem", in: *Jahrbuch des Vereins für Geschichte der Stadt Wien* 26 (1970): 7–35.

Hödl, Günther: „Friedrich der Schöne (1314–30)", in: *Höfe und Residenzen im spätmittelalterlichen Reich. Ein dynastisch-topographisches Handbuch* (Residenzforschung 15). Teilbd. I: *Dynastien und Höfe*, hrsg. von Werner Paravicini, bearb. von Jan Hirschbiegel und Jörg Wettlaufen. Ostfildern 2003. 292–295.

Kommer, Alfred: *Die Urkundensprache der Herzöge Albrecht III. und Leopold III. von 1365 - 1380*. Ex. (masch.). Wien 1975.

Krieger, Karl-Friedrich: *Die Habsburger im Mittelalter. Von Rudolf I. bis Friedrich III.* 2. aktual. Aufl. Stuttgart 2004.

Lackner, Christian: *Hof und Herrschaft. Rat, Kanzlei und Regierung der österreichischen Herzöge (1365–1406)* (Mitteilungen des Instituts für Österreichische Geschichtsforschung, Ergänzungsbd. 41). Wien/München 2002.

Lackner, Christian: „Der erste ‚österreichische' Habsburger Friedrich der Schöne und Österreich", in: *Die Königserhebung Friedrichs des Schönen im Jahr 1314. König, Krieg und Kompromiss*, hrsg. von Matthias Becher und Harald Wolter-von dem Knesebeck. Köln 2017. 149–164.

Lhotsky, Alfons: *Geschichte Österreichs seit der Mitte des 13. Jahrhunderts (1281–1358)*. Wien 1967.

Lichnowsky, Eduard von: *Geschichte des Hauses Habsburg 3: Von der Ermordung König Albrechts bis zum Tode Herzog Albrecht des Weisen*. Wien 1838.

Luntz, Ivo: „Urkunden und Kanzlei der Grafen von Habsburg und Herzoge von Österreich von 1273 bis 1298", in: *Mitteilungen des Instituts für Österreichische Geschichtsforschung* 37 (1917): 411–478.

Masařík, Zdeněk: *Die mittelalterliche deutsche Kanzleisprache Südmährens*. Brno 1966.

Menzel, Michael: „Ludwig der Bayer (1314–1347) und Friedrich der Schöne (1314–1330)", in: *Die deutschen Herrscher des Mittelalters. Historische Portraits von Heinrich I. bis Maximilian I. (919–1519)*, hrsg. von Bernd Schneidmüller und Stefan Weinfurter. München 2003. 393–407.

Merkel, Felix: *Das Aufkommen der deutschen Sprache in den städtischen Kanzleien des ausgehenden Mittelalters* (Beiträge zur Kultur des Mittelalters und der Renaissance 45). Leipzig 1930.

Moser, Virgil: *Frühneuhochdeutsche Grammatik*. Bd. I: *Lautlehre*, 1. Hälfte: *Orthographie, Betonung, Stammsilbenvokale*. Heidelberg 1929. 3. Teil: *Konsonanten, 2. Hälfte (Schluß)*. Heidelberg 1931.

Niederstätter, Alois: *Die Herrschaft Österreich. Fürst und Land im Spätmittelalter* (Österreichische Geschichte 1278–1411, hrsg. von Herwig Wolfram). Wien 2001.

Pinsker, Hans Ernst: *Die Sprache der niederösterreichischen Stiftsurkunden vom 13. bis 15. Jahrhundert*. Diss. (masch.). Wien 1933.

Ponleitner, Eva: *Der Vokalstand und die Verbalverhältnisse in den Urkunden von 1294 - 1400 aus dem Stift Heiligenkreuz (Niederösterreich)*. Ex. (masch.). Wien 1975.

Pratscher, Susanne: *Zum Schreibstand der Habsburger-Urkunden zwischen 1280 und 1308*. Diss. (masch.). Wien 1982.

Pürrer, Johannes: *Die deutsche Urkundensprache unter Friedrich III. dem Schönen ab 1308*. Ex. (masch.). Wien 1972.

Riepl, Martina: *Untersuchungen zur Urkundensprache der oberösterreichischen Stadt Steyr von 1298 bis 1399*. Ex. (masch.). Wien 1973.

Stelzer, Winfried: „Zur Kanzlei der Herzoge von Österreich aus dem Hause Habsburg", in: *Landesherrliche Kanzleien im Spätmittelalter. Referate zum VI. Internationalen Kongreß für Diplomatik* (Münchener Beiträge zur Mediävistik und Renaissance-Forschung 35). München 1983. 297–313.

Stopp, Hugo: *Grammatik des Frühneuhochdeutschen*. Bd. 1, 2. Teil: *Vokalismus der Nebensilben II*. Heidelberg 1973.

Strebl, Laurenz: *Zu Schreibung, Sprache und Kulturleben in Klosterneuburger Rechnungsbüchern*. Diss. (masch.). Wien 1956.

Wiesinger, Peter: *Phonetisch-phonologische Untersuchungen zur Vokalentwicklung in den deutschen Dialekten* (Studia Linguistica Germanica 2). 2 Bde. Berlin 1970.

Wiesinger, Peter: „Die frühneuhochdeutsche Schreibsprache Wiens um 1400", in: *Beiträge zur Geschichte der deutschen Sprache und Literatur* 93 (1971): 366–389.

Wiesinger, Peter: „Zur Urkundensprache des österreichischen Herzogs Friedrich des Schönen (1308–1330)", in: *Festschrift Friedrich Hausmann*, hrsg. von Herwig Ebner. Graz 1977. 559–602.

Wiesinger, Peter: „Die bairischen Wochentagsnamen in den deutschen Urkunden des 13. Jahrhunderts", in: *Geschichte und ihre Quellen. Festschrift für Friedrich Hausmann zum 70. Geburtstag*, hrsg. von Reinhard Härtel u. a. Graz 1987. 639–654.

Wiesinger, Peter: „Ein Schwabe schreibt 1393/94 in Wien. Johannes Höchstetter von Nördlingen als Schreiber des Heinrich von Langenstein zugeschriebenen Traktats ‚Erkenntnis er Sünde'", in: *Der Südwesten im Spiegel der Namen. Gedenkschrift für Lutz Reichardt*, hrsg. von Albrecht Greule und Stefan Hackl. Stuttgart 2011. 223–239.

Wiesinger, Peter: „Bairisch-österreichisch – Die Wiener Stadtkanzlei und die habsburgischen Kanzleien", in: *Kanzleisprachenforschung. Ein internationales Handbuch*, hrsg. von Albrecht Greule, Jörg Meier und Arne Ziegler. Berlin/Boston 2012. 415–439.

Wiesinger, Peter: „Wien", in: *Schreiborte des deutschen Mittelalters. Skriptorien – Werke – Mäzene, hrsg. von Martin Schubert.* Berlin/Boston 2013. 579–620.

Wolfgang Haubrichs

Volkssprachige Urkunden aus den Kanzleien der Luxemburger

(nebst einer Edition des Sühne-Vertrags des Erzbischofs Balduin von Trier mit Loretta von Salm, Gräfin von Sponheim, vom 7. Juli 1328)

1 Die Luxemburger und Luxemburg

Wer sind die „Luxemburger"? Und was ist „Luxemburg" als Herrschaft und Dynastie im dreizehnten und vierzehnten Jahrhundert?

Das Haus der Luxemburger,[1] genauer das Haus Luxemburg-Limburg (Abb. 1),[2] beherbergte ein mittleres Grafengeschlecht im Imperium, freilich illustren karolingischen Ursprungs, dessen Territorium (Abb. 2)[3] sich seit der Vereinigung mit der Grafschaft Namur um 1140 nahezu gleichmäßig beiderseits der Sprachgrenze im westlich-ostfranzösischen und im östlich-moselfränkischen Bereich erstreckte.[4] Seit den Zeiten der tatkräftigen Gräfin Ermesinde (†1247) und ihres Sohnes Heinrich V. („dem Blonden") waren die Heirats- und teilweise auch die Lehensbeziehungen der Luxemburger auf den französischen Westen ausgerichtet. Heinrich V. heiratete Margarete von Bar-le-Duc (F, Meuse) im südwestlichen Lothringen, sein gleichnamiger Sohn die aus Nordostfrankreich stammende Béatrice von Avesnes-Beaumont (F, Nord); sein Bruder Walram begründete durch seine Ehe mit Jeanne de Beaurevoir die französische Linie Ligny (F, Meuse) des Hauses Luxemburg.[5] Heinrich VII., seit 1308 Römisch-Deutscher König, heiratete Margarete aus dem zweisprachigen Brabant; sein Sohn Johann („der Blinde") ehelichte nach dem Tod der böhmischen Erbtochter Elisabeth, die dem Hause 1310 Böhmen eingebracht hatte, Béatrice de Bourbon aus einer Seitenlinie des französischen Königshauses.[6] Es gelang ihm sogar, seine Schwester Maria mit Charles IV. („le Bel") 1322 nach dessen Aufstieg

1 Vgl. zu Haus und Dynastie der Luxemburger: Wampach 1948/49, Bd. 5–7; Schoos 1985; Margue/Moraw 1992; Hoensch 2000.

2 Der Stammbaum des Hauses Luxemburg-Limburg nach Hoensch 2000, 348–351. Vgl. Schoos 1985, 144.

3 Karte der Grafschaft Luxemburg nach Reichert 1997, 393. Vgl. Goedert 1963.

4 Vgl. zur Entstehung der Sprachgrenze: Haubrichs 2004; 2011.

5 Schoos 1985, 245–246; Hoensch 2000, 316–319.

6 Vgl. zu Johann dem Blinden, König von Böhmen: Cazelles 1947; Heyen/Mötsch 1985, 24–31; Hlavácek 1985; Thomas 1990; Pauly 1997; Hoensch 2000, 51–104.

https://doi.org/10.1515/9783111165226-008

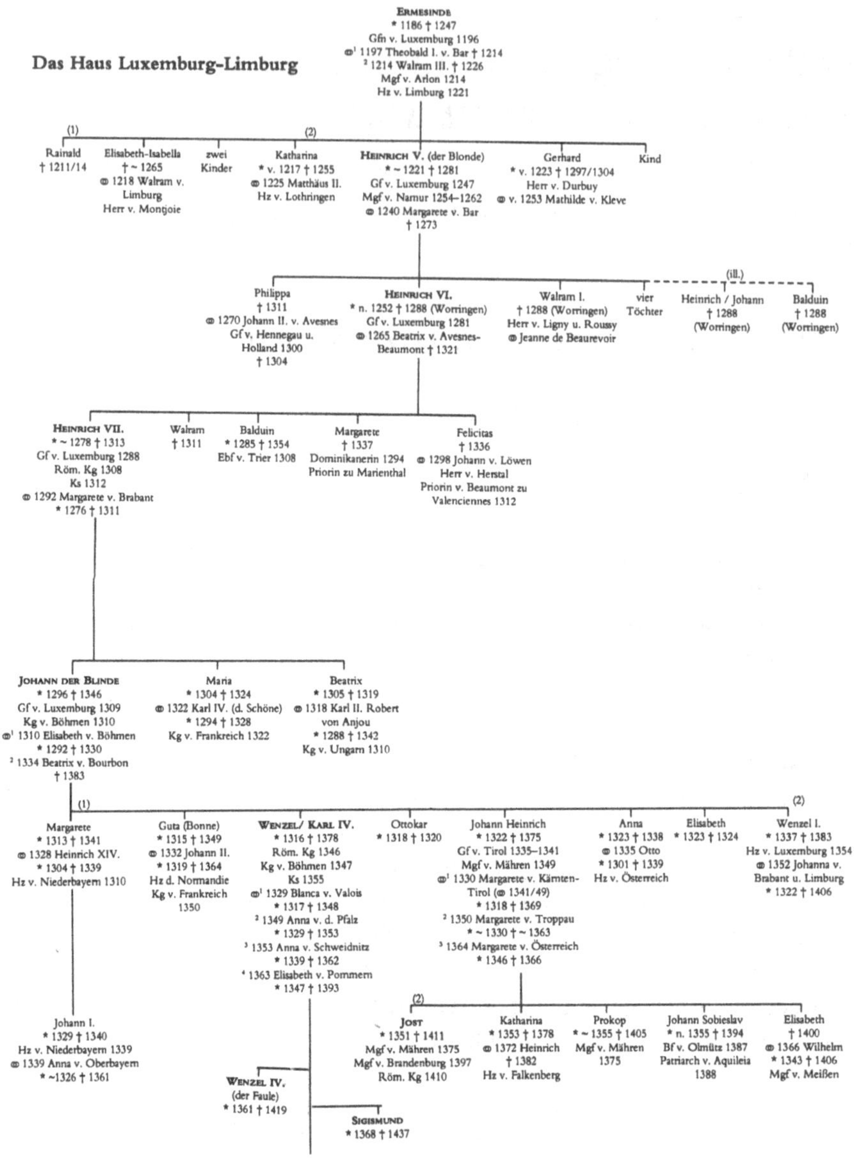

Abb. 1: Das Haus Luxemburg-Limburg (nach Schoos 1985, 143–144).

zum Königtum zu verbinden; schon vorher (1318) heiratete seine Schwester Beatrix Karl von Anjou, seit 1310 König von Ungarn. Johanns Tochter Guta (ins Französische übersetzt „Bonne") ehelichte 1332 Johann, den Herzog der Normandie, der 1350 König von Frankreich wurde. Und schließlich verband sich auch sein Sohn,

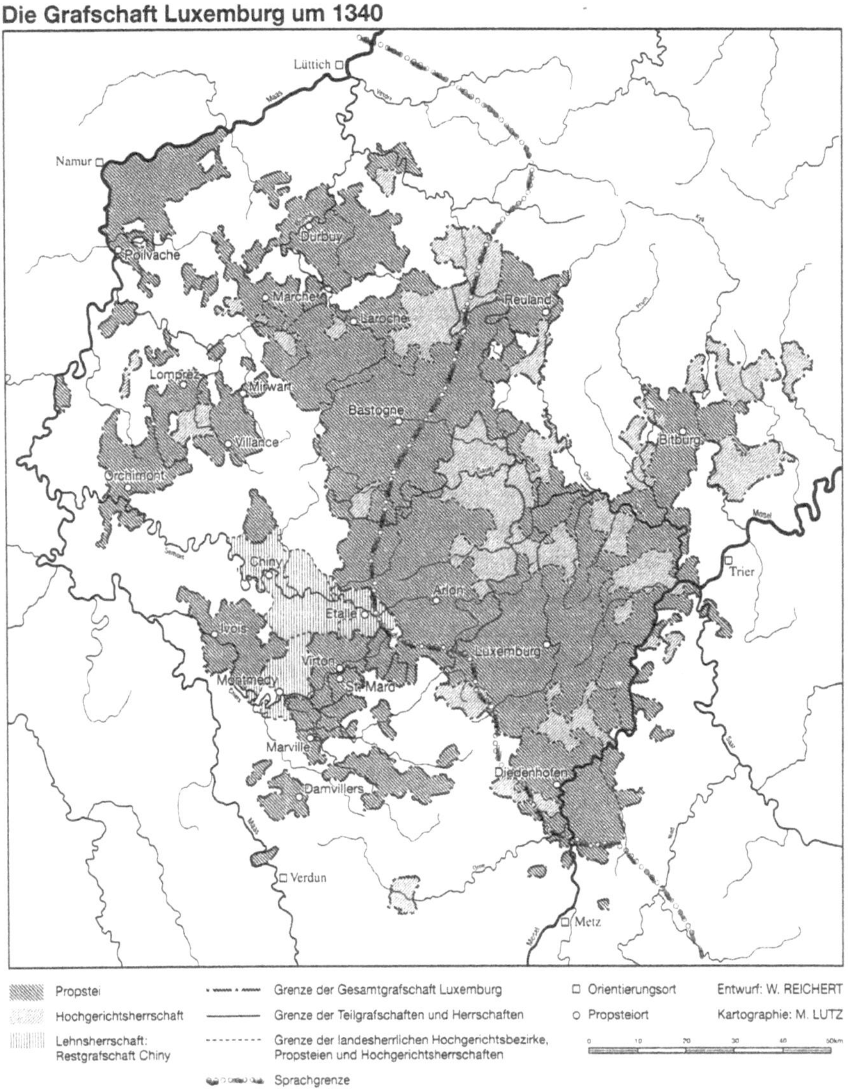

Abb. 2: Die Grafschaft Luxemburg um 1340 (nach Reichert 1997, 393).

der spätere Karl IV., 1329 in erster Ehe mit Blanche de Valois aus der französischen ‚maison royale'.

Seit der Mitte des zwölften Jahrhunderts war die Hofsprache des Luxemburger Grafenhauses das Französische, seit Heinrich dem Blonden neben Latein auch Urkundensprache.[7] Heinrich VII. hatte eine Erziehung am Pariser Hof genossen, ebenso wohl sein Sohn Johann, der spätere König von Böhmen.[8] Der Bruder Heinrichs, Balduin, studierte an der Pariser Universität und war seit 1304 Domprobst in Trier, als es ihm gelang, im Jahre 1308, im selben Jahr, in dem sein Bruder zum Königtum aufstieg, mit Unterstützung des französischen Königs Erzbischof der sich über deutschsprachiges und mit der sogenannten *terra gallica* im Westen auch über französischsprachiges Gebiet erstreckenden Erzdiözese Trier zu werden. Der französische Avignon-Papst Clemens V. (ursprünglich Bertrand de Got aus der Gascogne) weihte ihn persönlich im aquitanischen Poitiers.[9]

Die Frankophonie des Luxemburger Hauses und des Hofes war, auch wenn man sicherlich die Landessprache der östlichen Gebiete der Grafschaft, das Moselfränkische, beherrschte, ein politisch relevantes Faktum. Auch wenn der König Heinrich VII., 1312 in Rom zum Kaiser gekrönt (aber schon im August 1313 von der Malaria bei Siena dahingerafft), der Würde des Imperiums halber, das sich für ihn ausgeprägt auch auf Italien bezog,[10] auf Latein urkundete,[11] fasste sein Kammernotar Bernardus de Mercato, der aus der Kanzlei seines Schwagers, des Grafen von Savoyen, stammte, die Protokolle des kaiserlichen Ratskollegiums *in lingua Gallica sive Romana pro comoditate domini*, also „für die Bequemlichkeit des Herrn Kaisers" in Französisch, zusammen.[12] Der französische aus der Champagne stammende Dichter Guillaume de Mahaut imaginierte um 1323 Heinrichs Sohn Johann, den König von Böhmen, den *Roy de Behaingne*, dessen Kaplan und Sekretär er war, auf seinem Schloss Durbuy in den Ardennen, wie er freudig dem Vortrag des *Roman de Troie*, des französischen Trojaromans, durch einen seiner Kleriker (war das Guillaume selbst?) lauscht:[13]

> En moult grant joie
> Estot assis sur un tapis de soie,
> Et ot un clerc que nommer ne savoie
> Qui li lisoit la bataille de Troie.
>
> (In großer Freude saß er auf einer Seidendecke, hatte einen ‚clericus', den zu nennen ich nicht weiß, der las ihm aus dem ‚Trojanerkriege' vor)

---

7 Reichert 1997, 373–374, 469. Vgl. Wampach 1948/49, Bd. 5, Einleitung.

8 Vgl. Wampach 1948/49, Bd. 6, Nr. 871 a. 1302; Bd. 7, 59*–65*.

9 Vgl. zu Erzbischof Balduin Wampach 1948/49, Bd. 7, 18*–40*; Heyen 1970; Heyen 1980; Mötsch 1980, 1–2; Heyen/Mötsch 1985; Hoensch 2000, 27, 54–58, 95–100, 108–111 u. ö.

10 Zu Heinrichs VII. Romzug vgl. Hoensch 2000, 40–50; Penth/Thorau 2016. Zu Balduins Bilderhandschrift über den Romzug vgl. Heyen 1978 [1965].

11 MGH Constitutiones IV, 2 hrsg. von Schwalm. Vgl. Reichert 1997, 421–427.

12 Vgl. Reichert 1997, 369–370.

13 Reichert 1997, 466. Zur Beeinflussung des ebenfalls für Johann von Böhmen wirkenden Heinrich von Mügeln durch Guillaume de Mahaut vgl. Eggers 1969, III, 81–83.

Nicht zufällig reimt sich hier alles auf *roi*!

Die Luxemburger waren zutiefst durch die französische höfische Kultur geprägt. Aber sie nicht allein: Hans Walter Herrmann, der bedeutende Kenner der lothringischen Geschichte, hat herausgearbeitet,[14] wie bis circa 1350 nahezu der gesamte Adel des Saar-Mosel-Raums in seinen Heirats- und Vasallitätsbeziehungen nach Westen orientiert war, nicht nur die größeren Herrschaften wie die Herzöge von Lothringen, die Grafen von Luxemburg und die Grafen von Saarbrücken, deren Territorien sich jeweils über deutschsprachige und französischsprachige Gebiete erstreckten.

2 Urkundensprachen im lotharingischen Raum

Wie Martina Pitz 2001 nachgewiesen hat,[15] hatte die bedeutende und bevölkerungsreiche ostfranzösische, aber zum Imperium gehörige Handels- und Bischofsstadt Metz eine Vorreiterrolle bei der Einführung französischer Urkundensprache in diesem Raum innegehabt. Seit 1219, wahrscheinlich aber bereits seit etwa 1210, sind in den Archiven der Stadt bis 1270 fast dreihundert Dokumente in ostfranzösischer Sprache überliefert. Aus dem Jahre 1219 datiert die älteste französische Urkunde der Grafen von Bar-le-Duc (F, Meuse), aus 1232 die älteste der rasch frankophon gewordenen *Ducs de Lorraine* mit ihrer Residenz in Nancy (F, Meurthe-et-Moselle), schon 1230 die erste des Bischofs von Metz. Die *amands* (Lehnwort aus mhd. *ambtman*) der *ville de Metz* beurkundeten ihre Rechtssachen seit 1220 regelmäßig in der romanischen Volkssprache; die letzte lateinische Urkunde der Stadt Metz datiert von 1226.[16]

Auch kleinere Herrschaften wie die der Grafen von Lunéville östlich von Nancy (F, Meurthe-et-Moselle), der Grafen von Salm bei Schirmeck (F, Bas-Rhin, Gde. La Broque), der Grafen von Blâmont (F, Meurthe-et-Moselle) gingen zum Französischen über, wobei aus Gründen der Erleichterung der Kommunikation die Urkundensprache auch öfter durch die Adressaten bestimmt wurde. Aber auch Kanzleien östlich der Sprachgrenze nutzten das Französische: Die Grafen von Saarbrücken aus dem Hause Apremont (bei Verdun, F, Meuse) urkundeten erstmals 1247 französisch; Ende des dreizehnten Jahrhunderts überwogen die französischen Texte bereits die lateinischen Stücke – und erst 1301 erscheint auch ein deutscher *Brief*.[17] Ein italienischer Chronist rühmte anlässlich eines Gefechts

14 Herrmann 1995, 150–158.
15 Pitz 2001, 304–310.
16 Pitz 2001, 297–298, 302–303.
17 Herrmann 1995, 144.

bei Piacenza in der Emilia 1313 den Grafen von Saarbrücken und bekannte, dass er nicht wisse, ob dieser ein Franzose oder ein Deutscher gewesen sei, „da er beider Sprachen mächtig war".[18] Unweit saarabwärts von Saarbrücken verwendet als erster aus dem völlig germanophonen Bereich der Ritter Rudolf von Siersburg (D, Kreis Saarlouis), der freilich zum Herzogtum Lothringen gehörte, 1249 für eine lokale Angelegenheit die französische Urkundensprache. Es gab also wohl auch frankophone Urkundenschreiber östlich der Sprachgrenze, deren Wirkung sogar in der Formulierung von Orts- und Personennamen erkennbar ist.[19]

3 Urkundensprachen der Luxemburger

In die sich geradezu explosionsartig ausbreitende französischsprachige Urkundenkultur sind die Luxemburger, die es binnen weniger Jahrzehnte zu Königtum und Kaisertum und mit Erzbischof Balduin von Trier zur Reichsverweserschaft brachten, voll eingebettet, wie vor allem Günter Holtus, Anja Overbeck, Harald Völker, Anja Körner und Winfried Reichert in einem Trierer Forschungsprojekt nachgewiesen haben.[20] In den 1274 erhaltenen Grafenurkunden der Luxemburger von 1200 bis 1329 finden sich 586 lateinische Stücke (46 Prozent), vorwiegend am Anfang des Zeitraums platziert, und dann 660 französische Stücke (52 Prozent). Die 28 späten deutschen Texte sind zwar interessant, aber statistisch vernachlässigbar.[21] Die ersten französischen Urkunden der Luxemburger Kanzlei erscheinen kopial im Jahre 1237, original überliefert 1239. W. Reichert konstatiert in seiner gründlichen Untersuchung des urkundlichen Sprachenwechsels einen „relativ virulenten Einbruch des Französischen in das Schriftgut der Luxemburger Grafen" unter Heinrich V. und Heinrich VI. (1247–1288).[22] Dieser Trend setzte sich unter Graf Heinrich VII., dem späteren König und Kaiser, durchaus fort und erfasste auch die luxemburgische Vasallität – der Vorteil größerer kommunikativer Reichweite der Volkssprache scheint sich also durchgesetzt zu haben. Wie sehr aber die Wahl der Urkundensprache auch von anderen sozialen Motiven, zum Beispiel der Identität von Aussteller (oder gar Empfänger) und der Würde, beeinflusst war, zeigt der Umstand, dass Heinrich VII. während und nach seiner

18 Reichert 1997, 471.

19 Herrmann 1995, 154, 157.

20 Vgl. Gärtner/Holtus 1995; Gärtner/Holtus/Rapp/Völker 1997; Reichert 1997; Völker 1997; Holtus/Körner 2001; Körner 2001; Holtus/Overbeck/Völker 2005.

21 Reichert 1997, 386–387, 444–447. Vgl. Körner 2001, 397–401, 406.

22 Reichert 1997, 408–411; ferner 412–421. Vgl. auch Reichert 1993, II, 710–714; Hermann 1995, 137–138; Gärtner/Holtus 1995, 20–21.

Königswahl 1308 die französische Urkundensprache völlig aufgibt, auch – und das ist schon sehr bemerkenswert – im französischen Sprachgebiet. W. Reichert interpretiert wohl zu Recht:[23] „Dass der Luxemburger die Verwendung der Volkssprache als unvereinbar mit seinem Königtum ansah, zeigt vor allem die Tatsache, dass er im Februar 1312 sein vier Jahre zuvor in französischer Sprache verfasstes und ausschließlich Belange der Grafschaft Luxemburg berührendes Testament durch eine lateinische Erklärung bestätigte.“

Der Übergang zur Triglossie Latein – Französisch – Deutsch (mit einem starken Akzent auf Latein) vollzog sich in der Luxemburger Kanzlei unter Heinrichs Sohn Johann (1309–1329), seit 1310 König von Böhmen. Die Regierung in Luxemburg lag in dieser Zeit im Westen zumeist in der Hand germanophoner Adliger. 359 Stücke sind aus diesem Zeitraum überliefert, davon 194 (54 Prozent) in Latein, nur 137 (38 Prozent) auf Französisch, schließlich 28 (8 Prozent) auf Deutsch.[24] Die ersten deutschsprachigen Urkunden Johanns richten sich an niederen (möglicherweise des Französischen oder des Lateins nicht mächtigen) Adel aus Hunsrück, Eifel und Mittelrhein, an Empfänger aus den nichtluxemburgischen Gebieten Lothringens,[25] zum Teil auch an kleinere Grafen wie die von Veldenz, wie das Beispiel einer Originalurkunde des Jahres 1325 zeigt:[26]

1325 Juni 9: Johann, König von Böhmen und Graf von Luxemburg, verpfändet dem Grafen Georg von Veldenz Burg und Reichsland Wolfstein, so wie sie bislang Heinrich von Sponheim, Propst von Aachen, innehatte, für 1200 Mark lötigen Silbers weniger 500 Pfund Heller.

[1] Wir Johan van gotz gnaden eín Chůníg zů Beheím Vnd eín g(ra)ue zů Lůccellenbůrgh dunt kunt [2] alle(n) den die diesen brief sehent oder horent lesen Daz wir v(er)satzet hant dem Edeln ma(n)ne h(er)n [3] Gerien dem g(ra)uen van veldentze(n) Wolfstei(n) die bůrgh, dez Riches lant vnd daz dar zů horet alz ez her Hen[4]rich van spanheím eín Probest zů Aghen ínne hatte vor zweilf hůnd(er)t marck lodiges selbers, fůnf [5]hůnd(er)t phůnt hall(er)e menre, Vnd dar zů machen wir ín eíne(n) pleg(er) v̊ber Lůt(er)en bůrg vn(d) stat[27] daz er [6] daz gelicher wiz beschírme(n) sal alz sínz selbes gůt Vnd weriz daz er dekeíne(n) schaden hette oder liede [7] van vns(er) stat oder bůrge zů Lůt(er)en si ze beschirme(n) den gelobín wir íme abe ze důne Vnd ist her[8]ín geslagen die důsent phůnt hall(er)e die wir dem vorgena(n)ten g(ra)uen schůldich wo(re)n vor sine(n) verloist [9] Wir veriehen ouch me daz er diz ínne sal han alz lange, biz daz wir oder vnser erben, van íme oder [10] sinen erben ez gelousen wolfstei(n) vn(d) daz lant vor diese vorgescriebene sůmme Wir willen ouch daz dervorge[11]nante g(ra)ue vnd síne erben die vorgen(ante) bůrgh wolfstei(n) vnd das lant sal halden ín alle dem reiche alz [12] sí bí keÿs(er)en vn(d) Ch)ůnígen van alder her kůmen

23 Reichert 1997, 427.

24 Reichert 1997, 428–434.

25 Reichert 1997, 435.

26 Abdruck nach dem Kopfregest und der Edition von Reichert 1997, 488–489, Nr. 6. Davor schon publiziert bei Hoefer 1835, 179–180, Nr. 98. Original: LHA Koblenz 23 Nr. 10.

27 Stadt und Burg Kaiserslautern als Zentrum des Lauterer Reichslandes.

> sínt vnd en sůllent dar vber niht grifen Wir [13] veriehen vns ouch, alz lange alz der vorgenante g(ra)ue wolfstei(n) vnd daz lant ínne hait vnd íme pan[14]dez steit daz er vns(er) pleg(er) sal sín zů Lůt(er)en vn(d) wir ín niht abe důn en sůllínt wir enhabent ez dan geloist [15] Daz diz war vnd veste sí so hant wir zů eíme vrkůnde vns(er) Jngesegel an diesen brief gehenket Diese [16] díng sínt geschehen do man zalte van goitz gebůrte drůzehen hůnd(er)t vnd fůnf vnd zwínzich Jar [17] an dem sonnedage noch dez heilige(n) sacramens dage ...

4 Der Aufstieg deutscher Urkundensprache im Raum zwischen Rhein und Mosel

Es ist bekannt, dass deutschsprachige Urkunden mit einer Verspätung von einigen Dekaden gegenüber den französischsprachigen Dokumenten in der Überlieferung erscheinen.[28] In der Nähe der Sprachgrenze ist die Rolle des Elsass beziehungsweise des Oberrheins mit den Städten Straßburg, Colmar und Basel zu betonen. Ursula Schulze hat gezeigt,[29] wie dort die Explosion der neuen Kanzleisprache – 67 deutsch formulierte Urkunden zwischen 1261 und 1265 – mit dem Krieg und Propagandakrieg des Straßburger Bischofs Walther von Geroldseck (1260–1263), dem *Bellum Waltherianum*, gegen die elsässischen Städte zusammenhing:[30] Volkssprachige Mandate waren Kommunikationsinstrumente geworden. Es ist wohl kein Zufall, dass gerade das aus der Ortenau stammende, aber auch im oberen Saargau um Sarrebourg (F, Moselle) begüterte Geschlecht derer von Geroldseck in diesen Jahren – sicher zuerst 1272 – auch in seinen Privaturkunden zur deutschen Sprache wechselt.[31] In Elsassnähe, unweit der großen Straße Paris-Metz-Straßburg, urkundeten deutsch – nach den Erhebungen von H. W. Herrmann[32] – auch seit 1271 die Herren von Lützelstein (Petite-Pierre, F, Bas-Rhin), wohl mit einem bilingualen, Deutsch und Französisch beherrschenden Schreiber, bei dem sich das französische Lehnwort *covent* (Konvent) und – in der Datumszeile – eine direkte Übersetzung (*do der miliere lief uffe*) der französischen Formel *quant li miliere corroit par*, aber auch das alemannisch-elsässische Kennwort *ziestag* (Dienstag) und das lothringisch-rheinfränkische *pinkestag* (Pfingsttag ohne oberdeutsche Verschiebung von [p] > [pf])[33] finden.[34] Es folgten 1289 die benachbarten Herren von Finstingen/Fénétrange an der oberen

28 Vgl. für Lothringen und Metz besonders Herrmann 1995, 132–138; Pitz 2001.
29 Schulze 1997; Schulze 2001; Schulze 2011, 155–199. Vgl. auch Gärtner 1995.
30 Vgl. zum 'Bellum Waltherianum' Warken 1995, 53–80.
31 Z. B. CAO, Regesten Nr. 3570, 3571, 3572; 109, 344, 346, 349, 350, 372, 406.
32 Herrmann 1995, 139–147.
33 Vgl. zu den Formen *pinkestac* u. a. für ‚Pfingsttag' Lexer 1876, II, 246–247.
34 Bohn/Rapp 1995, 231–233 Nr. 4; 256–257; Herrmann 1995, 158.

Saar; die Grafen von Zweibrücken, die vorher französisch und vor allem lateinisch schreiben ließen, zuerst 1292; die übrigen kleineren Herrschaften des Saar-Raumes folgten erst nach der Jahrhundertwende.[35]

Wohl unter dem Einfluss der Kölner und mittelrheinischer Kanzleien findet sich auch in Hunsrück und Eifel das Phänomen, dass gerade kleinere Herrschaften den Sprachwechsel vollzogen, und zwar in den achtziger Jahren: die Herren von Stein (D, Idar-Oberstein) 1286, die Wildgrafen von Schmidtburg (D, Schneppenbach bei Kirn) und die Wiriche von Daun (D, Landkreis Vulkaneifel) 1287, bedeutsam 1288 die Grafen von Veldenz an der Mosel (D, Kr. Bernkastel-Kues).[36]

5 Deutsche Urkundensprache bei den Luxemburgern und Balduin von Trier

Wie fügen sich nun die Kanzleien der Luxemburger in diese Konjunktur der deutschen Urkundensprache im Saar-Mosel-Raum ein?

Zunächst ist einmal zu sagen, dass die schon erwähnten späten Stücke Heinrichs VII. und die Urkunden Johanns von Böhmen, soweit sie den Westen betreffen, kaum ediert und nahezu gar nicht erforscht sind, zumindest was ihre Sprache anbetrifft.[37] Die in den zwanziger Jahren des vierzehnten Jahrhunderts einsetzenden deutschsprachigen Dokumente Johanns für moselländische Empfänger, von denen W. Reichert einige ediert hat,[38] zeigen ein Rheinfränkisch mit deutlich moselfränkischen Spuren, so 1324 und 1325: zwar keine moselfränkischen Reliktwörter wie *dat, dit, it, wat* usw., aber *suster* ‚Schwester', *van* statt *von*, auch *sal* statt *soll*, < u > statt mhd. < iu > in *druzehen* ‚dreizehn'; Senkung von [i] zu [e] in *Ingesegel* < *-sigel* und die Umkehrschreibung < i > für < e > in *zwinzich* statt *zwenzich* ‚zwanzig'; neben der hochdeutschen Graphie < ph > in *phunt* auch unverschobene < p > in *pont* (dabei [u] gesenkt wie in *hondert*), *pleger* ‚Pfleger', *pand* ‚Pfand' sowie Dehnungsschreibungen mit zugesetztem < e > und < i >: z. B. *ziense, gescrieben, hait, steit, diese*, liede ‚litte'. Doch andere wichtige Merkmale des Moselfränkischen, wie wir sie in Balduins, sei-

35 CAO, Regesten Nr. 1524, 1638, 1935, 2173. Vgl. Herrmann 1995, 140–142; Pitz 2005, 325.

36 CAO, Regesten Herren von Stein, CAO, II, Nr. 776; Wildgrafen (Schmidtburg), CAO, II, Nr. 944–945; Wiriche von Daun, CAO, Regesten Nr. 904; Grafen von Veldenz Nr. 984, 985, 986, 995, 1527, 1577 (wohl Empfängerausfertigung der Grafen). Vgl. Herrmann 1995, 136.

37 Vgl. z. B. Schmitt 1966, 26–39; Hlavácek 1985, 170.

38 Reichert 1997, 484–489. Nr. 2–6 (aus den Jahren 1320–1324). Vgl. ferner MGH Constitutiones IV, 2 Nr. 1110, 1115, 1123, 1124, 1125 vom Jahre 1312 und o. bei Anm. 26 den Abdruck einer Urkunde Johanns für den Grafen von Veldenz vom Jahre 1325.

nes erzbischöflichen Onkels, kurtrierischer Kanzlei durchaus kennenlernen werden, scheinen in Johanns Offizin zu fehlen.

Im Jahre 1308 war Balduin Erzbischof geworden. Er scheint sich – wie man annimmt, unter dem Eindruck der am französischen Hofe erfahrenen Vorteile einer auf Schriftlichkeit gegründeten Verwaltung – von Anfang an um die Reorganisation des Bistums und seiner weltlichen Güter, um die kurtrierische Landesherrschaft gekümmert zu haben.[39] In der Praefatio zu seinen großen Urkundensammlungen und in seiner Vita in den *Gesta Treverorum* wird betont, dass er die Verwaltung der Trierer Kirche zerrüttet, die Rechte und Besitzungen verpfändet und entfremdet, das Finanzwesen überschuldet, die Originalurkunden zerstreut vorgefunden habe.[40] Seine oft aggressiv anmutende Burgenpolitik an der Mosel und in Nachbarregionen ist zu verstehen als der Versuch, das Territorium des Bischofs als eines der vornehmsten Reichsfürsten (und Kanzlers für die *welschen* Lande, für die Reichsromania) wiederherzustellen. Als erste Grundlage dieser Restauration erkannte er die Sammlung der Urkunden und die Integration der durch seine Rückeroberungspolitik entstandenen neuen Reverse zu Burgenöffnungen, Lehensanerkennungen, Friedens- und Sühneverträgen in diese Sammlungen, die sogenannten *Balduineen*[41].

Zunächst nahm sich Balduin seine Mitarbeiter und Kanzlisten aus dem luxemburgischen Herrschafts- und dem Trierer Diözesanraum (Abb. 3). Als er seit 1328 (bis 1337) auch Verwalter der Erzdiözese Mainz (später auch von Worms und Speyer) geworden war,[42] rekrutierte er seine Beamten bevorzugt aus diesem Mainzer Territorium, das ja bis nach Thüringen reichte. Sie kamen aus Oberwesel im Rheinengtal, Bingen, Birgel an der Kyll (Landkreis Vulkaneifel), Friedberg in Hessen, dann Adelsleben, Schlotheim und Weissensee in Thüringen, schließlich sogar aus Osnabrück im Norden.[43] Der Erzbischof hatte wohl die Vorteile der Unabhängigkeit landesfremder Agenten seiner Politik erkannt. Besonders wichtig für die Trierer Kanzlei wurde der Intellektuelle Rudolf Losse aus Eisenach, Sohn eines thüringischen Ministerialen, der in Montpellier und Trier studiert hatte, sich 1328 am päpstlichen Hof in Avignon aufhielt und vom Papst empfohlen wurde.[44] „Seit 1332“ findet man ihn „in der Umgebung Balduins“. Er sammelte selbst ältere Urkundenformulare und entwarf neue Formulare, war auch für den Erzbischof in diplomatischer Mission tätig, zum Beispiel 1346 bei der Wahl von

39 Vgl. Mötsch 1980, 44–47; Mötsch 1985a, 251.
40 Mötsch 1980, 1–2, 64; Mötsch 1985a, 251.
41 Zu den Balduineen vgl. Mötsch 1980; Mötsch 1985a, 256–259; Mötsch/Heyen 1985, 103–105.
42 Mötsch/Heyen 1985, 44–48, 103–105.
43 Schmitt 1966, 77–80; Ames 1976, 14–17; Burgard 1985, 229.
44 Schmitt 1966, 81–111; Ames 1976, 15; Holtorf 1985; Langer 1985, 263–264; Mötsch 1985, 253–254; Burgard 1985, 230–231, 234, 243; Kornrumpf 1991; Burgard 1994.

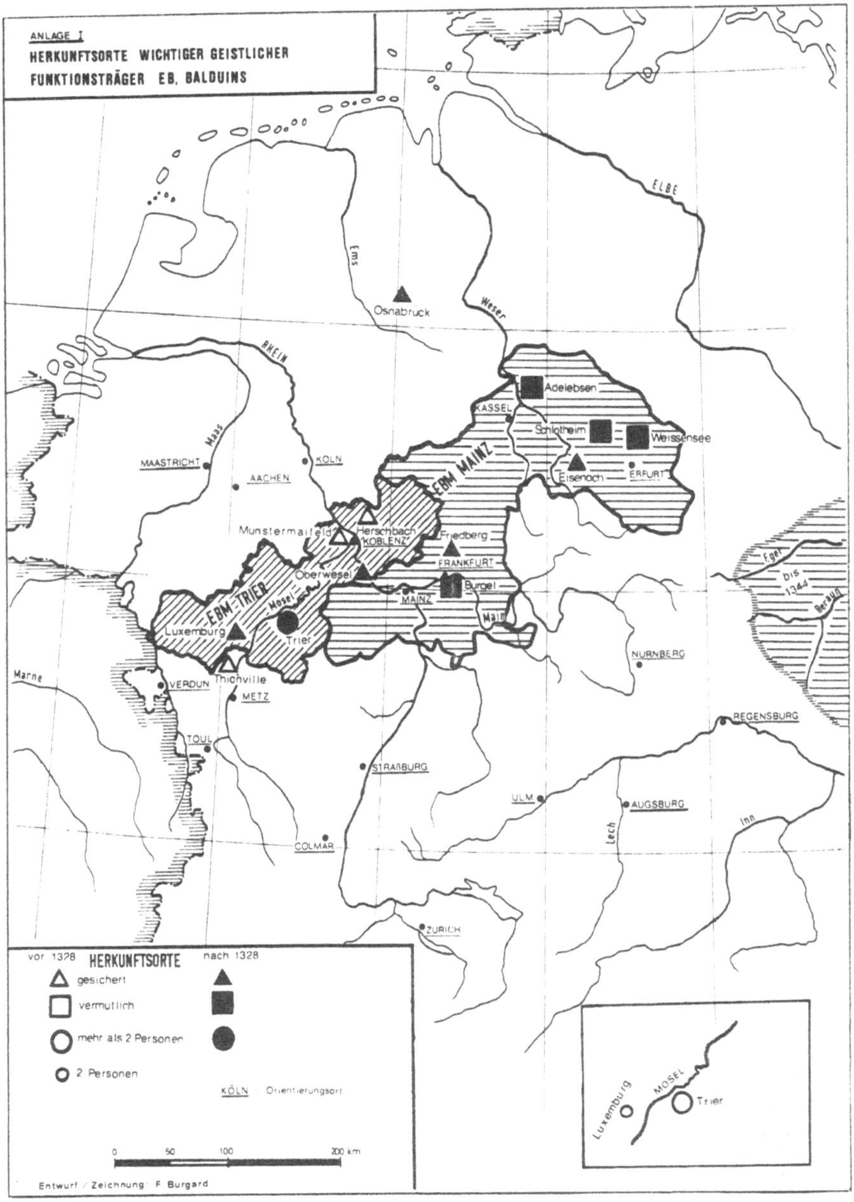

Abb. 3: Die Herkunftsorte von Beamten und Kanzlisten Erzbischof Balduins von Trier (nach Burgard 1985, 229).

Balduins Großneffen Karl IV. zum König. Er sammelte auch lateinische und deutsche Gedichte, darunter auch ein Schmähgedicht auf Ludwig IV., den Bayer.[45] Ab 1344 war er als Offizial der oberste geistliche Richter der Erzdiözese Trier. Im Jahre 1346 – sicherlich im Zusammenhang mit der genannten Königswahl – wurde er Domdekan in Mainz und blieb es bis zu seinem Tode im Jahre 1364.

Die Forschung hat vor allem ihm die große Wende zur deutschen Sprache in der kurtrierischen Kanzlei, und vor allem die Wende zu einer mit südlichen und östlichen Formen harmonisierten Ausgleichssprache zugeschrieben.[46] Doch wird man dies differenzierter sehen müssen. Dazu muss man sich die Statistik des Anteils deutscher Urkunden gegenüber den lateinischen Dokumenten in den Sammlungen Balduins ansehen (vgl. auch die Grafik in Abb. 4). Eingeteilt in Fünfjahresabschnitte betragen die Prozentanteile der deutschen volkssprachigen Urkunden (französische Texte gibt es nur sehr wenige)[47]:

1.	1308–1314	121	3	= 2,5 %
2.	1315–1319	94	5	= 5,3 %
3.	1320–1324	171	17	= 9,9 %
4.	1325–1329	158	37	= 23,4 %
5.	1330–1334	265	91	= 34,4 %
6.	1335–1339	297	128	= 43,1 %
7.	1340–1344	346	221	= 63,9 %
8.	1345–1349	285	194	= 68,0 %
9.	1350–1355	183	140	= 76,5 %

Eine ausschließlich auf die Originalurkunden Balduins gestützte Statistik von H.G. Langer ergibt ein ziemlich ähnliches Bild.[48] Doch ist es der Vorteil der vollständigen Auswertung der Sammlungen und Kopiare, dass dadurch der gesamte überlieferte Urkundenverkehr eines Netzwerks, ja einer ganzen Landschaft in den Blick kommt, also auch die kleinen und mittleren Herren, die ihre (oft erzwungenen) Lehensbitten, ihre Burgöffnungsbekenntnisse und weitere Reverse an Balduin richteten, und deren Urkunden zu einem großen Teil gleichfalls in der

45 Mötsch/Heyen 1985, 55.
46 Zur Forschung zu R. Losse vgl. Schmitt 1966, 80–81; Langer 1970, 498–505; Holtorf 1985, 914.
47 Französisch geschriebene Urkunden sind: Mötsch 1980, Nr. 321, 352, 501a, 574, 643, 705, 710.
48 Langer 1970/71, II, 422–424; Ames 1976, 22 f.; Langer 1985, 268.

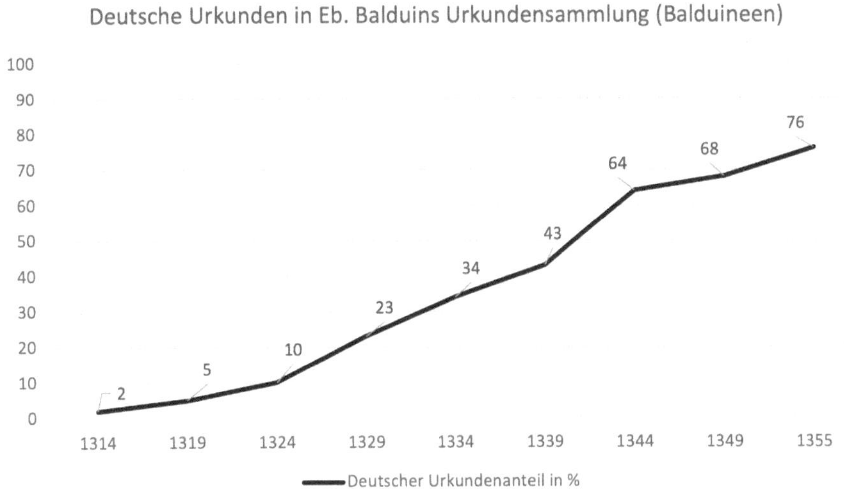

Abb. 4: Der prozentuale Anstieg der deutschsprachigen Urkunden in der Kanzlei Erzbischof Balduins von Trier.

Trierer Kanzlei gefertigt wurden oder mit der Trierer Kanzleisprache in Verbindung standen.[49]

Deutlich wird aus der Statistik, dass die deutschsprachigen Urkunden sich in ihren prozentualen Anteilen bis 1330 pro Jahrfünft verdoppeln, dabei gerade zwischen 1325 und 1330 etwas stärker, dass sich danach der Anstieg kontinuierlich fortsetzt und sich erst in der letzten Dekade Balduins etwas abflacht, so dass schließlich die deutschen Dokumente in der Endphase drei Viertel der gesamten Produktion umfassen. Der entscheidende Impetus zu sich steil steigernder Deutschsprachigkeit liegt also vor 1330, vor der Zeit Rudolf Losses und seiner Mitarbeiter. Er ist wohl nicht der Initiator, aber doch der Konsolidator der Transformation gewesen. Johannes Mötsch in seiner grundlegenden Arbeit über die Urkundensammlungen Erzbischof Balduins[50] sieht ihn – neben dem Erzbischof – wohl zu Recht als den Organisator dieser einzigartigen, heute Balduineen genannten Schöpfungen an (vgl. Abb. 5).[51]

Die Balduineen beginnen nach erzbischöflichem Auftrag bald nach 1330 mit Sammlung, Abschrift und Ordnung der Urkunden, einem *opus quasi desperatum*, „einer nahezu hoffnungslosen Aufgabe", wie es in der Praefatio heißt.[52] „Das Ergebnis dieses ersten Arbeitsganges ist das sogenannte Balduineum Kesselstatt" (benannt

49 Vgl. z. B. Schares 2005 zu den Urkunden des Hartrad von Schönecken in der Südeifel.

50 Mötsch 1980, 64. Vgl. Mötsch 1985a.

51 Abb. 5 nach Mötsch/Heyen 1985, 104.

52 Zur Praefatio der Balduineen: Mötsch 1980, 44–47.

nach einem neuzeitlichen Besitzer), auf dem Stemma (Abb. 5) das mit Register versehene B IV. Seit etwa 1350 wurden mit Hilfe einer Zettel-Zwischenversion, welche die rechtlich inzwischen unwirksam gewordenen Urkunden ausschied, die drei Prunkhandschriften B III, B I und B II angelegt, wobei die im Format (35 x 25 cm) größeren Exemplare für Domkapitel und Archiv bestimmt waren, die Version B III (nur 22 x 17 cm) aber als Reisehandbuch des Erzbischofs gedacht war.[53]

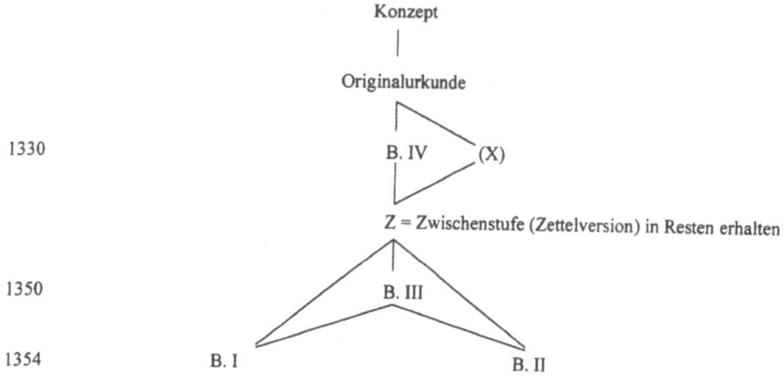

Abb. 5: Stemma der Urkundensammlungen (Balduineen) Erzbischof Balduins von Trier (nach Gärtner 1997, 55).

Dieses revolutionäre Werk des Luxemburgers erlaubt uns einen einzigartigen Gesamtüberblick über die Urkundensprache der trierischen Kanzlei. Dazu vermittelt uns die Version B IV durch ihre Bewahrung selbst kleinster Dokumente gelegentlich sogar einen Einblick in das Moselfränkisch kleiner Herren – wobei ich den hochpolitischen Sühne- oder Friedensvertrag Erzbischof Arnolds vom Jahre 1248, die älteste erhaltene Urkunde der Rheinlande in deutscher Sprache, auf westmoselfränkischer Grundlage (wie Kurt Gärtner zeigte[54]), die unter ganz anderen Bedingungen entstand, bewusst auslasse. Sie war folgenlos und gehört in die Kategorie der politischen Urkunden – wie Friedensverträge, Landfrieden und so weiter –, in denen aus Gründen der Kommunikation Volkssprache schon früher Eingang fand.

Zur Charakteristik dieser Sprache in kleinen Urkunden betrachte man die folgende *notitia* des Godelmann, Sohn des Friedrich von Lichtenberg (D, Landkreis

53 Mötsch 1980, 57; ergänzend dazu mit begründeten Zweifeln an Details des Stemmas Gärtner 1997, 55–56.

54 CAO, I, Nr. 9. Vgl. Gärtner/Holtus 1995, 16–23; Gärtner 1997, 57–59; ferner Ames 1976, 24.

Kusel) für Erzbischof Balduin, von circa 1330, betreffend sein Lehen zu Brombach (wohl in der Gemarkung von Enzweiler, Stadt Idar-Oberstein):[55]

> Ich Godelmann hern Fridrichen sun von Lichtenberg in biden mime lieben herren deme bysschobe von Trieren minen dinest. Herre wissent, **daz dat** alsolich **lee**n alst ich von **uch** han zu Br**ai**nbach in deme dale, des intweldichet mich die frouwe von Salmen [wahrscheinlich Loretta Gräfin von Sponheim, geb. von Salm] und wilt, **dat it** von ir rure, **dat** ie und ie h**ai**t geruret von **uch**; daz cl**ai**n ich ouch und bidden **uch**, **daz** ir mir vecigent, **dat** mir min **lee**n volgen voille. Sint ich **nit** ingesigeles inhabe, so bit ich minen ... **swer**, **dat** er **dit** besi**e**gele. God si **bit euch**.

Es zeigen sich die moselfränkisch unverschobenen Reliktwörter *it, dit, dat* mit erhaltenem [t] neben südlichem *daz*; der intervokalische h-Schwund in *leen* ‚Lehen' und *swer* ‚Schwäher'; der intervokalische g-Schwund in *clain* statt *clagen*; moselfränkisch *uch* ‚euch' neben *euch* in der herausgehobenen Schlusszeile; das Kennwort *bit* statt überregionalem *mit*; die westmitteldeutsche Monophthongierung von mhd. [ie] in *dinest* und mehrfach das Dehnungs-i beziehungsweise -e (*Brainbach, hait, -siegele*); schließlich der frikative Wert des intervokalisch verwendeten Graphems < b > in *bysschobe* ‚Bischof'.

Hans Günther Langer (1968)[56] und Werner Ames (1976)[57] – in zwei bei Hans Eggers in Saarbrücken entstandenen Dissertationen – haben mit guten Gründen die Entwicklung des kurtrierischen Kanzlei-Deutsch in drei Perioden eingeteilt:

1. Periode P1, die längste mit ca. 24 Jahren, von 1308–1332;
2. Periode P2, die Zeit des berühmten Kanzlisten Rudolf Losse von 1332 bis 1344, ca. 12 Jahre;
3. Periode P3 von 1344–1354, ca. 10 Jahre.

Für die erste Periode P1 ist repräsentativ der Sühnevertrag – die Trierer Kanzlei benutzt dafür den archaischen, moselfränkischen Ausdruck *sône* (verwandt mit unserem Wort ‚Sühne') –, den Balduin am 7. Juli 1328 für Loretta von Salm ausstellte, eine Ostfranzösin, die durch Heirat Gräfin von Sponheim, eines bedeutenden, von Rheinhessen bis an die Mosel reichenden Territoriums wurde.[58] Der im Anhang abgedruckte Vertrag hat eine delikate Vorgeschichte:[59] Der in seiner Territorialpolitik auch gegen die Moselstellung Sponheims mit nicht gerade zimperlichen Mitteln

55 Mötsch 1980, 469 Nr. 925.
56 Langer 1970/71.
57 Ames 1976.
58 Vgl. zu Gräfin Loretta: Disselnkötter 1940; zum Konflikt mit Erzbischof Balduin: Lehmann 1869, II, 35; Mötsch 1985b, 372–376.
59 Bisherige Drucke: Günther 1824, Nr. 155. Regesten: Mötsch 1987, 310–313 Nr. 475. Abbildung: Mötsch/Heyen 1985, Katalog.

vorgehende Luxemburger wurde, womit er nicht rechnete, samt Gefolge und Beamten auf der Mosel von der mutigen Gräfin gekidnappt, was als Angriff auf einen geistlichen Herrn die automatische Exkommunikation zur Folge hatte, und dann in einer ihrer Burgen ohne Chance auf Entkommen festgesetzt und mit raffinierten Klauseln zu dieser *sône*, praktisch einem Friedensdiktat, gezwungen.[60]

„Diese Urkunde ist in drei Ausfertigungen erhalten, eine davon ist ein Rotulus. Sie ist nur ins *Balduineum IV*, das älteste Kopiar also, eingegangen [...]. Von den drei Ausfertigungen befinden sich zwei im Bestand 'Kurtrier' des Landeshauptarchivs Koblenz, eine in einem Bestand des Hauptstaatsarchivs München, der aus dem Archiv der Sponheimer stammt. Die Quelle für das Kopiar war eine der Kurtrierer Ausfertigungen; ihre Textfassung geht nur ganz geringfügig verändert ins Kopiar ein, aber es gibt auch merkwürdige Übereinstimmungen des Kopiars mit der Sponheimer Ausfertigung, so dass eine verlorene weitere Ausfertigung angenommen werden könnte, welche die direkte Vorlage für den Schreiber des Kopiars war."[61]

Die Loretta-Urkunde von 1328 bewahrt eine Menge westmitteldeutscher und moselfränkischer Eigenheiten, die im Folgenden aufgelistet und mit der von H. G. Langer und W. Ames auf breiter Basis erhobenen weiteren Entwicklung verglichen werden:[62]

5.1 Vokalismus

5.1.1 Bewahrung der alten moselfränkischen langen Monophthonge [ô] und [ê]: in *sône* ‚Sühne' (Z. 40, 41, 64 u. ö.) und in den Ortsnamen *Trêre* (Z. 1, 7, 12 u. ö.) – auch *trêsch* ‚trierisch' (Z. 79) – und *Dêdenhouen* (Diedenhofen/Thionville, F, Moselle) sowie im Personennamen *Cono* statt *Cuono, Cuno* (Z. 48, 50), ebenso *Conrad* (Z. 56). – Sie finden sich fast nur noch in P1.

5.1.2 Westmitteldt. Senkung von kurzen [i] > [e] und [u] > [o], z. B. *brengen* statt *bringen* (Z. 25, 35); *beden* ‚Bitten' (Z. 67) *eren* ‚ihren' (Z. 32, 84); *ouer* ‚über' (Z. 31), *orkunde* ‚Urkunde' (Z. 82, 93), *orsache* ‚Ursache' (Z. 64); *gebort* ‚Geburt' (Z. 94). – Die Senkung nimmt von P1 bis P3 ständig ab.

5.1.3 Die westmitteldt. Monophthongierung von mhd. [ie] > [î] und [uo] > [û] – später ins Standarddeutsche übernommen wie in mhd. *lieb* ‚lieb' und *muot* ‚Mut': Hier indirekt fassbar durch den Gebrauch des ja bis in die heutige Orthographie

60 Zur Gefangenschaft Balduins auf der Starkenburg vgl. Mötsch/Heyen 1985, Nr. D. 60–61.
61 Gärtner 1997, 59.
62 Vgl. für den Lautstand vor allem Ames 1976, 126–205; ferner auch die Aufstellungen bei Bohn/Rapp 1995, 263–283; Gärtner 1997, 59 f.

wirksamen Bigraphems < ie >, einmal in Umkehrschreibungen für altes langes [î] in *Rieche* ‚Reich' (Z. 13) < mhd. *rîche, gespieset* ‚gespeist' zu mhd. *spîse* (Z. 78), dann aber auch als Bezeichnung des neu entstandenen gedehnten Vokals in offener Tonsilbe in *diese* < mhd. *dise* (Z. 42, 67, 70 u. ö.); *ingesiegel* zu mhd. *sigel* (lat. *sigillum*); *ge-stiechte* zu ‚Stift' (Z. 13, 14, 16 u. ö.); *geschrieuen* < mhd. *-schriven* (Z. 3, 41, 47 u. ö.); *iere* ‚ihre' (Z. 66); *siecher* ‚sicher' (Z. 82); *schieden* statt mhd. *schiden* (Z. 40) *gesiechert* ‚gesichert' (Z. 69); *geloist* ‚gelöst' (Z. 7). – Diese Schreibungen finden sich häufig von P1 bis P3.

5.1.4 Keine frühneuhochdt. Diphthongierung, obwohl sie bekannt ist (vgl. u. zum Bündnisvertrag mit Ludwig dem Bayern von 1317).

5.1.5. Westmitteldt. Notation von mhd. [iu] durch < u >: *frund* ‚Freund' (Z. 3, 21, 41 u. ö.); *lude* ‚Leute' (Z. 8, 9, 10 u. ö.); *hude* ‚heute' (Z. 2), *truwe* ‚Treue' (Z. 18, 30, 67), *nuwe* < mhd. *niuwe* ‚neu' (Z. 24), *druzen* statt mhd. *dri(u)zehen* ‚dreizehn' (Z. 94) usw. – Findet sich durchgehend von P1 bis P3.

5.1.6 Die Dehnung in offener Tonsilbe und in Einsilblern wird außerhalb des vokalen i-Bereichs (s. 1.3) häufig – ebenso wie alte Langvokale – mit den typisch mittelfrk. Schreibungen mit Dehnungs-i bezeichnet: *Raitman, Raitlude* zu mhd. *rât* ‚Rat' (Z. 30, 33, 36 u. ö.); *hait* ‚hat' (Z. 38, 47, 53 u. ö.); *laiszen* ‚lassen' (Z. 82); *maiszen* ‚Maße' (Z. 79); *noit* ‚Not' (Z. 22, 34, 76); *doit* ‚tot' (Z. 49) *schloiz, sloiz* ‚Schloss' (Z. 47); *lois* ‚los' (Z. 22, 23); *geloiuen* ‚geloben' (Z. 46) *steit* ‚steht' (Z. 3, 41, 44 u. ö.); *-deit* ‚tat' (Z. 36); *in dem ho(e)we mande*, B *mainde* ‚Heu-Monat' (Z. 94) usw. Die Fassung B der Sühne-Urkunde hat das Dehnungs-i in stärkerem Ausmaße als A. – Die Dehnungsschreibung findet sich in den Urkunden der Kanzlei durchgehend von P1 bis P3.

5.2 Konsonantismus

5.2.1 Schreibung der labialen Frikative statt mhd. [b] in In- und Auslaut mit den Zeichen < v >, variierend < u > und gelegentlich < f >, z. B. *geuen* ‚geben' (Z. 3, 17, 36 u. ö.); *leuen* ‚leben' (Z. 6, 12, 57 u. ö.); *be-, geschrieuen* ‚geschrieben'(Z. 3, 44, 78 u. ö.); *erweruen* ‚erwerben' (Z. 24, 63); *weruen* ‚werben' (Z. 66); *bliuen* ‚bleiben' (Z. 30, 36, 39 u. ö.); *eruen* ‚Erben' (Z. 4, 5, 7 u. ö.); *selue* ‚selb' (Z. 7, 10, 11 u. ö.); *lieue* ‚liebe' (Z. 55); *gelouen* ‚geloben' (Z. 9, 46, 67 u. ö.); *geloft* (Z. 69): *gelouede* ‚Gelöbnis' (Z. 70); *urloue, vrlofs* ‚Erlaubnis' (Z. 9, 64); *sturue* ‚stürbe' (Z. 23); *auer* ‚aber' (Z. 23, 45, 51); *haue* ‚habe' (Z. 54, 77) *halue* ‚halbe' (Z. 24); *syuend* ‚siebent'; *uueral* ‚überall' *ouer, uuer-* ‚über' (Z. 31, 52, 63); *ouerste* ‚oberste'; *enboven* ‚oberhalb' statt mhd. *enboben* (Z. 15, 41, 93); auch *Payf(e)s* ‚Papst'' Plural *Pauese* (Z. 22, 24, 63). – Ab P2 setzt sich dagegen die Schreibung < b > völlig durch.

5.2.2 Unverschobene moselfrk. (aber auch rheinfrk.) [p] im Anlaut, etwa *pand* ‚Pfand' (Z. 6, 29, 71); *punt* ‚Pfund' (Z. 7, 72, 73 u. ö.); *penning* ‚Pfennig' (Z. 17); *paffen* ‚Pfaffen' (Z. 21, 22, 28 u. ö.); *plegen* ‚pflegen' (Z. 8). – Das bleibt auch so in P2 und P3; in Inlaut und Auslaut nach Vokal und Liquiden stets die Schreibung < f >; auffällig aber einmal *helpere* ‚Helfer' (Z. 68 AB).

5.2.3 Mhd. [d] bleibt in Anlaut und Inlaut in P1 erhalten: vgl. z. B. *dag* ‚Tag' (Z. 24, 34, 37 u. ö.), *lude* ‚Leute' (Z. 5, 8, 9 u. ö.), *dode* (dat.) ‚Tode' (Z. 6, 8), *an dade* ‚Tat' (Z. 61); *an rade* ‚Rat' (Z. 61); *vader* (Z. 8, 11, 15 u. ö.), *guden* ‚gut, Gut' (Z. 18, 30, 67 u. ö.); *begaden* ‚erreichen, übereinkommen' (Z. 25, 53); *beraden* ‚beraten' (Z. 68); *vergaderen* ‚vereinigen, versammeln' (Z. 34); *bidden* ‚bitten' (Z. 28); *beden* ‚Bitten' (Z. 67); *deden* ‚Taten' (Z. 68); *stede* ‚Städte' (Z. 67, 68, 69 u. ö.). – In P2 finden sich häufig hochdt. Schreibungen mit < t >, z. B. *ziten* ‚Zeiten'. In P3 setzt sich westmitteldt. < d > wieder stärker durch.

5.2.4 Schwund von in- und auslautendem [h]: z. B. *leen* für ‚Lehen' (Z. 6, 8, 19); *jeen* für mhd. *jehen* ‚sagen' (Z. 87, 92); *sien* ‚sehen' (Z. 1); *zeen* < mhd. *zehen* (Z. 7); *Beemen* < *Beheime* ‚Böhmen' (Z. 55, 90); *na* statt *nach* (Z. 43); *darna, herna* (Z. 3); *hogeboren* ‚hochgeboren' (Z. 54). – Diese finden sich in P1 neben h-haltigen Formen, die dann in P2 vorherrschen, während in P3 die h-losen Formen wieder 60 Prozent erreichen.

5.2.5 Schwund von [h] vor [s] und [t]: z. B. *neesten* ‚nächsten'; *ses* statt *sehs* (Z. 39, 40, 54); *nit* für *niht* (Z. 39, 47, 48 u.ö). – Es stehen durchweg nebeneinander Formen mit und ohne < h >.

5.2.6 Schwund von intervokalischem [g]: z. B. *sait* ‚sagt' (Z. 37), *be-sait* (Z. 37, 40), *gesat* (Z. 41); *Voit* ‚Vogt' (Z. 19); Genetiv *dais* < mhd. *dages*; *heller* < *heliger* ‚heiliger'. – Die Schreibung mit < g > (vielleicht mit frikativem Lautwert) erreicht aber schon in P1 75 Prozent; ab P2 nur noch < g >.

5.2.7 Erhaltung von [w] in der Lautgruppe *wr-*: z. B. *wriven* ‚reiben' statt mhd. *rîben*; *ge-wrechen* ‚rächen' < germ. **wreka-* (Z. 61). Ab P2 ist diese archaische mittelfrk. Schreibung verschwunden.

5.2.8 Mittelfränkischer Wandel der Lautgruppe *-ft-* zu *-ht-*, wie etwa auch im Namen des Klosters *Echternach* < *Efternach* < lat. *Eptern-acum*; hier *gestichte* ‚Stift' (Z. 6, 12, 18 u. ö.); ebenso *stichtung* ‚Stiftung' und *nechte* ‚Nichte' (Z. 2) statt mhd. *niftel*. – In P2 und P3 findet sich nur noch < ft >.

5.3 Lexik

5.3.1 Die moselfrk. Reliktwörter mit unverschobenem [t] wie *dat* (Z. 3, 8, 19 u. ö.), *wat* (Z. 16, 36, 44 u. ö.), *it* bzw. *id* ‚es' (Z. 10, 17, 24 u. ö.), *dit* ‚dies' (Z. 23, 24, 47, u. ö.) und *allet* ‚alles' (Z. 64, 71, 79) sind häufig in P1, verschwinden aber ab P2[63]. In der Sühne-Urkunde erscheint bei *dat* die unverschobene Form durchweg, wenn ausgeschrieben; bei der Kürzung wird < z > bevorzugt.

5.3.2. Die in P1 häufigen mittelfränkischen Leitwörter *van* (z. B. Z. 1, 37,89 u. ö.) statt *von* (in P1 22 %), *bit* statt *mit* (in P1 40 Prozent – aber nicht belegt in den Trierer Ausfertigungen der Sühne-Urkunde, jedoch häufig in der Sponheimer Ausfertigung), *of* (Z. 4, 8, 10 u. ö.) im Sinne von *oder* (in P1 40 Prozent)[64], *up* statt *uf* ‚auf' (Z. 43, AB), h-Pronomina wie *he, her* (Z. 28) statt *er* (in P1 30 Prozent), verschwinden ab P2, ebenso *tu(s)schen* (Z. 2, 23, 31 u. ö.) ‚zwischen' (dafür später *zwßen, tzusschen*) und *sal* statt *sol* ‚soll' (Z. 23, 35, 36 u. ö.).

5.3.3. Bemerkenswert sind auch die synkopierte nördliche Form *kung* ‚König' (Z. 29, aber B *kune(n)g*) statt mhd. *kuni(n)c*, ferner westmd. *inde* statt *unde* ‚und' (Z. 29 AB) und mfrk. *weche* statt mhd. *woche* (Z. 34, 39).

5.3.4. Zu registrieren ist auch das fränkisch-niederländische Kirchenwort *Paschen* (Z. 23) statt *Ostern*, das nur in den Kirchenprovinzen Köln und Bremen galt, aber wohl auch Ausläufer bis an die trierische Mosel kannte.

Es lässt sich also deutlich erkennen, dass in Rudolf Losses Zeit, in P2, die als krass mundartlich empfundenen Elemente wie die alten Monophthonge (1.1), die westmitteldeutsche Senkung (1.2) von kurzem [i] zu [e] (dialektal *spinn* > *spenn*, *wurst* > *worscht*), die labialen Reibelaute (Frikative) wie in *awwer* (2.1), die h-losen Formen (2.4) wie *na* statt *nach*, die Lautgruppe *wr-* (2.7), *ht* statt *ft* (2.8) wie in *sticht* für *stift*, die unverschobenen Reliktwörter *dat, wat, it* usw. und schließlich alle dialektalen Leitwörter der Region zugunsten überregionaler Formen und damit zugunsten einer erhöhten Kommunikativität getilgt wurden[65].

Was dagegen die unaufgebbaren regionalen Grundmerkmale der kurtrierischen Kanzlei waren, lässt sich ebenfalls gut an der oben gegebenen Liste sehen, aber auch – in einem günstig gelagerten Überlieferungsfall – im Vergleich der trierischen Ausfertigung mit der mainzischen und der kaiserlichen Ausfertigung

63 Vgl. Gärtner 1997, 59.

64 Zu *bit* und *of* vgl. Gärtner 1997, 59.

65 Vgl. hierzu Ames 1976, 125, 190, 201–203; ferner Reichert 1997, 412 (im Anschluss an Hans Patze).

des Bündnisvertrages von 1317 zwischen Ludwig dem Bayer, Erzbischof Peter von Mainz und Erzbischof Balduin erkennen, die deutlich ein oberdeutsch und mittelrheinisch gefärbtes Konzept voraussetzen:[66]

Oberdeutsch [p] < [b] wird mehrfach beseitigt wie in *punt* zu *bund* ‚Bündnis' (I 43B, II 4B, II 20B, II 44B); auch die Diphthongierung, die in Mainz erhalten bleibt, wird rückgängig gemacht: *leib* (I 32A) > *lib* (I 32B), *weile* (I 31A) > *wile* (I 31B), *sein* (I 45A, II 1A, II 5A) > *sin* (I 45B, II 2B, II 6B), *beleiben* (II 21A, II 25A) > *beliben* (II 24B, II 29B). Der Diphthong germ. [eu], mhd. [iu, ü] (s. o. 1.5) wird durch [u] ersetzt wie in *frunt* (II 2B, II 8B) aus *freunt* (II 1A, II 8A) und *druzen* (II 49B) aus *dreutzehen* (II 44A)). Die Verbform *geschicht* (3. Ps. Sg. zu *geschehen*) verliert mit *geschiet* (II 6B) ihr < h > (s. o. 2.5). Das Dehnungs-e (s. o. 1.3) wird eingeführt in *ge-ziehen* (II 10B) und *ge-schrieben* (II 43B). Das entspricht – abzüglich bestimmter Züge, für die im Vertrag von 1317 Beispiele fehlen – durchaus den speziell regionalen Merkmalen, die insgesamt in den Perioden P2 und P3 in Balduins Kanzlei überlebten.

6 Ein kurzes Fazit

Fragen wir zum Schluss nach den Gründen, die Balduin zur Durchsetzung der deutschen Urkundensprache bewogen haben, so ist zunächst die größere kommunikative Reichweite zu nennen, wie sie auch schon früher die sogenannten politischen Urkunden wie Landfrieden, Bündnis- und Friedensverträge und ähnliche Texte betraf.[67] Viel wichtiger dürfte aber die durch die Volkssprache bewirkte Erleichterung der Kommunikation mit den eher des Lateins unkundigen kleinen und mittleren Herrschaften des Moselraumes gewesen sein. Sie waren zum großen Teil die Adressaten seiner kurtrierischen Reorganisations- und Rückeroberungspolitik. Als sich dann der Wirkungskreis des Luxemburgers und seines Neffen Johann – samt dessen Sohn Karl IV. – nach 1330 auf den Mittelrhein, die Pfalz, Worms, Speyer, die bis nach Thüringen reichende Mainzer Diözese, ja auf Böhmen und das Reich erweiterte, war es nur ein konsequenter Schritt, auch eine Überregionalität der Sprache anzustreben.

66 Die folgende sprachliche Analyse richtet sich nach der Paralleledition der Monumenta Germaniae Historica, Constitutiones V, hrsg. von Jakob Schwalm, Hannover/Leipzig 1909–1913, Nr. 413, 349 f. Nr. 413–414. Daher auch die in Klammern gesetzten Zeilenangaben; I = S. 349, II = S. 350; A = Nr. 413 ‚Exemplar archiepiscopi Moguntini', B = ‚Exemplar archiepiscopi Trevirensis'. Die kaiserliche Ausfertigung (‚Scriptum regis') ebd. 348–349 Nr. 412.

67 Vgl. auch Ames 1976, 22, 25; ferner Schulze 2011, 126–145.

Dass nach 1350 etliche von Balduins Kanzlisten von seinem Großneffen Karl IV. angeworben wurden, wie die *magistri* Rudolf Puhl aus Friedberg in Hessen, Heinrich von (Ober-)Wesel und der aus dem Erfurter Kreis stammende Heinrich von Meckbach, ist verständlich und schon von Ludwig Erich Schmitt betont worden.[68] Inwieweit von dort aus auch die zukünftige ostmitteldeutsche Ausgleichssprache beeinflusst wurde, steht noch in der Forschungsdiskussion, liegt aber hier außerhalb des Themas.[69]

Anhang

Der Sühnevertrag (*sone*) Erzbischofs Balduin von Trier mit Loretta von Salm, Gräfin von Sponheim, vom 7. Juli 1328

Druck: Wilhelm Günther: Codex Diplomaticus Rheno-Mosellanus, III. Theil, I. Abtheilung: Urkunden von 1300–1350, Coblenz 1824, Nr. 155.
Regest: Mötsch 1987, Nr. 475.

Der Druck bei W. Günther ist wegen zahlreicher Fehler für sprachliche Untersuchungen kaum brauchbar. Hier wird die Urkunde gegeben unter Berücksichtigung der beiden trierischen Ausfertigungen

A = LHA Koblenz Best. 1 A Nr. 4658 (Langformat zu 94 Zeilen),
B = LHA Koblenz Best. 1 A Nr. 4659 (fast quadratisches Format zu 88 Zeilen).

Beide Ausfertigungen sind am Anfang (A auch zu Beginn des Schlussabschnitts) mit Schmuckinitialen versehen. An A war erkennbar Platz vorgesehen und benannt für die Anbringung der Siegel der Fürsten und Herren, die im Schlussabschnitt der Urkunde namentlich ihr Siegelbekenntnis ablegen. Deshalb wird hier als Leittext der Edition die Fassung A zugrunde gelegt; von der Fassung B werden im Apparat wichtige Varianten gegeben, nicht aber leichte Abweichungen in Orthographie und Interpunktion sowie bei Abbreviationen und Diakritika.

Die Ausfertigungen A und B gehen auf eine gemeinsame Vorlage zurück, wie zahlreiche Gemeinsamkeiten, vor allem aber drei charakteristische Fehler zeigen: Zunächst die A und B gemeinsame, auf Verschreibung des Nasals in der Vorlage basierende Fehlform *mechten* (Z. 2) statt *nechten* 'Nichten' (Dat.); dann aber auch die

68 Vgl. zum Kanzleipersonal Karls IV.: Schmitt 1936, 59 f., 73–90; Schmitt 1966, 17–26; Ames 1976, 17; Langer 1985, 264–266.
69 Vgl. z. B. zum Problem der Ausgleichssprache Schmitt 1966, 117–136; Eggers 1969, III, 20–24, 45–59; Wiesinger 1978; Langer 1985, 268–269, 274–277; Haubrichs 2016, 332–344.

beiden gemeinsame Fehlschreibung *Ertzebebisschof* (Z. 13) statt sonstigem *Ertzebisschof*, die auf eine Vorwegnahme des oder eine Korrekturschreibung zu dialektalem **-beschof* in der Vorlage zurückgehen wird; schließlich auch die Verschreibung AB *worue* statt *worte* (Z. 68). Für die Rekonstruktion der Vorlage, die hier nicht angestrebt wird, wäre auch die Kopie der Urkunde im Balduineum IV Kesselstatt heranzuziehen.

[1] IN[70] nomine d(om)ini amen . Wir Baldewin van gotz gnaden Ertzebisschof der heiliger kirchen van Trere vnd ertzecancell(er) in Gallien dun kunt vnd bekennen allen den die disen Brief solen sien vnd horen lesen . dat wir **[2]** mit vnser nechten[71] Loretten Grevinnen von Spanheim[72] vnd vrowen zů Starkenb(ur)g[73], von alle der zweiungen die tusschen vns vnd ir geweset sin in eincher wis bis[74] hude vf disen dag gentzlichen versv̊nt vnd eindrechtig sin wurden **[3]** mit rade uns(er) beider frunde, alsus als herna geschrieuen steit. Zů dem ersten geuen wir zů hand, alle den bvv̊ den wir zů Birkenfeld[75] gebůwet han, der vorgenannter Greuinnen in ire gewald[76], dat sie damit du alle iren willen, vnd den breche, **[4]** behalden vns d(a)z vf dem hůs is, Vnd ensolen sie, noch ir kint noch ir eruen, nummerme nirgen mit burglichen bůwe, of mit vestenůnge ouerbůwen, binnen irme gerechte, herschaf, vnd lande, da id ir of iren kinden of iren **[5]** eruen in eincherwys zů v̊nstaden moge komen, vnd dar zů alsulche gulde, als wir nů zů Byrkenfeld han, sie si an luden, an wasze(r)n, vnd an welden, vnd wie sie gelegen is, die setzen wir nů zůhantz, der vorgenant(en) .. Greuinne(n)[77] vnd iren kinden, **[6]** pandes, vnd damit vermerren vnd bezzeren wir der .. Greuinnen vnd iren kinden, vnd iren eruen dat leen, d(a)z sie von vns vnd von vnsem gestiechte haldent, vnd die gulde insolen wir nit losen die wile wir leuen, Vnd na vnsem dode mach **[7]** ein Ertzebisschof von Trere vnd sin .. Capittel die selue gulde lo̊sen, ummer zeen půnt gulde mit hund(er)t půnden. Doch sal die vorgesprochene Greuinne und ir kind, vnd ir eruen als lange, als die gulde v̊ngeloist is alle vnse man, die an der **[8]** gulden ir leen plegen zů nemene, als dat billich is bezalen, Vort waz wir of wo wir der .. Greuinnen of irre kind lude vnder vns han, of vnd(er) vns komen sint, sieder greue Johans dode von Spanheim die irs mans vader **[9]** was, die v̊rloue wir nů zůhantz vnd gelouen die nit langer zů haldene, vnd ensolen wir

70 Die I-Initialen sind in beiden Fassungen A und B kunstvoll ausgearbeitet, in A schlicht, in B etwas prächtiger.

71 *mechten* AB.

72 Sponheim (D, Landkreis Bad Kreuznach).

73 Starkenburg (D, Landkreis Bernkastel-Wittlich).

74 *biz* A.

75 Birkenfeld (D, Landkreis Birkenfeld, Rheinland-Pfalz).

76 *gewalt* B.

77 Die beiden Punkte .. vor der Nennung von Titeln und rechtlichen Institutionen wie Stifte (*Gestichte*) oder Städten (*Stede*) dürften als Stellvertreter von Respektspraedikaten zu bewerten sein.

noch vnse nachkumelinge[78] der num(m)er eingeinen ire noch andere irve of irre kinde, of irre eruen lude, vnder vns genemen noch laszen **[10]** komen, also d(a)z id ir of iren kinden of iren eruen schadelich si, vnd d(a)z selue sint schuldig die .. Greuinne vnd ir kind, vnd ir eruen, Vnd verbindent sich vns dar zů d(a)z zů dune[79], vnd zů haldene von vnsen[80] luden . Vort irkiesen wir d(a)z die vorgenante **[11]** .. Greuinne vnd ir kind, vnd ir eruen, sitzen solen wie greue Henrich des vorgesprochen greue Johans vader, vnd d(er) selue greue Johan saszen in irr Herschaf vuer al ummerme ungehind(er)t von vns vnd von vns(er) wegen, als lange als wir **[12]** leuen vnd bisschof sin zů Trere . Vort sulle wir vnd vnse gestiechte vnd nachkůmelinge d(er) vorgenant(en) Greuinnen und irr kinde vnd eruen verbunden helf(er)e sin, nů vnd ůmm(er)me mit vnser macht ane argelist, entgegen alle lude sunder **[13]** engegen den stůl von Rome vnd engegen[81] dat Rieche, vnd engegen einen Ertzbebisschof[82] von Mentze[83] vnd sin gestiechte, vnd engegen einen .. Greuen von Lutzellimb(ur)g[84] vnd sine kind vnd eruen . Vnd also solen ouch die vorgenannte .. Greuinne vnd ir **[14]** kind vnd ir eruen vns vnd vnsem gestiechte vnd vnsen nachkumelingen umm(er)me wider verbunden sin mit irr macht an argelist entgegen alle Lude sund(er) entgegen d(a)z Riche, Vnd entgegen einen Greuen van[85] Guliche[86], vnd entgegen einen greuen von Sal**[15]**me[87] iren vader, vnd ir kind, vnd ir eruen, vnd manlichen zů sime rechte, Were id doch d(a)z der vorgesprochen bisschof von Mentze mit ůnrechte crigen wolde mit der .. Greuinnen of iren kinden, of iren eruen, vnd nit recht van en nemen en**[16]**wolde so sole wir der vorgenannt(en) Greuinnen iren kinden vnd iren eruen, ir Land helfen weren, vnd da enbouen solen wir nit me schuldig sin zů dune entgegen den vorgesprochen bisschof vnd sin gestiechte . Vort wat gůtz wir vergolten hand[88] irgen **[17]** da an die .. Greuinne of ir kind, zins of einch ander recht hatten, d(a)z solen wir der seluer .. Greuinne(n) of iren kinden, of iren eruen umb alsulchen penning als wir id vergolden han, wider zů losene geuen, vnd ensolen in irme gerechte noch herschaf, **[18]** num(m)erme einch gůt v(er)gelden von vnserwegen, of

78 *-komelinge* B.
79 *done* B.
80 *vnser* B.
81 *entgegen* B.
82 Sowohl A als auch B haben diese Fehlschreibung, so dass sie der Vorlage angehören muss, die wohl zunächst die dialektale Form mit *be-* schrieb und danach *bi-* als Korrekturschreibung nachtrug bzw. einer 'psychischen' Vorwegnahme des < b > unterlag.
83 *Mentze*, regionale historische Form zu Mainz (D).
84 Luxemburg (L): B hat *Lutzilimb(ur)g*.
85 *von* B.
86 *Guliche*, regionale historische Form (vgl. ndl. *Gulik*) von Jülich (D, Kreis Düren).
87 Salm, Gde. La Broque bei Schirmeck (F, Bas-Rhin).
88 *vergolden han* B.

vnses gestiechts sunder argelist . Vort solen wir in gůden trůwen beholfen vnd beredig sin, dem edeln man(n)e dem .. Greuen von Salme d(er) vorgenant(en) Greuinne(n) vader vnd sinen eruen, rechts **[19]** wider den .. Voit von Hůnoldestein[89], noch[90] irr beider kuntschaf und brieuen zů dem hůs zů Hůnoldestein, vnd d(a)z da zů gehoret als v(er)re als dat vnse leen is . Vort ensole wir noch vnse gestiechte noch vnse .. Official, noch vnse nachkůmelinge nu**[20]**m(m)erme eingeine ladebrieve, noch ban noch int(er)dict senden noch kůmen důn in der vorgesprochen .. Greuinnen land vnd irr kinde, vnd irr eruen, vmb einche werltli(e)che sache, da mit ir, of irr kinde, of irr eruen gerechte of herschaf gecren**[21]**ket moge[91] werden . Vort sulle wir, die .. Greuinne(n) vnd ir kind, vnd ir eruen, vnd ir helfere vnd ir frund, vnd alle die iene, die da mite bevlect mogen sin . als von vnsem vnd vnser paffen geuenknisse, vnd von den namen die vns vnd vnsen **[22]** paffen genomen is[92], von vnsem herren dem Payfese[93] vnd von vns, vnd vort wo is noit geburt als v(er)re als geistlichs rechts vnd vns(er) kirchen statuta die man heiszet p(ro)vincialia pinen[94], sie of ir einchen bindent, lois vnd ledig machen von banne, **[23]** vnd von allem hind(er)nisse da si[95] of irr einch in komen sint, vnd ir land, vnd die stat[96] da wir gelegen han geuangen, lois vnd ledig von dem beslage d(a)z man interdict of cessatie[97] heiszt, tusschen dit vnd Paschen[98] dat nů nehest sal komen . Sturue auer **[24]** der Payfs binnen dieser zyt so han wir dag, dat zů erw(er)uene als id hie gesaget is, binnen eime haluen iare von der zyt daz ein nůwe Payfs gemacht wirt, Vnd vmb dat dit vngehind(er)t důrch ge, of wirs nit bi dem Payfs in dem(e) **[25]** Houe zů brengen mogen so solen wir begaden binnen d(er) vorgenan(n)ten zyt, daz d(er) Payfs volle macht dise[99] absolutien zů dune, vnd ane zů nemene d(er) vorgesprochen .. Greuinne(n), iren kinden, vnd

89 *Hunoldestein*, zu identifizieren mit Hunolstein bei Morbach im Hunsrück (D, Landkreis Bernkastel-Wittlich).

90 *nach* B.

91 *mogen* B.

92 *ist* B.

93 *Payfs* ‘der Papst’, *dem Payfese*’dem Papst’.

94 Da es sich bei den *provincialia pinen* um die Bezeichnung von *vns(er) kirchen statuta* handelt, könnte es sich um Kirchenstrafen speziell der Trierer Kirchenprovinz handeln.

95 *sie* B.

96 *stad* B.

97 Das Interdikt ist eigentlich eine kirchliche Beugestrafe, die den Dienst bei Eucharistiefeiern sowie Gottesdiensten und sowohl Spendung wie Empfang der Sakramente verbietet. So könnte es sich bei der urkundlichen Formel *beslag* ‘Verfügung, Konfiskation’ *daz man interdict of cessatie* ‘Interdikt oder (gleichbedeutend) Cessatio, d. h. Unterbrechung’ *heiszt* um diese Kirchenstrafe handeln.

98 *Paschen* < kirchenlat. *Pascha* ist regionaler, auf die Mosel-, Rhein- und Niederlande begrenzter Ausdruck für ‘Ostern’.

99 *diese* B.

vort den die beulect sint als vorgeschriben[100] ist, alle die **[26]** Pinen die hie vor gelůt hand, beuele dem .. Ertzebisschof von Colne[101], of dem bisschof von Lutghe[102], vnd iren .. vica(r)iusen, in geistlichen dingen, of dem .. Abte von sente Cornelius[103], of dem .. Abte von Steinfeld[104], des gestiechtes[105] von Colne, Vnd also dat **[27]** der Payfs of sin ouerste Penitenciere[106] of ers macht hat nit sund(er)liche ennenne in der beuelinge einche sunderliche wise, eincher besetzinge von penitencien, mer d(a)z er dat lasze an willikore vnd bescheidenheit des dem er d(a)z bevelt, **[28]** Vnd deme solen wir kůnt důn vnd en witzegen mit vnsen brieven, daz vns, vnd vnsen paffen von dem vorgenanten geuenknisse vnd namen genůch si geschiet, Vnd solen den bidden sund(er) argelist, d(a)z he die absolucien[107] vnd and(er)s daz dar zů ge**[29]**burt gutliche(n) du . Vort enmogen wir noch ensolen, noch vnse gestiechte noch vnse nachkumelinge num(m)erme gelosen von einchem Romischen Keysere of Kunge[108] id des gůtes dat die .. Greuinne inde ire kint vnd ire eruen von dem Riche pandes **[30]** hand, Vnd wir, vnd vnse gestiechte solen alle ziit mit trůwen vurdern wie die .. Greuinne vnd ire kint vnd ire eruen an dem gůde bliuen wie si noch her bliuen sint . Vort setzen wir vnd die vorgesprochene Greuinne dri Raitman[109] d(er) is ein von **[31]** vns(er) wegen Pauels von Eich[110], vnd der and(er)e von der .. Greuinne wegen h(er) Volker von Starkenb(ur)g[111] vnd der dritte von vns(er) beider wegen irkoren, h(er) W(er)ner von Randecke[112], ritt(er)e, ouer alle zweiunge, die in eincher wis[113] sich irloufen mach tusschen vns **[32]** vnd vnseme gestiechte[114] vf eine siden vnd d(er) vorgesprochen .. Greuinne(n) vnd iren kinden, vnd iren eruen vf die and(er) siten,, vnd vns vnd eren luden vf jew(e)d(er) siden, vmb alle zweiunge zů verhaldene of sich einche zweiunge, als von disen Sachen vnd von **[33]** allen ande-

---

100 *-schrieben* B.
101 Köln (D).
102 *Luthge* mit mittelfrk. [u] (vgl. mndl. *Ludeke*) ist Lüttich/Liège/Luik (B).
103 Kornelimünster bei Aachen (D).
104 Steinfeld, Gde. Kall (D, Kr. Euskirchen).
105 *gestichtes* B.
106 Dem *Penitenciere*, dem 'Poenitentiar', hier dem des Papstes, kommt neben der Beichtvollmacht auch die Vollmacht zu, im sakralen Bereich von Beugestrafen loszusprechen, den in der selben Zeile genannten *penitencien* 'Bußen'.
107 Die *absolucie* 'Absolution' meint die Lösung und den Nachlass von kirchlichen Strafen und Sünden.
108 *kune(n)ge* B.
109 Ratmänner, Ratleute, das sind hier wohl Urteiler in einem Schiedsverfahren.
110 Eich bei Andernach (D, Landkreis Mayen-Koblenz).
111 *Starkimb(ur)g* B.
112 Randeck, Burg bei Mannweiler-Cölln (Donnersberg-Kreis).
113 *wis* B, *wir* A.
114 *gestichte* B.

ren sachen irloufen sin of irloufen mochten . Vnd alsus is d(a)z die vorgesprochene .. Greuinne of ire kint, of ire eruen clagent[115], so solen die zwene eerste Raitman inuaren zů Crŏue[116] of zu Enkerich[117], is id ouch daz wir clagen, so solen sie **[34]** inuaren zů Be(re)nkastele[118] of zů Celle in den Hamen[119], vnd sulen sich da v(er)gaderen vnd iruaren der kuntschaf da vmbe of anderswa, of des noit is, vnd dat setzen alda binnen vier wechen von dem dage d(a)z die clage an si bracht wirt von der **[35]** clagend(en) partien, vnd of sie des nit endeden, so solen si id an den dritten Raitman brengen binnen den selben vier wechen, vnd so sal der dritte Raitman, binnen den nehesten vierzehen nachten na den seluen vier wechen mit den zwein eersten **[36]** Raitman of mit ir eime eindrechtig werden, Vnd der clage ein ende geuen, Vnd endeit der dritte Raitman des nit so sal er mit den zwen eersten Raitman(n)en al da bliuen ůf irs selues kost bis si ein ende der clagen hand gegeuen, vnd wat d(er) **[37]** dritte Raitman mit zwen[120] of mit eime von den eersten tusschen den partiien sait d(a)z sal vort gan vnd macht han, vnd so welche partiie besait wirt, die sal binnen ses wechen van deme dage, dat sie besaget wirt důn vnd volvuren gentz**[38]**lichen[121] des si[122] besaget wirt . Vnd wurde die vorgesprochene .. Greuinne die wile sie můnbarschaft[123] hait der Graueschaf von Spanhei(m), vnd der heirschaf[124] von Starkenb(er)g of irr sune, of irr eruen einch der greue zv Spanhei(m) vnd h(er)re zů Starkenb(er)g[125] **[39]** were besaget vnd voldede(n) si nit binnen den vorgesprochen ses wechen so solen sie varen in die stat zů Metze[126] of zů Diedenhouen[127] zůhantz, vnd solen alda bliuen vnd dannen nit komen, bis sie voldan hant des sie besagit sint, Vnd envuren sie nit **[40]** zů Metze of zů Diedenhouen zůhands na den ses wechen, of vuren sie in der stede einche vnd schieden dannen e sie voldeden des sie besait weren so hand sie die sone zůbrochen, wurden auer wir besait vnd voldede wir binnen den vorgesprochen ses wechen nit **[41]**, so hette(n)[128]

115 *clagen* B.
116 Kröv an der Mosel (D, Landkreis Bernkastel-Wittlich).
117 Enkirch an der Mosel (D, Landkreis Bernkastel-Wittlich).
118 Bernkastel an der Mosel (D, Landkreis Bernkastel-Wittlich).
119 Zell an der Mosel (D, Kr. Cochem-Zell) mit dem Ortsteil Hamm in einer Krümmung der Mosel: *in den Hamen* A, *in den Ham* B zu mhd. *ham(m)e* 'Knie, Krümmung'.
120 *zwein* B.
121 *gentzlichen da* B.
122 *sie* B.
123 *munbarschaft* A, *mumbarschaf* B 'Vormundschaft'.
124 *herschaf* B.
125 beide Male *Starkem-* B.
126 Metz (F, Moselle).
127 Thionville/Diedenhofen (F, Moselle).
128 *hette* B.

wir die sone gebrochen, vnd w(er)en v̊f vns geuallen die pinen die v̊f vns gesat sint als of eine gebrochene sone, als hie vort geschrieben steit . Vnd dar enbouen dat die Raitlude setzent ensolen wir noch vnse frunt an die vorgesprochene .. Greuinne noch **[42]** an ire kint noch an ire eruen, noch an ire helfere in diesen Sachen nit grifen, noch die .. Greuinne noch ire kint, noch ire eruen noch ire helfere in disen sachen an vns noch an die vnsen . Vnd were daz Sache als die Raitlude ir sage hetten gesaget vnd die **[43]** ziit der richtungen dar na v̊z were d(a)z dan einche der partiien spreche ir enwere nit voldan, vnd die andre[129] partiie spreche sie hette voldan dar up solen die seluen Raitlude mechtig sin zů sagene in alle der wyse, als si macht hand, von den anderen zweiunge(n), **[44]** vnd wat diese Raitlude samen of d(er) dritte mit eime d(er) zweiger eerster als hie vor geschrieben[130] steit sagent, dat solen sie ieclicher partiien beschrieuen geuen vnder iren Ingesigeln, vnd die Briefe solen si antw(er)ten of antw(er)ten důn einen vns, of wir **[45]** binnen vnsem gestiechte[131] sin, of sin wir buzzen vnsem gestiechte, vnsem Capittele vnd den ande(re)n brief[132], die glich dem and(er)en luden sal ouch besigelt, der Greuinne(n) of iren kinden of iren eruen, of sie binne(n) irre graueschaf vnd herschaf sin, sint sie auer da enbůz**[46]**en so solen sie den brief antw(er)ten of antwerten důn irme ambtman zů Starkenb(ur)g, vnd disen brieuen solen wir, vnd die vorgesprochene Greuinne, kint, vnd eruen, geloiuen vnd volgen glicher wys of wir vnd sie entgegen w(er)dig weren gewest da man d(a)z **[47]** sagen sechte, Ouch solen sie einen brief besigelt geuen deme der die Sloiz inne hait of sie v̊ns besagent dat wir nit gerecht enhetten einche bruchche die wir gedan hetten als hie vůr geschrieuen steit, vnd dit solen die vorgesprochen Raitlude sw(er)en vnd vf iren eit **[48]** sagen, Vnd vmb d(a)z wir nit endurfen zweigen vmme Raitlude han wir vor v̊ns gekoren, hern .. Bouen [von Vlmen[133], vnd Herrn Conen][134] von Wunnenb(er)g[135] ritter, of d(a)z geschege, daz vf einche ziit als man der Raitlude bedurfte, der vorgesproche(n) her Pauels **[49]** vnse Raitman doit of siech, of bůzzen landes, of geuangen w(er)e also d(a)z er nit komen moechte, als id da vor geredit is, so solde in sin stat d(er) vorgesprochen h(er) Boue, vnd of die selue her Boue mit sulcheme hindernisze[136] ouch were beuangen, so solde Raitman sin **[50]** vor vns der vorgesprochene h(er) Cone in alle d(er) wys als da vor gesprochen is, von dem vorgesprochen h(er)n Pauels, vnd alsus in glicher wys hat die vorgesprochene Greuinne

---

129 *and(er)e* B.
130 *gescrieben* B.
131 *gestichte* B.
132 Gemeint ist das Domkapitel von Trier.
133 Ulmen in der Eifel (D, Landkreis Cochem-Zell).
134 Die Worte in eckigen Klammern in A undeutlich.
135 Winneburg bei Cochem (D, Landkreis Cochem-Zell): *Wunnen-* A, *Wunnem-* B.
136 *hindernisse* B.

vor sich, bůzzen den vorgesprochen h(er)n Volkere[137], gekoren h(er)n Hůge von dem Steyne[138] vnd **[51]** h(er)n Lamprechte von Schonemburg[139] ritter of h(er)r Volker gehindert were als da vȯre steit, dat h(er) Huch, vnd of her Hůg[140] gehindert were, der vorgesprochen h(er) Lamprecht irre[141] ein des anders stat irvulte als da vor gelůt hat[142] . Geuielle id auer daz dise[143] raitlude alle **[52]** vnd of ouch d(er) vorgenant(e) h(er) Werner, vnse dritte Raitma(n), alsulcher hind(er)nisse einch als da vor geschri̊ben is, ouervielle, so solen wir vor vns einen vnd die vorgesproch(en) .. Greuinne of ire kint, of ire eruen vor sich einen, vnd wir samen einen gemeinen dritten **[53]** Raitman kisen[144] binnen einen mande[145] dar na sund(er) argelist, Vnd als dicke als id geuellet so solen wir vf jew(eder) siden and(er)e Raitlude kisen, also als id hie gelůt hait, vnd die partiie, die da claget sal den Raitluden ir kost begaden in d(er) stat da sie samen **[54]** sin solen die ses wechen v̊z, also doch d(a)z welche partije besaget wirt d(a)z sie vnrecht haue vnd nider vellig wirt der clagen die sal die kost bezalen, vnd vmb eine sicherheit so han wir irkoren, vnd erkiesen[146] dat die hogeboren furste her Johan d(er) **[55]** kuning zů Beemen vnd zů Polen vnd greue zv̊ Lutzellimbůrg[147], vnse lieve neue, vnd die edeln lude, her Johan zů Seyne[148], Her Johan zů Sarbrucken[149], her Georgius zů Veldentze[150], her Wilhelm von Katzenellebogen[151], her Růprecht zů Vernebůrg[152], **[56]** h(er) Georgius, vnd h(er) Conrad Růgreuen gebrud(er)e[153], Greuen, her Arnold vnd her Gerhard[154] gebruder[155], h(er)ren zů Blankenheim[156],

---

137 Volker von Starkenburg (Z. 31).
138 Steinkallenfels (D, Stadt Kirn, Landkreis Bad Kreuznach).
139 Schönburg bei Oberwesel (D, Rhein-Hunsrück-Kreis).
140 beide Male *Hugh* B.
141 *irr* B.
142 *hait* B.
143 *diese* B.
144 *kyesen* B.
145 *mainde* B.
146 *irkiesen* B.
147 Johann, König von Böhmen und Polen, Graf von Luxemburg (1311–1346), Sohn Heinrichs VII. und Neffe Erzbischof Balduins.
148 Sayn, Gde. Bendorf (D, Landkreis Mayen-Koblenz).
149 Saarbrücken (D, Saarland).
150 Veldenz an der Mosel (D, Landkreis Bernkastel-Wittlich).
151 Katzenelnbogen (D, Rhein-Lahn-Kreis).
152 *Verneburg* A, *Virneburg* B, zu identifizieren mit Virneburg (D, Landkreis Mayen-Koblenz).
153 Raugrafen, Grafengeschlecht im Nahegau um Kreuznach.
154 *Gerard* B.
155 *gebrud(er)e* B.
156 Blankenheim (D, Landkreis Euskirchen).

her Wilhelm herre zů Manderscheit[157], vnd her Gylis, herre zů Důne[158] vnse, vnd vns gestichtes edel man, vnd wir heiszen si id důn, **[57]** d(er) vorgenant(en) .. Greuinnen, vnd iren kinden vnd iren eruen, sich v(er)binden vnd hand sich verbůnden mit irre sicherheit in eides stat, dat of wir irgen verbrechen, vnd nit enrechten als hie vor geschriben[159] steit, als lange als wir leuen vnd bisschof **[58]** sin zů Trere, sie helfere w(er)den solen wider vns vnd vnse gestiechte der seluer Greuinne(n) vnd irr kinde, vnd irr eruen, vnd irr helfere in diesen sachen, vnd an dem helfene laszen vnd sprechen wir sie ledich der manschaf vnd d(er) eide der sie vns **[59]** vnd vnsem gestiechte verbůnden sint, Vort sw(er)en wir zů den heiligen, d(a)z wir diese vorgeschriben[160] punte alle, vnd wie sie in disem brieue geschrieuen sint stede halden solen, vnd num(m)erme wid(er) die punte of ir einch komen solen, Vnd wir ver**[60]**zigen ouch willicliche vf die vorgesprochen .. Greuinne, vnd vf alle die iener[161], die an vnsem geuenknisse vnd in der haldinge vns(er) in geuenknisse, vnd wat dar ane komen is, Vnd namen vnser dinge die ůns genomen wůrden, do wir ge**[61]**uangen wůrden, an dade, of an rade waren, als v(er)re als id dit geuenknisse, vnd die name anegeit, luterlichen vnd willen is num(m)er an en geuordern noch gewrechen, noch geuordern noch gewrechen důn, Vnd solen ouch wir vnse **[62]** Paffen die mit vns geuangen wůrden, vnd den ouch etteslich ir ding genomen wůrden důn verzigen in alsulcher wys als wir verzi(e)gen han, also d(a)z vns vnd den paffen an dem verzegnisse genuget vnd genugen sal, gelicher wys of als **[63]** vns vnd vns(en) paffen voldan were . Ouch ensolen wir num(m)erme ouer mitz vns of ieman anders bi Pauesen of bi Keyseren, of bi einchen herren die des macht mogen han irweruen, of nemen, of man id vns geuen wolde ůngeheischt, of gebrůche(n) **[64]** ůrlofs, of dispensacien[162], of gebots, of mit wat namen man id nennen mach, wo bi dat wir varwe, of rede, of orsache hetten dat wir dise vorgesprochen punte, vnd allet d(a)z in diesen vorsprochene Sone gededinget is nit enhilden ane ar**[65]**gelist, alsus enmogen ouch vnse .. Capittel vnd vnse stede Trere, Couelentze, Bop(ar)den, Wesele, vnd Montabůr[163], vnd die vorgesprochenen Kuning vnd edel man(n)e des gestiechts[164] die sich zů vnseme geheisze mit ůns verbindent, also

157 Manderscheid (D, Landkreis Bernkastel-Wittlich).

158 *Dune*, dessen langes [û] im 15./16. Jahrhundert zu [au] diphthongiert wird, ist zu identifizieren mit Daun (Landkreis Vulkaneifel).

159 *-schrieben* B.

160 *-schrieben* B.

161 *iene* B.

162 Die *dispensacie* ist die Lösung und Befreiung von Rechtsakten (z. B. Ehe) oder Gelübden (z. B. Eid).

163 Trier, Koblenz, Boppard, Oberwesel (D, beide Rhein-Hunsrück-Kreis) und Montabaur im Westerwald.

164 *gestiechtes* B.

als id in disem **[66]** brieue geschrieuen steit, nit weruen bi Payuesen, of bi Keyseren in alle der wysen, wie wirt nů von vns seluer gesprochen han, wo bi sie, of irr einch komen mochten wider iere verbuntnisse die an disem brieue geschrieuen sint, Vnd h(er)vmb **[67]** zů vns(er) beden vnd geheize, vnd in eine stedecheit alle diser dinge, diese vorgesprochen stede gelouen in gůden trůwen in eides stat, und v(er)bindent sich d(er) seluer .. Greuinnen, Kinde(re)n, vnd .. Eruen daz of wir ummerme wider diese vorgesprochen punte **[68]** vnd wie sie in disen brieue geschri(e)uen[165] stent, worte[166] of deden, dat die stede vns noch behůlfen[167] noch beraden, ensolen sin entgegen die vorgesprochen .. Greuinne, Kinde(rn), .. Eruen vnd helpere in diesen sachen. Quemen ouch die vorgenannten, .. ku**[69]**ning, vnd .. EdelMan vns gestiechtes, vnd .. Stede, wider einch dieser vorgesprochenre punte, die d(er) .. Kuning vnd die eilf edel man gesiechert, vnd die .. Stede geloft hand als an diesem brieue geschrieuen steit, so hand sie gebrochen die **[70]** sicherheit vnd gelŏuede . Vnd dar vŏr mogen, die .. Greuinne, ire kind(er) vnd ire eruen sie an sprechen, die verbrechent, Vnd umb d(a)z wir willen d(a)z die vorgesprochene .. Greuinne vnd ire kind vnd ire eruen, vnd helf(er)e in diesen sachen **[71]** vor allet dat in disen brieue steit bewaret vnd sicher si, als lange als wir leuen vnd bisschof sin zů Trere, setze wir zů pande der seluer .. Greuinne(n), iren kinden vnd iren eruen vnse sloz Cocheme[168], Be(re)nkastele, vnd Manderscheit mit den **[72]** .. Burgman(n)e(n) vnd dem gůde d(a)z dar zů hŏret, vor driczig[169] tůsent půnt hall(er)e[170], of wir brechen vnd nit enrechten nach der .. Raitlude sagen, daz man die seluen sloz der vorgesprochenre .. Greuinne(n), iren kinden, vnd eruen antw(er)ten sal vor die vorgespro**[73]**chen driezig tůsent punt hallere als lange[171] zů haldene biz d(er) vorgesproch(en) .. Greuinne(n), iren kinden, vnd eruen die bruchche gerecht wirt von vns mit drizig tůsent punden hall(er)e, of irem werde, Vnd noch dan solen die seluen sloz vort **[74]** v(er)bunden bliuen in der seluer wys d(er) vorgen(anten) .. Greuinne(n), iren kinden, und eruen[172], die sone zů haldene als lange als wir leuen vnd bisschof sin zů Trere . Vnd die seluen sloz beuelen wir vnd die .. Greuinne, h(er)n Johanne von Brunshorn[173], vnd of er nit

165 *-scrieuen* B.

166 Fehlschreibung *worue* AB.

167 *beholfen* B.

168 *Cocheme* ist Cochem an der Mosel (Kr. Cochem-Zell).

169 *driezig* B.

170 *hallere* (sonst auch *heller*), benannt nach Schwäbisch-Hall (D, Baden-Württemberg), wo dieser Münztyp seine Erstprägung erfuhr.

171 *lange(n)* B.

172 *ereven* B.

173 Brunshorn, dessen langes [û] im 15./16. Jahrhundert zu [au] diphthongiert wird, ist zu identifizieren mit Braunshorn (D, Rhein-Hunsrück-Kreis).

[75] enw(er)e, so bevelen wir vnd die selue .. Greuinne, die seluen sloz als nů h(er)n Conrade[174], zů Kerpene[175], vnd na d(er) zweier dode sole wir die sloz beuelen eime gemeinen man(n)e die nit partye ensi, vnd in den solen wir vnd die .. Greuinne, ire kint of er**[76]**uen verdragen als des noit is . Vnd w(er), diese slos inne hait D(er) sal diese vorw(or)te der .. Greuinnen iren kinden of eruen zů den heiligen sw (er)en, Vnd die selue her Johan von Brůnshorn hat gesworn[176] diese vorw(ort)e der .. Greuinnen in vrb(er)e irr **[77]** kinder vnd eruen ane argelist, als dise brief spricht[177], so doch d(a)z er of ein dem die vorsprochen[178] hůs beuolen w(er)den nit ensal die hůs geuen, vor eine zůbrochene sone den vorgesprochenen .. Greuinnen kinden of eruen, h(er) en haue offene **[78]** brieue d(er) vorgesproch(en) .. Raitlude die dar vf sagen solen, dat wir nit voldan han, vnd dar zů solen verbunden sin, die seluen Raitlude als hie vor geschrieuen is . Ouch solen die seluen sloz bewart vnd gespieset sin, Cocheme mit zweihůn**[79]**dert mald(er)en rocken, vnd mit zwelf foder wins, Manderscheit mit hůnd(er)t malder rocken vnd mit echte foder wins, B(er)enkastele mit hund(er)t malder rocken vnd mit echte foder wins, vnd d(a)z allet Trescher maiszen[179], Die kost **[80]** sal man da v̊ffe vinden of man die sloz antw(er)ten[180] solde d(er) .. Greuinnen of iren kinden of iren eruen als vor eine zůbrochene sone . Vnd sal man die sloz antw(er)ten mit sulcher[181] bereitschaf als nů dar v̊ffe is von armborsten vnd von an**[81]**d(er)en werlichen dingen ane argelist, noch dan moge wir vns v̊z den slozzen behelfen sunder entgegen die vorgesproch(en) .. Greuinne ire Kind(er) ire eruen vnd ire helfe(re) in diesen sachen . Ouch ensole wir die iene, die die sloz innehand, zů gein(e)re ziit **[82]** entweldigen noch entweldigen laiszen d(er) slozze vnd solen sie des siecher machen mit eiden vnd mit brieuen, e wir vns v̊z den slozzen behelfen mogen . . In[182] orkunde alle dieser Dinge han wir heiszen henken vnse ingesigel[183] an diesen brief . Vnd **[83]** want[184] wir dit gedan hain von willen, rade, vnd gehenknisse vnses Capittels, vnd vns gestiechts man, vnd der Stede, so hand die vorgesprochenen, vnse .. Capitel[185], .. Kuning, vnd .. Edel man

174 *h(er)n Conrade h(er)en zu(o) Kerpene* B.
175 Kerpen (D, Rhein-Erft-Kreis).
176 *gesworen* B.
177 *spriecht* B.
178 *vorgesprochen* B.
179 "das alles nach trierischen Maßen".
180 *anrw(er)den* B.
181 *solcher* B.
182 Große I-Initiale, wohl als Gliederungszeichen gedacht, das die Siegelbekenntnisse vom vorangegangenen Text der Urkunde abtrennt.
183 *Ingesiegel* B.
184 *wand* B.
185 *Capittel* B.

vns gestiechts, vnd die Stede ir ingesigel gehangen **[84]** an diesen brief . Vnd wir Lorette Greuinne zů Spanheim[186] eliche vrowe wiilne h(er)n Heinrichs aldesten sůns, her Johans wiilne Greuen von Spanheim[187], herren zů Starkenb(ur)g[188], Můmbarse[189] vnser kind(er)e die binnen eren iaren sint vor vns vnd **[85]** vnse vorgesprochene kint, vnd ire eruen, bekennen dat alle diese vorgesprochen punte also, als sie hie geschrieuen stent sint geredet, vnd vuerdragen, Vnd gelouen sie, vor v̊ns vnd vor vns(er) vor gesprochenen kint vnd eruen in alle **[86]** der wys als sie geschrieuen sint, vnd vns, vnd vnse kint, vnd ir eruen ane rurent stede zů haldene, vnd nit wider sie zů komene ane argelist, Vnd vnse vor gesprochene kint, vnd ir eruen solen dit seluet gelouen als sie komen sint **[87]** zů iren dagen, Vnd her vmb han[190] wir vns ingesigel[191] vor vns vnd vor die selue kint vnd eruen an diesen brieff gehangen . Vnd wir vorgesprochen .. Capittel von Trere bekenn[192] vnd ieen, dat vnse vorgesprochene h(er)re, vnse h(er)re **[88]** Baldewin vnser[193] Ertzebisschof, diese vorgeschrieuene[194] verbuntnisse in alle diser wisen wie sie in diesem brieue geschrieuen steint van vnseme vnd des gestiechts mannen, vnd der vorgenannt(en) .. Stede, rade, willen, vnd gehenknisse ge**[89]**dan hait, vnd dat wir vns verbunden han vnd v(er)binden an alle die Verbuntnisse die van vns in diesem seluen brieue vure gesaget sint, vnd gelouen sie stede zů haldene, vnde in vrkunde alle diser[195] vorgesprochenre dinge van ge**[90]**heisze vns vorgesprochen h(er)en vnd ouch in vnsem namen han wir gehangen vnse Ingesigel an disem[196] brief . Vnd wir Johan van Gots genaden Kuning zů Beemen vnd zů Polenen, vnd greue zů Lutzellimb(ur)g, vnd wir Johan **[91]** zů Seyne, Johan zů Sarbrucken, Georgius zů Veldentze, Wilhelm von Katzenellebogen, Růprecht zů Vernebůrg[197], Georg(ius), vnd Conr(a)d, Růgreuen gebrůd(er)e, Greuen, Arnold vnd Gerhard h(er)ren von Blankenh(eim), gebrud(er)e, Wilh(elm), **[92]** herre zů Manderscheit, Vnd Gylis herre zů Důne, edel man vns vorgenante(n) herren von Trere vnd sines gestiechts, Vnd die Stede Trere, Couelentze, Bop(ar)den, Wesele

186 *Spaynheim* B.
187 *Spainheim* B.
188 *Starkim-* B.
189 *Mumbarse* fem., d. h. 'Vormundin'.
190 *hain* B.
191 *Ingesiegel* B.
192 *bekenne(n)* B.
193 *vnse* B.
194 *-gescrieuene* B.
195 *dieser* B.
196 *diesem* B.
197 *von Virnebu*rch* B.

vnd Montabůr ieen vnd bekennen des dat wir vns ver**[93]**bunden han also, als id hie enbouen[198] von vns geschrieuen is vnd in der verbuntnisse, Vnd vort in alle der dinge die hie vor geschrieuen[199] steint, orkunde van geheisze vns vorgenannt(en) herren des .. Ertzebisschoffes, han wir vns **[94]** Ingesigele[200] an disen brief gehangen . Die gegeuen is na der gebort vns h(er)ren gots, Druzenhůndert iar, vnd dar na in dem echt vnd zwenzigestem iare, des siuenden dages in dem ho(e)we mande[201].

Literaturverzeichnis

Ames, Werner: *Untersuchungen zur Urkundenschreibe und -sprache der kurtrierischen Kanzlei unter Erzbischof Baldewin. Ein Beitrag zur Geschichte der mittelhochdeutschen Schriftsprache.* Saarbrücken 1976.

Bohn, Thomas/Rapp, Andrea: „Nachträge zum ‚Corpus der altdeutschen Originalurkunden'. Mit Editionen und Untersuchungen", in: *Beiträge zum Sprachkontakt und zu den Urkundensprachen zwischen Maas und Rhein*, hrsg. von Kurt Gärtner und Günter Holtus. Trier 1995. 215–283.

Burgard, Friedhelm: „Beamte und Verwaltung Balduins von Luxemburg", in: *Balduin von Luxemburg, Erzbischof von Trier – Kurfürst des Reichs 1285–1354.* Mainz 1985. 223–249.

Burgard, Friedhelm: „Rudolf Losse (um 1310–1364)", in: *Rheinische Lebensbilder*, Bd. 14. Koblenz 1994. 47–70.

CAO = *Corpus der altdeutschen Originalkurkunden bis zum Jahr 1300.* 5 Bde. und Regesten, hrsg. von Friedrich Wilhelm, Richard Newald und Helmut de Boor. Lahr 1932–1986.

Cazelles, Raymond: *Jean L'Aveugle, comte de Luxembourg, roi de Bohême.* Bourges 1947.

Disselnkötter, Heinrich: *Gräfin Loretta von Sponheim geb v. Salm. Ein Lebens- und Zeitbild aus dem 14. Jahrhundert* (Rheinisches Archiv 37). Bonn 1940.

Eggers, Hans: *Deutsche Sprachgeschichte*, Bd. III: *Das Frühneuhochdeutsche.* Reinbek bei Hamburg 1969.

Gärtner, Kurt: „Zur Erforschung der westmitteldeutschen Urkundensprachen im 13. Jahrhundert", in: *Chronologische, areale und situative Varietäten des Deutschen in der Sprachhistoriographie. Festschrift R. Große*, hrsg. von Gotthard Lerchner, Marianne Schröder und Ulla Fix. Frankfurt am Main 1995. 263–272.

Gärtner, Kurt: „Original- und Kopialüberlieferung von deutschen Urkunden des 13. und 14. Jahrhunderts am Beispiel der Balduineen", in: *Quelle – Text – Edition*, hrsg. von Anton Schwob, Erwin Streitfeld, Karin Kranich-Hofbauer. Tübingen 1997. 51–61.

Gärtner, Kurt/Holtus, Günter: „Einführung in das Projekt ‚Westmitteldeutsche und ostfranzösische Urkunden- und Literatursprachen im 13. und 14. Jahrhundert'", in: *Beiträge zum Sprachkontakt*

198 *inbouen* B.

199 *gescrieuen* B.

200 *vnse Ingesiegele* Bb.

201 *mainde* B.

und zu den Urkundensprachen zwischen Maas und Rhein, hrsg. von Kurt Gärtner und Günter Holtus. Trier 1995. 11–38.

Gärtner, Kurt/Holtus, Günter/Rapp, Andrea/Völker, Harald: „Urkunden des 13. Jahrhunderts als Quellen sprachlicher Untersuchungen zum Westmitteldeutschen und Ostfranzösischen. Korpus und Anwendungsbeispiele“, in: *Urkundensprachen im germanisch-romanischen Grenzgebiet*, hrsg. von Kurt Gärtner und Günter Holtus. Mainz 1997. 21–138.

Gärtner, Kurt/Holtus, Günter/Rapp, Andrea/Völker, Harald (Hrsg.): *Skripta, Schreiblandschaften und Standardisierungstendenzen. Urkundensprachen im Grenzbereich von Germania und Romania im 13. und 14. Jahrhundert*. Trier 2001.

Goedert, Joseph: *La formation territoriale du pays de Luxembourg depuis les origines jusqu'au milieu du XVe siècle*. Luxembourg 1963.

Günther, Wilhelm (Hrsg.): *Codex Diplomaticus Rheno-Mosellanus*, III. Theil, I. Abtheilung: *Urkunden von 1300–1350*. Coblenz 1824.

Haubrichs, Wolfgang: „Geschichte der deutsch-romanischen Sprachgrenze im Westen“, in: *Sprachgeschichte. Ein Handbuch zur Geschichte der deutschen Sprache und ihrer Erforschung*, 2. Aufl., hrsg. von Werner Besch, Anne Betten, Oskar Reichmann und Stefan Sonderegger, Bd. 4. Berlin/New York 2004. 3331–3346.

Haubrichs, Wolfgang: „La structuration linguistique de l'espace: Du bilinguisme à l'émergence des frontières“, in: *De la mer du Nord à la Méditerranée. Francia Media, une région au coeur de l'Europe*, hrsg. von M. Gaillard, M. Margue, A. Dierkens und H. Pettiau. Luxembourg 2011. 41–68.

Haubrichs, Wolfgang: „Die sprachhistorische Bedeutung des Prager Hofs und der Prager Kanzlei für das frühe Neuhochdeutsche“, in: *Rom 1312. Die Kaiserkrönung Heinrichs VII. und die Folgen. Die Luxemburger als Herrscherdynastie von gesamteuropäischer Bedeutung*, hrsg. von Sabine Penth und Peter Thorau. Köln/Weimar/Wien 2016. 331–347.

Herrmann, Hans-Walter: „Volkssprache und Verwaltung in Oberlothringen im Spätmittelalter und der Frühen Neuzeit“, in: *Beiträge zum Sprachkontakt und zu den Urkundensprachen zwischen Maas und Rhein*, hrsg. von Kurt Gärtner und Günter Holtus. Trier 1995. 129–171.

Heyen, Franz-Josef (Hrsg.): *Kaiser Heinrichs Romfahrt. Die Bilderchronik von Kaiser Heinrich VII. und Kurfürst Balduin von Luxemburg*. München 1965 [Nachdruck 1978].

Heyen, Franz-Josef: „Balduin von Luxemburg“, in: *Rheinische Lebensbilder* 4 (1970): 23–36.

Heyen, Franz-Josef: „Balduin von Luxemburg, Erzbischof von Trier“, in: *Lexikon des Mittelalters* 1 (1980): 1372–1374.

Heyen, Franz-Josef/Mötsch, Johannes (Hrsg.): *Balduin von Luxemburg – Kurfürst des Reichs 1285–1354. Festschrift aus Anlass des 700. Geburtsjahres*. Mainz 1985.

Hlavácek, Ivan: „Johann der Blinde, König von Böhmen und Graf von Luxemburg“, in: *Balduin von Luxemburg – Kurfürst des Reichs 1285–1354. Festschrift aus Anlass des 700. Geburtsjahres*, hrsg. von Franz-Josef Heyen und Johannes Mötsch. Mainz 1985. 151–173.

Hoefer, Ludwig Franz (Hrsg.): *Auswahl der ältesten Urkunden deutscher Sprache im Königlichen Geheimen Staats- und Kabinets-Archiv zu Berlin*. Hamburg 1835.

Hoensch, Jörg K.: *Die Luxemburger. Eine spätmittelalterliche Dynastie gesamteuropäischer Bedeutung 1308–1437*. Stuttgart 2000.

Holtorf, Arne: „Losse, Rudolf“, in: *Die deutsche Literatur des Mittelalters. Verfasserlexikon*, Bd. 5 (1984/85): 913–919.

Holtus, Günter/Körner, Anja: „Sprachvariation und Sprachwandel *in statu nascendi*. Zur Analyse der Kopialüberlieferung einer altfranzösischen Urkunde (1273) in den ‚Balduineen'“, in: *Skripta, Schreiblandschaften und Standardisierungstendenzen. Urkundensprachen im Grenzbereich von*

Germania und Romania im 13. und 14. Jahrhundert, hrsg. von Kurt Gärtner, Günter Holtus, Andrea Rapp und Harald Völker. Trier 2001. 449–474.

Holtus, Günter/Overbeck, Anja/Völker, Harald: „Vom Informationsgehalt mittelalterlicher Texte. Edition und Analyse eines Korpus luxemburgischer Urkunden", in: *Überlieferungs- und Aneignungsprozesse im 13. und 14. Jahrhundert auf dem Gebiet der westmitteldeutschen und ostfranzösischen Urkunden- und Literatursprachen*, hrsg. von Kurt Gärtner und Günter Holtus. Trier 2005. 137–154.

Körner, Anja: „Die Sprache der Luxemburger Grafenurkunden des 13. Jahrhunderts in Original und Kartularabschrift", in: *Skripta, Schreiblandschaften und Standardisierungstendenzen. Urkundensprachen im Grenzbereich von Germania und Romania im 13. und 14. Jahrhundert*, hrsg. von Kurt Gärtner und Günter Holtus. Trier 2001. 393–417.

Kornrumpf, Gisela: „Losse, Rudolf", in: *Lexikon des Mittelalters* 5 (1991): 2122.

Langer, Hans Günther: „Urkundensprachen und Urkundenformeln in Kurtrier um die Mitte des 14. Jahrhunderts", in: *Archiv für Diplomatik* 16 (1970): 350–505; 17 (1971): 348–436.

Langer, Hans Günther: „Die Sprache der kurtrierischen Kanzlei um die Mitte des 14. Jahrhunderts und die neuhochdeutsche Schriftsprache", in: *Balduin von Luxemburg, Erzbischof von Trier – Kurfürst des Reichs 1308–1437*, hrsg. von Franz Josef Heyen und Johannes Mötsch. Mainz 1985. 263–277.

Lehmann, Johann Georg: *Die Grafschaft und die Grafen von Spanheim (Sponheim) der beiden Linien Kreuznach und Starkenburg*, 2 Bde. Kreuznach 1869.

Lexer, Matthias: *Mittelhochdeutsches Handwörterbuch*, Bd. II. Leipzig 1872–1878 [Nachdruck 1992].

Margue, Michel/Moraw, Peter: „Luxemburg, Grafen von, Grafschaft,Herzogtum; Luxemburger", in: *Lexikon des Mittelalters* VI (1992): 28–33.

MGH = *Monumenta Germaniae Historica. Constitutiones et Acta Publica imperatorum et regum*, IV, 1, hrsg. von Jacobus Schwalm. Hannover/Leipzig 1906; IV, 2, ebd. 1909–1911; V, ebd. 1909–1913.

Mötsch, Johannes: *Die Balduineen. Aufbau, Entstehung und Inhalt der Urkundensammlung des Erzbischofs Balduin von Trier*. Koblenz 1980.

Mötsch, Johannes: „Die Schriftgutverwaltung", in: *Balduin von Luxemburg, Erzbischof von Trier – Kurfürst des Reichs 1308–1437*, hrsg. von Franz Josef Heyen und Johannes Mötsch. Mainz 1985. 251–261. (= Mötsch 1985a)

Mötsch, Johannes: „Trier und Sponheim", in: *Balduin von Luxemburg, Erzbischof von Trier – Kurfürst des Reichs 1308–1437*, hrsg. von Franz Josef Heyen und Johannes Mötsch. Mainz 1985. 357–389. (= Mötsch 1985b)

Mötsch, Johannes: *Die Regesten des Archivs der Grafen von Sponheim 1056–1437*, Bd. 1. Koblenz 1987.

Mötsch, Johannes/Heyen, Franz-Josef: *Balduin von Luxemburg – Erzbischof von Trier, Kurfürst des Reichs 1285–1354. Katalog zur Landesausstellung in Trier*. Koblenz 1985.

Patze, Hans: „Neue Typen des Geschäftsschriftgutes im 14. Jahrhundert", in: *Der deutsche Territorialstaat im 14. Jahrhundert*, hrsg. von Hans Patze. Sigmaringen 1970. 9–64.

Pauly, Michel (Hrsg.): *Johann der Blinde, Graf von Luxemburg, König von Böhmen 1296–1346*. Luxemburg 1997.

Penth, Sabine/Thorau, Peter (Hrsg.): *Rom 1312. Die Kaiserkrönung Heinrichs VII. und die Folgen. Die Luxemburger als Herrscherdynastie von gesamteuropäischer Bedeutung*. Köln/Weimar/Wien 2016.

Pitz, Martina: „Volkssprachige Originalurkunden aus Metzer Archiven bis zum Jahre 1270", in: *Skripta, Schreiblandschaften und Standardisierungstendenzen. Urkundensprachen im Grenzbereich von Germania und Romania im 13. und 14. Jahrhundert*, hrsg. von Kurt Gärtner und Günter Holtus. Trier 2001. 295–393.

Pitz, Martina: „Im Spannungsfeld zwischen Original und Kopie. Überlegungen zu Doppelausfertigungen altlothringischer Urkunden des 13. Jahrhunderts“, in: *Überlieferungs- und Aneignungsprozesse im 13. und 14. Jahrhundert auf dem Gebiet der westmitteldeutschen und ostfranzösischen Urkunden- und Literatursprachen*, hrsg. von Kurt Gärtner und Günter Holtus. Trier 2005. 15–53.

Pitz, Martina: „Kulturelle Umorientierung als Motor sprachlicher Innovation? Überlegungen zur Einführung südlicher Formen in der deutschsprachigen Urkundenüberlieferung des 14. Jahrhunderts im Saar-Mosel-Raum“, in: *Überlieferungs- und Aneignungsprozesse im 13. und 14. Jahrhundert auf dem Gebiet der westmitteldeutschen und ostfranzösischen Urkunden- und Literatursprache*, hrsg. von Kurt Gärtner und Günter Holtus. Trier 2005. 323–356.

Reichert, Winfried: *Landesherrschaft zwischen Reich und Frankreich. Verfassung, Wirtschaft und Territorialpolitik in der Grafschaft Luxemburg von der Mitte des 13. bis zur Mitte des 14. Jahrhunderts*, 2 Bde. Trier 1993.

Reichert, Winfried: *„In lingua gallica sive Romana pro comoditate domini*. Beobachtungen zum Aufkommen volkssprachiger Urkunden in der Grafschaft Luxemburg“, in: *Urkundensprachen im germanisch-romanischen Grenzgebiet*, hrsg. von Kurt Gärtner und Günter Holtus. Mainz 1997. 369–489.

Schares, Thomas: „Mittelhochdeutsche Originalurkunden aus der Südeifel. Untersuchungen und Edition der Urkunden Hartrads von Schönecken 1336–1350“, in: *Überlieferungs- und Aneignungsprozesse im 13. und 14. Jahrhundert auf dem Gebiet der westmitteldeutschen und ostfranzösischen Urkunden- und Literatursprachen*, hrsg. von Kurt Gärtner und Günter Holtus. Trier 2005. 391–430.

Schmitt, Ludwig Erich: *Die deutsche Urkundensprache in der Kanzlei Kaiser Karls IV. (1346–1378)*. Halle 1936.

Schmitt, Ludwig Erich: *Untersuchungen zur Entstehung und Struktur der neuhochdeutschen Schriftsprache*. Köln/Graz 1966.

Schoos, Jean: „Die Familie der Luxemburger. Geschichte einer Dynastie“, in: *Balduin von Luxemburg, Erzbischof von Trier – Kurfürst des Reichs 1285–1354*, hrsg. von Franz Josef Heyen und Johannes Mötsch. Mainz 1985. 119–149.

Schulze, Ursula: „Probleme der sprachgeschichtlichen Auswertung des ‘Corpus der altdeutschen Originalurkunden’ und der Beginn der deutschen Beurkundung in Straßburg“, in: *Urkundensprachen im germanisch-romanischen Grenzgebiet*, hrsg. von Kurt Gärtner und Günter Holtus. Mainz 1997. 253–272.

Schulze, Ursula: *Studien zur Erforschung der deutschsprachigen Urkunden des 13. Jahrhunderts*. Berlin 2011.

Thomas, Heinz: „Johann von Luxemburg, König von Böhmen“, in: *Lexikon des Mittelalters* 5 (1990): 496–497.

Völker, Harald: „Zur Untersuchung altfranzösischer Urkunden Ermesindes (1226–1247) und Heinrichs V. (1247–1281) von Luxemburg. Probleme und Aufgabenstellungen“, in: *Urkundensprachen im germanisch-romanischen Grenzgebiet*, hrsg. von Kurt Gärtner und Günter Holtus. Mainz 1997. 199–210.

Wampach, Camille: *Urkunden- und Quellenbuch zur Geschichte der altluxemburgischen Territorien*, Bd. 5–7. Luxemburg 1948–1949.

Warken, Norbert: *Mittelalterliche Geschichtsschreibung in Straßburg. Studien zu ihrer Funktion und Rezeption bis zur frühen Neuzeit*. Saarbrücken 1995.

Wiesinger, Peter: „Das Verhältnis des Prager Kreises um Karl IV. zur neuhochdeutschen Schriftsprache“, in: *Blätter für Deutsche Landesgeschichte* 114 (1978): 847–863.

Jarosław Wenta

Die Deutschordensstatuten: Edition und Frühgeschichte

1 Generalia

Von 49 Anmerkungen in Beschreibungen und Verzeichnissen von Handschriften, welche die deutschsprachigen mittelalterlichen Manuskripte der Statuten des Deutschen Ordens betreffen, beziehen sich mindestens zehn auf die revidierte Fassung (1442). Ein Drittel der anderen sind Handschriften, deren Entstehung in das Ende des dreizehnten und auf die erste Hälfte des vierzehnten Jahrhunderts fällt. Einige von ihnen verraten oberdeutsche und allemannische Merkmale.[1] Das reicht als Grund, um die Deutschordensstatuten, den Forschungsstand und die sich durch die überlieferten Handschriften eröffnenden Forschungsmöglichkeiten hier näher zu betrachten.[2]

Wir tun es, weil die Regel, die *consuetudines* und insbesondere die Statuten zu den wichtigsten Produkten im Schrifttum im Bereich der *vita religiosa* gehören. Zusammen bilden sie die normativen Strukturen einer religiösen Gemeinschaft.

Der Begriff *statuta* wurde und wird im kanonischen Gebrauch unterschiedlich verwendet, aber immer in der Bedeutung als Normgruppe. Statuten sind Gebote, gerichtet an Einzelpersonen oder Gruppen, auf Grund derer die Ziele, die Gemeinschaftsform, die Verwaltung und die Vorgehensweisen im Orden bestimmt werden. *Regula, consuetudines* und die Statuten bilden jedenfalls den Kern der Sache. Es gibt keine einheitlichen Regeln für die Form solcher Medien in allen Ordensgemeinschaften. Zum Beispiel besaßen die Kartäuser niemals eine Regel und die Cluniazenser behalfen sich über 200 Jahre lang ohne Statuten. Die Statuten entwickelten sich gewöhnlich auf der Grundlage der Regel, die letztlich die erste und grundsätzliche Festlegung über das gemeinsame Leben im Orden darstellt. Obwohl der Begriff *regula* eine Vielzahl von Normgruppen beinhalten kann, zum Beispiel *consuetudines, constitutiones,* welche die Lebensformen im Kloster bestimmen, so bedeutet für uns (im Falle des Deutschen Ordens) die *regula* den ersten und grundlegenden Teil der

1 https://handschriftencensus.de/werke/83 (27. Juni 2022).

2 Die Veröffentlichung ist Teil des Projekts: National Science Centre, Poland, Nr 2018/29B/HS3/00886, „Statutes of the Teutonic Order. Latin and French manuscripts".

https://doi.org/10.1515/9783111165226-009

Statuten; dies entspricht damit der Regel der sogenannten alten Orden. Im allgemeinen Sinne bedeutet sie die von den Ordensgründern stammenden und von der Kirche bestätigten grundlegenden Lebensregeln einer Gemeinschaft.[3]

2 Die Statuten des Deutschen Ordens

In einer überlieferten Form bestanden die Deutschordensstatuten aus dem theologischen und teilweise historischen Prolog, der Regel, den Gesetzen und den Gewohnheiten. Die erhaltenen Handschriften der Statuten wurden in mehreren Sprachen verfasst und entstammten verschiedenen Zeitperioden. Die Fassungen in verschiedenen Sprachen weisen Unterschiede in der Redaktion auf. Die Entstehungszeit des Ganzen und der einzelnen Teile bleibt Gegenstand der Diskussion. Im Falle des Deutschen Ordens ist davon auszugehen, dass die endgültige Gestalt der Regel Ergebnis eines Prozesses von längerer Zeitdauer war. Über die Grundsätze der Regel entschied mit Sicherheit das im Jahre 1215 abgehaltene IV. Laterankonzil. Seine Beschlüsse verboten neue Ordensregeln zu erschaffen; die Mönche durften nur einem Kloster angehören und die Äbte nur ein Kloster verwalten.

3 Die Edition von Max Perlbach und die Forschungsprobleme

Im Grunde sollte die Edition der Statuten vom Jahre 1890 Gedenk- und Jubiläumscharakter haben. Den Titel: *Die Statuten des Deutschen Ordens nach den ältesten Handschriften* ergänzte die Note auf der nächsten Seite: *Zur siebenten Säcularfeier der Stiftung des Deutschen Hospitals zu Accon 1190.*[4]

Die älteren Editionen bildeten den Ausgangspunkt zur Arbeit über die Gesamtedition. Der Herausgeber überprüfte ihre Texte, in Anlehnung an die ihm bekannten Handschriften und schuf gleichzeitig Textkommentare dazu. Im Falle der Redaktionsarbeiten über die Texte, die keine früheren Editionen besaßen, begann

---

3 Vgl. als Einführung Drossbach 2010; Melville 2005, 5–8; Schreiner 2000, 275–314. Für den Deutschen Orden insbesondere: Mentzel-Reuters 2010, 55–71, sowie Sarnowsky 2010, 255–264; Houben 2005, 375–386.

4 *Die Statuten des Deutschen Ordens nach den ältesten Handschriften,* hrsg. von Max Perlbach, Halle 1890.

seine Forschung mit der Beschaffung von Abschriften aus den ihm bekannten Manuskripten.[5] Nicht unbedingt waren es Originalhandschriften. Dem Nachlass von Max Perlbach in der Danziger Bibliothek der Polnischen Akademie der Wissenschaft zufolge schuf er die Edition der niederdeutschen Fassung anhand einer Kopie aus der Handschrift aus Linköping (aufbewahrt im Zentralarchiv in Wien, Nr 28).[6] Bei der lateinischen Fassung, die für seine Auffassungen über die schriftliche Überlieferung der Statuten von grundsätzlicher Bedeuteung war, bediente er sich einer Abschrift der Handschrift aus der Kaiserlichen und Königlichen Bibliothek in Wien, die durch den dortigen Kustos kollationiert wurde. Paul Ewald solle im Jahre 1887 für Max Perlbach die im Archiv des Deutschen Ordens in Wien aufbewahrte Abschrift der Handschrift aus der Vatikanbibliothek Cod. ms. lat. Biblioth. reginae Sueciae 163 kollationiert haben. Höchstwahrscheinlich war das Original der Handschrift Max Perlbach nicht bekannt und er selbst legte keinen größeren Wert darauf. Das beweisen der dem Heft von Perlbach[7] gegebene Titel sowie die Anmerkungen an Rändern und Kommentare.[8]

Bemerkenswert ist, dass seit den Zeiten von Max Perlbach niemand Recherchen durchgeführt hat, um den Bereich von bekannten sprachlichen Fassungen oder um die Zahl der lateinischen oder der französischen Handschriften zu vergrößern. Dank dem Internetportal *Handschriftencensus* haben wir ein allgemeines Wissen über die gegenwärtig bekannten deutschsprachigen Handschriften.[9] Im Falle der Statuten des Deutschen Ordens sind es die Handschriften in verschiedenen, mittelalterlichen Dialekten, auch in Niederdeutsch und Niederländisch. Aufgrund der redaktionellen Unterschiede hat Max Perlbach die deutschen Handschriften in sechs Gruppen (b, d, k, sa, sb, w) geordnet. Er hat sie auch im Hinblick

5 Vgl. die oben genannten Beispiele der niederdeutschen und der altfranzösischen Fassungen.

6 Vgl. Biblioteka Gdańska PAN, Ms. 2689 III, *Katalog rękopisów Biblioteki Gdańskiej PAN. Uzupełnienia do tomów I-IV (Sygnatury 1–4258)*, oprac. Przemysław Szafran. Wrocław – Warszawa – Kraków – Gdańsk – Łódź 1988, 147–148.

7 Statuta ordinis Theutonici Lateinisch und Deutsch, Rom Vaticana 23344 (Montf. 263) (Wien, DOC. Archiv 37a). Perlbach strich teilweise die Angaben/Daten der römischen Signatur und gab ihr die endgültige Gestalt: Rom, Vaticana 1344 (Montf. I, 44). Vgl. *Die Statuten des Deutschen Ordens nach den ältesten Handschriften*, XI. Die korrekte Beschreibung: *Bibliothecae Apostolicae Vaticanae codices Manu scripts recensiti iussu Pii XI Pontificis Maximi, Codices reginensis latini, Bd. I, codices 1–250*, bearb. von André Wilmart. Bibliotheca Vaticana 1937, 383–385.

8 Biblioteka Gdańska PAN, Ms. 2681 III.

9 http://www.handschriftencensus.de/werke/83 (27. Juni 2022). Eine Ausnahme bildet der Artikel von Johannes Götz, „Statutenhandschriften des Deutschen Ordens nach der älteren Redaktionsstufe. Eine Ergänzung zur Edition von Max Perlbach“, in: *Blätter für deutsche Landesgeschichte* 155 (2019): 417–496. Götz liefert Informationen aus zweiter Hand. In seiner Arbeit erwähnt er Personen, die seine Informanten waren. Diese Informationen enthalten eine große Anzahl von Fehlern.

auf die Sprache klassifiziert: „Der mitteldeutsche Text ist stark mit niederrheinischen Formen durchsetzt", „in reinem Mitteldeutsch geschrieben", „der Dialect ist niederrheinisch", „mitteldeutsch mit vielfachen Anklängen an oberdeutschen Formen", „in österreichischem Dialect", „oberdeutsch", „mitteldeutsch mit einigen niederdeutschen Formen", „allemanischen Dialect", „niederdeutsch".

Aus seinen Beschreibungen der Handschriften geht hervor, dass bereits Ende des dreizehnten Jahrhunderts viele Ordenshäuser über eigene Statutenfassungen verfügten, die lokale Redaktionstraditionen und Sprachen mitberücksichtigten. Bis zum Jahr 1442 war das Prinzip der Übereinstimmung der liturgischen Bücher und der grundsätzlichen Urkunden offensichtlich im Orden entweder nicht vorhanden oder wurde schlecht durchgeführt.[10]

Zu Beginn seiner Editionstätigkeit verfügte Max Perlbach über Editionen von vier Sprachfassungen der Statuten. Bei der lateinischen Fassung bediente er sich des Drucks von Raymund Duellius aus dem Jahre 1724, der den Text aus dem fünfzehnten Jahrhundert nach der damaligen Wiener Hofbibliothek[11] wiedergab. Bei der mittelalterlichen deutschsprachigen Fassung behalf er sich mit der Ausgabe von Ottmar Schönhuth nach der Handschrift aus dem Archiv des Deutschen Ordens in Wien Nr. 182 aus dem Anfang des vierzehnten Jahrhunderts.[12] Die niederländische Redaktion ediert die Ausgabe von Willem J. d'Ablaing van Giessenburg aus dem Jahre 1857 nach zwei Handschriften vom vierzehnten und vom sechzehnten Jahrhundert aus der Königlichen Bibliothek in Haag.[13] Die Fragmente einer französischen mittelalterlichen Handschrift, damals in Königsberg (Nr. 1574), waren ihm aus dem Druck Ludwigs von Baczko aus dem Jahre 1792 bekannt.[14] Er kannte auch die Revision der Edition der Statuten des Ordenshochmeisters Konrads von Erlichshausen aus dem Jahre 1442.[15] Diese Revision aus dem Jahre 1442 fand, obwohl sie sowohl für die Geschichte der Statuten als auch

10 *Die Statuten des Deutschen Ordens nach den ältesten Handschriften*, XV–XXVIII.

11 In der Zusammenstellung von Perlbach W. Früher in der Kaiserlich-Königlichen Hofbibliothek zu Wien, No 4724, gegenwärtig Österreichische Nationalbibliothek, Codex Vindobonensis Palatinus 4724, XIV–XV Jh. Mehrere Hände, Bayern und Österreich (Klosterneuburg, Wien St. Dorothea), Sammelband, Pergament und Papier 342 Blätter, 21,6 x 15,9 cm, jede Seite 25 bis 31 Verse. Originaleinband, mittelalterlich: Holzbrett im gelben Leder. Vgl. Raymund Duellius: *Miscellanea quae ex Codicibus mss. Collegit.* Augsburg et Gratz 1724, 12–64.

12 *Das Ordensbuch der Brüder vom Deutschen Hause St. Marien zu Jerusalem, zum ersten Mal in der ältesten Abfassung nach einer Pergamenturkunde des dreizehnten Jahrhunderts*, hrsg. von Ottmar F. H. Schönhuth. Heilbronn 1847.

13 Baron D'Ablaing van Giessenburg 1857, 2–3 und 203–316.

14 Ludwig von Baczko: *Geschichte Preußens*, Bd. I. Königsberg 1792, 402–405.

15 *Die Statuten des Deutschen Ordens. Nach dem Original-Exemplar mit sinnerläutenden Anmerkungen, einigen historisch-diplomatischen Beylagen und einem vollständigen historisch-etymologischen*

für die Arbeit über die Edition von Bedeutung war, keine unmittelbare Verwendung in der Ausgabe Perlbachs vom Jahre 1890.[16]

Jeder von fünf sprachlichen Fassungen entsprach eine Edition. Im Druck wurden sie in Spalten nebeneinander zusammengestellt. Die Reihe eröffnete die lateinische Fassung nach der damals Königsberger Handschrift Nr 1564.[17] Darauf folgte der französische Text nach damals Königsberger Handschrift Nr 1574.[18] Als dritter kam ein niederländischer Text, dem Inhalt der Handschrift Nr. 1121 in der Königlichen Bibliothek in Haag und dem Druck von Giessenburg folgend.[19] Die vierte Spalte sollte den deutschen Text nach der ältesten datierten Handschrift vom 1. Oktober 1264 enthalten. Perlbach hat jedoch festgestellt, obwohl er die These nicht begründete, dass er seinem Inhalt nicht wortwörtlich folgen konnte. Die Zusammenstellung endete mit dem im unteren Rand gesetzten niederdeutschen Text.[20] Der Herausgeber erklärte,

Glossarium, hrsg. von Ernst Hennig. Königsberg 1806. Hennig edierte auf Grund der offiziellen, im Königsberger Archiv aufbewahrten Handschrift.

16 *Die Statuten des Deutschen Ordens nach den ältesten Handschriften*, X–XXX.

17 Vgl. *Katalog der mittelalterlichen deutschsprachigen Handschriften der ehemaligen Staats- und Universitätsbibliothek Königsberg. Nebst Beschreibungen der mittelalterlichen deutschsprachigen Fragmente des ehemaligen Staatsarchiv Königsberg*, auf der Grundlage der Vorarbeiten Ludwig Deneckes erarbeitet von Ralf Päsler, hrsg. von Uwe Meves. Schriften des Bundesinstituts für Ostdeutsche Kultur und Geschichte 15. Oldenburg 2000, 128–132. Gegenwärtig, nach *Katalog rękopisów średniowiecznych Biblioteki Uniwersyteckiej w Toruniu*, wyd. Marta Czyżak. Toruń 2016, 13–20: Sign. Rps. 3/I, Herkunft: Deutschorden Preußen, möglich pomesanisches Domkapitel, Pergament, 1398 und die folgenden Jahre, XV. Jahrhundert, auf dem vorderen Vorsatz Sig. 1564 und Inhaltsverzeichnis der Handschrift, Siegel „Bibliotheca Regiomontana", Einband Eichenbrett im hellbraunen Leder, im Rücken des Einbands Klebezettel mit Sig. 1564, konserviert 2001–2004.

18 Über die französischsprachige Redaktion der Statuten des Deutschen Ordens sprechen wir auf Grund der bisher einzig bekannten Handschrift, gegenwärtige Signatur: Rps 5/I aus der Bibliothek der Nikolaus Kopernikus Universität in Toruń. Ursprünglich sollte sie der Schloßbibliothek in Königsberg angehören. Vgl. http://www.handschriftencensus.de/13958 (27. Juni 2022). Dort auch die grundsätzliche Literatur. Online https://kpbc.umk.pl/dlibra/publication/72877/edition/82092/content?format_id=3 (27. Juni 2022).

19 Die Handschrift „Haag 1121" soll, der Vermutung des Herausgebers nach, der Kommende Ootmarsum in der Ballei Westphalen entstammen. Vgl. Handschriftencensus: http://www.handschriftencensus.de/23008 (27. Juni 2022; Beschreibung Kurt Gärtner, Marburg, Dezember 2010). Gegenwärtig Koninklijke Bibliotheek 's-Gravenhage Cod. 78 H 37, 100 Blätter, Pergament, 16,8 x 12,2 cm, ca. 22 Verse auf einer Seite, XIV. Jahrhundert (Perlbach)/XV. Jahrhundert (Catalogus), k. 1r-6v Kalender; Nr 374. „D. Orde", in: Jacob Verdam und Elco Verwijs, *Middelnederlandsch Woordenboek*, Bd. 10 (Tekstcritiek, Bouwstoffen). 's-Gravenhage 1927–1952, 254. Bibliotheca Neerlandica Manuscripta & Impressa: 1425–1775: midden 15e eeuw. Middelnederlandsch Woordenboek, Beschreibung nach van Giessenburg: Bibliotheca Neerlandica Manuscripta & Impressa: https://bnm-i.huygens.knaw.nl/tekstdragers/TDRA000000003585.

20 In der Zusammenstellung Perlbachs **L**. Früher Gymnasialbibliothek in Linköping in Schweden, Codices historici No. 33, gegenwärtig Linköpingsstiftsbibliothek, H 33, livländischer Herkunft, er sehe keine Möglichkeit, unter den Lektionen alle Varianten der Handschriften, insbesondere der deutschen Handschriften, mitzuberücksichtigen, auch weil sie fast in allen deutschen mittelalterlichen Dialekten redigiert wurden; so sah er sich seiner Meinung nach gezwungen, die Varianten auf die unentbehrlichsten zu beschränken.[21]

Diese Einsichten in die Arbeitsmethode des Herausgebers spiegelt sein Nachlass wider, der seit 1923–1924 in der Danziger Bibliothek, gegenwärtig PAN aufbewahrt wird. Der Nachlass ist Teil seines Vermächtnisses an die Bibliothek, der Materialien zur Forschungsarbeit sowie seine in den Jahren 1923, 1924, 1925 und 1926 übergegebene Büchersammlung umfasst.[22]

Die Materialien zur Vorbereitung der Edition der Statuten des Deutschen Ordens sind in dem Nachlass nicht komplett; nichtdestoweniger erlaubten sie uns, die Arbeitsweise des Quelleneditors am Ausgang des neunzehnten Jahrhunderts, zu rekonstruieren. Der Nachlass besteht aus Heften, je ein Heft für eine genutzte Handschrift. In der Regel enthalten sie lediglich die Inzipits der ersten und die Explizits der letzten Verse der einzelnen Seiten.[23] Daher sollte man die Erklärungen des Herausgebers angesichts der Verfolgung der Textvarianten einzelner Handschriften mit Vorbehalten betrachten. Die in den Heften überlieferten Abschriften zeugen davon, dass dies mit Absicht erfolgte. Nur in Ausnahmefällen enthalten die Hefte vollständige Abschriften, etwa im Falle der altfranzösischen Handschrift[24] und der Abschrift aus der Wiener Kopie der niederdeutschen Handschrift aus Linköping.[25] Um die Arbeitsmethode Max Perlbachs bei der Edition der Statuten des Deutschen Ordens zu illustrieren, bedienen wir uns des Heftes mit der Beschreibung der Handschrift, früher in Königsberg Msc.1563, als Beispiel. Laut Überschrift: „die deutschen Statuten Msc.1563 in Königsberg" sollte

Mitte des 14. Jahrhunderts, Pergament, 127 Blätter, 19 x 14 cm, 18 Verse auf einem Blatt. Vgl. Allan Ranius: *Handskriftssamlingen vid Linköpings stiftsbibliotek, Katalog*. Linköping 1993, 202.

21 „Es war unmöglich, besonders bei den 23 deutschen Codices, die sämmtlichen orthographischen Abweichungen mitzutheilen, nur wo wichtige, für den Dialect der Handschrift charakteristische Unterschiede in der Rechtsschreibung beobachtet wurden, sind dieselben verzeichnet, sonst beschränken sich die Lesearten auf grammatische, syntaktische und formale Verschiedenheiten, Auslassungen und Zusätze von Worten, und Änderungen in der Wortstellung", *Die Statuten des Deutschen Ordens nach den ältesten Handschriften*, LVIII.

22 Biblioteka Gdańska PAN, Cat. Bibl. 75.

23 Vgl. Biblioteka Gdańska PAN, Ms. 2668 III, 2669 III, 2670 III, 2671 III, 2672 III, 2673 IV, 2674 IV, 2675 III, 2677 III, 2678 III, 2679 III, 2680 III, 2682 III, 2683 III, 2684 III, 2685 III, 2686 III, 2687 III, 2688 III, 2690 III, 2691 III, *Katalog rękopisów Biblioteki Gdańskiej PAN*, 141–148.

24 Biblioteka Gdańska PAN, Ms. 2676 III, Abschrift aus der Königsberger Handschrift Nr 1574, gegenwärtig Universitätsbiliothek in Toruń, Rkps. 5/I. *Katalog rękopisów Biblioteki Gdańskiej PAN*, 144.

25 Biblioteka Gdańska PAN, Ms. 2689 III, *Katalog rękopisów Biblioteki Gdańskiej PAN*, 147–148.

das Heft die Auszüge aus der Handschrift enthalten. Im Heft finden wir, nach dem Hinweis auf den Prolog, einen Vermerk am Rande: „Schönhuth“, Seitennummer und weiter die Inzipits und die Explizits der ersten und der letzten Verse.[26] Der Name Henning begleitet die Auszüge aus dem Cod. 186, aus dem Wiener Zentralarchiv des Deutschen Ordens. Die Seite beginnt mit dem Vermerk „Beschreibung S. 40“[27]. Die Auszüge aus der Königsberger Handschrift Msc. 1574 in dem Heft Ms. 1273 besitzen die Überschrift: „der deutsche Text der Ordensstatuten Königsberger Handschrift (Henning A.E.)” mit Vermerk am Rande: „Collation mit Schönhuth“.[28]

Unter den Heften Perlbachs mit den Auszügen von den Manuskripten gibt es auch ein Heft mit Informationen über den Inhalt des Cod. 182 aus dem Ordensarchiv in Wien, das mit dem Vermerk „Schönhuth's Handschrift“[29] versehen ist. Es scheint, dass Max Perlbach die Auszüge und die Informationen über den Inhalt der Handschriften mit den älteren Editionen kollationiert hat. Die uns aus seinen Heften bekannten Informationen enthalten die ihm wahrscheinlich ausreichend erscheinenden Hinweise für die Gestalt der künftigen Edition. Das Unternehmen war angesichts der Technik der Editionsarbeit am Ausgang des neunzehnten Jahrhunderts veraltet. Die Methoden entsprachen eher der Vorgehensweise der Forscher aus der Zeit um die Mitte des neunzehnten Jahrhunderts. Auf solch eine Art und Weise informierte zum Beispiel Rudolf Minzloff im Jahre 1853 über den Inhalt einzelner deutschsprachigen Handschriften, die in St. Petersburg aufbewahrt wurden.[30]

Max Perlbach entwarf kein *stemma codicum* weder für die schriftliche Tradition der Statuten des Ordens noch für ihre einzelnen Sprachfassungen. Er veröffentlichte ihre Texte, gestützt auf die älteren Editionen und kollationierte sie mit den ältesten Handschriften oder mit ihren Abschriften, die in den fünf oben erwähnten Sprachen überliefert wurden. Parallel bot er Informationen über die wichtigsten Unterschiede zwischen den Handschriften. Als Herausgeber ergänzte er „Mängel“ in den Editionen auf Grund der anderen ihnen am nächsten liegenden Manuskripte. In solchen Fällen finden wir in den „Heften” vollständig abgeschriebene Fragmente, manchmal versehen mit Varianten. Max Perlbach bemühte sich, die Kalendare des Ordens vollständig abzubilden, indem er die Abschrift aus der Königsberger Msc. 1563 mit den Vermerken an die anderen ihm bekannten Hand-

26 Biblioteka Gdańska PAN, Ms. 2668 III, 1. Ähnlich in Ms. 2674, der die Auszüge aus Wiener Cod. 19 enthält.

27 Biblioteka Gdańska PAN, Ms. 2672 III.

28 Biblioteka Gdańska PAN, Ms. 2673 IV, 1.

29 Biblioteka Gdańska PAN, Ms. 2675 III.

30 Minzloff 1853, 99–106 (Nr. VII).

schriften versah.[31] Die für die Edition des Kalendars „weniger wesentliche" Handschriften vermerkte er, indem er lediglich die Seite, den Monat und die Feste angegeben hat.[32]

4 Die Frühgeschichte der Statuten des Deutschen Ordens

Die Edition Max Perlbachs aus dem Jahre 1890 feierte das 700-jährige Jubiläum der Entstehung des Deutschen Ordens und bekräftigte den historischen Rang des Deutschen Ordens als des drittgrößten Ritterordens (nach den Johannitern und den Templern). Ein derartiges Vorgehen erweckt natürlich das Bedürfnis, die Folgen näher zu betrachten.

Gegenwärtig stützt sich die Interpretation des Verlaufs der Ereignisse auf eine Fälschung, die in ihrer Form eine Urkunde nachahmt, die sog. *Narratio de primordiis ordinis Theutonici*, die in einer der Statutenhandschriften überliefert wurde[33]. Die Quellen enthalten keine Informationen über den Zeitpunkt und über die Umstände, wie das Deutsche Spital in Akkon den Besitz und die Tradition des ehemaligen Deutschen Hauses der Johanniter in Jerusalem übernahm[34]. Wichtig ist, dass der von der *Narratio* skizzierte Bericht und die Urkunden und die Geschichte der Statuten auf zwei verschiedene Arten und Weisen über die Anfänge des Deutschen Ordens berichten.

Max Perlbach (nach Duellius, 1724) vermerkte wortwörtliche Konvergenzen der Deutschordensregel mit der Regel des hl. Augustinus.[35] Falls die Entstehung

---

31 Biblioteka Gdańska PAN, Ms. 2668 III, 29–40.

32 Biblioteka Gdańska PAN, Ms. 2670 III, 1–2. Auch hier finden wir den Namen Schönhuth vor den Auszügen.

33 Dudik 1858 (Nachdruck Bonn 1966), *Petri de Dusburg Chronicon terrae Prussiae*, Beilage I: *De primordiis Ordinis Theutonici narratio*, hrsg. von Max Toeppen, in: *Scriptores rerum Prussicarum*, Bd. 1. Leipzig 1861, 220–225, *Die Statuten des Deutschen Ordens nach den ältesten Handschriften*, Anhang I: *Narracio de primordiis ordinis Theutonici*, 159–160; Fostreuter 1964, 459–462, *De primordiis Ordinis Theutonici narratio*, hrsg. von Walter Hubatsch, Udo Arnold, in: *Scriptores rerum Prussicarum*, Bd. 6. Frankfurt am Main 1968, 22–29; Wenta 2012, 83–94.

34 Vgl. Favreau-Lilie 1975 sowie die nicht gelungenen Diskussionsversuche Arnold 1978, 416–432. Den Forschungsstand umfasst Militzer 1998, 51–59. Die ältere Literatur interpretiert den Bericht zu weit, indem sie seine hypothetischen Urfassungen bildet und versucht dadurch die Tradition der Militarisierung des Hospitals durch Übergabe der Regel und des Gewands des Hochmeisters der Templer an seinen Oberen im Jahre 1198 zu beglaubigen.

35 *Die Statuten des Deutschen Ordens nach den ältesten Handschriften*, XXXII.

der überlieferten Ordensregel kein einmaliges Ereignis gewesen wäre, wären die Anfänge des Deutschen Spitals während der Belagerung von Akkon durch die Kreuzzugteilnehmer die einzige Erklärung dafür. Eine solche Interpretation der Ereignisse suggerieren auch die päpstlichen Urkunden für das Deutsche Spital in Akkon, insbesondere die Protektionsbulle des Papstes Coelestin III. vom 21. Dezember 1196, wo über die Pflicht der Bischöfe zur Weihe der Kleriker, Altäre und der Kirchen des Spitals sowie über das Begräbnisrecht, gesprochen wird.

Von ausschlaggebender Bedeutung ist für uns das Zitat: *Preterea libertates et immunitates eidem hospitali vestro concessas necnon* ***racionabiles consuetudines*** *actenus observatas ratas habemus et eas futuris temporibus illibatas manere sancimus.*[36]

Aufmerksamkeit verdient dabei die unmittelbare Quellenüberlieferung, das heißt der Kommentar des Humbertus de Romanis aus der Zeit um die Mitte des dreizehnten Jahrhunderts. Ihm zufolge gibt es Mönche, die keine schriftliche Regel (*nulla scripta*) besitzen. In ihrem Vorgehen (*in agendis suis*) orientieren sie sich an der Tradition, *consuetudo*, und an der Vernunft, *ratio*, indem sie tun, was vernünftig (*rationabilis*) erscheint.[37] Das Entstehen von Gewohnheiten, *consuetudines*, einem *consuetudinarium*, *ordo ordinarius* oder von *statuta* im engeren Sinne resultiert aus der Anpassung der ursprünglichen Normen an die aktuelle Lage der Gemeinschaft im Lauf der Zeit. Nach Kassius Hallinger steht *consuetudo* begrifflich und in Wirklichkeit neben der Regel. Die Gewohnheit ergänzt die Regel und interpretiert sie zugleich, manchmal wird sie geändert, manchmal aber nur bestätigt und erneuert.[38]

Die Bulle des Papstes Innozenz III. vom 19. Februar 1199 brachte der Kirche des Deutschen Spitals in Akkon das Recht zum Gottesdienst nach der Ordnung der Templer für die Kleriker und für die Ritter und nach der Ordnung der Johanniter für das Spital und für die Armen.[39] Die Bestätigung dafür finden wir in der Bulle vom 27. Juni 1209 in unmittelbarer Anknüpfung an das bereits erwähnte Begräbnisrecht:

> *Sepulturam preterea ipsius loci liberam esse decernimus, ut eorum devotioni et extreme voluntati, qui se illic sepeliri deliberaverint, nisi forsan excommunicati vel interdicti sint, nullus obsistat, salva tamen iustitia illarum ecclesiarum, a quibus mortuorum corpora assumuntur. Ad hec ordinationem factam in ecclesia vestra iuxta modum Templariorum in clericiis et mili-*

36 *Tabulae ordinis Theutonici ex tabularium regii Berolinensis codice pitissimum*, 1869, 265, Nr. 296.

37 Schreiner 2013, 458.

38 Hallinger 1980, 140–166.

39 *Tabulae ordinis Theutonici ex tabularium regii Berolinensis codice pitissimum*, 266, Nr 297.

> *tibus, et ad exemplum Hospitalariorum in pauperibus et infirmis, sicut provide facta est et a vobis recepta et hactenus observata, devotioni auctoritate apostolica confirmamus.*

Das Begräbnisrecht und der Gottesdienst nach der Ordnung der Templer und der Johanniter hat mit den Regeln des Deutschenhauses nichts gemeinsam. Vgl. die Fortsetzung des obigen Zitates:

> *Preterea libertates et immunitates hospitali vestro concessas necnon* ***rationabiles consuetudines*** *hactenus observatas ratas habemus et eas futuris illibatas manere sanccimus.*[40]

Die in der Kirche des Deutschenspitals gebrauchten weißen Mäntel wurden wegen des Widerspruchs der Templer durch Mäntel aus englischem Tuch (Stanford) ersetzt.[41]

Papst Honorius III. legte für die Ordnung des Gottesdienstes in der Bulle vom 15. Dezember 1220, fest: *Statuimus etiam, ut ordo fratrum Hospitalis Jerosolimitani circa pauperes et infirmos, ordo vero fratrum militie Templi circa clericos et milites ac alios fratres iuxta institutionem domus vestre per petuis ibidem temporibus observetur.*[42] Und am 9. Januar 1221 stellte er die Privilegien des Deutschen Ordens den Privilegien der Orden der Johanniter und der Templer gleich.[43] Ab 9. Februar 1244 erlaubte der Papst dem Orden, die Änderungen in der Regel vorzunehmen:

> *Nos itaque paterno considerantes affectu, quod in hiis tranquillitatem mentium et profectum vestrum queritis animarum, ut libere cum conventu vestro vel maiori et saniori parte ipsius predictos et alios articulos vestre regule, in quorum observantia nec spiritualis utilitas nec salubris continetur honestas, deum habendo pre oculis immutare possitis, ita quod nullum ex hoc alicui preiudicium generetur, vobis auctoritate presentium concediumnus facultatem.*[44]

Aus den obigen Erklärungen geht hervor, dass die Regeln, die das Deutsche Spital in Akkon verfolgte, sich im Laufe der Zeit von *racionabiles consuetudines* und der Regel nach dem heiligen Augustinus änderten zu eigenen Statuten mit Begräbnissen und Liturgie nach den Johannitern und Templern (1221) und zu dem Privileg, die Regel an die Bedürfnisse des Ordens anzupassen (1244). Zeitpunkt sowie Art und Weise der Militärisierung des Spitals bleiben unbekannt.

---

40 *Tabulae ordinis Theutonici ex tabularium regii Berolinensis codice pitissimum*, 267, Nr. 298.

41 *Tabulae ordinis Theutonici ex tabularium regii Berolinensis codice pitissimum*, 270, Nr. 301. Die Zustimmung für den weißen Ordensmantel erhielt der Orden am 9. Januar 1221, *Die Statuten des Deutschen Ordens nach den ältesten Handschriften*, XLVI.

42 *Tabulae ordinis Theutonici ex tabularium regii Berolinensis codice pitissimum*, 276, Nr 306.

43 *Tabulae ordinis Theutonici ex tabularium regii Berolinensis codice pitissimum*, 281, Nr. 309.

44 *Tabulae ordinis Theutonici ex tabularium regii Berolinensis codice pitissimum*, 356, Nr. 470. Vgl. *Die Statuten des Deutschen Ordens nach den ältesten Handschriften*, XLVI.

Die Entstehung der Ordensstatuten in der gegenwärtig bekannten Gestalt fällt auf die Jahre zwischen 1244, wo sie sich noch (die Bulle des Papstes Innozenz IV.) unter anderem der Regel der Templer bedienten[45] und dem Datum der Niederschrift der ältesten überlieferten deutschsprachigen Handschriften, das heißt dem Tag des hl. Remigius (1.10.) 1264. Die Übernahme in der schweren Zeit der livländischen Mission des Schwertbrüderordens in Livland[46] oder des zur Tätigkeit in Preußen gerufenen Ordens der Brüder in Dobrin[47] könnte man mit der Konvergenz von deren Regeln, Zielen und Sprache erklären oder diese Übernahme als Ursache der steigenden Bedeutung der Templerregel betrachten.

Der durch den Herausgeber geschaffene Forschungsstand führte dazu, dass der Forschungsbereich „Zeit, Ort und Umstände der Entstehung des Deutschen Ordens und dessen Statuten" stark mythologisiert ist und durch von der Quellenüberlieferungen stark abweichende Auffassungen dominiert wird.

Beispielsweise halten die Forscher Wilhelm von Modena, den Kardinal von der Kircha Sancta Sabina für den Redakteur des zu unbestimmter Zeit nach der Bulle des Papstes Innozenz IV. im Jahre 1244 entworfenen lateinischen Textes der Statuten, indem sie damit die letzten Worte des Prologs erläutern: *Hinc est eciam, quod nos permoti pietate fratrum ordinis eiusdem regulam eorum ante confusam et obscuram ad ordinem et intellectum redegimus, ut subnotata per ordinem capitula demonstrabunt.* Für die These über die Redaktion der Statuten von Wilhelm von Modena gibt es jedoch keine Bestätigung in den Quellen. Dieser Satz beendet das fünfte Kapitel des Prologs, der den Ordenspriestern gewidmet ist: *Inter que membra dignum ac perutilem clerici locum habent.*[48] Die ganze Idee steht im Widerspruch zum allgemein anerkannten Wissen über die Art und Weise der Gestaltung von Normen in den Orden sowie zu der oben zitierten Bulle vom 9. Februar 1244. Die Statuten berichten direkt davon. Als Beispiel zitieren wir die Anmerkung in den Statuten über die Gesetzbildung in der Zeit Konrads von Feuchtwangen im Jahre 1292:

> *In deme namen der heiligen drîvaltekeit. Nâch Gotes gebûrt dûsent zwei hundert unde zwei unde nûnzig iâr an dem âbende sant Franciscus zû Frankenvort wûrden diese gesetzede gesetztet unde bestediget in dem hôhen capitele von unserme hôhemeistere brûder Cûnrat von Vûhtwangen, dâ gegenwortig waz unser hêrre bischof Heinrîch von Colmensê unde anderre wîser brûder vil beide paffen und leien. Die gesezzede hebent sich alsô ...*[49].

45 *Tabulae ordinis Theutonici ex tabularium regii Berolinensis*, 356, Nr. 470.

46 Benninghoven 1965.

47 Nowak 1980, 339–352.

48 *Die Statuten des Deutschen Ordens nach den ältesten Handschriften*, XLVII und 26.

49 *Die Statuten des Deutschen Ordens nach den ältesten Handschriften*, 140–143.

Aus dem Zitat und aus dem Statutenkapitel 37 resultiert eindeutig, dass, laut der Bulle des Papstes Innozenz IV. aus dem Jahre 1244, alle Interpretationen der Statuten des Ordens in den Kompetenzbereich des Hochmeisters fielen. Schreiber und Redakteur blieben in solchen Fällen anonym. Die Genese der Synthese von den Regeln und dem Meister, der Gemeinschaft, dem Kapitel des Spitals und der Ritterbrüder, die aus der überlieferten handschriftlichen Tradition bekannt ist, bleibt in der Fachliteratur bisher unerklärt.

Literatur- und Quellenverzeichnis

Handschriften

Biblioteka Gdańska PAN, Cat. Bibl. 75; Ms. 2668 III, 2669 III, 2670 III, 2671 III, 2672 III, 2673 IV, 2674 IV, 2675 III, 2676 III, 2677 III, 2678 III, 2679 III, 2680 III, 2681 III, 2682 III, 2683 III, 2684 III, 2685 III, 2686 III, 2687 III, 2688 III, 2689 III, 2690 III, 2691 III.

Biblioteka Uniwersytetu Mikołaja Kopernika w Toruniu, Rps. 3/I.

Biblioteka Uniwersytetu Mikołaja Kopernika w Toruniu, Rps 5/I.

Linköpingsstiftsbibliothek, H 33.

Österreichische Nationalbibliothek, Codex Vindobonensis Palatinus 4724.

Gedruckte Quellen

De primordiis Ordinis Theutonici narratio, hrsg. von Walter Hubatsch und Udo Arnold, in: *Scriptores rerum Prussicarum* 6. Frankfurt am Main 1968. 22–29.

Das Ordensbuch der Brüder vom Deutschen Hause St. Marien zu Jerusalem, zum ersten Mal in der ältesten Abfassung nach einer Pergamenturkunde des dreizehnten Jahrhunderts, hrsg. von Ottmar F. H. Schönhuth. Heilbronn 1847.

De Duitsche Orde of beknopte geschiedenis, indeeling en statuten der Broeders van het Duitsche Huis van St. Marie van Jerusalem, hrsg. von Willem Jan Baron d'Ablaing van Giessenburg. 's-Gravenhage 1857.

Petri de Dusburg Chronicon terrae Prussiae, Beilage I: *De primordiis Ordinis Theutonici narratio*, hrsg. von Max Toeppen, in: *Scriptores rerum Prussicarum* 1. Leipzig 1861. 220–225.

Die Statuten des Deutschen Ordens nach den ältesten Handschriften, hrsg. von Max Perlbach. Halle 1890.

Die Statuten des Deutschen Ordens. Nach dem Original-Exemplar mit sinnerläutenden Anmerkungen, einigen historisch-diplomatischen Beylagen und einem vollständigen historisch-etymologischen Glossarium, hrsg. von Ernst Hennig. Königsberg 1806.

Tabulae Ordinis Theutonici. Ex tabularii regii Berolinensis codice potissimum, hrsg. von Ernst Strehlke. Berolini 1869.

Online-Quellen

Bibliotheca Neerlandica Manuscripta & Impressa:
https://bnm-i.huygens.knaw.nl/tekstdragers/TDRA000000003585 (27. Juni 2022).
https://handschriftencensus.de/werke/83 (27. Juni 2022).
http://www.handschriftencensus.de/13958 (27. Juni 2022).
http://www.handschriftencensus.de/23008 (27. Juni 2022).

Sekundärliteratur

Arnold, Udo: „Jerusalem und Akkon. Zur Frage von Kontinuität oder Neugründung des Deutschen Ordens 1190“, in: *Mitteilungen des Instituts für Österreichische Geschichtsforschung* 86 (1978): 416–432.

Baczko von, Ludwig: *Geschichte Preußens*. Bd. I. Königsberg 1792.

Benninghoven, Friedrich: *Der Orden der Schwertbrüderorden*. Köln 1965.

Bibliothecae Apostolicae Vaticanae codices Manu scripts recensiti iussu Pii XI Pontificis Maximi, Codices reginensis latini, Bd. I, codices 1–250, bearb. von André Wilmart. Bibliotheca Vaticana 1937.

„D. Orde“, in: Jacob Verdam und Elco Verwijs: *Middelnederlandsch Woordenboek*, Bd. 10 (Tekstcritiek, Bouwstoffen). ’s-Gravenhage 1927–1952.

Drossbach, Gisela (Hrsg.): *Von der Ordnung zur Norm. Statuten in Mittelalter, Früher Neuzeit*. Paderborn/München/Wien/Zürich 2010.

Dudik, Beda: *Des hohen Deutschen Ritterordens Münzsammlung in Wien*. Wien 1858. Nachdruck Bonn 1966.

Duellius, Raymund: *Miscellanea quae ex Codicibus mss. Collegit*. Augsburg/Gratz 1724.

Favreau-Lilie, Marie-Luise: *Studien zur Frühgeschichte des Deutschen Ordens*. Stuttgart 1975.

Fostreuter, Kurt: „Ein Traktat des Deutschen Ordens aus dem 14. Jahrhundert“, in: *Recht im Dienste der Menschenwürde. Festschrift für Herbert Kraus*. Würzburg 1964. 459–462.

Götz Johannes: „Statutenhandschriften des Deutschen Ordens nach der älteren Redaktionsstufe. Eine Ergänzung zur Edition von Max Perlbach“, in: *Blätter für deutsche Landesgeschichte* 155 (2019): 417–496.

Hallinger, Kassius: „Consuetudo. Begriff, Formen, Forschungsgeschichte, Inhalt“, in: *Untersuchungen zu Kloster und Stift*. Veröffentlichungen des Max-Planck-Instituts für Geschichte 68. Studien zur Germania Sacra 14. Göttingen 1980. 140–166.

Houben, Hubert: „Regole, statuti e consuetudini dell’ordine teutonico: status questionis“, in: *Regulae – Consuetudines – Statuta. Studi sulle fonti normative degli ordini religiosi nei secoli centrali del Medioevo*, a cura di Cristina Andenna e Gert Melville con la consulenza scientifica di Cosimo Damiano Fonesca, Hubert Houben e Giuseppe Picasso. *Atti del I e del II Seminario internazionale di studio del Centro italo – tedesco di storia comparata degli ordini religiosi (Bari/Noci/Lecce, 26–27 ottobre 2002/Castiglione delle Stiviere, 2–24 maggio 2003)*. Vita Regularis Bd. 25. Münster 2005. 375–386.

Katalog der mittelalterlichen deutschsprachigen Handschriften der ehemaligen Staats- und Universitätsbibliothek Königsberg. Nebst Beschreibungen der mittelalterlichen deutschsprachigen Fragmente des ehemaligen Staatsarchiv Königsberg (Schriften des Bundesinstituts für Ostdeutsche Kultur und Geschichte 15), auf der Grundlage der Vorarbeiten Ludwig Deneckes erarbeitet von Ralf Päsler, hrsg. von Uwe Meves. Oldenburg 2000.

Katalog rękopisów Biblioteki Gdańskiej PAN. Uzupełnienia do tomów I-IV (Sygnatury 1–4258), oprac. Przemysław Szafran. Wrocław/Warszawa/Kraków/Gdańsk/Łódź 1988.

Katalog rękopisów średniowiecznych Biblioteki Uniwersyteckiej w Toruniu, hrsg. von Marta Czyżak. Toruń 2016.

Melville, Gert: „Regeln – Consuetudines – Texte – Statuten. Positionen für eine Typologie des normativen Schrifttums religiöser Gemeinschaften im Mittelalter“, in: *Regulae – Consuetudines – Statuta. Studi sulle fonti normative degli ordini religiosi nei secoli centrali del Medioevo*, a cura di Cristina Andenna e Gert Melville con la consulenza scientifica di Cosimo Damiano Fonesca, Hubert Houben e Giuseppe Picasso. *Atti del I e del II Seminario internazionale di studio del Centro italo – tedesco di storia comparata degli ordini religiosi (Bari/Noci/Lecce, 26–27 ottobre 2002/ Castiglione delle Stiviere, 2–24 maggio 2003)*. Vita Regularis Bd. 25. Münster 2005. 5–38.

Mentzel-Reuters, Arno: „Preußische Diözesanstatuten und Reformen im Deutschen Orden“, in: *Von der Ordnung zur Norm. Statuten in Mittelalter, Früher Neuzeit*, hrsg. von Gisela Drossbach. Paderborn/München/Wien/Zürich 2010. 55–70.

Militzer, Klaus: „The Role of Hospitals in the Teutonic Order“, in: *The Military Orders*, Vol. 2: *Welfare and Warfare*, hrsg. von Helen Nicholson. Ashgate 1998. 51–60.

Minzloff, Rudolf: *Die altdeutschen Handschriften der Kaiserlichen Öffentlichen Bibliothek zu St. Petersburg*. St. Petersburg 1853. Nachdruck Wiesbaden 1966.

Nowak, Zenon Hubert: „Milites Christi de Prussia. Der Orden von Dobrin und seine Stellung in der preußischen Mission“, in: *Die geistlichen Ritterorden Europas* (Vorträge und Forschungen 26), hrsg. von Joseph Fleckenstein und Manfred Hellmann. Sigmaringen 1980. 339–352.

Ranius, Allan: *Handskriftssamlingen vid Linköpings stiftsbibliotek, Katalog*. Linköping 1993.

Sarnowsky, Jürgen: „Die Statuten der geistlichen Ritterorden“, in: *Von der Ordnung zur Norm. Statuten in Mittelalter, Früher Neuzeit*, hrsg. von Gisela Drossbach. Paderborn/München/Wien/Zürich 2010. 255–264.

Schreiner, Klaus: *Gemeinsam Leben. Spiritualität, Lebens- und Verfassungsformen klösterlicher Gemeinschaften in Kirche und Gesellschaft des Mittelalters* (Vita regularis 53), hrsg. von Gert Melville. Berlin 2013.

Schreiner, Klaus: „Observantia regularis – Normbildung, Normenkontrolle und Normenwandel im Mönchtum des hohen späten Mittelalters“, in: *Prozesse der Normbildung und Normveränderung im mittelalterlichen Europa*, hrsg. von Doris Ruhe und Karl-Heinz Spieß. Stuttgart 2000. 275–314.

Wenta, Jarosław: „Die Berichte über die Gründung des Deutschen Ordens und seine preussische Provinz“, in: *La mémoire des origines dans les ordres religieux-militaires au Moyen Âge. Actes des journées d'études de Göttingen (25–26 juin 2009)/ Die Erinnerung an die eigenen Ursprünge in den geistlichen Ritterorden im Mittelalter. Beiträge der Göttinger Tagung (25.-26. Juni 2009)* (Vita regularis 51), hrsg. von Philippe Josserand und Mathieu Olivier. Berlin 2012. 83–94.

Rembert Eufe

Der Gebrauch der Volkssprachen in den Kanzleien der wichtigsten Zentren Italiens und der Romania zur Zeit des Italienzugs Kaiser Ludwigs IV. (1327–1330)

1 Einleitung

Der Titel des vorliegenden Beitrags gibt Anlass zu der Frage, welche Gründe es dafür gibt, in einem Sammelband zum Gebrauch des Deutschen durch die Kanzlei Ludwigs des Bayern einen vergleichenden Blick auf die Italoromania und auch die Romania insgesamt zu werfen.

Einen Ansatzpunkt stellt die Tatsache dar, dass große Teile des heutigen Nord- und Mittelitaliens damals – zumindest formal – zum Heiligen Römischen Reich und damit zum Herrschaftsgebiet Ludwigs IV. gehörten. Daraus ergab sich eine besondere direkte Kontakterfahrung: Wie mehrere seiner Vorgänger und Nachfolger zog dieser Herrscher persönlich nach Italien, wo er sich auch 1328 in Rom zum Kaiser krönen ließ.

Aus sprachgeschichtlicher Sicht ist der Hauptgrund jedoch, dass unter Ludwig dem Bayern „bereits bis zu 55 Prozent der [kaiserlichen] Urkunden auf (mittelhoch-)deutsch verfasst“[1] waren.[2] Dabei konstatiert Moser im Vorwort seiner Untersuchung der Kanzlei, dass

> die äußeren und inneren Merkmale der Urkunden Kaiser Ludwigs [...] gegenüber der Zeit vor 1330 [also nach seiner Rückkehr aus Italien, R.E.] keine wesentliche Änderung erfuhren. Eine Ausnahme bildet dabei lediglich das vermehrte Auftreten der deutschen Sprache, wobei sich hier die Kaiserurkunde parallel zur Privaturkunde entwickelte.[3]

Dies wirft die Frage auf, ob der Aufenthalt Ludwigs südlich der Alpen irgendeine Rolle für den stärkeren administrativen Gebrauch der Volkssprache gespielt haben könnte. Wir werden dafür in Kapitel 2 kurz den Verlauf des Italienzugs nachzeichnen und in Kapitel 3 die verfügbaren Informationen über Aufenthalte in Italien von Angehörigen der kaiserlichen Kanzlei zusammenstellen.

---

1 Wolf/Krüger 2020.

2 Zur im Vergleich zu den Stauferkaisern und seinem Nachfolger Karl IV. bisher als zu gering eingeschätzten Bedeutung Ludwigs des Bayern für die deutsche Sprachgeschichte vgl. Wolf 2014.

3 Moser 1985, I.

https://doi.org/10.1515/9783111165226-010

Nord- und Mittelitalien befanden sich zur Zeit Ludwigs des Bayern in einer außergewöhnlichen wirtschaftlichen und kulturellen Blüte, die auf ganz Europa ausstrahlte, besonders auf benachbarte Gegenden wie den Süden des deutschen Sprachgebiets. Diese Blütezeit betraf auch Sprache und Literatur. Beispielsweise fällt das Jahr 1314, in dem der Wittelsbacher zum römisch-deutschen König gewählt wurde, in die Lebenszeit der drei großen Dichter, deren Werke allgemein als Ausgangsbasis für die allmähliche Entstehung der italienischen Literatur- und Standardsprache angesehen werden: Der älteste von ihnen, Dante Alighieri (1265–1321), hatte zwar nur noch wenige Jahre zu leben, aber Francesco Petrarca (1304–1374) stand erst im Knabenalter und Giovanni Boccaccio (1313–1375) war gerade geboren. Somit wird im vorliegenden Beitrag auch ein wichtiger Aspekt der Sprachsituation in der Epoche dieser als *Tre corone* ‚drei Kronen' bezeichneten herausragenden Autoren beleuchtet.

Unsere auf den ersten Blick einfache Frage nach dem Gebrauch der Volkssprache in den Kanzleien der damaligen Machtzentren Italiens wird allerdings durch einen Umstand entscheidend verkompliziert: Die Apenninen-Halbinsel wurde im vierzehnten Jahrhundert nicht von einem einzelnen weltlichen Herrscher regiert, der von seinem – symbolischen oder realen – Rang her einem Kaiser des Heiligen Römischen Reiches nahekam. Vielmehr war sie auf verschiedene Staaten aufgeteilt, deren Grenzen sich nicht mit denen des heutigen Nationalstaats deckten. Deswegen geben wir zunächst in Kapitel 4 einen Überblick über die Herrschaftsverhältnisse in Italien, auch weil diese Unterschiede für die Formen und Rollen administrativer Schriftlichkeit mit sich brachten. Nach einigen grundlegenden Bemerkungen zu generellen Tendenzen der Verschriftlichung der Volkssprache in der Italoromania in Kapitel 5 wird dann in Kapitel 6 der Einführung des *volgare*[4] in den Kanzleien der größten Zentren des Kirchenstaates und Reichsitaliens (Rom, Bologna, Florenz, Mailand und Genua) nachgegangen. Danach wenden wir uns in Kapitel 7 den davon unabhängigen Staatsgebilden zu (Republik Venedig, Königreich Neapel, Königreich Sizilien und Sardinien), um dann in Kapitel 8 und 9 auch Blicke auf den Gebrauch der Volkssprachen in den Kanzleien der Königreiche auf der iberischen Halbinsel und in Frankreich zu werfen, bevor wir die Verhältnisse in der Romania abschließend zum Deutschen als Urkundensprache Ludwigs IV. in Beziehung setzen.

4 Der ital. Ausdruck *volgare* wird im Folgenden wie in der italienischsprachigen Romanistik üblich im Sinne von ‚romanische Volkssprache' (vor der Ausbreitung der späteren nationalen Standardsprachen) verwendet (vgl. lat. *sermo vulgaris* ‚Volkssprache' mit einem aus *vulgus* ‚Volk, Leute' abgeleiteten Adjektiv).

2 Der Italienzug Ludwigs IV

Ludwigs Zug nach Italien dauerte vom Januar 1327 bis Februar 1330.[5] Er war in erster Linie gegen den Papst[6] gerichtet, der ihn 1324 exkommuniziert hatte. Außerdem war ein Feldzug im Bündnis mit dem aragonesischen Sizilien gegen die Anjou in Süditalien geplant, der allerdings nicht zustande kam. Immerhin konnte sich Ludwig der Bayer am 31. Mai 1327 in Mailand mit der Langobardenkrone des *Regnum Italiae* krönen lassen und am 17. Januar 1328 in Rom zum Kaiser. Die untenstehende Karte (Abb. 1), erstellt auf der Basis der von Berg 1987 zusammengetragenen Daten, zeigt seinen Zug durch vornehmlich ghibellinisches Reichsterritorium in Tirol, der Lombardei, der Emilia und der Toskana ins kirchenstaatliche Gebiet nach Rom (in grün) und wieder zurück (in schwarz). Dabei sind Orte, in denen sich der Kaiser länger als zehn Tage aufhielt (sei es in einem einzigen Aufenthalt oder in mehreren kürzeren) durch größere Kreise und Schrift hervorgehoben und mit den Daten der Aufenthalte versehen (Trient, Como, Mailand, Pisa, Lucca, Viterbo, Rom, Tivoli, Todi, das damals vor den Toren Mailands gelegene Kloster San Vittore, Pavia, Cremona und Parma).

3 Mögliche und nachweisbare Italienkontakte von Ludwigs Kanzlei

Nach Bansa 1968 sind aus der Kanzlei Ludwigs des Bayern drei italienische öffentliche Notare[7] namentlich bekannt, die während des Italienfeldzuges für den Kaiser tätig waren: Lanfranc Corbi de Lucca, der wohl nicht mit der Urkundenausstellung befasst war, Simon de Gello und Verius von Arezzo, der ebenfalls keine Urkunden ausgestellt zu haben scheint und den Kaiser auch nicht nach Rom begleitete, sondern als *ambasator* in Norditalien und Toskana aktiv war und als Vertreter bei Verhandlungen fungierte.[8] Zudem lassen sich vier Hände aus Italien in den Urkunden identifizieren[9].

Ansonsten verdient der Umstand Beachtung, dass zwei Kanzler des Kaisers ein Studium in Bologna absolviert hatten, nämlich die 1304 beziehungsweise 1318

5 Vgl. dazu Berg 1987, Menzel 2010 sowie ausführlich Godthardt 2017, 189–419.
6 Ungeachtet der Tatsache, dass der Papst selber zu jener Zeit in Avignon residierte.
7 Zur Tätigkeit öffentlicher Notare in der kaiserlichen Kanzlei vgl. Moser 1985, 267–268.
8 Vgl. Bansa 1968, 259–260, 264, 265–267.
9 Vgl. H37, H38, H39 und H42, Bansa 1968, 185–186, 188.

Abb. 1: Der Italienzug Kaiser Ludwigs.

dort belegten Hermann von Lichtenberg und Graf Leutold von Schaunberg.[10] Unter den Notaren wird für Otto von Rain eine solche Ausbildung vermutet, der wahrscheinlich eine leitende Position in der Kanzlei bekleidete, und für Johann von Augsburg (vermutlich personengleich mit Johann Riedrer), dort nachweisbar 1322 beziehungsweise 1304.[11] Außerdem lässt sich der Nürnberger Stadtschreiber Herdegen von Bamberg nennen[12], der allerdings nur wenige Monate „vermutlich aushilfsweise“[13] in der Kanzlei tätig war. Diesen stand ein Kanzler mit einem Jura-Studium in Paris gegenüber, nämlich Graf Albrecht von Hohenberg, der sich 1342 von Papst Clemens VI. zum Wechsel an die Kurie überreden ließ.[14]

Natürlich stellt sich die Frage, was sich aus diesen Informationen ableiten lässt. Es dürfte kaum feststellbar sein, ob sich die Genannten in Bologna nur im Umkreis ihrer *natio* bewegten oder intensive Kontakte zu ihrer Umgebung knüpften und dabei etwa Kenntnisse romanischer Sprachen und der sprachlichen Verhältnisse und Tendenzen in Italien erwarben oder nicht. Gerade an den Universitäten war ja immer auch die Kommunikation auf Lateinisch möglich und üblich, und darin verfasste Inhalte aus dem Raum südlich der Alpen ließen sich im Übrigen auch aus Handschriften rezipieren, ohne selber dorthin zu reisen. Immerhin waren aber direkte Italienerfahrungen in der Kanzlei vorhanden und persönliche Kontakte sind nicht auszuschließen.

Für die Rekonstruktion der Kenntnisse und Entwicklungen in der Kanzlei ist noch die personelle Kontinuität zu berücksichtigen: Moser[15] stellt fest, dass vier ihrer Mitglieder aus Ludwigs Königszeit auch nach seinem Italienzug dort arbeiteten.[16] Die gleiche Zahl an Personen waren in Italien nach der Kaiserkrönung hinzugekommen.[17] Auch diese Daten lassen eine wie auch immer geartete Orientierung an den Verhältnissen in Italien einerseits in keiner Weise zwingend, andererseits aber auch nicht undenkbar erscheinen.

---

10 Vgl. Moser 1985, 263.

11 Moser 1985, 265. Zum Nutzen eines Studiums in Bologna für Notare nördlich der Alpen vgl. Weileder 2019, 44–46, der zufolge ein solches Studium für ihre Tätigkeit nicht erforderlich gewesen sei. Vielmehr habe es Möglichkeiten für höhere Positionen eröffnet.

12 Weileder 2019, 45, 50.

13 Moser 1985, 275.

14 Moser 1985, 277.

15 Moser 1985, 1.

16 Dies waren „der Kanzler Hermann von Lichtenberg, der Mundator H232 und die Notare Merbot und Rudolf Plümlin“ (sofern es sich um dieselbe Person handelte wie der *Schreiber Rudolf* von 1336–1337; Moser 1985, 1).

17 Es handelte sich um Leonhard von München, Simon Noderndorfer von München und die Mundatoren H43 und H48, Moser 1985, 3. Vgl. zur personellen Kontinuität in der Kanzlei auch unsere Schlussfolgerungen in Kap. 10.

4 Italien in der ersten Hälfte des vierzehnten Jahrhunderts

Wie bereits in der Einleitung hervorgehoben, wurde der geographische Raum, den wir heute unter Italien verstehen und mit dem gleichnamigen Nationalstaat assoziieren, im vierzehnten Jahrhundert von verschiedenen Staaten mit völlig anderen Grenzverhältnissen beherrscht. Von Bedeutung ist dabei die im Europa des Spätmittelalters allgemeine

> Präsenz von Staatsaggregaten, die von einer ausgeprägten Komplexität gekennzeichnet waren, insoweit als sich die Autorität der Regierenden auf voneinander verschiedene und entfernte Gebiete erstreckte, die sich – getrennt beispielsweise durch andere Staaten oder einen Meeresraum – durch verschiedene juristischen Normen und bürokratische Strukturen auszeichneten, ebenso wie durch verschiedene Sprachen und kulturelle Traditionen, und oft mit einer weitreichenden Autonomie und eigenen Institutionen versehen waren.[18]

Der Autor nennt als Beispiele die Krone Aragonien, das Plantagenet-Reich auf den Britischen Inseln und in Frankreich, die Union von Kalmar aus Dänemark, Norwegen, Schweden (1397–1523), die Herrschaftsgebiete der Anjou und die Republik Venedig mit ihrem *stato da mar*, der sich noch die Republik Genua zur Seite stellen ließe sowie für das dreizehnte Jahrhundert auch die Republik Pisa[19] – mit Ausnahme des Plantagenet-Reiches und der Union von Kalmar umfassen sie alle auch Teilgebiete des heutigen Italien! Die untenstehende Karte (Abb. 2) zeigt die Verhältnisse dort um 1300, also knapp 30 Jahre vor dem Italienzug Ludwigs des Bayern, bis zu dem sich jedoch keine substantiellen Veränderungen der Machtverhältnisse ergaben (außer auf Sardinien).

Auf der Apenninen-Halbinsel heben sich fünf große Staatengebilde ab: Im äußersten Süden stand die Insel Sizilien (*Regno di Sicilia ulteriore* oder *Regno di Trinacria*) unter der Herrschaft des Hauses Aragonien aus dem Norden der iberischen Halbinsel, das ab 1324 auch die von Pisa und Genua beherrschten Iudikate auf Sardinien eroberte. Sizilien hatte sich in der Sizilianischen Vesper 1282 vom *Regno di*

18 „presenza di aggregati statali contrassegnati da una marcata complessità, in quanto l'autorità dei governanti si estendeva su territori distinti e lontani tra loro – divisi per esempio, da altri stati oppure da uno spazio mare – caratterizzati da differenti norme giuridiche e strutture burocratiche, nonché da diverse lingue e tradizioni culturali, e spesso dotati di un'ampia autonomia e di istituzioni proprie", Silvestri 2018, 18.

19 Allerdings lagen Genua und Pisa im Gebiet des Heiligen Römischen Reiches, während die Republik Venedig offiziell zum oströmischen Reich gehörte. Darüber hinaus dürfen die generellen institutionellen Unterschiede zwischen den genannten Staatsgebilden nicht außer Acht gelassen werden, besonders zwischen den Seerepubliken und den feudalistischen Königreichen.

Abb. 2: Italien um 1300.

Al = Alessandria
An = Mark Ancona
Ar = Arezzo
As = Asti
Be = Bergamo
Bl = Belluno
Bo = Bologna
Br = Brescia
Co = Como
Cr = Cremona
Es = Gebiete der Este
Fi = Florenz
Lu = Lucca
Ma = Mantua
Mi = Mailand
Mf = Mgft. Montferrat
No = Novara
Pa = Pavia
Pd = Padua
Pi = Piacenza
Pr = Parma
Ro = Romagna
Sa = Mgft. Saluzzo
Si = Siena
So = Gft. Sovana
Sp = Spoleto
Ta = Tortona
Tr = Treviso
Ve = Verona
Vo = Volterra

Sicilia citeriore auf dem süditalienischen Festland gelöst, wo seit der Beseitigung der Staufer 1266 die französische Dynastie der Anjou herrschte. Sie übte einen erheblichen Einfluss im nördlich anschließenden Kirchenstaat aus und stand in enger Verbindung zu den Päpsten in Rom (allerdings 1309–1377 im Exil in Avignon). Im Nordosten ist schließlich die Republik Venedig zu nennen, die formal unter byzantinischer Herrschaft stand, aber spätestens seit dem vierten Kreuzzug 1204 autonom agierte. Die übrigen Gebiete nordwestlich des Kirchenstaates gehörten als Reichsitalien oder *Regnum Italiae* zum Heiligen Römischen Reich, ihre Herrscher befanden sich somit unterhalb der Rangebene von Kaisern oder Königen. Allerdings war den vielen aufstrebenden nord- und mittelitalienischen Kommunen[20] mit dem Konstanzer Frieden 1183 ein großer Handlungsspielraum zugestanden worden, innerhalb dessen diese wie wie unabhängige Staaten agierten, deren Stärke sich aus ihrer bereits erwähnten außerordentlichen wirtschaftlichen und kulturellen Blüte ergab.[21] In einer nicht linear, sondern als ständiges Hin und Her von kriegerischen Auseinandersetzungen verlaufenden Entwicklung gelang es mit der Zeit einigen von ihnen, ihre Nachbarn zu unterwerfen und größere Gebiete zu beherrschen, insbesondere Florenz, Mailand und Genua, bis zu einer gewissen Zeit auch Pisa und Siena.

Die damaligen Verhältnisse sollen hier kurz anhand der Bevölkerungszahlen angedeutet werden: Für Malanima[22] und Franceschi/Taddei[23] gelten um 1300 als bevölkerungsreichste Städte Nord- und Mittelitaliens Mailand (150 000 Einwohner), Venedig, Florenz (beide 110 000 Einwohner), Genua (60 000 Einwohner), Bologna und Siena (beide 50 000 Einwohner).[24] Deutlich kleiner waren die größten Städte des Südens Palermo (50 000 Einwohner), Messina (40 000 Einwohner), Neapel (33 000 Einwohner; später in der Neuzeit zur lange größten Stadt Italiens heranwachsend), Rom (30 000 Einwohner) und L'Aquila (20 000 Einwohner).[25] Zweifellos bemisst sich

---

20 Dazwischen befanden sich auch zahlreiche kleinere Lehenschaften, deren Namen und genaue Zahl der Fachliteratur jedoch nicht zu entnehmen sind, weil sie sich offenbar kaum feststellen lassen.

21 Zum Stellenwert der Entstehung der italienischen Kommunen für die Geschichtswissenschaft vgl. beispielsweise Dartmann 2012, 33–38, zu den Veränderungen um 1300 Dartmann 2012, 295–304.

22 Malanima 1998, 118–120.

23 Franceschi/Taddei 2012, 15–26.

24 Das für den Italienfeldzug Ludwigs des Bayern wichtige Pisa hatte 30 000 Einwohner. Die Toskana gilt allgemein als die zu jener Zeit am stärksten urbanisierte Region Italiens.

25 Zum Vergleich ist als größte deutsche Stadt des Spätmittelalters Köln zu nennen mit 40 000 Einwohnern im 15. Jh. nebst Prag, dessen Einwohnerzahl im 14. Jh. ebenfalls daran heranreichte (Isenmann 2014, 60 mit Erörterungen zur zugegebenermaßen schwierigen Ermittlung solcher Zahlen). Für München kann für 1369 von 10810 Einwohnern ausgegangen werden, für Regensdie Bedeutung einer Stadt nicht ausschließlich an ihrer Einwohnerzahl – man denke nur an Rom, das als antikes und christliches Zentrum für die innere Topographie der damaligen Menschen eine Bedeutung hatte, die seine rein demographische Größe weit überstieg.[26] Dennoch sind die genannten Zahlen aufschlussreich, weil sie eine außergewöhnliche Dichte von vergleichsweise großen Städten[27] in Nord- und Mittelitalien zeigen und mit einer besonderen wirtschaftlichen und kulturellen Dynamik in diesem Raum korrelieren. Außerdem liegt die Annahme nah, dass größere Zentren umfangreichere Verwaltungsaufgaben zu bewältigen haben, was sich in der hier interessierenden administrativen Schriftlichkeit niederschlagen müsste.

In Nord- und Mittelitalien ergaben sich in diesem Bereich bedeutende Innovationen: Im dreizehnten Jahrhundert entstand in Italien ein öffentliches Notariatswesen, das sich von der Urkundenpraxis nördlich der Alpen wesentlich unterschied, weil die Instrumente dieser Notare anstelle von Urkunden als Beweismittel dienen konnten.[28,29] Insofern lässt sich das administrative Schrifttum der beiden Gebiete aus quellenkundlicher Sicht nicht ohne Weiteres gleichsetzen.[30] Wir verfolgen hier allerdings eine primär sprachhistorische Perspektive, indem wir ganz allgemein der Frage nachgehen, ob die Volkssprache(n) in den wichtigsten Kanzleien Italiens im vierzehnten Jahrundert bereits zur schriftlichen Verwendung gelangten – auch wenn die Textformen, die dafür in Frage kommen, im Einzelnen verschieden gewesen sein mögen.[31]

---

burg Mitte des 14. Jhs. von 15 000, für Augsburg Ende des 15. Jhs. von 18 000 sowie für Nürnberg Mitte des 15. Jhs. für 20 000 (ebd., 62).

26 Diese Relation hat sich im Falle Venedigs umgekehrt entwickelt: Während Rom seit Ende des 19. Jhs. wieder zu einer Metropole heranwuchs, prägt Venedig zwar heutzutage als einzigartiges touristisches Ausstrahlungszentrum die inneren Topographien vieler Menschen, rein von seiner Einwohnerzahl her stellt es jedoch nur noch den Rang einer Mittelstadt dar.

27 Man bedenke, dass es zu jener Zeit in Europa sonst kaum Städte mit ähnlicher oder größerer Einwohnerzahl gab (in Frage kommen Gent, Brügge, Paris, Cordoba und Konstantinopel).

28 Vgl. dazu Schulte 2003.

29 Zum Umgang mit den Urkunden Friedrichs II. in Italien vgl. Vogeler 2019, der auch Unterschiede zwischen Süd- und Norditalien erörtert, wobei er beobachtet: „Im kommunalen Italien scheint eine Herrscherurkunde weit häufiger nur eine Urkunde unter vielen gewesen zu sein [...].“, Vogeler 2019, 386 sowie auch 397–399.

30 Zum Notariat im Südosten des deutschen Sprachraums vgl. Weileder 2019.

31 Der Erörterung bedürfte auch der Begriff der Kanzlei. Wie bereits klargestellt handelte es sich in Nord- und Mittelitalien um landesherrliche und kommunale Kanzleien, nicht um königliche oder kaiserliche. Die zwischen ihnen bestehtenden institutionellen Unterschiede können hier jedoch nicht thematisiert werden.

5 Grundtendenzen der Verschriftlichung der Volkssprache in der Italoromania im Vergleich zur übrigen Romania

Erste Schriftzeugnisse der romanischen Sprachen sind ganz allgemein ab dem achten Jahrhundert erhalten. Zwar sind unter den ältesten von ihnen auch solche aus der Italoromania, allerdings bleibt ihre Zahl länger als anderswo nur sehr begrenzt. Die Verschriftlichung der Volkssprache in Form von systematisch genutzten Texttraditionen hat in der Italoromania somit besonders spät begonnen. Dies zeigt sich gerade bei den Urkunden: Unter den als Originale erhaltenen ersten Zeugnissen aus der Italoromania bis 1250, wie sie im *Inventaire systématique des premiers documents des langues romanes* erfasst sind, befinden sich nur neun Urkunden (vor allem Zeugenaussagen in der Volkssprache in ansonsten lateinischem Text).[32] Eine „kontinuierliche volkssprachliche Urkundenschriftlichkeit"[33] bildete sich in der Italoromania insgesamt erst im dreizehnten Jahrhundert aus.

Eine bemerkenswerte volkssprachliche Urkundentradition weist immerhin das Sardische mit 34 Originalurkunden bis 1250 auf, dem stehen jedoch 160 okzitanische, 70 katalanische, 807 zentral-iberoromanische[34] und 734 Urkunden aus dem nordfranzösischen *Langues-d'oïl*-Gebiet gegenüber.[35] Darüber hinaus wurden Unterschiede bezüglich der Art und Weise konstatiert, wie die Volkssprache in den Urkunden im lateinischen Umfeld aufzutreten begann. So konstatiert Monfrin[36] für die okzitanischen Urkunden aus Südfrankreich einen fließenden Übergang, da ab der zweiten Hälfte des elften Jahrhunderts eine beachtliche Zahl von Urkunden in sogenanntem *latin farci*, also mit volkssprachlichen Elementen gespicktem Latein, zu finden seien, bis die Stücke dann ab 1150 eindeutig erkennbar entweder in der einen oder der anderen Sprache erschienen. Diese Entwicklung sei allgemein kennzeichnend für die südeuropäische Romania (also auch für Italien).[37] Demgegenüber zeigten die ersten volkssprachlichen Urkunden aus dem *Langue-d'oil*-Bereich in

32 Frank/Hartmann 1997, Bd. 5, 9–19.

33 Selig 2018, 110.

34 Wir bevorzugen diesen Ausdruck gegenüber Spanisch zur Zusammenfassung von Kastilisch, Navarro-Aragonesisch, Asturisch und Leonesisch.

35 Frank/Hartmann 1997, Bd. 4 und 5.

36 Monfrin 1982, 786–787, zit. in Brunner 2009, 34–35.

37 Für Brunner 2009, 52 stellt Sardinien hierbei eine Ausnahme dar. Blasco Ferrer 2003, 16–17, 27–40 geht jedoch von der Existenz einer *scripta latina rustica* auch auf Sardinien aus, für die er zwei Texte darbietet.

Nordfrankreich ab 1200 und auch aus den deutschsprachigen Regionen im Heiligen Römischen Reich ab 1240 sofort eine klare Trennung vom Lateinischen und „eine Beherrschung der [Volks-]Sprache, die uns überrascht".[38]

Die relative Verspätung im Volkssprachengebrauch für Urkunden auf der Apenninen-Halbinsel wird im Allgemeinen mit einer besonders starken und tief verwurzelten lateinischen Schrifttradition dort sowie der erneuten Hinwendung zum römischen Recht während des elften bis dreizehnten Jahrhunderts erklärt – gerade die Innovationskraft und Professionalität der italienischen Notare und Kanzleien scheint also für eine Verspätung beim Volkssprachengebrauch im Vergleich zu anderen Teilen der Romania gesorgt zu haben.

Dessen ungeachtet belegt das bereits zitierte *Inventaire*[39], dass die romanische sogenannte pragmatische Schriftlichkeit in der Italoromania vor allem im privaten Bereich schon früh gut entwickelt war: Nicht-literarische Quellen wie Verträge, Kartularien, Kaufmannsbriefe, Notizen, Testamente, Buchführungslisten, Güterverzeichnisse u. Ä. nehmen einen großen Anteil der Dokumente aus der Zeit bis 1250 ein.[40] Für Norditalien zeigt die untenstehende Karte (Abb. 3) aus der skriptometrischen Arbeit von Videsott,[41] ab wann in den verschiedenen Schreibzentren des Untersuchungsgebiets bis 1525 bereits edierte Texte dieser Art in der Volkssprache vorliegen: Immerhin sind aus elf der 36 Zentren volkssprachliche nicht-literarische Quellen aus der Zeit vor 1300 bekannt (rot)[42]. In zwölf weiteren entstanden sie just in der hier interessierenden ersten Hälfte des vierzehnten Jahrhunderts (grün).[43] Hervorzuheben ist aber erneut, dass es sich bei den ältesten dieser Texte fast durchweg um private, also außerhalb der staatlichen Institutionen und Kanzleien entstandene handelt[44] – letztere hingegen gingen, wie im Folgenden deutlich werden wird, erst Jahrzehnte später zum regelmäßigen eigenen schriftlichen Gebrauch der Volkssprache über.

38 „une maîtrise de la langue qui nous surprend", Monfrin 1982, 787.
39 Frank/Hartmann 1997.
40 Ca. zwei Fünftel; vgl. dazu Eufe 2023.
41 Videsott 2009, 459.
42 Es handelt sich um Nr. 2: Genua, 4: Savona, 24: Bologna, 13: Brescia, 16: Mantua, 36: Verona, 29: Venedig mit seinen überseeischen Niederlassungen 30: Zara und 31: Aleppo, 32: Padua und 37: Udine.
43 5: Monaco, 6: Turin, 7: Vercelli, 12: Bergamo, 17: Pavia, 19: Trient, 20: Piacenza, 23: Modena, 26: Imola, 33: Vicenza, 34: Treviso, 35: Belluno.
44 Ausnahmen aus den hier behandelten Zentren werden im Folgenden erwähnt.

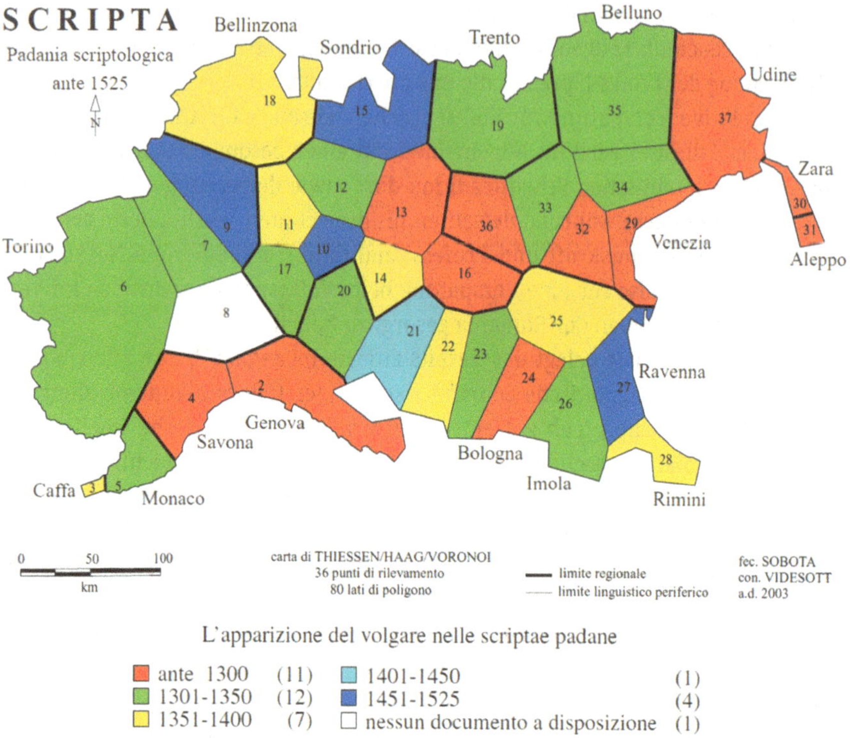

Abb. 3: Das erste Auftreten der Volkssprache in den Schreibzentren Norditaliens.[45]

6 Latein und Volkssprache in den Kanzleien der größten Zentren Reichsitaliens und des Kirchenstaats im frühen vierzehnten Jahrhundert

Von den in Kapitel 4 genannten demographisch größten Zentren gehen wir im vorliegenden Kapitel die in Reichsitalien und dem Kirchenstaat gelegenen daraufhin durch, ob in ihren wichtigsten Kanzleien in der Zeit von 1300 bis 1350 bereits die Volkssprache verwendet wurde. Dabei gehen wir von Rom als dem Ort der

45 Videsott 2009, 459.

Kaiserkrönung Ludwigs IV. und südlichstem Zentrum seines Italienzuges aus und wenden uns dann in nördliche Richtung.

6.1 Rom

Auch wenn frühe volkssprachliche Quellen aus Rom keineswegs fehlen,[46] war die Stadt als eines der Hauptzentren der Christenheit auch im frühen vierzehnten Jahrhundert noch von einer starken lateinischen kirchlich-religiösen Kultur geprägt: „Um 1330 wäre Rom sicher als die ‚lateinischste' Stadt ganz Italiens [anzusetzen], hingegen Florenz als die ‚volkssprachlichste'".[47] Dennoch ist im literarischen Bereich ab dem vierten Jahrzehnt des Jahrhunderts eine deutliche Zunahme volkssprachlicher Aktivitäten in verschiedenen Gesellschaftsschichten zu verzeichnen. Den Anstoß dazu gab die Rezeption französischer Modelle, die sich infolge der Einflussnahme der Anjou aus Süditalien auf die Geschicke Roms und der Kirche verbreiteten.[48]

Beachtung verdient die Tatsache, dass das *volgare* Roms trotz der Bedeutung der Stadt keineswegs gut angesehen war. So bewertete Dante Alighieri es als das hässlichste Italiens und bezeichnete es als *tristiloquium*,[49] übersetzbar als ‚Schandsprache'.[50] Derartige auch später noch anzutreffende Negativurteile werden damit begründet, dass die Gebildeten in der Stadt wie die Päpste und viele hohe kirchliche Würdenträger zumeist von außerhalb stammten.[51]

Als „grundlegender Faktor des Wandels"[52] für die römische Gesellschaft des vierzehnten Jahrhunderts gilt dann das Exil der Päpste in Avignon (1309–1377), weil es einen deutlichen wirtschaftlichen Niedergang zur Folge hatte und die sogenannten *baroni* der römischen Aristokratie an Macht verloren. Die damit einhergehende institutionelle Instabilität sorgte für eine gewisse Schwächung der lateinischen Kultur. Erst ab Mitte des Jahrhunderts lässt sich eine gewisse wirtschaftliche Wiederbelebung konstatieren, getragen von einheimischen Handwerkern, Kaufleuten und Großviehzüchtern.[53]

Als Teil der kommunalen Rechtspraxis finden sich in den Registern römischer Notare ab 1360 volkssprachliche Formeln, die bei privaten Schiedsverfahren von

46 Vgl. dazu Internullo 2019, 274–276 mit weiterführenden Hinweisen.

47 „Intorno al 1330 Roma sarebbe sicuramente la città più ‚latina' di tutta Italia, mentre Firenze la più ‚volgare'", Internullo 2019, 273–274.

48 Internullo 2019, 275, 278.

49 Trifone 2015, 252–253.

50 Frings/Kramer 2007, 69.

51 Ernst 1970, 1–2.

52 „fondamentale fattore di cambiamento", Trifone 2015, 253.

53 Formentin 2008, 23; Internullo 2019, 277.

den Konfliktparteien zu sprechen waren.[54] Deutlich später und ebenfalls an die distanzsprachliche Mündlichkeit geknüpft erscheint die Volkssprache dann in der Schriftlichkeit der städtischen Administration bei der Niederschrift öffentlicher Ausrufe: „Das Latein, die frühere Sprache der öffentlichen Bekanntmachungen, wurde, wie es scheint, erst im fünfzehnten Jahrhundert durch die Volkssprache abgelöst: für die Jahre 1447–1451 finden wir die ersten *bandi* in Volgare, die der Sprache nach deutlich römischen Charakter tragen."[55]

Dass die päpstliche Kurie,[56] die noch heute in vielen Bereichen das Lateinische verwendet, sich noch später der romanischen Sprachen zu bedienen begann, überrascht kaum. So ist vom Gegenpapst Clemens VII. (amtierend 1378 bis 1394) ein Breve auf Papier in Französisch vom 4. September 1392 überliefert. Ein Einzelstück blieb dann das Breve, mit dem der Medici-Papst Leo X. (Pontifikat 1513 bis 1515) seinem *segretario domestico* Pietro Bembo in florentinisch-toskanischer Literatursprache dessen Adoption mitteilte. Denn bis zum Pontifikat Julius III. (1550 bis 1555) sind keine weiteren päpstlichen Breven in der Volkssprache bekannt.[57] Immerhin wurden aus dem weiteren Kreis der Kurie und ihrer Würdenträger verschiedene Schriftstücke in *volgare*, zumeist Briefe, ab 1348 ausfindig gemacht.[58]

6.2 Florenz, Pisa und Siena

Ludwig der Bayer hielt sich während seines Italienfeldzugs nicht im guelfischen Florenz auf (das er zwischenzeitlich anzugreifen beabsichtigte), sondern in der Toskana vor allem in Pisa (sowie auch in Lucca). Aus der bis zur 1284 gegen Genua verlorenen Schlacht bei Meloria äußerst mächtigen Seerepublik Pisa sind verschiedene frühe volkssprachliche Quellen erhalten, mit denen diese zeitlich Florenz vorangeht.[59] Zudem liegen mit drei volkssprachlichen Versionen von Verträgen mit arabischen Herrschern aus dem dreizehnten bis vierzehnten Jahrhundert bemerkenswerte

54 Formentin 2008.

55 Ernst 1970, 24.

56 Zum administrativen Verhältnis von Kurie und Kommune in Rom vgl. Lombardo 2012. Die apostolische Kanzlei war unter Papst Innozenz III. (1198–1216) als von den städtischen Institutionen unabhängige Einrichtung neu strukturiert und vergrößert worden, wodurch sich der Einfluss des römischen Adels verringerte. Diese Trennung bewirkte eine gewisse Entfremdung, die wiederum die Entfaltung des weltlichen *Comune* begünstigte, Lombardo 2012, 7–8.

57 Gualdo/Gualdo 2002, 9.

58 Vgl. die Liste in Gualdo/Gualdo 2002, 42–44.

59 Vgl. die Übersicht in Petrucci 2000, 15. Als ältestes Zeugnis gilt das *Conto navale pisano* aus dem 12. Jh., während das älteste florentinische Zeugnis *Frammento di un libro di conti di banchieri fiorentini* von 1211 stammt, Frank/Hartmann 1997, Bd. 5, 445 bzw. 459.

Zeugnisse für den offiziellen Gebrauch der Volkssprache vor[60] – allerdings stellen sie Spezialfälle dar, weil es sich um einzelne Übertragungen von Dolmetschern oder Übersetzern mit möglicherweise fehlenden Lateinkenntnissen handelt. Ansonsten scheint leider bisher eine systematische Studie zum Gebrauch der Volkssprache in der Kanzlei des pisanischen *comune* zu fehlen.[61]

Letzteres gilt auch für Siena, obwohl dort ebenfalls ein Florenz vorausgehender bemerkenswerter *volgare*-Gebrauch festzustellen ist, der mit der ausgeprägten wirtschaftlichen und politischen Blüte des kommunalen Siena in der zweiten Hälfte des dreizehnten und der ersten Hälfte des vierzehnten Jahrhunderts zusammenhängt. Außer einer beachtlichen Zahl an privaten Gebrauchstexten[62] ist besonders die außerordentlich frühe Übertragung der Statuten in die Volkssprache während der Jahre 1309 bis 1310 von sprachhistorischem Interesse.[63] Da der vorliegende Beitrag jedoch in Serie erstellte Kanzleiakten zum Gegenstand hat, seien Statuten und Kapitularien trotz ihrer hohen Symbolkraft hier nur am Rande erwähnt.[64]

Florenz verdient nicht nur wegen seiner Größe, Wirtschaftskraft und allgemeinen kulturellen Bedeutung Beachtung. Hinzu kommt seine besondere Rolle für die Herausbildung der späteren italienischen Standardsprache, vor allem wegen der bereits erwähnten Dichter Dante, Petrarca und Boccaccio,[65] deren Werke allgemein als Grundlage dafür angesehen werden. Die Stadt erreichte in den Jahren bis zur Pestepidemie 1348 eine besondere demographische und wirtschaftliche Blüte und expandierte stark ins Umland (Eroberung von Pistoia 1306, Erwerb beziehungsweise Übernahme von

---

60 Petrucci 2007.

61 Ungeachtet der verschiedenen Studien von Banti und Petrucci, z. B. Banti 1962 und Petrucci 2000, 2007. In welcher Weise neue Quellensammlungen den Forschungsstand bereichern können, zeigt Fantappiè 2000 mit seiner Edition von Texten aus dem ca. 20 km nordwestlich von Florenz gelegenen Prato. Unter den ersten 29 dieser Quellen befinden sich außer privaten Dokumenten auch Briefe benachbarter Kommunen, die immerhin 258 übrigen stellen zumeist recht kurze *volgare*-Ausschnitte aus ansonsten lateinischen Akten der Behörden von Prato dar (nebst einiger Listen überwiegend Zitate in Beleidigungsprozessen). Trotz ihrer eigentlich ansehnlichen Zahl lässt sich darauf schließen, dass auch dort bis 1320 das Lateinische noch klar überwog.

62 Castellani 1982 versammelt 52 toskanische Gebrauchstexte aus der Zeit bis 1275, von denen er fünf Pisa und elf Florenz zuordnet, übertroffen von Siena mit 16 Texten.

63 vgl. dazu Trifone 2005, 41–48.

64 Vgl. dazu den äußerst instruktiven Überblick von Salvestrini/Tanzini 2015, die eine Konzentration der ältesten *volgare*-Fassungen von Statuten aus den Jahren 1280–1350 im Herrschaftgebiet von Siena feststellen, während sich auf florentinischem Territorium eine besondere Dynamik erst nach 1370 ergab. Weitere volkssprachliche Statuten aus dem 14. Jh. sind aus Perugia und Venedig, Sardinien, Sizilien und von einigen dalmatischen Inseln überliefert.

65 Inwiefern sie wirklich florentinische Dichter waren oder im Zuge der späteren ‚Kulturpolitik' der Medici dazu gemacht wurden, kann hier nicht diskutiert werden.

Prato und San Gimignano 1351).[66] Für Florenz wird zu jener Zeit ein besonders hoher Alphabetisierungsgrad von zwei Dritteln der Männer und einem ähnlich hohen Anteil bei den Frauen rekonstruiert.[67] Er ermöglichte eine große Zahl an volkssprachlichen privaten Dokumenten, insbesondere Verträge, Testamente, Buchführungslisten und Briefe, von denen sich einige auch in den Akten der Florentiner Kanzlei erhalten haben.[68] Als ältester volkssprachlicher Text aus dem Bereich der Florentiner Kanzlei kann ein Schreiben an einen Botschafter von 1311 gelten, weitere fünf folgen aus dem Jahre 1328.[69] Dazwischen ordnet sich noch ein Brief der Florentiner Signoria an ihre Botschafter in Prato von 1320 ein.[70] Derartige Stücke kamen also zunächst nur sporadisch vor, was Marzi[71] damit begründet, dass im frühen vierzehnten Jahrhundert zahlreiche Kanzler und Notare von außerhalb ihren Dienst in der Florentiner Kanzlei versahen, die volkssprachliche Dokumente beim Kopieren ins Lateinische übersetzt hätten.

Unter dem 1340 bis 1348 amtierenden Kanzler Ventura Monachi, der auch als Verfasser von Sonetten im *Dolce Stil Novo* literarisch tätig und mit Boccaccio befreundet war,[72] nahm der Gebrauch der Volkssprache dann zu: 38 der von ihm 1340 bis 1344[73] diktierten überlieferten Briefe sind darin niedergeschrieben gegenüber ca. 500 lateinischen.[74] Noch stärker gilt dies für seinen Sohn und Nachfolger Nicolò, aus dessen Amtszeit 1348 bis 1375 alleine in einem einzigen Register[75] schon 208 volkssprachliche Briefe enthalten sind.[76] Unter Coluccio Salutati, dem ersten der großen Florentiner Renaissance-Kanzler amtierend 1375 bis 1406,[77] deren Briefe überregional als vorbildhaft rezipiert wurden, herrschte dann allerdings wieder das Lateinische vor. Das zeigt das folgende Diagramm, in dem die von Marzi[78] genannten Zahlen von Briefen in der Volkssprache in den Registern[79] des vierzehnten Jahrhunderts der Florentiner Kanzlei zusammengestellt sind.

66 Als einführender Überblick dazu Reinhardt 2013, 39–50.

67 Frosini 2015, 207.

68 Marzi 1910, 416–417.

69 Marzi 1910, 624–630.

70 Fantappiè 2000, 555–558.

71 Marzi 1910, 417–418.

72 Faibisoff 2018, Faibisoff/Robins 2019.

73 Die Briefe aus den Jahren 1345–1348 sind verloren gegangen, sodass aus dieser Zeit keine Zahlen vorliegen.

74 Vatteroni 2017, 227.

75 Es handelt sich um das Register Nr. 10.

76 Marzi 1910, 623.

77 Zu nennen sind nach ihm noch Leonardo Bruni (Kanzler 1427–1444) und Poggio Bracciolini (1453–1458).

78 Marzi 1910, 623.

79 Leider bietet Marzi nur die absoluten Zahlen an, Prozentsätze lassen sich nicht errechnen, weil die Gesamtzahlen der Briefe pro Register nicht angegeben sind. Diese Register hätten aber

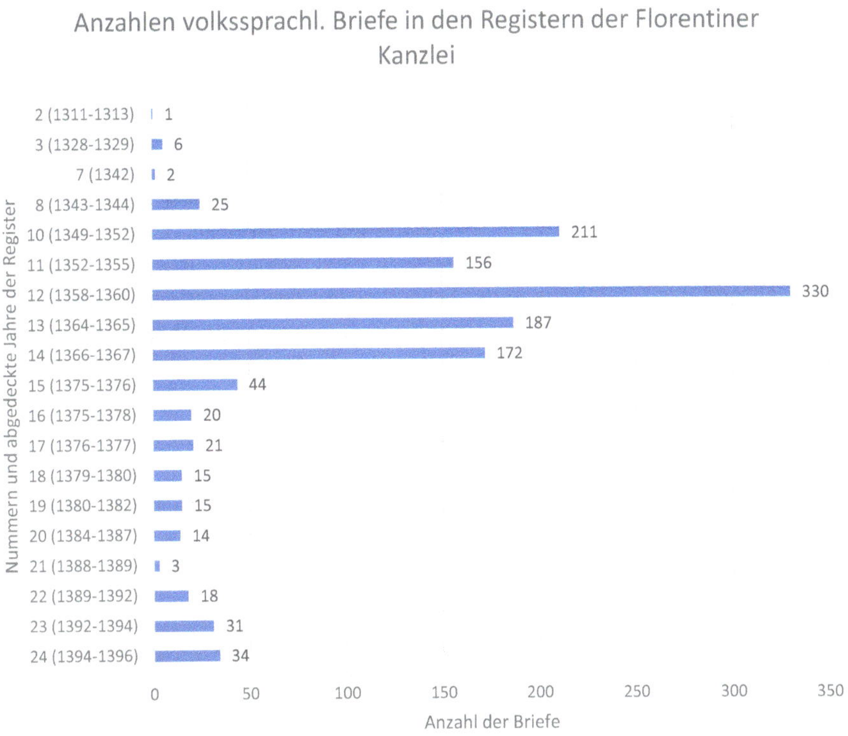

Die Höchstzahl an Briefen 1358 bis 1360 könnte Ausdruck einer besonders starken Hinwendung zur Volkssprache in der Folge der Übersetzung der florentinischen Statuten 1355 durch Andrea Lancia sein.[80] Dass jedoch auch der überzeugte lateinische Humanist Coluccio Salutati die Volkssprache trotz seines Wirkens nicht völlig verbannte, zeigen die fast alle darin verfassten Aufzeichnungen von Botschafterwahlen sowie Schreiben und Anweisungen an sie der ersten beiden Register der *Legazioni e Commissarie della Signoria* ab 1394.[81]

Beschlüsse (*deliberazioni*) der Ratsorgane wie der *Signori e Collegi* sind aus dem vierzehnten Jahrhundert nur sporadisch überliefert, bisweilen erscheint darin auch die Volkssprache, zuerst in Form eines Schreibens von 1331. Belegt ist immer-

---

alle den ungefähr gleichen Umfang, versichert Marzi 1910, 623. Auf die Register 1, 4–6 und 9 geht er nicht ein, sie scheinen demnach keine Briefe in der Volkssprache zu enthalten.

80 Zu dieser wichtigen Übersetzungsinitiative vgl. Bambi 2009 und Salvestrini/Tanzini 2015, 284–292.

81 Marzi 1910, 623. Das gilt auch für die ab 1384 in Reihen vorhandenen Briefe und Anweisungen der *Dieci della Balìa*, die allerdings über einen eigenen *cancelliere* verfügten, Marzi 1910, 623.

hin 1348 und 1351 das Verlesen der Beschlussvorlagen der Signoria in *volgare* vor den Ratsorganen.[82] Nicht nachträglich, sondern direkt darin niedergeschriebene Gesetze (*provvisioni*) sind seit 1382 dokumentiert, wurden aber erst im fünfzehnten Jahrhundert häufig.[83] Dabei dominierte beispielsweise in den Protokollen der Florentiner *Consulte* (Beratungen der Ratsorgane mit wichtigen Bürgern) Anfang des fünfzehnten Jahrhunderts das Lateinische. Noch um die Mitte des Jahrhunderts herum hielt es sich ungefähr die Waage mit der Volkssprache, welche dann am Ende fast ausschließlich für diese Niederschriften verwendet wurde.[84]

Während das Lateinische in der Schriftlichkeit der Florentiner Hauptkanzlei in der zweiten Hälfte des fünfzehnten Jahrhunderts weiterhin überwog, wurde in der 1437 eingerichteten zweiten Kanzlei (zuständig für die Korrespondenz innerhalb des florentinischen Herrschaftsbereichs) und den Kanzleien der Räte der Zehn und der Acht die Volkssprache bevorzugt. Wie stark jedoch die Schreiber noch einer lateinischen Professionalität verhaftet waren, zeigt die Gewohnheit in der zweiten Kanzlei, in Gänze kopierte Briefe in der Volkssprache zu belassen, aber kurze Zusammenfassungen davon auf Lateinisch zu notieren.[85]

Darüber hinaus lasse sich nach Arrighi[86] ganz allgemein die folgende, auch bei anderen Kanzleien in Italien feststellbare Tendenz bei der Sprachwahl für Briefe beobachten: Das Lateinische kam für Schreiben an den Papst und an ausländische Herrscher zum Einsatz, die Volkssprache für solche an kleinere Herrscher und Feudalherren sowie die Florenz unterstehenden Städte. Richteten sie sich an Florentiner Bürger, so waren sie für Kleriker und studierte Juristen auf Latein, ansonsten in der Volkssprache verfasst.

6.3 Bologna

Auf kartographischen Darstellungen der Verhältnisse der Zeit ist Bologna meistens als formal zum Kirchenstaat zugehörig dargestellt. Tatsächlich hatte Kaiser Rudolf von Habsburg die Stadt zusammen mit der Romagna 1278 formal dem Papst zugestanden und sie unterstand 1327 bis 1334 dem päpstlichen Legaten Bertrand du Pou-

82 Marzi 1910, 417, 555.
83 Marzi 1910, 420.
84 Telve 2000, 15–16, zit. in Palermo 2010.
85 Marzi 1910, 423.
86 Arrighi 2008, 58.

get.[87] Zuvor war Bologna jedoch im Hoch- und Spätmittelalter zwischen Kaiser[88] und Papst umkämpft gewesen, die beide Rechte auf die Stadt geltend machten – ein Spannungsfeld, das für die allgemein ins Jahr 1088 datierte Gründung der so bedeutenden Universität eine entscheidende Rolle spielte. Gleichzeitig entfaltete sich Bologna als eine starke und recht unabhängig agierende Kommune, die erst 1507 endgültig in den Kirchenstaat eingegliedert wurde.[89]

Die Frage nach der Volkssprache in Bologna ist außer wegen seiner Größe auch wegen seiner Rolle als internationaler Bildungsstätte von besonderem Interesse. Tatsächlich wirkten in der Stadt herausragende Gelehrte der *Ars dictandi* und *Ars arengandi*, von denen hier als einer der bekanntesten nur Guido Fava (vor 1190 bis 1245/50) genannt sei, dessen *Gemma purpurea* (1239/1248) und *Parlamenta et epistole* (ca. 1243) auch Brief- und Redemuster in der Volkssprache enthalten.[90] Dazu fügt sich eine oft zitierte Bestimmung aus den Statuten Bolognas, bezeugt 1246/1250 und ähnlich 1252 (später allerdings nicht mehr), dass die Notare in der Lage sein müssten, lateinische Schriftstücke beim mündlichen Vortrag *ad hoc* in der Volkssprache wiederzugeben.[91]

Der Erwähnung bedarf, dass Dante Alighieri in seinem *De vulgari eloquentia* bei seiner Suche nach der letztlich nirgendwo zu findenden idealen Volkssprache das *volgare* Bolognas am relativ positivsten bewertet.[92] Dies hängt mit der Rezeption und Produktion weltlicher Dichtung in der Stadt zusammen, etwa durch den von Dante besonders geschätzten Bologneser Guido Guinizelli (1235–1276), einen der Begründer des *Dolce Stil Novo*. Diese Dichtung wurde besonders von den Notaren gepflegt, wie es die *Libri memorialium* der Stadt bezeugen, in die die Notare zwischen 1236 bis 1436 ihre – fast ausschließlich lateinischen – Akten kopieren mussten. In den Jahren 1279 bis 1333 nutzten mehr als 50 Bologneser Notare die Räume zwischen den Einträgen in den Registern für die Niederschrift von 120 volkssprachlichen Versdichtungen, zu denen ab den 1290er Jahren dutzende auswärtiger Notare (vorwiegend auf den Umschlagseiten) noch circa 70 hinzufügten.

---

87 Ital. Bertrando del Poggetto, Tamba 1978, 11, 15.

88 In Bologna wurde König Enzo, Sohn Friedrichs II. von Hohenstaufen, 1249–1272 gefangen gehalten, was als Faktor für die Verbreitung der Lyrik der sizilianischen Dichterschule in der Stadt angesehen wird.

89 Einen Überblick über die Geschicke Bolognas und seiner Institutionen im Spätmittelalter gibt Tamba 1978, 7–22, zum Kanzler des *comune* vgl. Tamba 1978, 61–62.

90 Antonelli/Feo 2004.

91 „et qualiter legere scripturas quas fecerint vulgariter et litteraliter, et qualiter latinare et dictare", zit. in Antonelli/Feo 2004.

92 Frings/Kramer 2007, 86–89. Zur Bewertung des Bolognesischen durch Dante vgl. Antonelli/Cassì 2018, 476–482.

Auch für die Notarsdokumente selbst wurde zwar die Volkssprache verwendet, aber nur in sehr geringem Ausmaß: Zwar sind unter den 47.796 Auskünften für Steuerschätzungen von 1296 bis 1330 immerhin 78 in *volgare*, sie machen somit aber lediglich 0,16 Prozent von ihnen aus.[93] Zudem stammt nur eine dieser Auskünfte von einem Notar und viele wurden von oft aus der Toskana stammenden Nicht-Bolognesern verfasst.[94] Die Dokumentation der bolognesischen Behörden bietet immerhin die Aufzeichnung eines Ausrufs bereits von 1294,[95] und die Liste von 275 volkssprachigen Quellen aus der Zeit von 1273 bis 1400 in Trauzzi[96] lässt erahnen, dass die Volkssprache in der ersten Hälfte des vierzehnten Jahrhunderts gelegentlich von ihnen in den Akten verwendet wurde, etwas häufiger dann ab 1350. Aus diesem Jahr stammt auch eine Vereinbarung der Kommune mit zwei Münzprägern, der 1351 ein Ausruf gegen die Verbreitung von Falschmünzen folgte.[97]

6.4 Genua

Ungeachtet eines außergewöhnlich frühen Gebrauchs in der Lyrik bereits um 1300 durch den Dichter Lucchetto Genovese[98] breitete sich die Volkssprache in Genua vergleichweise spät in der Kanzleischriftlichkeit der Republik aus. Allgemein galten die Genuesen auch bei auswärtigen Beobachtern als besonders dem Lateinischen verpflichtet,[99] was mit dem großen Stellenwert eines relativ früh entstandenen professionellen nicht-kirchlichen Notariats in Zusammenhang gesehen werden kann.

Ein erstes Beispiel für „Kanzleigebrauch der Volkssprache“[100] stammt immerhin aus der 1. Hälfte des vierzehnten Jahrhunderts. Diese Anweisungen an einen nach Zypern entsandten Botschafter stehen mit der Expansion der Seerepublik im Mittelmeerraum in Zusammenhang.[101] Weitere Belege für derartige „Funktionen einer offiziellen Schriftsprache“[102] des Genuesischen liegen dann ab 1352 vor,

93 Brunner 2009, 49.

94 Antonelli/Feo 2004. Weitere außerhalb der Behörden verfasste und dann an diese gesandte Texte, vor allem Eingaben, Meldungen und Anzeigen, bietet Corti 1962, 61–78.

95 Frati 1900, 249. Frati 1900, 250–260 listet weitere Ausrufe in der Volkssprache von 1394, 1400, 1401, 1429, 1394, 1394, 1393, 1398, 1402, 1402 und 1403 auf.

96 Trauzzi 1922, 124–126.

97 Beide ediert in Frati 1889, 559–564, dazu auch 530–31 bzw. 540–541.

98 Toso 1997, 68–72.

99 Toso 1997, 94.

100 „uso cancelleresco del volgare“, Toso 1997, 137.

101 Evtl. von 1320, wohl aber eher nach 1339, Toso 1997, 78, 137–139.

102 „funzioni di lingua scritta ufficiale“, Toso 1997, 137.

(und zwar ein Bündnisangebot an den König von Ungarn (1352), ein Brief eines Kapitäns an einen türkischen Admiral (1358) und ein Vertrag aus Caffa auf der Krim mit dem Khan der Tartaren (1380).[103]

Für die Aufzeichnung der Beratungen und Beschlüsse des Dogen und des *Consiglio degli Anziani* in den *Diversorum libri* der Jahre 1404 bis 1500 kam die Volkssprache jedoch lange nur für wenige Abschriften von einzelnen kurzen Redeabschnitten von Bürgern sowie für das gelegentliche Verzeichnen der diskutierten Themen zum Einsatz. Ab 1439 nahm dieser Gebrauch dann zu, wodurch sich die Zahl volkssprachlicher Abschnitte von 60 in der ersten Hälfte des fünfzehnten Jahrhunderts auf über 600 in der zweiten verzehnfachte.[104]

6.5 Mailand

Zwar sind aus Mailand volkssprachliche Quellen ab dem letzten Drittel des dreizehnten Jahrhunderts erhalten, es handelt sich jedoch um literarische und religiöse Quellen, unter denen die Werke des Grammatik- und Rhetoriklehrers Bonvesin da la Riva herausragen. Hingegen sind kaum private Gebrauchstexte in der Volkssprache erhalten, von denen eine vierzehnzeilige *confessio* auf einem Kaufvertrag für ein Haus von 1311 als ältester gelten kann.[105]

Unter den Mailand seit 1277 beherrschenden Visconti lässt sich eine Kanzlei erst ab 1335 nachweisen, in der sich die Schriftstücke „allmählich von der Notars- zur Kanzleiform entwickel[te]n“.[106] Schriftstücke in der Volkssprache sind für diese Kanzlei[107] erst ab 1426 dokumentiert, ab 1440 häufiger, bevor sie dann gegen Ende desselben Jahrhunderts überwogen.[108] Die dafür gebrauchte Sprachform unterlag einer raschen Toskanisierung, die in den Dokumenten der *cancellieri* am Visconti- und Sforza-Hof besonders deutlich greifbar wird und einer

103 Toso 1997, 137–142.

104 Còveri 1995, 262–263. Die Praxis, Redebeiträge in Ratsdebatten teils auf Lateinisch, teils in der Volkssprache festzuhalten, ist auch bei den in Kap. 6.2 erwähnten florentinischen *consulte* von 1465–1466 zu beobachten.

105 Colombo 2010.

106 „gli atti [...] si evolvono progressivamente dalla forma notarile a quella cancelleresca“, Baroni 1984, 456.

107 Vitale bezeichnet als *cancelleria* ‚Kanzlei‘ „die Gesamtheit aller Ämter der politischen und Verwaltungsorgane des Herzogtums Mailand“ („l’insieme di tutti gli uffici degli organi politici ed amministrativi del Ducato milanese“, Vitale 1953, 21) mit ihren verschiedene Kanzleien. Unter ihnen ragen jedoch der *Consiglio Segreto* und der *Consiglio di giustizia* mit je einer eigenen Kanzlei heraus.

108 Vitale 1953, 16–17.

relativ frühen pro-florentinischen Orientierung folgte.[109] So gilt schon der Aufenthalt Petrarcas am Visconti-Hof 1353–1361 als „Wasserscheide für die mailändische Kultur zwischen der ersten und der zweiten Hälfte des Trecento"[110] und Verbannte aus Florenz sorgten für die Verbreitung künstlerischer Modelle von dort.[111]

7 Latein und Volkssprachen in den anderen Staaten auf dem Gebiet des heutigen Italiens

Im Gegensatz zu den im vorhergehenden Abschnitt besprochenen großen *Comuni* und *Signorie* wenden wir uns in diesem und dem folgenden Kapitel – mit Ausnahme der Republik Venedig – dem administrativen Sprachgebrauch von Königreichen zu. Wie in Kapitel 4 bereits hervorgehoben, geht es außerdem um Staatsaggregate, deren Zusammensetzung aus voneinander weit entfernten Gebieten besondere Mehrsprachigkeitskonstellationen mit sich brachte. Sie schlossen auch romanische Volkssprachen von außerhalb der Italoromania ein, nämlich Französisch und Katalanisch, später auch Kastilisch. Brunner[112] klassifiziert die Übernahme von solchen in anderen Gebieten entstandenen Volkssprachen als exogene Vernakularisierung des Schrifttums, vorliegend beispielsweise bei der Verwendung des Französischen in England oder Flandern.[113] Eine solche exogene Vernakularisierung scheint uns dann auch eine endogene Vernakularisierung anstoßen zu können, wie es offenbar in der Kanzlei des Königreichs Neapel im fünfzehnten Jahrhundert der Fall gewesen ist

109 Vitale 1953, 25–38.

110 Morgana 2015, 90.

111 Ganz ähnlich stellt sich die Situation in Pavia dar (ab 1361 Sitz der von den Visconti gegründeten Universität), wo der schriftliche Gebrauch der Volkssprache seitens der Autoritäten erst ab 1456 belegt ist, Stella/Repossi 1985, 24–26.

112 Brunner 2009, 36.

113 Brunner 2009, 30 schlägt vor, den Übergang zu den Volkssprachen in der Urkundenschriftlichkeit als *vernacularisation* zu bezeichnen. In der Frankophonieforschung wird mit dem Begriff *langue vernaculaire* die Rolle des Französischen als Alltagssprache erfasst (Pöll 2017, 25–26), wie sie etwa punktuell noch an der kanadischen Ostküste besteht gegenüber dem Englischen als *langue véhiculaire*. Das Französische spielt umgekehrt die Rolle einer solchen *langue véhiculaire* in vielen afrikanischen Staaten mit afrikanischen Sprachen als *langues vernaculaires*. Auf der Basis dieser Begrifflichkeiten stellt die mittelalterliche Einführung der Volkssprachen in die Urkundenschriftlichkeit zwar eine Vernakularisierung letzterer dar, für diese Volkssprachen selbst bedeutete sie jedoch funktionell gesehen eine Vehikularisierung in Form der Ausweitung ihres Gebrauchs zu einer verkehrssprachlichen Verwendung hin.

(dazu siehe unten Kapitel 7.2). Man bedenke ferner, dass gleichzeitig auch italoromanische Sprachformen exogene Verwendungen erfuhren, etwa das Venezianische im *Stato da mar* der Republik und das Pisanische und Genuesische auf Sardinien und Korsika sowie auch anderswo im Macht- und Einflussbereich der Seerepubliken.[114] Ein Problem bei der Beurteilung derartiger Konstellationen stellt die Rückprojektion der heutigen politischen Grenzen dar. So dürfte sich eine Exogenitätswahrnehmung angesichts der Vielstaatlichkeit auf der Apenninen-Halbinsel im frühen vierzehnten Jahrhundert eher eingestellt haben als heute, was auch für das stellenweise aufkeimende Interesse für die entstehende florentinisch-toskanische Literatursprache zu berücksichtigen ist. Etwa arbeitet Krefeld[115] heraus, dass das Sizilianische von Dante damals als Fremdsprache wahrgenommen worden wäre – aus der sizilianischen Perspektive müsste dies dann umgekehrt auch für Dantes Idiom gegolten haben.

7.1 Die Republik Venedig

Aus Venedig sind eine ansehnliche Zahl privater Gebrauchstexte wie Testamente, Verträge, Briefe und Kontobücher in der Volkssprache aus dem dreizehnten Jahrhundert erhalten[116] und auch erste Schriftstücke der venezianischen Institutionen wie etwa Übersetzungen von Verträgen mit orientalischen Herrschern sind erhalten.[117] Die Republik zählt in dieser Hinsicht zu den ersten Gebieten in der Italoromania, zeigt diese Entwicklung allerdings einige Jahrzehnte später als die Toskana. Im vierzehnten Jahrhundert ergab sich dann in Venedig aber eine beachtliche Dynamik, von der eine ähnlich große Menge an volkssprachlichen Texten zeugt wie dort.[118] Venedig geht hierin der anderen großen Seerepublik Genua voraus, was unter anderem mit dem besonders langen Wirken von Notaren aus dem weltlichen Klerus in Venedig begründet wird.

Im Hinblick auf die venezianische Dogenkanzlei verdient auch die Form der Urkunden eine Bemerkung: Im dreizehnten Jahrhundert kamen die als Große Dogenurkunden bezeichneten *Ducali maggiori*, unterzeichnet vom Dogen, den 6 Dogenräten und einer bisweilen sehr großen Zahl an weiteren Personen, außer Gebrauch. Dies

---

114 Vgl. z. B. zum Venezianischen und Italienischen auf Kreta Eufe 2006, 195–229; 2019a; 2019b oder für das Genuesische den behördlichen Ausruf zur Unterbindung von Gewalt gegen Frauen aus Famagusta von 1447 in Toso 1997, 162–163. Zum Pisanischen auf Sardinien s. u. Kap. 7.4.

115 Krefeld 2010, 486.

116 Stussi 1965, Tomasin 2013, Formentin 2018.

117 Tomasin 2001, 12–24.

118 Tomasin 2007, 85–86, Tomasin 2015, 169.

reflektiere nach Fees den Wandel von einer „quasimonarchische[n] Stellung“[119] des Dogen im neunten bis elften Jahrhundert zu einer „rein repräsentative[n] Rolle“.[120] Demgegenüber bedurften die *Ducali minori* hingegen lediglich der Unterschriften des Dogen und zweier Dogenräte, während unter den sich immer mehr durchsetzenden Siegelurkunden neben dem Siegel die Unterschrift des Dogen ausreichte.[121] Die endgültige Durchsetzung der *Ducali minori*, die von ihrer Form her offenen oder privaten Briefen entsprachen, datiert Pozza[122] in die ersten Jahre der Amtszeit des ersten Großkanzlers Corrado (1261–1281), sie entspräche einer Tendenz, die auch in den übrigen Kanzleien Italiens jener Zeit feststellbar sei. Zu prüfen wäre unseres Erachtens, inwiefern derartige Veränderungen innerhalb des Schriftgutes der Kanzlei den Gebrauch der Volkssprache direkt begünstigt haben oder zumindest symptomatisch für allgemeine Veränderungen der administrativ-bürokratischen Praktiken gewesen sein könnten, die dann längerfristig auch die Sprachwahl beeinflussten.

Während Briefe in der Volkssprache an venezianische Behörden in deren Registern ab dem späten dreizehnten Jahrhundert dokumentiert sind,[123] zählen zu den ältesten umgekehrt von ihnen versendeten Texten dieses Typs drei *lettere ducali* von 1310, erhalten als Abschriften in einem Register des Kleinen Rates. Sie sind an Soldaten für eine Mission zu den venezianischen Stützpunkten Modon und Koron[124] auf der Peloponnes und nach Kreta gerichtet, also an rangniedrige, wohl zwar des Lesens, aber eventuell nicht des Lateinischen kundige Untergebene (nebst Briefen auf Lateinisch an die dort stationierten venezianischen Befehlshaber).

Der Vollständigkeit halber seien Kapitularien als Sammlungen von Regelungen nicht nur von Zünften und Bruderschaften, sondern auch einzelner Behörden erwähnt, die ab der ersten Hälfte des vierzehnten Jahrhunderts den Übergang zur Volkssprache zu zeigen beginnen.[125] Von größerer Wichtigkeit für die hier verfolgte Perspektive ist die Tatsache, dass das Venezianische in der Dogenkanzlei für die Aufzeichnung der Beschlüsse der höchsten venezianischen Ratsorgane erst ab Mitte des vierzehnten Jahrhunderts sporadisch und abschnittsweise verwendet wurde. Ab 1400 kam es dann gelegentlich für ganze Texte zum Einsatz, deren Anteil aber noch jahrzehntelang unter 10 Prozent lag. Um 1500 überwog die Volkssprache dann bei der Niederschrift der Beschlüsse des Großen Rates

119 Fees 2012, 63.
120 Fees 2012, 65.
121 Fees 2012, 61.
122 Pozza 1997, 366.
123 Tomasin 2007, 72–74.
124 Die heutigen Methoni und Koroni.
125 Tomasin 2007, 75–77.

deutlich, während jedoch die Strafurteile des Rates der Zehn noch mehrheitlich auf Lateinisch aufgezeichnet wurden.[126]

7.2 Das Königreich Neapel

Im festländischen *Regno di Sicilia citeriore* hatte die Machtübernahme Karls I. von Anjou ab 1266 eine gewisse Einwanderung franz. Adliger, Würdenträger, aber auch Soldaten, Handwerker, einfacher Kleriker u. a. zur Folge.[127] Diese personelle Basis ermöglichte die Anordnung von 1277, für die Dokumente der Schatzkammer das Französische zu verwenden – ein bemerkenswerter Vorgang, weil derartige Festlegungen zugunsten der Volkssprache zu einer solch frühen Zeit in Europa extrem selten waren.[128] Die Bestimmung ist als eine von verschiedenen administrativen Reformmaßnahmen einzuordnen, eventuell zielte sie auch auf eine bessere Kontrolle der finanziellen Angelegenheiten ab.[129] Minervini[130] schließt nicht aus, dass sie von der beginnenden Verwendung der Volkssprache in der Kanzlei der französischen Könige in Paris (dazu Kapitel 9) angeregt wurde. Allerdings erfolgte in Neapel schon nach wenigen Jahren mit der fortschreitenden Italianisierung des Kanzleipersonals die Rückkehr zum Lateinischen, das auch die Sprache der übrigen Verwaltungs- und Rechtsdokumente war, abgesehen von wenigen Ausnahmen mit auswärtigem Bezug und einigen Briefen von Karl I. und Karl II. auf Französisch.[131]

Die schriftliche Verwendung der regionalen süditalienischen Volkssprache lässt sich allgemein im vierzehnten Jahrhundert nachweisen. Der Erwähnung bedarf andererseits Robert der Weise (1309–1343) als Förderer von Petrarca und Boccaccio, der jedoch für wissenschaftlich-philosophische Interessen weiterhin das Lateinische bevorzugte, außerdem entstanden im Umfeld seines Hofes Prachthandschriften auf Französisch. Von seiner Nachfolgerin Johanna I. (1343–1382) sind dann 5 neapolitanisch-volkssprachliche Briefe überliefert[132] – sie könnten durch toskanische Vorbilder angeregt worden sein, da zu jener Zeit in Neapel Kaufleute und Bankiers aus Florenz einen gewissen Einfluss ausübten. Dessen ungeachtet

---

126 Tomasin 2001, 72, 134.
127 Minervini 2014, 162–163.
128 Vgl. dazu Eufe 2003, 30–33 und Eufe 2005.
129 Durrieu 1883, 8–15.
130 Minervini 2014, 157.
131 Minervini 2014, 156–158.
132 Sabatini 1993.

ergab sich in der königlichen Kanzlei[133] erst während der aragonesischen Herrschaft ab 1442 eine volkssprachliche Schreibtradition.[134]

7.3 Das Königreich Sizilien

Die größte Insel des Mittelmeers stand zur Zeit Ludwigs des Bayern unter der Herrschaft der mit ihm verbündeten Könige Friedrich II. von Aragonien (reg. 1296–1337, sich als Reminiszenz an seinen Urgroßvater Friedrich II. von Hohenstaufen als Friedrich III. bezeichnend) und Peter II. (seit 1321 Mitregent, dann 1337–1342 alleiniger König von Sizilien). Mit dem Herrscherhaus waren ab 1282 katalanisch-aragonesische Würdenträger, Militärs und Kaufleute auf die Insel gelangt, wodurch auch das Katalanische in die dortige administrative Schriftlichkeit Eingang fand. Leider lässt sich der Sprachgebrauch der königlichen Kanzlei[135] bis zur ersten Hälfte des vierzehnten Jahrhunderts wegen der weitgehenden Zerstörung ihrer Bestände bei der Plünderung Messinas durch die Anjou in den 1350er Jahren[136] nur fragmentarisch und indirekt erschließen. Die Studien der letzten Jahre bestätigen jedoch die Einschätzung, dass die Hauptschriftsprache der Kanzlei zu jener Zeit das Lateinische war, während das sizilianische *volgare* höchstens punktuell zum Einsatz kam:

> Nach der sizilianischen Vesper bleibt die Sprache der Dokumente das Lateinische, das erst später in einige Fällen durch die Volkssprache zu ersetzen begonnen werden wird; auf Lateinisch sind selbstverständlich die Dokumente der Kanzlei, aber für die Korrespondenz zwischen Friedrich III. und Jacob II. findet sich auch das Katalanische gebraucht, verwendet sozusagen für den internen Gebrauch, das heißt wenn Schreibender und Empfänger Katalanen sind.[137]

---

133 In ihren Besitzungen auf dem Gebiet des heutigen Frankreich, vor allem in der Provence, verfügten die Anjou über keine wie in Neapel aus der Stauferzeit übernommene Kanzlei, Minervini 2014, 159. Lusignan 2004, 40 zufolge wurde in der Provence unter den Anjou bis zum Ende des Mittelalters das Lateinische verwendet.

134 Minervini 2014, 159.

135 Für die Entstehung der sizilianischen königlichen Kanzlei vgl. den zusammenfassenden Überblick in Silvestri 2018, 51–70. Burgarella 1978, 79 vermutet trotz eines gewissen unvermeidlichen aragonesischen Einflusses eine beträchtliche Kontinuität im Anschluss an die Zeit der Staufer und der Anjou. In diesem Zusammenhang sei der schon unter den Staufern aktive und dann in der aragonesischen Zeit zum Kanzler ernannte Giovanni da Procida genannt. Die sizilianische Kanzlei wurde nicht von Klerikern geleitet, anders als diejenige der Krone von Aragonien in Barcelona, an deren Spitze Bischöfe standen.

136 Burgarella 1978, 98; Silvestri 2018, 64.

137 „Dopo il Vespro la lingua dei documenti resta il latino, che solo più tardi comincerà in qualche caso ad essere sostituito dal volgare; in latino sono, ovviamente, anche i documenti della can-

Dass das Katalanische vor allem als Sprache von Briefen unter Katalanen erhalten ist, lässt sich auch Burgarella[138] entnehmen, der im Kanzleigut eine damals üblichen Gepflogenheiten entsprechende Dreiteilung in Diplome (*privilegi*), *litterae patentes* und *litterae clausae* ausmacht, von denen letztere auch auf Katalanisch vorkamen. Etwa sind in der überwiegend mit seinem älteren Bruder Jakob II. von Aragonien ausgetauschten Korrespondenz von Friedrich III. aus den Jahren 1291 bis 1326 in Giunta/Giuffrida[139] von 150 Schreiben 10 auf Katalanisch verfasst,[140] alle übrigen aber auf Latein.

Quellen auf Sizilianisch liegen dann ab 1320 vor, v. a. (teilweise aus dem Lateinischen übersetzte) Bestimmungen über Abgaben. Darunter ist ferner die vom König festgelegte Formel für öffentliche Ausrufe von 1321, die den Gebrauch der Volkssprache in der distanzsprachlichen Mündlichkeit belegt: *Per multi anni la vita di l'altu signuri re Fridericu et di l'altu signuri re Petru, nostri signuri regi di Sicilia, ki Deu salvi e mantegna,*[141] für viele Jahre [möge] das Leben des hohen Herren König Friedrich und des hohen Herren König Peter [dauern], unsere Herren Könige von Sizilien, die Gott beschütze und erhalte'. Nach Bresc[142] wurden die Proklamationen den Ausrufern auf Blättern übergeben, von denen sich einige fragmentarisch erhalten haben, wie etwa diejenigen zu Abgaben auf Wein von 1332.[143]

Einen qualitativen Sprung für die Volkssprache sieht Bruni[144] dann in der Einverständniserklärung Friedrichs IV. von 1363 zum Vertrag von Piazza und Castrogiovanni, die er mit den Worten einleiten lässt: *et havimu provistu nui predictu re Fridericu rispundiri in vulgari azò ki li audituri haianu plui claru intellectu di nostra intencioni,*[145] und wir, der vorgenannte König Friedrich, haben dafür gesorgt, in der Volkssprache zu antworten, damit die Zuhörer [!] ein klareres Verständnis unserer

---

celleria, ma per la corrispondenza tra Federico III e Giacomo II si trova usato anche il catalano, impiegato per uso interno, per così dire, cioè quando scrivente e destinatario sono catalani", Bruni 1980, 188.

138 Burgarella 1978, 83, 85.

139 Giunta/Giuffrida 1972.

140 Es handelt sich um die Briefe XIII (aus Messina an Jakob II., 28.03.1298), XVII (aus Messina an Guillelm de Enteça wegen der Erlaubnis für seine Ritter, im Lande bleiben zu dürfen, 05.08.1299), XXIV (aus Catania an Jakob II., 09.12.1302), XL (aus Palermo an Jakob II., 08.03.1305), LIII (aus Agrigent an Jakob II., 24.02.1308), CXX (aus Messina an Jakob II., 26.05.1319), CXXXIII (aus Messina an Jakob II., 21.06.1323), CXLII (aus Messina an Jakob II., 14.06.1325), CXL (Giunta/Giuffrida 1972, 218–219 mit falscher Zählung; aus Castrogiovanni an Jakob II., 30.07.1326), CXLI (ebenso). Neun der zehn Briefe sind also an Jakob II. gerichtet.

141 Rinaldi 2005, 14.

142 Bresc 2005, 644.

143 Rinaldi 2005, 19.

144 Bruni 1980, 236.

145 Rinaldi 2005, XIV.

Absichten haben'. Da der König mit dem Vertrag den mächtigsten Adelsfamilien Zugeständnisse machte, kann der Gebrauch der Volkssprache hier als „politisches Instrument"[146] interpretiert werden. Dabei fällt allgemein auf, dass diese im Kontakt mit den einflussreichen Adelsgeschlechtern erscheint, während städtische Angelegenheiten in einem vernachlässigt wirkenden Lateinisch abgewickelt wurden[147] – eine Tendenz, die im Gegensatz zur Dynamik in Nord- und Mittelitalien zu stehen scheint.

Aus der Zeit bis 1392 trägt Rinaldi[148] in ihrer Edition 154 private und offizielle Gebrauchstexte zusammen (Verordnungen, öffentliche und private Briefe, Testamente, Wechselbriefe, Buchführung u. Ä.) – ihre Anzahl zeigt, dass das Sizilianische gegenüber dem Lateinischen bis 1392 nur wenig verwendet wurde. Ab der dann beginnenden Regierungszeit Martins I. des Jüngeren von Sizilien nahm die Schriftlichkeit allgemein zu, was auch die Zahl der sizilianischen Quellen in den vierstelligen Bereich ansteigen ließ.[149] Aus dieser Zeit stammen die von Varvaro[150] untersuchten 26 Briefe von 1394 aus Catania aus der Kanzlei seines später als Martin I. zum König von Aragonien ernannten Vaters (1409–1410 als Martin II. auch König von Sizilien). Einer dieser Briefe ist auf Katalanisch an das aragonesische Machtzentrum in Barcelona gerichtet. Neun weitere sind auf Lateinisch verfasst, die 16 übrigen auf Sizilianisch. Zwar ist keine strikte Verteilung dieser beiden nach Adressaten oder Themen zu erkennen, weil beispielsweise Empfänger vorkommen, die sowohl auf Lateinisch als auch auf Sizilianisch angeschrieben werden. Immerhin lässt sich aber eine gewisse Tendenz bezüglich der Thematiken ausmachen, nämlich dass die wirklich amtlichen und öffentlichen rechtlichen Angelegenheiten wie zum Beispiels Belehnungen auf Lateinisch geregelt wurden, private und solche von weniger hohem Status dagegen auf Sizilianisch.[151]

146 „strumento politico", Rinaldi 2005, XI–XII.
147 Rinaldi 2005, XIII.
148 Rinaldi 2005.
149 Rinaldi 2005, VII–VIII.
150 Varvaro 1977.
151 Varvaro 1977, 3. Auf weitere an der äußerst komplexen Mehrsprachigkeit auf Sizilien beteiligte Sprachen wie Griechisch und Arabisch kann hier nicht eingegangen werden, vgl. dazu Bruni 1980, 211. Das Florentinisch-Toskanische fand erst im 16. Jh. Verwendung, Varvaro 1977, 3. Gegenüber der mit dem Ende des Stauferhofs verschwundenen sizilianischen Dichterschule bevorzugten die aragonesischen Herrscher Lyrik im dem Katalanischen sehr nahe stehenden Okzitanischen, Bruni 1980, 189–190, Rinaldi 2014, 6–9. Außerdem hatte Raymond Lull katalanische Prosa geschaffen (zu seinen Beziehungen zu Sizilien vgl. Bruni 1980, 190–202). Gleichzeitig entstanden aber in der ersten Hälfte des 14. Jhs. einige wichtige Übertragungen (*volgarizzamenti*) in das Sizilianische, Bruni 1980, 202–210, Rinaldi 2014, 11–21.

7.4 Sardinien

Im Hinblick auf frühe administrative Schriftlichkeit in der Volkssprache stellt Sardinien ein äußerst interessantes Gebiet der Romania dar. Dies hängt mit den Iudikaten zusammen, den unter einer nur noch formalen byzantinischen Oberherrschaft entstandenen, seit dem neunten Jahrhundert bezeugten Königreichen Gallura, Torres/Logudoro, Cagliari und Arborea, von denen Letzteres bis zu seiner aragonesischen Übernahme 1420 am längsten bestand. Den Königen von Aragonien war Sardinien 1297 als Teil des päpstlichen Lehens *Regnum Sardiniae et Corsicae* zugesprochen worden, sie begannen jedoch erst nach dem Sieg 1324 über die bis dahin neben Genua großen Einfluss ausübende Seerepublik Pisa die Insel in langen und harten militärischen Auseinandersetzungen tatsächlich in Besitz zu nehmen.[152]

In den Iudikaten entstanden ab dem elften Jahrhundert drei Arten von Dokumenten auf Sardisch, und zwar von den *iudikes* veranlasste *cartas bulladas* mit Bleisiegel, die Privilegien, Kaufverträge, Gerichtsurteile und Ähnliches zum Gegenstand hatten, ferner *condaghes* genannte Aufzeichnungen von Schenkungen, Transaktionen und anderen ihre Besitztümer betreffenden Vorgänge vor allem von Klöstern, schließlich Rechtssammlungen, darunter auch solche von Städten.[153] Gleichzeitig spielten jedoch auch das Genuesische und vor allem das Pisanische auf der Insel eine wichtige Rolle, wie es die *Breve di Villa di Chiesa* genannten Statuten von Iglesias illustrieren: Von ihnen entstand 1324 bis 1327, also gleich nach der aragonesischen Eroberung, eine von drei Pisanern, einem Katalanen und einem Sarden überarbeitete Fassung in pisanischem Toskanisch (nicht frei von sardischen Elementen).[154] Darüber hinaus ist das Katalanische der aragonesischen Herrscher zu berücksichtigen, verwendet beispielsweise für die Aufzeichnung eines Edikts des Statthalters in Cagliari von 1337 (mit lateinischer Schlussformel).[155] Der als einer der größten Kenner Sardiniens und des Sardischen geltende Max Leopold Wagner charakterisierte die Mehrsprachigkeit auf der Insel folgendermaßen:

> Sowohl die Toskaner als auch die Aragonesen und die Spanier führten dann die eigene Sprache ein, die infolgedessen dem Lande als Amts- und Schulsprache aufgezwungen wurde. Alle amtlichen Bekanntmachungen erfolgten in den Fremdsprachen, und wenn man ihnen eine Übersetzung beifügte, geschah das nur, weil sonst die Verlautbarungen der Re-

---

152 Eine sprachliche Spur dieser Zeit stellt bis heute die katalanische Sprachinsel Alghero dar, deren sardische und genuesische Bevölkerung nach der aragonesischen Eroberung 1354 vertrieben oder verschleppt und durch katalanische Kolonisten ersetzt wurde. Auf Korsika konnten die aragonesischen Könige ihre Herrschaftsansprüche gegenüber Pisa und Genua nicht durchsetzen.

153 Blasco Ferrer 2017, 127.

154 Ravani 2011, 16.

155 Toda y Güell 1890, 13, zit. in Wagner 2002 [1950], 149 und Loi Corvetto 1992, 891.

> gierung im Landesinneren nicht verstanden worden wären. Im 13. und 14. Jh. war die toskanische Sprache [damit muss Pisanisch gemeint sein, R.E.] in Cagliari derart verbreitet, dass sie, wie bereits erwähnt, das Sardische der Hauptstadt und der Ebene sehr stark prägte.[156]

Dass allerdings die aragonesischen Erlasse bereits im vierzehnten Jahrhundert ausschließlich auf Katalanisch aufgezeichnet worden wären, wie es Loi Corvetto[157] suggeriert,[158] möchten wir in Anbetracht der beschriebenen Verhältnisse auf Sardinien und in der königlichen Kanzlei in Barcelona (dazu Kapitel 8.4) bezweifeln. Auch von einer vorherigen vollständigen Durchsetzung des Sardischen kann keine Rede sein. Wie in Kapitel 5 erwähnt führen zwar Frank/Hartmann[159] für das Sardische 34 Originalurkunden bis 1250 auf und Blasco Ferrer[160] bietet in seiner Chrestomathie 27 Zeugnisse des Sardischen aus dem elften bis vierzehnten Jahrhundert[161] – aus italianistischer Perspektive eine beachtliche Zahl angesichts des hier gezeigten relativ späten Gebrauchs der Volkssprache in den wichtigen Kanzleien Italiens. Nimmt man jedoch mit Brunner[162] die gesamte Romania oder sogar ganz Europa in den Blick, so erweist sich diese Zahl etwa im Vergleich zur Gallo- und Iberoromania als nicht besonders hoch. Bisher noch fehlende systematische Auszählungen dürften ergeben, dass vor allem in der ersten Hälfte des vierzehnten Jahrhunderts für die administrative Schriftlichkeit ausgiebig das Lateinische verwendet wurde.

8 Die Königreiche auf der iberischen Halbinsel

Für einen Blick über die Apenninen-Halbinsel hinaus lassen sich einige Publikationen heranziehen, in denen bereits die Einführung der Volkssprachen in verschiedenen königlichen Kanzleien und/oder die herrschaftliche Urkundenschriftlichkeit verglichen wird. Während der schon in Kapitel 5 zitierte Aufsatz von Brunner[163] ganz West-, Mittel- und Nordeuropa behandelt, widmet sich Lusignan[164] der Roma-

156 Wagner 2002 [1950], 70.
157 Loi Corvetto 1992, 891.
158 Durchaus vorstellbar ist jedoch, dass diese Erlasse gewöhnlich auf Katalanisch, das vor allem in den Städten Fuß gefasst hatte, verlesen, also medial mündlich präsentiert wurden.
159 Frank/Hartmann 1997, Bd. 5.
160 Blasco Ferrer 2003.
161 Zwei der Texte ordnet er allerdings der als *scripta latina rustica* bezeichneten Mischform zwischen Lateinisch und Romanisch zu. Die Erforschung der sardischen Urkunden wird allgemein durch einige ausführlich diskutierte Fälschungen erschwert.
162 Brunner 2009, 52.
163 Brunner 2009.
164 Lusignan 2004, 36–44.

nia, wobei er feststellt, dass die königlichen Kanzleien auf der iberischen Halbinsel ihre Schriftlichkeit als erste vom Lateinischen auf die Volkssprachen umstellen. Für die verschiedenen Reiche dort zeichnet Fernández-Ordóñez[165] diese Entwicklung nach, die dementsprechend unsere Hauptquelle für das vorliegende Kapitel darstellt.

8.1 Navarra

Das aus dem Königreich Pamplona hervorgegangene Königreich Navarra umfasste im Mittelalter auch Gebiete nördlich der Pyrenäen und zeichnete sich infolgedessen durch eine besonders ausgeprägte Mehrsprachigkeit aus, da dort außer dem iberoromanischen Navarresischen und dem Baskischen auch das Gaskognische[166] gesprochen wurden. Sie scheint ein entscheidender Faktor dafür gewesen zu sein, dass Navarra im Gebrauch der Volkssprache für Kanzleidokumente den anderen Königreichen auf der iberischen Halbinsel (und zwar auch Kastilien) vorausging, wie Fernández-Ordóñez[167] unterstreicht: Zum einen habe die Präsenz einer eindeutig nicht-lateinisch-romanischen Sprache, nämlich des Baskischen, in besonderer Weise für sprachliche Differenz sensibilisiert. Zum anderen habe der Schriftgebrauch des Okzitanischen[168] (nicht zuletzt in Ansiedlungen südlich der Pyrenäen von Gruppen aus dem Norden) zu einer gewissen Vertrautheit mit volkssprachlicher romanischer Schriftlichkeit geführt, in die sich dann auch das Iberoromanische einführen ließ.

Die Übersicht in Fernández-Ordóñez[169] zeigt, dass die ersten romanischen Dokumente unter Sancho VI, dem Weisen (1150–1194), zwar nur 2,1 Prozent ausmachten. Unter seinem Nachfolger Sancho VII, dem Starken (1194–1234), stieg ihr Anteil dann aber auf über ein Viertel in den letzten Jahren seiner Regierungszeit und erreichte danach unter dem in Nordfrankreich aufgewachsenen und auch als *trouvère* anerkannten Theobald I (1234–1253) in den Jahren 1245 bis 1253 bereits 100 Prozent (nicht ohne allerdings unter seinen Nachfolgern wieder leicht abzufallen).

165 Fernández-Ordóñez 2011.

166 Fernández-Ordóñez 2011 spricht von Okzitanisch. Wegen einiger markanter Eigenheiten wird das Gaskognische jedoch in der Romanistik vielfach als eigene romanische Sprache angesehen (vgl. dazu kürzlich Glessgen 2021).

167 Fernández-Ordóñez 2011, 336–338.

168 Fernández-Ordóñez 2011 verwendet ausschließlich die Bezeichnung *occitano*, die bei ihr offensichtlich das Gaskognische einschließt.

169 Fernández-Ordóñez 2011, 342.

8.2 Kastilien

In der königlichen Kanzlei Kastiliens war die Volkssprache ebenfalls bereits im dreizehnten Jahrhundert üblich geworden. Als Schlüsseljahr gilt das Jahr 1230, als Ferdinand III. (reg. 1217–1252) Kastilien mit dem neu ererbten León vereinigte, was wegen des besonderen Regelungsbedarfs in dem neuen Staatswesen, besonders bei Fragen des Grund und Bodens, eine größere Aktivität der königlichen Kanzlei zur Folge hatte – ganz ähnlich wie die Reconquista wenige Jahre später mit der Eroberung von Córdoba 1236, Jaén 1246, Sevilla 1248 und Cádiz 1250. Denn parallel dazu stieg der Anteil der volkssprachlichen Texte: Lag er im Jahrzehnt von 1231 bis 1240 noch bei 21,2 Prozent, so stieg er 1241 bis 1245 auf 45,1 Prozent und schließlich 1246 bis 1252 auf 81,4 Prozent.[170] Der Blick auf die verschiedenen Dokumenttypen ergibt, dass die Volkssprache zuerst für mit der Zahlung von Abgaben verbundene einfache *cartas notificativas o de merced* (Schenkungsurkunden)[171] eingesetzt wurde (ab 1227), die außer dem Datum keine Formeln aufweisen. Es folgten Mandate (ab 1233) und dann Konzessionen mit (weiter auf Lateinisch verfassten) Schlussformeln – eine Abfolge, die mit zunehmender kommunikativer Distanz korreliere.[172]

Unter Ferdinands Sohn und Nachfolger Alfons X, dem Weisen (reg. 1252–1284), der in den Spanisch-Sprachgeschichten seinen festen Platz als Erschaffer kastilischer Prosa hat, schrieb die Kanzlei dann komplett auf Kastilisch.[173] Nach wie vor wird in der Romanistik diskutiert, inwiefern hier von bewusster Sprachplanung der beiden Könige auszugehen ist, ohne dabei moderne Vorstellungen in das Mittelalter zurückzuprojizieren.[174]

8.3 Portugal

In Portugal existierte eine königliche Kanzlei seit Alfons II. (reg. 1211–1223), dessen Testament von 1214 als einer der ersten portugiesischen Gebrauchstexte angesehen wird. Dennoch wurde die Volkssprache in der Kanzlei erst unter seinem zweiten Sohn und Nach-Nachfolger Alfons III (reg. 1248–1279) gelegentlich verwendet, und

170 Fernández-Ordóñez 2011, 331, zit. in Martín Aizpuru 2020, 41–43. Zu den Abläufen innerhalb der Kanzlei vgl. Martín Aizpuru 2020, 55–61.

171 Zur Typologie der Schriftstücke vgl. Martín Aizpuru 2020, 80–85.

172 Martín Aizpuru 2020, 45; Fernández-Ordóñez 2011, 325–326, 330–331.

173 In dem von ihm veranlassten Gesetzeswerk der Siete Partidas ist festgelegt, dass der Kanzler sowohl Lateinisch als auch *romance* lesen und schreiben können müsse, Martín Aizpuru 2020, 33–34.

174 Martín Aizpuru 2020, 46–48.

zwar zu Anteilen von 1,8 Prozent in den Jahren 1248 bis 1267 und 8,5 Prozent in den Jahren 1268 bis 1279. Eine ähnliche Rolle wie sein Großvaters Alfons X. der Weise in Kastilien nahm dann König Dionysius (port. Dom Dinis, reg. 1279–1325) ein, unter dem die Kanzleiproduktion auf das Portugiesische umgestellt wurde,[175] während das Lateinische höchstens noch in der Korrespondenz mit anderen Staaten und für den wissenschaftlichen Bereich zum Einsatz kam.[176] Zu berücksichtigen ist dabei, dass die administrative und juristische Schriftproduktion unter diesem Herrscher allgemein stark zunahm, was als Teil seiner Bemühungen um eine effiziente Verwaltung und Rechtsprechung interpretiert wird.[177] Darüber hinaus wird Dom Dinis wegen der unter ihm entstandenen Sachprosa (v. a. Chroniken und Rechtssammlungen) sowie als Förderer und Verfasser von Troubadourlyrik, ferner auch als Gründer der ersten Universität seines Landes eine besondere Bedeutung für den Ausbau des Portugiesischen zugeschrieben.[178]

8.4 Aragonien

Bereits aus den Ausführungen zu Sizilien (dazu oben Kapitel 7.3) geht hervor, dass die Krone von Aragonien im vierzehnten Jahrhundert einen äußerst mächtigen und einflussreichen Akteur im Mittelmeerraum darstellte. Zu ihr gehörten außer dem eigentlichen Königreich Aragonien (seit 1118 mit der Hauptstadt Saragossa) und dem Fürstentum Katalonien die – institutionell recht deutlich voneinander abgegrenzten – Königreiche Valencia, Mallorca, das bereits erwähnte Sizilien und Sardinien (dazu oben Kap. 7.4),[179] ferner die Herzogtümer Athen und Neopatria in Griechenland.[180]

Verschiedenen Quelleneditionen nach ist der Gebrauch iberoromanischer Volkssprachen durch die königliche Kanzlei ab 1231 zuerst in Form von Dokumenten auf Navarresisch nachweisbar, die Vereinbarungen mit dem Nachbarkönigreich im Westen betreffen, ab 1240 kam dann auch das Katalanische zum Einsatz. In der langen Regierungszeit Jakob I. des Eroberers (1216–1276) herrschte allerdings noch ganz klar das Lateinische vor: Für die Jahre 1214 bis 1276 wurden ledig-

---

175 Fernández-Ordóñez 2011, 347–348.

176 Schöntag 2012, 164.

177 Schöntag 2012, 160, 164.

178 Schöntag 2012, 166–172.

179 Formal gehörte auch Korsika dazu, dessen faktische Kontrolle durch Pisa und vor allem Genua die aragonesischen Herrscher jedoch nicht beseitigen konnten.

180 Die aus Kreuzfahrerstaaten entstandenen Herzogtümer Athen und Neopatria gehörten ab 1312 zum Königreich Sizilien und schließlich 1380–1388 direkt zur Krone von Aragonien.

lich 1,4 Prozent volkssprachlicher Quellen ermittelt, für 1250 bis 1276 dann 4,5 Prozent. Unter Peter III. dem Großen (reg. 1276–1285) stieg der Anteil zwar auf 8,6 Prozent, damit überwog das Lateinische jedoch weiterhin zu über 90 Prozent. Bei Jakob II. dem Gerechten (reg. 1291–1327) sind unter den seine Familie betreffenden Schriftstücken der Jahre 1291 bis 1310 15 Prozent in der Volkssprache, 1311 bis 1321 dann 31,8 Prozent. In der königlichen Kanzlei Aragoniens vollzog sich also im dreizehnten Jahrhundert keine Durchsetzung einer Volkssprache wie in Kastilien,[181] vielmehr herrschte weiter das Lateinische vor. Ansonsten richtete sich die Sprachwahl tendenziell nach den Empfängern: Auf Aragonesisch wurde bisweilen der Schriftverkehr mit unter anderem den Königen von Kastilien und Portugal, den Botschaftern dorthin und den muslimischen Herrschern von Granada sowie mit Adligen und Ratsorganen in Murcia und Aragonien abgewickelt. Das Katalanische kam hingegen gelegentlich für die Kommunikation mit den Thronerben, innerhalb des Königshauses (für Anweisungen an Bedienstete, Zahlungen und Erstellung von Inventaren), mit Gesandten in den Mittelmeerraum (etwa nach Sizilien, Sardinien und Rom) sowie mit Adligen und Ratsorganen in Katalonien und Valencia zum Einsatz.[182]

Allgemein zu überwiegen begann das Katalanische unter Peter IV. dem Feierlichen (reg. 1336–1387), wie es Auszählungen zweier umfangreicher Quelleneditionen zeigen. Dabei ergibt der Vergleich der ersten und der zweiten 25 Jahre seiner gut 50 Jahre dauernde Regierungszeit für beide Editionen die gleiche Tendenz: Der Anteil der lateinischen Schriftstücke sinkt von 66 Prozent auf 32 Prozent beziehungsweise von 73 Prozent auf 15 Prozent, der Anteil der aragonesischen bleibt mit 3 Prozent und 4 Prozent beziehungsweise 8 Prozent und 9 Prozent etwa gleich, während der Anteil der katalanischen von 31 Prozent auf 63 Prozent beziehungweise 17 Prozent auf 75 Prozent steigt.[183] Diese zunehmende Bevorzugung des Katalanischen seitens des eigentlich aus einem aragonesischsprachigen Umfeld stammenden Herrschers deutet González Ollé[184] als Ausdruck seiner Hinwendung zu Katalonien und einer in den Mittelmeerraum orientierten Politik. Dies erscheint angesichts des am Anfang dieses Kapitels beschriebenen Höhepunktes der aragonesischen mediterranen Expansion Ende des vierzehnten Jahrhunderts durchaus plausibel.

---

181 Chao Fernández/Mesa Sanz/Puche López 2006, 3.

182 Fernández-Ordóñez 2011, 341–343.

183 González Ollé 2007, 306–310.

184 González Ollé 2007, 311–312.

9 Frankreich

Allgemein gilt die Galloromania (einschließlich des okzitanischsprachigen Südens) als derjenige Teil der Romania, in dem sich zuerst eine umfassende volkssprachliche Schriftlichkeit entwickelte. Passend dazu liegt auch immerhin schon von 1241 eine erste volkssprachliche Urkunde aus der *Chancellerie royale* vor[185], der in dieser Hinsicht allerdings verschiedene regionale Kanzleien des Königreichs vorausgingen. Außerdem war die Zahl solcher Urkunden bis 1260 sehr gering und wuchs erst ab 1295 während der Regierungszeit Philipps IV. des Schönen leicht an – die Kanzlei der französischen Könige ging also deutlich langsamer zur Volkssprache über als ihr kastilisches Pendant.

Bis zum Tode Philipps V. 1322 blieben volkssprachliche Königsurkunden gegenüber lateinischen klar in der Minderheit, um dann erst 1322 bis 1330 unter Karl IV. und Philipp VI. deutlich zuzunehmen und 1330 bis 1350 unter Philipp VI. stark zu überwiegen. Während alle anderen weltlichen Verwaltungen bereits um 1330 zur Volkssprache übergegangen waren,[186] wurde sie demgegenüber in der *Chancellerie royale* 1350 bis 1356 unter Johann II. wieder verboten, kam dann aber während seiner Gefangenschaft in England unter seinem Sohn und Stellvertreter Karl 1356 bis 1360 wieder in Gebrauch. Nach Johann II. Rückkehr 1360 bis 1364 ging sie nochmals zurück, bis sich das Französische ab 1364 unter seinem nunmehr als König Karl V. regierenden Sohn endgültig etablierte und später unter Franz I. im Edikt von Villers-Cotterêts 1539 als einzige Sprache für die staatliche Verwaltung und Justiz festgelegt wurde.[187]

Hervorzuheben ist, dass das Französisch der königlichen Kanzlei nicht der Pariser Skripta der anderen Behörden in der Hauptstadt entsprach, sondern als sogenanntes *français du roi* eine Koinè darstellte. Als Faktoren für das längere Festhalten am Lateinischen werden zum einen dessen besondere Tradition als „Sprache der Königskanzlei"[188] angeführt, ferner seine Nutzbarkeit „als überregionale Sprache"[189] für den Austausch mit anderssprachigen Regionen (unter anderem dem *domaine d'oc* im Süden) sowie sein kultsprachliches Prestige im Einklang mit der sakralen Legitimation des Königtums. Außerdem soll die Abneigung der Könige Ludwig IX., Philipp III.

---

185 Dies stellte den Ausgangspunkt für andere Institutionen in Paris dar, Videsott 2015b: 865.
186 Zur Ausbreitung volkssprachlicher Urkunden innerhalb des Königreichs, ausgehend zu Beginn des 13. Jhs. von den Städten ganz im Norden des sowie den städtischen Ballungsräumen im Südwesten und den zum Heiligen Römischen Reich gehörenden, vgl. Lusignan, 2004, 45–62. Zum ausgiebigen Gebrauch des Okzitanischen für Privaturkunden in Südfrankreich vgl. Kraller 2018.
187 Lusignan 2004, 92–93, zit. in Videsott 2015a: 19; vgl. auch Videsott 2016, 206.
188 Videsott 2016, 207.
189 Videsott 2016, 207.

und Philipp IV. gegenüber volkssprachlicher Romanliteratur eine Rolle gespielt haben sowie die nur geringe Bedeutung des (niederen) Adels in Paris für die Urkundenausstellung der *Chancellerie royale*.

Abschließend sei unterstrichen, dass wie eingangs erwähnt in Frankreich ein anderes Urkundenwesen aufgekommen war als in Italien: Im Zuge „ein[es] tiefgreifenden Wandels des Rechtsverständnisses in Bezug auf den Beweis [...] zwischen der zweiten Hälfte des 12. und dem Ende des 13. Jhs."[190] hatten sich zuerst in England und bald danach in Frankreich gesiegelte Urkunden als schriftliche Nachweise zu allgemein üblichen Beweisstücken entwickelt. Diese Hinwendung zur Urkundenschriftlichkeit ging mit einer – allerdings nicht linear – zunehmenden Verwendung der Volkssprache einher.

10 Schlussfolgerungen

Die Frage, inwiefern der ausgedehnte Gebrauch des Deutschen für die Urkunden Ludwigs des Bayern von Entwicklungen in den Kanzleien anderer Herrscher südlich der Alpen angestoßen wurde, ist über die Germanistik hinaus auch von interdisziplinärem Interesse. Denn sie lässt sich in Zusammenhang mit der bereits in der Forschung diskutierten allgemeinen Frage bringen, inwiefern sich derartige Entwicklungen in Europa gegenseitig beeinflusst haben könnten. So fragt sich Brunner, ob in Europa „eine Vernakularisierung oder aber [mehrere voneinander unabhängige] Vernakularisierungen"[191] anzunehmen seien. Im ersten Fall handele es sich um „eine Art spontanes Hervorbringen der geschriebenen Vernakulare, die von einzelnen Schreibern ausgegangen wäre"[192], was im Einklang mit den Erkenntnissen zur Entstehung volkssprachlicher pragmatischer Schriftlichkeit an vielen verschiedenen Schreiborten stünde. Im zweiten Fall wäre eine „Verbreitung ein und derselben Idee in ganz Europa von einem anfänglichen Ausstrahlungsherd aus"[193] anzunehmen, bewirkt zum Beispiel durch von einer zur anderen Abtei oder Schule ziehende Kleriker oder auch durch Kaufleute auf ihren zu Handelszwecken unternommenen Reisen.

190 „un changement profond de la mentalité juridique à l'égard de la preuve [...] entre la seconde moitié du XIIe siècle et la fin du XIIIe siècle", Lusignan 2004, 35.

191 „Une vernacularisation ou bien des vernacularisations?", Brunner 2009, 70.

192 „une sorte de génération spontanée des vernaculaires écrits qui aurait été le fait de scribes isolés", Brunner 2009, 70.

193 „diffusion d'une même idée dans toute l'Europe à partir d'un foyer initial", Brunner 2009, 70.

Wie in Kapitel 3 aufgezeigt lassen sich für die Kanzlei Kaiser Ludwigs gewisse direkte Kontakte mit dem romanischen Sprachraum tatsächlich nachweisen – ob sie sich in irgendeiner Weise in den Schriftstücken ausgewirkt haben, ist allerdings kaum zweifelsfrei feststellbar. Die Hypothese, dass der ausgiebige Gebrauch des Deutschen in der kaiserlichen Kanzlei von Entwicklungen in Italien direkt angeregt worden sei, ist wohl vor allem aus chronologischen Gründen zu verwerfen. Denn zur Zeit des Italienzugs des Kaisers 1327 bis 1330 haben wir in keinem der in Kapitel 6 beleuchteten Zentren Reichsitaliens und des Kirchenstaates einen vergleichbaren Gebrauch der Volkssprache seitens ihrer wichtigsten Kanzleien feststellen können. Ein solcher kommt in Florenz und Bologna (wie auch in der Reichsitalien benachbarten Republik Venedig) erst im Laufe des vierzehnten Jahrhunderts langsam und ohne linearen Verlauf in Gang, auch für Genua sind aus dieser Zeit erste Quellen nachweisbar. In Rom und Mailand ist eine Kanzleiproduktion in *volgare* erst im fünfzehnten Jahrhundert zu greifen; in jenem Jahrhundert nahm sie in allen Zentren nachhaltig und umfassend zu und begann im Laufe seiner zweiten Hälfte zu überwiegen (außer in Rom).[194] Einer genaueren Untersuchung bedarf allerdings noch die Entwicklung in Siena und vor allem im als Aufenthaltsort des Kaisers wichtigen Pisa – darüber hinaus ließe sich auch für die meisten anderen Zentren die Ausbreitung der Volkssprache in den beiden genannten Jahrhunderten durch genauere quantitative und qualitative Untersuchungen der verschiedenen Aktenreihen[195] noch eingehender beschreiben und miteinander vergleichen.[196]

Das gilt auch für Süditalien und Sardinien, wo spezifische Mehrsprachigkeitskonstellationen derartige Untersuchungen verkomplizieren, aber auch besonders interessant machen. Trotz des kurzen französischen Intermezzos im Neapel der Anjou Ende des dreizehnten Jahrhunderts und trotz der bemerkenswerten sardischen administrativen Schriftlichkeit ab dem elften Jahrhundert ist aber wie in Kapitel 7 gezeigt vom Überwiegen des Lateinischen in den dortigen königlichen Kanzleien bis mindestens zum Ende des vierzehnten Jahrhunderts auszugehen.

Insofern dürfte sich die Zunahme der Urkundenproduktion auf Deutsch nach dem Italienzug Kaiser Ludwigs eher durch den veränderten Status dieses Herr-

194 Brunner 2009, 70. Das geht auch aus dem Gesamtüberblick in Palermo 2010 hervor.

195 Dafür wären eingehende Klassifikationen des Schriftgutes notwendig. In dieser Hinsicht anregende und instruktive Arbeiten sind in den letzten Jahren mit Holzapfl 2008 und Kluge 2014 gerade von der bayerischen Geschichtswissenschaft vorgelegt worden.

196 Für Mailand kann noch auf Vitale 1953 zurückgegriffen werden, für Venedig steht Tomasin 2001 zur Verfügung. In Eufe 2006, 210–215 haben wir die Ausbreitung des *volgare* gegenüber dem Lateinischen in Briefen, Ausrufen und Prozessakten der venezianischen Kanzlei auf Kreta im 15. und frühen 16. Jh. erfasst.

schers erklären, die einen sprunghaften Anstieg des Urkundenbedarfs für seine dafür offenbar zum größten Teil erst neu aufzubauende Kanzlei nach sich zog:

> Als Friedrich der Schöne im Januar 1330 starb, wurde Kaiser Ludwig der alleinige und von keinem Mit- oder Gegenkönig beeinträchtigte oberste weltliche Herrscher in Deutschland. Viele Stände und Städte des Reiches ließen sich in der ersten Hälfte der 30er Jahre des vierzehnten Jahrhunderts von ihm ihre in früheren Zeiten von römischen Königen und Kaisern verliehenen Privilegien bestätigen. Zu keiner anderen Zeit wurde in der Kanzlei Ludwigs des Bayern die Mundierungstätigkeit so intensiv betrieben wie in den Jahren 1330–334.[197]

Nach dem Ende des Italienzuges verfügte die Kanzlei jedoch lediglich über fünf Schreiber, denen dann 1330 bis 1334 achtzehn Mundatoren neu zur Seite gestellt werden mussten, um das entstandene Arbeitspensum bewältigen zu können.[198] Damit rücken diese Personen wie auch ihre Schriftstücke selber für die Erklärung der Hinwendung zum Deutschen als Urkundensprache in den Vordergrund. Auch wenn leider nur die wenigsten von ihnen (bisher) namentlich bekannt sind,[199] so wäre dennoch nach Indizien dafür zu suchen, aus welchem Umfeld sie jeweils stammten – waren sie etwa von den Praktiken in den in Mosers Zitat erwähnten Städten geprägt oder als private Notare tätig?[200] Damit würde die kommunale Schriftlichkeit bzw. diejenige außerhalb der Kanzleien in den Blickpunkt rücken. Im letztgenannten Bereich war die Volkssprache südlich der Alpen zumindest in der Toskana und der Republik Venedig auch vor dem Italienzug Kaiser Ludwigs schon gut etabliert, sodass sich neue Ansatzpunkte für vergleichende und kontaktorientierte Fragestellungen bieten würden.

Ein weiterer Aspekt lohnt unseres Erachtens der Untersuchung: Lässt sich anhand textstruktureller Merkmale erkennen, ob sich die Wahl des Deutschen mit mangelnder Erfahrung der Schreibkräfte erklären lässt oder ob diese im Gegenteil in der *ars notariae* bewandert waren,[201] was sich möglicherweise durch ein Studium an einer ausländischen Universität erklären würde? Denn ungeachtet aller keinesfalls zu vernachlässigenden Unterschiede dürften die dazugehörigen

---

197 Moser 1985, 5.

198 Moser 1985, 5–6.

199 Moser 1985, 8 konnte von den mindestens 30 Schreibern von Originalurkunden der Jahre 1330–1347 lediglich vier namentlich identifizieren, nämlich Leonhard von München, Friedrich von Regensburg, Ludwig von Nordenberg und Herdegen von Bamberg. Ludwig von Nordenberg war „in der zweiten Hälfte der Kaiserzeit Ludwigs des Bayern“ einer der „bedeutendsten Mundatoren von dessen Kanzlei“ (Moser 1985, 123), dessen Urkunden zu etwa 20 Prozent auf Lateinisch verfasst sind – im Umkehrschluss lässt dies auf ca. 80 Prozent Stücke auf Deutsch schließen.

200 Gleichzeitig wäre aber auch zu prüfen, inwiefern die Wahl des Deutschen als Versuch gesehen werden kann, sich des Wohlwollens bestimmter Empfängergruppen zu versichern.

201 Eine deutschsprachige Notarssumme erschien allerdings erst 1538, Weileder 2019, 76.

Traktate, Handbücher und Mustersammlungen eine gewisse textuelle Konvergenz der Verwaltungsschriftlichkeit bewirkt haben,[202] die der Frage nach der Beeinflussung sprachlicher und textueller Muster, Strukturen und Verfahren über die historischen Einzelsprachen hinweg weitere Relevanz verleiht.

Literaturverzeichnis

Antonelli, Armando/Cassì, Vincenzo: „Bolognese Vernacular Language and Literature", in: *A companion to Medieval and Renaissance Bologna*, hrsg. von Sarah Rubin Blanshei. Leiden/Boston 2018. 474–498.

Antonelli, Armando/Feo, Giovanni: „La lingua dei notai a Bologna ai tempi di Dante", in: *Éditions en ligne de l'École des chartes (Élec)*, Bd. 7: *La langue des actes. Actes du XIe Congrès international de diplomatique (Troyes, jeudi 11-samedi 13 septembre 2003)*, hrsg. von Olivier Guyotjeannin. Paris 2004. http://elec.enc.sorbonne.fr/CID2003/antonelli_feo (1. November 2023).

Arrighi, Vanna: „La cancelleria fiorentina al tempo di Coluccio Salutati", in: *Coluccio Salutati e Firenze. Ideologia e formazione dello Stato. Firenze, Archivio di Stato, 9 ottobre 2008 – 14 marzo 2009*, hrsg. von Roberto Cardini und Lucia Aquino. Florenz 2008. 55–65.

Bambi, Federigo: *Una nuova lingua per il diritto*, Bd. 1: *Il lessico volgare di Andrea Lancia nelle provvisioni fiorentine del 1355–57*. Mailand 2009.

Banti, Ottavio: „Per la storia della cancelleria del Comune di Pisa nei secoli XII e XIII", in: *Bullettino dell'Istituto storico italiano per il medio evo* 73 (1962): 141–163.

Bansa, Helmut: *Studien zur Kanzlei Kaiser Ludwigs des Bayern vom Tag der Wahl bis zur Rückkehr aus Italien (1314–1329)*. Kallmünz 1968 (= Münchener histor. Studien. Abt. Geschichtl. Hilfswissenschaften 5).

Baroni, Maria Francesca: „La cancelleria e gli atti cancellereschi dei Visconti, signori di Milano dal 1277 al 1447", in: *Landesherrliche Kanzleien im Spätmittelalter. Referate zum VI. Internationalen Kongreß für Diplomatik, München 1983*, hrsg. von Arbeo-Gesellschaft und Centro italiano di studi sull'alto medioevo. München 1984. 455–476.

Berg, Martin: „Der Italienzug Ludwigs des Bayern. Das Itinerar der Jahre 1327–1330", in: *Quellen und Forschungen aus italienischen Bibliotheken und Archiven* 67 (1987): 142–197.

Blasco Ferrer, Eduardo: *Crestomazia sarda dei primi secoli*, Bd. 1: *Testi, grammatica storica, glossario*. Nuoro 2003.

Blasco Ferrer, Eduardo: „Sardo antico", in: *Manuale di linguistica sarda*, hrsg. von Eduardo Blasco Ferrer, Peter Koch und Daniela Marzo. Berlin 2017. 119–136.

Bresc, Henri: „La pratique linguistique des municipalités: Sicile et Provence, 1300–1440", in: *Mélanges de l'École française de Rome. Moyen-Age* 117.2 (2005): 641–664.

Bruni, Francesco: „La cultura e la prosa volgare nel '300 e nel '400", in: *Storia della Sicilia, Bd. 4: La cultura nell'età medievale*, hrsg. von Rosario Romeo. Neapel 1980. 181–279.

---

202 Ein Beispiel stellt die europaweite Vorbildwirkung der Schreibpraktiken der Stauferkanzlei in Gestalt der Briefsammlung des Petrus de Vinea (it. Pier della Vigna) dar (vgl. dazu Grévin 2008), von der u. a. Übertragungen ins *volgare* zeugen (vgl. dazu Macciocca 2018 mit weiteren Literaturhinweisen).

Brunner, Thomas: „Le passage aux langues vernaculaires dans les actes de la pratique en Occident", in: *Le Moyen Age* 115.1 (2009): 29–72.

Burgarella, Pietro: *Nozioni di diplomatica siciliana*. Palermo 1978.

Castellani, Arrigo: *La prosa italiana delle origini I. Testi toscani di carattere pratico*, Bd. 2: *Trascrizioni*. Bologna 1982.

Chao Fernández, Juan José/Mesa Sanz, Juan Francisco/Puche López, María Carmen: „Latín y vernáculo en los documentos de Jaime I ‚el Conquistador'", in: *IV Congreso Internacional de latim medieval hispânico, Lisboa, 12–15 de outubro de 2005. Actas*, hrsg. von Aires A. Nascimento und Paulo F. Alberto. Lissabon 2006. 305–315.

Colombo, Michele: „Una ‚confessio' in volgare milanese del 1311", in: *Studi linguistici italiani* 36 (2010): 3–26.

Corti, Maria: *Vita di San Petronio. Con un'appendice di testi inediti dei secoli XIII e XIV*. Bologna 1962.

Còveri, Lorenzo: „Il genovese del Quattrocento, lingua della Repubblica", in: *Italia settentrionale: crocevia di idiomi romanzi. Atti del convegno internazionale di studi, Trento, 21–23 ottobre 1993*, hrsg. von Emanuele Banfi, Giovanni Bonfadini, Patrizia Cordin und Maria Iliescu. Tübingen 1995. 261–274.

Dartmann, Christoph: *Politische Interaktion in der italienischen Stadtkommune (11.–14. Jahrhundert)*. Ostfildern 2012.

Durrieu, Paul: „Notices sur les registres angevins en langue française conservés dans les archives de Naples", in: *Mélanges d'archéologie et d'histoire de l'École française de Rome* 3 (1883): 3–33.

Ernst, Gerhard: *Die Toskanisierung des römischen Dialekts im 15. und 16. Jahrhundert*. Tübingen 1970.

Ernst, Gerhard: „La *Toskanisierung* un quarto di secolo dopo", in: *Roma e il suo territorio. Lingua, dialetto e società*, hrsg. von Maurizio Dardano und Paolo D'Achille. Rom 1999. 11–28.

Eufe, Rembert: „Politica linguistica della Serenissima: Luca Tron, Antonio Condulmer, Marin Sanudo e il volgare nell'amministrazione veneziana a Creta", in: *PhiN* 23 (2003): 15–43. http://web.fu-berlin.de/phin/phin23/p23t2.htm (1. November 2023).

Eufe, Rembert: „Vicende coloniali e usi linguistici. I veneziani ed il volgare a Creta e a Venezia", in: *Lingue, istituzioni, territori. Riflessioni teoriche, proposte metodologiche ed esperienze di politica linguistica. Atti del XXXVIII congresso internazionale di studi della Società di Linguistica Italiana (SLI). Modena, 23–25 settembre 2004*, hrsg. von Cristina Guardiano, Emilia Calaresu, Cecilia Robustelli und Augusto Carli. Rom 2005. 193–206.

Eufe, Rembert: *„Sta lengua ha un privilegio tanto grando" – Status und Gebrauch des Venezianischen in der Republik Venedig*. Frankfurt am Main 2006.

Eufe, Rembert: „*In latino et greco sermone*: Verwaltung und Sprachen im venezianischen Kreta (1204–1669)", in: *Italien als Vorbild? Ökonomische und kulturelle Verflechtungen europäischer Metropolen am Vorabend der ‚ersten Globalisierung' (1300 –1600)*, hrsg. von Jörg Oberste und Susanne Ehrich. Regensburg 2019a (= Forum Mittelalter. Studien 16). 61–85.

Eufe, Rembert: „La cancelleria del Duca di Candia e il volgare a Creta", in: *Il veneziano «de là da mar». Contesti, testi, dinamiche del contatto linguistico e culturale*, hrsg. von Daniele Baglioni. Berlin/Boston 2019b. 137–176.

Eufe, Rembert: „Discourse traditions in early Italo-Romance varieties", in: *Manual of Discourse Traditions in Romance*, hrsg. von Esme Winter-Froemel und Álvaro Sebastián Octavio de Toledo y Huerta. Berlin 2023. 369–383.

Faibisoff, Leah: *Chancery Officials and the Business of Communal Administration in Republican Florence. Ventura and Niccolò Monachi, Chancellors of Florence (1340–48/1348–75)*. Toronto 2018.

Faibisoff, Leah/Robins, William: „Giovanni Boccaccio and Ventura Monachi", in: *Studi sul Boccaccio* 47 (2019): 113–127.

Fantappiè, Renzo: *Nuovi testi pratesi dalle origini al 1320*, 2 Bde. Florenz 2000.

Fees, Irmgard: „Das Erscheinungsbild der venezianischen Dogenurkunde im hohen Mittelalter", in: *Kirche und Frömmigkeit – Italien und Rom. Colloquium zum 75. Geburtstag von Professor Dr. Jürgen Petersohn. Würzburg, 7. und 8. Mai 2010*, hrsg. von Jörg Schwarz, Matthias Thumser und Franz Fuchs. Würzburg 2012. urn:nbn:de:bvb:20-opus-69485 (1. November 2023). 60–69.

Fernández-Ordóñez, Inés: „La lengua de los documentos del rey: del latín a las lenguas vernáculas en las cancillerías regias de la Península Ibérica", in: *La construcción medieval de la memoria regia*, hrsg. von Pascual Martínez Sopena und Ana Rodríguez. Valencia 2011. 323–362.

Formentin, Vittorio: „Frustoli di romanesco antico in lodi arbitrali dei secoli XIV e XV", in: *Lingua e stile* 43 (2008): 21–99.

Formentin, Vittorio: *Prime manifestazioni del volgare a Venezia. Dieci avventure d'archivio*. Rom 2018.

Franceschi, Franco/Taddei, Ilaria: *Le città italiane nel Medioevo. XII-XIV secolo*. Bologna 2012.

Frank, Barbara/Hartmann, Jörg: *Inventaire systématique des premiers documents des langues romanes*, 5 Bde. Tübingen 1997.

Frati, Lodovico: „Documenti per la storia del governo visconteo a Bologna nel sec. XIV", in: *Archivio Lombardo* 6 (1889): 525–80.

Frati, Lodovico: *La vita privata di Bologna dal secolo XIII al XVII. Con appendice di documenti inediti e 16 tavole illustrative*. Bologna 1900.

Frings, Michael/Kramer, Johannes: *Dante Alighieri*: De vulgari eloquentia *mit der italienischen Übersetzung von Gian Giorgio Trissino (1529). Deutsche Übersetzung*. Stuttgart 2007.

Frosini, Giovanna: „Firenze", in: *Città italiane, storie di lingue e culture*, hrsg. von Pietro Trifone. Rom 2015. 203–246.

Giunta, Federico/Giuffrida, Antonino: *Corrispondenza tra Federico III di Sicilia e Giacomo II d'Aragona*. Palermo 1972 (= Documenti per servire alla storia di Sicilia 28).

Glessgen, Martin: „Pour une histoire textuelle du gascon médiéval", in: *Revue de linguistique romane* 85 (2021): 325–384.

Godthardt, Frank: *Marsilius von Padua und der Romzug Ludwigs des Bayern. Politische Theorie und politisches Handeln*. Göttingen 2017.

González Ollé, Fernando: „Opciones y preferencias lingüísticas del rey Pedro iv de Aragón", in: *Revista de Filología Española* 87.2 (2007): 293–322.

Grévin, Benoît: *Rhétorique du pouvoir médiéval. Les lettres de Pierre de la Vigne et la formation du langage politique européen (XIIIe–XVe siècle)*. Rom 2008 (= Bibliothèque des Écoles Françaises d'Athènes et de Rome 339).

Gualdo, Germano/Gualdo, Riccardo: *L'introduzione del volgare nella documentazione pontificia tra Leone X e Giulio III (1513–1555)*. Rom 2002.

Holzapfl, Julian: *Kanzleikorrespondenz des späten Mittelalters in Bayern. Schriftlichkeit, Sprache und politische Rhetorik*. München 2008.

Internullo, Dario: „Il volgare a Roma fra Due e trecento nel processo di formazione di una cultura cittadina", in: *Marcello 7.0. Studi in onore di Marcello Teodonio*, hrsg. von Giulio Vaccaro. Rom 2019. 271–280.

Isenmann, Eberhard: *Die deutsche Stadt im Mittelalter 1150 – 1550. Stadtgestalt, Recht, Verfassung, Stadtregiment, Kirche, Gesellschaft, Wirtschaft*. Köln/Weimar/Wien ^{2}2014.

Kluge, Mathias: *Die Macht des Gedächtnisses. Entstehung und Wandel kommunaler Schriftkultur im spätmittelalterlichen Augsburg*. Leiden/Boston 2014.

Kraller, Kathrin: *Sprachgeschichte als Kommunikationsgeschichte: volkssprachliche Notarurkunden des Mittelalters in ihren Kontexten. Mit einer Analyse der okzitanischen Urkundensprache und der Graphie*. Regensburg 2018.

Krefeld, Thomas: „Dante, i siciliani e i loro spazi comunicativi“, in: *Storia della lingua italiana e dialettologia*, hrsg. von Giovanni Ruffino und Mari D'Agostino. Palermo 2010. 477–487.

Loi Corvetto, Ines: „La Sardegna“, in: *L'italiano nelle regioni, Bd. 1: Lingua nazionale e identità regionali*, hrsg. von Francesco Bruni, Turin 1992, 875–917.

Lombardo, Maria Luisa: *Il notaio romano tra sovranità pontificia e autonomia comunale (secoli XIV – XVI)*. Mailand 2012.

Lusignan, Serge: *La langue des rois au Moyen Âge. Le français en France et en Angleterre*. Paris 2004.

Macciocca, Gabriella: „Presentazione di una sconosciuta tradizione volgare: la raccolta delle lettere della cancelleria federiciana“, in: *„In principio fuit textus“. Studi di linguistica e filologia offerti a Rosario Coluccia in occasione della nomina a professore emerito*, hrsg. von Vito Luigi Castrignanò, Francesca De Blasi und Marco Maggiore. Florenz 2012. 51–58.

Malanima, Paolo: „Italian Cities 1300–1800. A quantitative approach“, in: *Rivista di storia economica* 14 (1998): 91–126.

Martín Aizpuru, Leyre: *La escritura cancilleresca de Fernando III, Alfonso X, Sancho IV y Fernando IV. Estudio paleográfico y gráfico-fonético de la documentación real de 1230 a 1312*. Bern/Berlin/Brüssel/New York/Oxford/Warschau 2020.

Marzi, Demetrio: *La cancelleria della Repubblica fiorentina*. Rocca San Casciano 1910 [Nachdruck Florenz 1987].

Menzel, Michael: „Imperiales Beben. Ludwig der Bayer, Italien und der Papst“, in: *Bayern und Italien. Kontinuität und Wandel ihrer traditionellen Bindungen*, hrsg. von Hans-Michael Körner und Florian Schuller. Lindenberg im Allgäu 2010. 72–87.

Minervini, Laura: „Il francese a Napoli (1266–1442). Elementi per una storia linguistica“, in: *Boccaccio e Napoli. Nuovi materiali per la storia culturale di Napoli nel Trecento. Atti del Convegno „Boccaccio angioino, per il VII Centenario della nascita di Giovanni Boccaccio“, Napoli-Salerno, 23–25 ottobre 2013*, hrsg. von Giancarlo Alfano. Florenz 2014. 151–174.

Monfrin, Jacques: „L'emploi de la langue vulgaire dans les actes diplomatiques du temps de Philippe Auguste“, in: *La France de Philippe Auguste. Le temps des mutations. Actes du Colloque international organisé par le CNRS (Paris, 29 septembre – 4 octobre 1980)*, hrsg. von Bautier. Paris 1982. 765–792.

Morgana, Silvia: „Milano“, in: *Città italiane, storie di lingue e culture*, hrsg. von Pietro Trifone. Rom 2015. 85–156.

Moser, Peter: *Das Kanzleipersonal Kaiser Ludwigs des Bayern in den Jahren 1330–1347*. München 1985.

Palermo, Massimo: „cancellerie, lingua delle“, in: *Enciclopedia dell'Italiano*, hrsg. von Raffaele Simone. Rom 2010. https://www.treccani.it/enciclopedia/lingua-delle-cancellerie_(Enciclopediadell%27Italiano)/ (1. November 2023).

Petrucci, Livio: „Rassegna dei più antichi documenti del volgare pisano“, in: *Fra toscanità e italianità. Lingua e letteratura dagli inizi al Novecento*, hrsg. von Edeltraut Werner und Sabine Schwarze. Tübingen/Basel 2000. 15–46.

Petrucci, Livio: „Il volgare nei carteggi tra Pisa e i Paesi Arabi“, in: *Athenet online* 21 (2007). https://www.unipi.it/athenet/21/art_7.htm (1. November 2023).

Pöll, Bernhard: *Französisch außerhalb Frankreichs. Geschichte, Status und Profil regionaler und nationaler Varietäten*, 2., neu bearbeitete und ergänzte Auflage. Berlin/Boston: 2017.

Pozza, Marco: „La cancelleria“, in: *Storia di Venezia dalle Origini alla caduta della Serenissima*, Bd. 3: *La formazione dello Stato patrizio*, hrsg. von Girolamo Arnaldi, Giorgio Cracco und Alberto Tenenti. Rom 1997. 365–387. https://www.treccani.it/enciclopedia/la-cancelleria_%28Storia-di-Venezia%29/ (1. November 2023).

Ravani, Sara: „Per la lingua del *Breve di Villa di Chiesa*: gli influssi del sardo“, in: *Bollettino di studi sardi* 4 (2011): 15–47.

Reinhardt, Volker: *Geschichte von Florenz*. München 2013.

Rinaldi, Gaetana Maria: *Testi d'archivio del Trecento*, Bd. 1: *Testi*. Palermo 2005.

Rinaldi, Gaetana Maria: „Tradizioni culturali e produzione in volgare nell'età di Federico III“, in: *Bollettino del Centro di studi filologici e linguistici siciliani* 25 (2014): 5–26.

Sabatini, Francesco: „Volgare ‚civile' e volgare cancelleresco nella Napoli angioina“, in: *Lingue e culture dell'Italia meridionale, 1200–1600*, hrsg. von Paolo Trovato. Rom 1993. 109–132.

Salvestrini, Francesco/Tanzini, Lorenzo: „La lingua della legge. I volgarizzamenti di statuti nell'Italia del Basso Medioevo“, in: *Comunicare nel Medioevo. La conoscenza e l'uso delle lingue nei secoli XII–XV. Atti del convegno di studio svoltosi in occasione della XXV edizione del Premio internazionale Ascoli Piceno (Ascoli Piceno, Palazzo dei Capitani, 28–30 novembre 2013)*, hrsg. von Isa Lori Sanfilippo und Giuliano Pinto. Rom 2015. 249–303.

Schöntag, Roger: „Der Ausbau der portugiesischen Schriftsprache unter Dom Dinis“, in: *Lusofone SprachWissenschaftsGeschichte I*, hrsg. von Rolf Kemmler, Barbara Schäfer-Prieß und Roger Schöntag. Gomaringen 2012. 158–182.

Schulte, Petra: Scripturae publicae creditur. *Das Vertrauen in Notariatsurkunden im kommunalen Italien des 12. Und 13. Jahrhunderts*. Tübingen 2003.

Selig, Maria: „*lingua romana (rustica)*. Oder: Vom ersten Schreiben auf Romanisch“, in: *Anfangsgeschichten. Origin Stories*, hrsg. von Norbert Kössinger, Elke Krotz, Stephan Müller und Pavlina Rychterová. Paderborn 2018. 91–114.

Silvestri, Alessandro: *L'amministrazione del regno di Sicilia: cancelleria, apparati finanziari e strumenti di governo nel tardo medioevo*. Rom 2018.

Stella, Angelo/Repossi, Cesare: „Tra latino e volgare“, in: *Parlà 'd Varlaeca. Lingua e dialetto a Pavia dal Trecento al Novecento*, hrsg. von Felice Milani. Pavia 1985 1–29.

Stussi, Alfredo: *Testi veneziani del Duecento e dei primi del Trecento*. Pisa 1965.

Stussi, Alfredo: „La lingua“, in: *Storia di Venezia dalle Origini alla caduta della Serenissima*, Bd. 3: *La formazione dello Stato patrizio*, hrsg. von Girolamo Arnaldi, Giorgio Cracco und Alberto Tenenti. Rom 1997. 911–932. http://www.treccani.it/enciclopedia/la-lingua_%28Storia-di-Venezia%29/ (1. November 2023).

Tamba, Giorgio: *I documenti del governo del comune bolognese (1116 – 1512). Lineamenti della struttura istituzionale della città durante il medioevo*. Bologna 1978.

Telve, Stefano: *Testualità e sintassi del discorso trascritto nelle Consulte e pratiche fiorentine (1505)*. Rom 2000.

Toda y Güell, Eduardo: *Bibliografía española de Cerdeña*. Madrid 1890.

Tomasin, Lorenzo: *Il volgare e la legge. Storia linguistica del diritto veneziano (secoli XIII-XVIII)*. Padua 2001.

Tomasin, Lorenzo: „Il volgare nella cancelleria veneziana fra Tre e Quattrocento“, in: *Medioevo letterario d'Italia* 4 (2007): 69–90.

Tomasin, Lorenzo: „Quindici testi veneziani 1300–1310“, in: *Lingua e stile* 48.1 (2013): 3–48.

Tomasin, Lorenzo: „Venezia“, in: *Città italiane, storie di lingue e culture*, hrsg. von Pietro Trifone. Rom 2015. 157–202.

Toso, Fiorenzo: *Storia linguistica della Liguria*, Bd. 1: *Dalle origini al* 1528, 2. Auflage. Genua 1997.

Trauzzi, Alberto: „Il volgare eloquio di Bologna ai tempi di Dante“, in: *Studi danteschi. Documenti e Studi pubblicati per la cura della R. Deputazione di storia patria per le province di Romagna* 4 (1922): 121–163.

Trifone, Pietro: „A onore e gloria dell'alma città di Siena. Identità municipale e volgare senese nell'età del libero Comune", in: *La lingua italiana* 1 (2005): 41–68.
Trifone, Pietro: „Roma", in: *Città italiane, storie di lingue e culture*, hrsg. von Pietro Trifone. Rom 2015. 247–304.
Varvaro, Alberto: „Note per la storia degli usi linguistici in Sicilia", in: *Lingua Nostra* 38 (1977): 1–7.
Vatteroni, Selene Maria: „Le lettere di ser Ventura Monachi", in: *Bollettino dell'Opera del Vocabolario Italiano* 22 (2017): 227–90.
Videsott, Paul: *Padania scrittologica. Analisi scrittologiche e scrittometriche di testi in italiano settentrionale antico dalle origini al 1525*. Tübingen 2009.
Videsott, Paul: *Les plus anciens documents en français de la chancellerie royale capétienne (1241–1300). Présentation et édition*. Straßburg 2015a.
Videsott, Paul: „Comment écrivait la chancellerie royale capétienne au XIIIe siècle? Un aperçu géo-quantitatif sur la base du Corpus des actes royaux vernaculaires du XIIIe siècle", in: *Zeitschrift für Romanische Philologie* 131 (2015b): 863–910.
Videsott, Paul: „Gab es eine Variation innerhalb der Pariser Kanzleisprachen? Beobachtungen anhand eines Korpus von volkssprachlichen Urkunden der *Prévôté* und der *Chancellerie royale* aus dem 13. Jahrhundert", in: *Mittelalterliche Stadtsprachen*, hrsg. von Maria Selig und Susanne Ehrich. Regensburg 2016. 205–244.
Vitale, Maurizio: *La lingua volgare della cancelleria visconteo-sforzesca nel Quattrocento*. Vares 1953.
Vogeler, Georg: *Rechtstitel und Herrschaftssymbol. Studien zum Umgang der Empfänger in Italien mit Verfügungen Friedrichs II. (1194–1250)*. Berlin/Boston 2019.
Wagner, Max Leopold: *Geschichte der sardischen Sprache*, Tübingen/Basel 2002 [italienische Originalausgabe: *La lingua sarda. Storia, spirito e forma*, Bern 1950].
Weileder, Magdalena: *Spätmittelalterliche Notarsurkunden. Prokuratorien, beglaubigte Abschriften und Delegatenurkunden aus bayerischen und österreichischen Beständen*. Wien/Köln/Weimar 2019.
Wolf, Klaus: „König Ludwig IV., genannt ‚der Bayer'. Ein Herrscher zwischen Tradition und Innovation", in: *Das Goldene Jahrhundert der Reichen Herzöge. Publikation zur Ausstellung der Museen der Stadt Landshut in der Spitalkirche Heiliggeist*, hrsg. von Franz Niehoff. Landshut 2014 (= Schriften aus den Museen der Stadt Landshut 34). 14–29.
Wolf, Klaus/Krüger, Thomas: „Ludwig der Bayer und die ersten deutschsprachigen Urkunden". Augsburg 2020. https://www.uni-augsburg.de/en/campusleben/neuigkeiten/2021/02/25/3779/ (1. November 2023).

Ergün Özsoy

Die Sprache der osmanischen Kanzlei und die Urkundensprache am Sultanshof

1 Einleitung

Im osmanischen Archiv befinden sich 95 Millionen Dokumente und vierhunderttausend Hefte. Diese Hefte sind in viele verschiedene Rubriken zu politischen und administrativen Angelegenheiten unterteilt. Historikern zufolge wird die Zeit von Suleiman dem Prächtigen als Höhepunkt des osmanischen Staatssystems angesehen und als klassische Periode bezeichnet. Daher ist es angemessen, diese Zeit, nämlich das sechzehnte Jahrhundert, zu betrachten, um die osmanische Kanzlei zu untersuchen.[1]

Die Osmanen standen aufgrund der Beziehungen zum uigurischen zentralasiatischen Staat unter dem Einfluss chinesischer diplomatischer Regeln. Auch stand das Osmanische Reich aufgrund seiner Beziehungen zu Byzanz unter dem Einfluss der europäischen Diplomatie. Darüber hinaus gibt es im alten Anatolien und in Ägypten ähnliche diplomatische Regeln wie bei den Osmanen. In der Antike waren diese einfach und nicht sehr komplex. Zum Beispiel ist die Vereinbarung des Kadesch-Abkommens (2700 v. Chr.) zwischen dem ägyptischen König Ramses und dem hethitischen König Hattusili der Form der osmanischen Verträge sehr ähnlich. Die hier gefundenen Informationen und die osmanischen Verträge mit ausländischen Staaten zeigen später große Ähnlichkeiten.[2]

Es ist ersichtlich, dass der osmanische Staat ein kleines turkmenisches Fürstentum war und die Sprache, die in den ersten Jahren seiner Gründung in der Verwaltung und im sozialen Leben gesprochen wurde, Türkisch war. Nachdem Istanbul die Hauptstadt geworden ist, ist die Hauptkorrespondenzsprache des Staates Türkisch, aber es wird ein Wandel hin zu einer mehrsprachigeren Struktur beobachtet. Es gibt nur sehr wenige Fremdwörter in den Texten der frühen Zeit. Der arabische und persische Einfluss ist im Vergleich zu späteren Zeiten geringer.[3]

Neben der Sprache, die in staatlichen Traditionen und im Verwaltungssystem geschrieben und gesprochen wurde, war auch die nonverbale Kommunikation von großer Bedeutung. Der Historiker Rhoads Murphy betonte die Bedeutung der non-

1 Ahıshalı 1999, 24–33.
2 Kütükoğlu 1994, 5.
3 Fekete 1926, LXVII.

https://doi.org/10.1515/9783111165226-011

verbalen und symbolischen Kommunikation insbesondere in der osmanischen Gesellschaft. Die türkisch-osmanische Tradition besaß eine stille Sprache der Gesten und auch ein Vokabular, das entweder Respekt oder Verachtung signalisierte, die viel reicher war, als wir es uns in der heutigen Welt vorstellen können. Sie erscheint uns heute seltsam und sogar unverständlich. Diese Sprache der Gesten war jedoch eine Sprache, in der zum Beispiel Evliya Çelebi und seine Zeitgenossen sich bestens auskannten. Sie war das Wesen zwischenmenschlicher Beziehungen und die Grundlage persönlicher Würde. Die Symbolsprache des Osmanischen Reichs war auch sehr wichtig. Symbolsprache bezeichnet die Übertragung von Informationen über ein Objekt oder einen Sachverhalt in dessen Abwesenheit unter Nutzung von Symbolen. Zu den bekanntesten Symbolen für königliche Autorität und unabhängigen Souveränitätsstatus unter den vorislamischen Türken gehörte das Zelt (Otağ). Ein anderer war der Rossschweif (tuğ), der ein ausschließliches Vorrecht des obersten Herrschers war. Die Verwendung von Trommeln (Davul) und im weiteren Sinne einer Reihe von Instrumenten, einschließlich anderen Schlagzeugen, Blasinstrumenten und Hörnern (die Mehter-Instrumentengruppe), sowie die Verwendung oder Verleihung von Zeremonienfedern (Sorguç) wurden auch als Privilegien der Könige angesehen, die von anderen nur mit Zustimmung des Herrschers als Zeichen seiner Gunst geteilt wurden. Alle oben genannten Symbole der Souveränität haben klare Ursprünge in der vorislamischen Zeit und spiegeln die Bräuche, Praktiken und Überzeugungen der Steppe wider. Hinzu kamen andere Praktiken wie das ausschließliche Recht des Sultans, seinen Namen in der Freitagspredigt (Hutbe) anrufen zu lassen, oder das Prägen von Münzen mit dem Namen des Souveräns (Sikke).[4]

2 Die Osmanische Kanzlei: Dîvân-ı Hümâyun

Die Verwaltungseinheit des Osmanischen Reiches hieß Divan. Das Wort Divan wurde aus dem Persischen und Arabischen ins Türkische übertragen. Es wird angenommen, dass das Wort ursprünglich aus dem Aramäischen stammt. Während der Umayyadenzeit wurde die Divan-Tradition in der islamischen Gesellschaft von der sassanidischen Bürokratie übernommen. Die Aufzeichnungen des Divans während dieser Zeit wurden auf Persisch geführt. Es gibt jedoch Aufzeichnungen in anderen Sprachen in verschiedenen Staaten. Beispielsweise wurden Aufzeichnungen in Ägypten in koptischer und griechischer Sprache, in Syrien in griechischer Sprache geführt und anschließend vollständig ins Arabische übersetzt.

4 Murphey 2011.

Abb. 1: „Also reitten Ihr mit bodtschaften in des Turgischen kaisers Burgk." Beschreibung: Einzug in den ersten Hof des türkischen Palastes (Topkapı-Palast, 1453 begonnen) in Konstantinopel.[5]

Der Dîvân-ı Hümâyun nahm während der Zeit von Sultan Mehmed dem Eroberer seine voll entwickelte Form an. Mehmet II. hatte mit seiner berühmten Legislative eine Art Verfassungsordnung geschaffen, die die Hauptbehörden des Staates und Dîvân-ı Hümâyun reguliert. Die größte Neuerung, die er brachte, war die Abschaffung des Vorsitzes des Sultans im Rat und die Übergabe dieser Aufgabe an den Wesir. Ab dieser Zeit verfolgten die Sultane die Ratssitzungen hinter den Kulissen, anstatt selbst teilzunehmen.[6]

2.1 Mitglieder

Die Hauptmitglieder von Dîvân-ı Hümâyun waren Wesire, deren Anzahl normalerweise zwischen drei und sieben lag, und rumelische und anatolische Schatz-

5 Blatt 5 der Bilderfolge über die Gebräuche der Türken von Zacharias Wehme, 1581–1582 (Kopie eines zeitgenöss. Originals aus Konstantinopel). Tusche, Wasser- und Deckfarben, z. T. silber- und goldgehöht; 36 x 136 cm. Dresden: SLUB Mscr.Dresd.J.2.a, Datierung: 1581–1582, Vorlage um 1575. http://www.deutschefotothek.de/documents/obj/90032437 (20. März 2021).
6 Turan 2016, 249.

meister. Während seiner Zeit in Istanbul gehörte Rumelia Beylerbeyi zu den Mitgliedern des Rates. *Reisülküttâb* (Staatskanzler) war ein wichtiger Assistent bei der Leitung der Sitzungen. Die Chefs der wichtigsten Einheiten der Zentralorganisation sind Mitglieder des Gerichtshofs, aber der Shaykh al-Islam (Religionsführer), der keine spezifische administrative oder juristische Rolle hatte, war kein Mitglied des Dîvân-ı Hümâyun.

2.2 Aufgaben des Dîvân-ı Hümâyun

Der Dîvân-ı Hümâyun versammelte sich nach sehr strengen Einführungsregeln. An dem Ort, an dem sich der Sultan befand, fanden Treffen statt. Da die Herrscher in der Regel in Istanbul lebten, war der berühmte *Kubbealtı*, der sich im zweiten Innenhof des Topkapı-Palastes neben dem Harem-Büro befindet, ein klassischer Treffpunkt. Der Sultan, der in Edirne oder anderswo war, konnte jedoch das Treffen des Diwans anordnen, wann immer er wollte. Es gab auch eine Kuppel im Palast von Edirne, in der einige Sultane lange lebten. Der Dîvân-ı Hümâyun im sechzehnten Jahrhundert traf sich manchmal vier, manchmal fünf Tage die Woche. Der *Reîsülküttâb* bereitete die Tagesordnung des Treffens vor. Zunächst wurden politische und administrative Fragen erörtert. Jeder konnte sich schriftlich oder persönlich an Dîvân-ı Hümâyun wenden, unabhängig vom sozialen Status, Alter, Religion, Sprache und Geschlecht. Die Mitglieder mussten sich alle Beschwerden anhören. Die Ratssitzungen fanden im Palast des Sultans statt. Der Sultan konnte den Gesprächen hinter einem Fenster mit einem Gitter, das sich zum Besprechungsraum öffnete, jederzeit zuhören. Dieses Fenster heißt *Meşrebiye*. Wer durch dieses Fenster schaut, kann nach außen sehen, aber wer von außen schaut, kann nicht nach innen sehen. Es ist ein Merkmal der östlichen Architektur. Die Mitglieder des Gerichts konnten nie erfahren, ob der Sultan sie beobachtete. Dies ermöglichte den Mitgliedern, äußerst faire und vorsichtige Entscheidungen zu treffen.

2.3 Beispiele wichtiger Urkunden

2.3.1 Ferman

Eröffnung einer Kampagne, Einsatz von Soldaten, Steuern usw. Die Dekrete über Staatsangelegenheiten wurden direkt durch die Entscheidung des Dîvân-ı Hümâyun und den Befehl des Sultans vorbereitet und an die betreffenden Personen geschickt.[7]

2.3.2 Berat

Die Bescheinigung, die in den ersten Perioden auch als *nişan* und auch als *biti* und *misal* bezeichnet wird, ist ein Dokument, aus dem die Ernennung zum öffentlichen Dienst, die Zuweisung aus einem Einkommen, das Recht zur Nutzung von etwas, ein Privileg oder eine Befreiung hervorgeht, und ein Dokument, das die Unterschrift des Sultans trägt. Es war während der Regierungszeit des Sultans gültig.[8]

2.3.3 Nâme-i Hümâyun

Es bezieht sich auf die Briefe der osmanischen Sultane an die Herrscher ausländischer Staaten sowie auf den Vasallenstatus der Beys, der Herrscher der privilegierten Regionen.[9]

3 Ahidnâme-i Hümâyun

Das Dokument enthält die Handelskonzessionen oder Friedensverträge, die ausländischen Staaten von den Osmanen erteilt wurden. Es handelt sich nicht um ein von den Parteien gemeinsam unterzeichnetes Dokument, obwohl der Inhalt manchmal gegenseitiges Einverständnis voraussetzt. Wenn es sich jedoch um einen Friedensvertrag handelte, enthielt es die Unterschrift des Sultans am Anfang des Textes und wurde von den Delegierten der Parteien separat unterzeichnet.

7 Kütükoğlu 1995.
8 Kütükoğlu 1992.
9 Tarım Ertuğ 2019.

Ahidnames sind Dokumente, die unter Berücksichtigung der Prinzipien des islamischen Rechts und unter Berücksichtigung der Fatwa vom Sheikh al-Islam ausgestellt wurden.[10]

4 Aufbau der Sultansurkunden

Historiker wie Lajos Fekete, Anton C. Schaendlinger, Josef Matuz und Mübahat Kütükoğlu haben osmanische Dokumente untersucht. Matuz gliederte die Haupttitel der Dokumente folgendermaßen:

1. Notificatio
2. Expositionsformel, Einleitung, 1. Teil
3. Expositionsformel, Einleitung, 2. Teil
4. Expositionsformel, Schluß
5. Allgemeine Dispositionsformel
6. Spezielle Dispositionsformel:
   a) Die Frage, ob der Fall entschieden wurde
   b) Gegenüberstellung
   c) Allgemeine Anweisung, den Fall zu untersuchen
   d) Fallbezogene Bedingungsformel
   e) Fallbezogene Ausführungsformel
7. Sanctio
   a) Comminatio
   b) Mübaşir Formel
   c) Die Formel
8. Corroboratio: *alamet-i şerifeye itimad kılasuz – dem edelen Zeichen sollt ihres melden*

In einem von Matuz untersuchten Dokument (Urkundentext) sind 47 Prozent der insgesamt 163 Wörter arabisch, 10 Prozent persisch und 43 Prozent türkisch.

Tausende dieser Dokumente wurden jedes Jahr in der Osmanischen Kanzlei, dem Diwan, hergestellt und an die erforderlichen Orte geschickt. Darüber hinaus wurden ähnliche Dokumente in vielen staatlichen Einheiten außerhalb des Palastes in Istanbul und in anderen Städten des Reiches erstellt.[11]

10 Kütükoğlu 1998.
11 Matuz 1972, 285–297.

In einer späteren Studie wurden Teile osmanischer Dokumente erneut untersucht. Gisela Prochazka und Claudia Römer gliederten die Dokumente in folgende Abschnitte:

Nach dem Hüve (Er) Tuğra am Anfang des Textes folgen:

1. Invocatio
2. Intitulatio mit den herausgehobenen Elementen der Devotionsformel und der Intulatio Süleymans
3. Inscriptio
4. Notificatio
5. Narratio
6. Manifestatio
7. Dispositio
8. Abschlussformeln
9. Datatio mit Austellungsort
10. Pençe
11. Siegel[12]

5 Mehrsprachigkeit am Sultanshof und Fremdsprachen

Die osmanische Kanzlei war in erster Linie multikulturell und mehrsprachig. Man kann sagen, dass die Mehrheit der Kanzleimitarbeiter polyglott war. Darüber hinaus kannten sie verschiedene Kulturen, die über Grammatik- oder Übersetzungskenntnisse hinausgingen. Umfangreiche Kenntnisse und Erfahrungen in verschiedenen Sprachen und Kulturen hatten erhebliche Auswirkungen auf die osmanische Politik. Dadurch wurden enge Beziehungen zu den lokalen Kulturen sowie ein intensiver Informationsaustausch ermöglicht. Im Osmanischen Reich wurde von seiner Entstehung an bis zu seinem Zusammenbruch in vielen Sprachen kommuniziert. Leslie Peirce hat den Begriff polyglott gewählt, weil dieser bei der Beschreibung der vormodernen Landschaft weniger anachronistisch ist als die Begriffe *multiethnisch* und *multireligiös*.[13]

12 Prochazka/Römer 2007.
13 Peirce 2010, 76–98.

6 Welche Sprachen sprach der Sultan?

Ismail Erünsal stellte fest, dass Osman Gazi, der erste osmanische Sultan, überhaupt keine Bücher, nicht einmal den Koran als Vermächtnis hinterlassen hatte. Es ist ersichtlich, dass sich die Wissenschaft und das intellektuelle Leben von den ersten Jahren des Osmanischen Reiches bis zur Zeit von Murad II. nicht wesentlich verbessert haben. Mehmet II war laut dem Historiker Kritovulos mehrsprachig, und er schreibt, dass er neben seiner Muttersprache Türkisch auch Arabisch, Persisch, Hebräisch, Chaldäisch, Slawisch, Italienisch, Griechisch und Latein sprach. Der Sultan, der sich für die alte Geschichte interessierte, ließ Plutarchs Geographie vom Griechischen ins Türkische übersetzen, in seinem Palast befanden sich zwei Schriftgelehrte, die Griechisch und Italienisch konnten, und er ließ eine Kopie von Homers berühmtem Ilias-Epos erstellen.[14] Halil İnalcık gibt an, dass Mehmet II. türkisch und griechisch-slawisch sprach.[15]

Oghier Giselin Busbeck, der am 7. April 1555 als Botschafter von Ferdinand I. in die osmanischen Länder kam, reiste von Istanbul über Ankara nach Amasya, weil der Sultan in Amasya war, wo er seine Begegnung mit dem Sultan aufzeichnete. Sultan Süleyman der Prächtige sagt nur zwei Worte. „Güzel, güzel" (Gut gut):

> Nachdem wir die Hand des Sultans geküsst hatten, traten wir zurück und gaben der Wand den Rücken. Er hörte meiner Rede zu, aber ich muss die unerwarteten Worte gesagt haben, dass ein Ausdruck der Verachtung auf seinem Gesicht erschien, nur die Worte ‚schön, schön' kamen aus seinem Mund. Wir durften dann ausgehen. Unnd antwort nichts anders dann Giusel/ Giusel: das ist gut/ gut/wol/ also seyn wir von ihm gelassen.[16]

Der Sultan Süleyman der Prächtige hat viele handschriftliche Liebesbriefe an seine Frau Hürrem Sultan (Roxelane) geschrieben. Auch Briefe an seinen Sohn Beyazıt sind hinterlassen. Unter dem Dichternamen *Muhibbi* schrieb er einen Divan (Gedichtband).[17]

Osmanische Übersetzer wurden während der Periode Bayezids II. (1481–1512) *Dragoman* genannt. Die Dragomane hatten nicht nur eine respektable Position im Dîvân-ı Hümâyûn inne, sondern prägten auch das osmanische Kulturleben. Während der Ära Murads II. ist ein jüdischer Übersetzer bei dem Treffen mit dem Botschafter des Herzogs von Mailand mit seinen Italienischkenntnissen anwesend. 1430 half ein serbischer Übersetzer namens Curac den Osmanen mit seinen Kenntnissen der slawischen und griechischen Sprache. Der griechische Schreiber von

14 Kritovulos 2020, 14.
15 İnalcık 2003, 395–407.
16 Busbecq 1596 [VD16 B 9867], 105.
17 Matuz 1972, 285–297.

Abb. 2: „Da stehen die Botschafften zwischen den Obristen Thurhuettern und bei Ihnen ein dulmatsch ein renegat der den Turggischen Kaiser zu gehört und in seiner besoldung ist der sein nun etlich zu allerlei sprachen." Beschreibung: Türhüter tragen Geschenke in den Palast, das Innere des türkischen Palastes in Konstantinopel.[18] Dragomane – Die wahrscheinlich ersten polyglotten Diplomaten.

Murad II., Mihail Pilis, spricht Arabisch sowie seine Muttersprache Griechisch. In dieser Zeit hatten die Übersetzer jedoch keinen offiziellen Titel. Byzantinische Bürokraten und Schriftgelehrte übersetzten einige Bücher und Manuskripte, die dem Sultan geschenkt wurden. Einer von ihnen, Dimitri Kyritzes, konvertierte und nahm den Namen Lütfi Bey an und wurde zum Palastdolmetscher ernannt. Von seiner Ernennung bis zur Mitte des siebzehnten Jahrhunderts wurden viele Konvertiten als Übersetzer eingesetzt. Lütfi Bey ist auch insofern wichtig, als er in dieser Zeit die Verhandlungen zwischen dem Osmanischen Reich und Venedig leitete. Der Brief vom 29. Januar 1479 an den venezianischen Mitarbeiter Giovanni Mocenigo wurde von ihm geschrieben. Im vierzehnten und fünfzehnten Jahrhundert suchten viele jüdische Ärzte, die aus Spanien, Portugal und Italien geflohen waren, Schutz im Osmanischen Reich und übernahmen die Aufgabe von Übersetzern auf

18 Blatt 6 der Bilderfolge über die Gebräuche der Türken von Zacharias Wehme, 1581–1582 (Kopie eines zeitgenöss. Originals aus Konstantinopel). Tusche, Wasser- und Deckfarben, z. T. silber- und goldgehöht; 36 x 168 cm. Dresden: SLUB Mscr.Dresd.J.2.a, Datierung: 1581–1582, Vorlage um 1575. http://www.deutschefotothek.de/documents/obj/90032445 (20.03.2021).

dessen Territorium. Während der Regierungszeit von Suleiman dem Prächtigen wurde der Begriff *Übersetzer* erneut verwendet. Der unternehmungslustigste Übersetzer dieser Zeit ist Yunus Bey mit griechischer Herkunft. Dank seiner Kenntnisse in Türkisch, Griechisch, Italienisch und Latein nahm er an Verhandlungen mit Venedig und Frankreich teil.[19]

7 Die Osmanische Kanzlei in Deutschen Reiseberichten

Die Osmanische Kanzlei war auch ein wichtiges Thema in Deutschen Reiseberichten. Stephan Gerlach beobachtet beispielsweise in seinen Tagebüchern von 1573–1578 die Stadt Istanbul und die Menschen sorgfältig. Istanbul ist zweifellos eine „Weltstadt". Es ist die bevölkerungsreichste Stadt der Welt, nicht nur die größte muslimische Stadt der Welt, sondern auch die größte griechische und jüdische Stadt. In Galata-Pera lebte eine sehr komplexe ausländische Bevölkerung verschiedener Religionen und Nationen, Kaufleute, Abenteurer, Geheimagenten, Spione, Priester-Missionare, entkommene Kriminelle und Menschen aller Art verschiedener Herkunft. Es gab keine Sprache, die hier nicht gesprochen und geschrieben wurde. Nicht nur in den Gemeinden in Galata, sondern auch in den Divan-ı Hümayun-Kanzleien, in denen die kaiserlichen Dokumente erstellt wurden, wurden alle Sprachen geschrieben und diese Sprachen konnten von den herrschenden Paschas leicht verwendet werden. Ein Beispiel ist Sokullu Mehmed Pasha, den Gerlach mit seinem Adressaten Kroatisch sprechen sah. Die offiziellen Übersetzer des Divan-ı Hümayun, die in den Dienst der Botschaft gestellt wurden, waren der Bayer Mahmud, Murad aus Erdel (Siebenbürgen) und Ali aus Frankfurt, die sowohl Latein als auch Deutsch konnten. Josef Nassi, jüdischer Herzog aus Naxos, war enger Vertrauter Sultan Selims II. Dr. Salomon Ashkenazi war nicht nur der Arzt von Sokullu und Süleyman dem Prächtigen, sondern auch der offizielle Vertreter des Staates, der den Frieden mit Venedig arrangierte und dort mit großer Ehrfurcht begrüßt wurde.[20]

19 Dökmeci 2018, 16.
20 Gerlach 1674.

8 Fazit

Im Osmanischen Reich flossen östliche und westliche Bräuche sowie einige Traditionen alter Kulturen in die Staatsverwaltung und diplomatische Korrespondenz mit ein. Obwohl der osmanische Staat ein Staat war, in dem hauptsächlich Türkisch gesprochen und geschrieben wurde, wurden auch Arabisch, Persisch, Griechisch, Latein, Serbisch und Kroatisch gesprochen sowie Dokumente und Korrespondenz in diesen Sprachen erstellt.

Die osmanische Elitenkultur war von Natur aus mehrsprachig. Istanbul war nicht nur ein Magnet für Migranten aus dem gesamten Osmanischen Reich, sondern viele Mitglieder der Verwaltungs-, Militär- und Bildungselite waren de facto dreisprachig oder sogar viersprachig. Viele Top-Administratoren und Armeeoffiziere wurden als Jugendliche aus Griechenland oder aus slawisch sprechenden Bevölkerungsgruppen auf dem Balkan rekrutiert. Andere wiederum waren Kriegsgefangene, die bereits eine oder mehrere Sprachen beherrschten. In ähnlicher Weise wurden osmanische Gelehrte häufig aus arabisch- und persischsprachigen Bildungszentren wie Kairo, Bagdad, Damaskus, Herat, Samarkand und Täbriz nach Istanbul gerufen. Diese Mobilität hat die selbstbewusste Mehrsprachigkeit der osmanischen Elitenkultur weiter gestärkt. In dieser mehrsprachigen Umgebung hatte das Türkische einen merkwürdigen Status. Es wurde weder als Sprache der Schrift und der Wissenschaft (die im Großen und Ganzen Arabisch blieb) noch anfangs als Sprache der höfischen Kultur (die von der persischen Poetik dominiert wurde) wahrgenommen. Es wurde jedoch ausgiebig für administrative und zeremonielle Funktionen verwendet, nicht zuletzt als Machterklärung gegenüber ausländischen Botschaftern. Dies war auch dann der Fall, wenn allen Parteien eine andere Sprache (zum Beispiel Griechisch und später Italienisch) zur Verfügung stand.

Die türkisch-osmanische Kultur hatte einen sehr reichen Inhalt und ein stummes Vokabular, das aus Symbolen und Gesten bestand, die in der heutigen Welt nicht leicht zu verstehen sind. Zusätzlich zu dieser stillen Sprache wurde auch eine sehr tiefe Symbolsprache verwendet, zum Beispiel strenge Regeln, wer sich wie anziehen soll. Diese Gesten konnten respektvoll sein oder im Gegenteil eine abfällige Bedeutung haben.[21]

Die weite geographische Ausstreckung des osmanischen Reiches über verschiedene Kultur- und Sprachräume bildet sich ebenso in der Hauptstadt Istanbul und im Divan-ı Hümayun ab. Demgemäß findet man in osmanischen Archivdokumenten, Chroniken, Reiseberichten etc. immer wieder Hinweise auf die Vielsprachigkeit in den Dokumenten der Osmanischen Kanzlei.

21 Murphy 2011.

Literaturverzeichnis

Ahıshalı, Recep: „Dîvân-ı Hümâyûn Teşkilâtı“, in: *Osmanlı 6*, hrsg. von Kemal Çiçek, Cem Oğuz, Güler Eren und Yeni Türkiye Yayınları. Ankara 1999. 24–33.

Busbecq, Ogier Ghislain de: *Reysen und Bottschafften, welche auff gnedigsten Befelch beyder Unüberwindlichsten Allermächtigsten Keyser Ferdinandi und Maximiliani II. Der gantzen Christenheit zu höchsten nutzen glücklich vollendet hat ... Augerius Gislenius Busbeck, ihrer Maiest. Rath und bestellter Orator an Soleiman den Türckischen Kayser*. Franckfurt am Mayn 1596.

Dökmeci, Volkan: *İstanbul'daki Venedik Tercümanları ve Dil Oğlanları (1551–1797)*. Istanbul 2018.

Fekete, Lajos: *Einführung in die osmanisch-türkische Diplomatik der türkischen Botmässigkeit in Ungarn*. Budapest 1926.

Gerlach, Stephan: *Stephan Gerlachs deß Aeltern Tage-Buch der von zween glorwürdigsten römischen Kaysern, Maximiliano und Rudolpho ... an die Ottomannische Pforte zu Constantinopel abgefertigten und durch den Wohlgebohrnen Herrn Hn. David Ungnad ... zwischen dem Ottomanischen und Römischen Kayserthum ... glücklichst-vollbrachter Gesandtschafft*. Franckfurth am Mayn 1674.

İnalcık, Halil: „Fatih Sultan Mehmed“, in: *TDV İslâm Ansiklopedisi*, Bd. 28, hrsg. von TDV İslâm Araştırmaları Merkezi. Ankara 2003. 395–407.

Kritovulos: *Kritovulos Tarihi (1451–1467)*. Istanbul 2020.

Kütükoğlu, Mübahat: „BERAT“, in: *TDV İslâm Ansiklopedisi*, Bd. 5, hrsg. von TDV İslâm Araştırmaları Merkezi. Istanbul 1992. 472–473. https://islamansiklopedisi.org.tr/berat (15.09.2023).

Kütükoğlu, Mübahat: *Osmanlı Belgelerinin Dili*. Istanbul 1994.

Kütükoğlu, Mübahat: „FERMAN“, in: *TDV İslâm Ansiklopedisi*, Bd. 12, hrsg. von TDV İslâm Araştırmaları Merkezi. Istanbul 1995. 395–407. https://islamansiklopedisi.org.tr/ferman (15.09.2023).

Kütükoğlu, Mübahat: „AHİDNÂME“, in: *TDV İslâm Ansiklopedisi*, Bd. 1, hrsg. von TDV İslâm Araştırmaları Merkezi. Istanbul 1998. 472–473. https://islamansiklopedisi.org.tr/ahidname#2-turk-tarihi (15.09.2023).

Matuz, Josef: „Zur Sprache der Urkunden Süleymāns des Prächtigen“. Originalbeitrag erschienen in: *Acta orientalia Academiae Scientiarum Hungaricae* 26 (1972): [285]–297.

Murphey, Rhoads: *Exploring Ottoman Sovereignty: Tradition, Image and Practice in the Ottoman Imperial Household, 1400–1800*. London 2011.

Peirce, Leslie: „Polyglottism in the Ottoman Empire: A Reconsideration“, in: *Braudel Revisited. The Mediterranean World 1600–1800*, hrsg. von Geoffrey Symcox, Teofilo Ruiz und Gabriel Piterberg. Toronto 2010. 76–98.

Prochazka, Gisela/Römer, Claudia: *Osmanische Beamtenschreiben und Privatbriefe der Zeit Süleymāns des Prächtigen aus dem Haus-, Hof- und Staatsarchiv zu Wien*. Wien 2007.

Tarım Ertuğ, Zeynep: „NÂME-i HÜMÂYUN “, in: *TDV İslâm Ansiklopedisi Online*, hrsg. von TDV İslâm Araştırmaları Merkezi. Ankara 2019. https://islamansiklopedisi.org.tr/name-i-humayun (15.9.2023).

Turan, Osman: *Türk Cihan Hakimiyeti Mefkuresi Tarihi*. Istanbul 2016.

Thomas Engelke, Thomas Krüger, Klaus Wolf
und Studierende der Universität Augsburg

Wir Ludwig ... – Die deutschsprachigen Urkunden Ludwigs des Bayern

Eine Ausstellung des Staatsarchivs Augsburg, konzipiert von Studierenden der Fächer Geschichte und Germanistik an der Universität Augsburg

In der Regierungszeit des römischen Königs und Kaisers Ludwig IV., genannt „der Bayer" (1314–1347), lässt sich eine erhebliche Bedeutungszunahme der deutschen Sprache in der königlichen Kanzlei feststellen. Zwar gab es schon deutschsprachige Königsurkunden aus der Zeit vor Ludwig dem Bayern, doch blieben diese in der Regel Einzelfälle. Betrachtet man jedoch den Anteil deutschsprachiger Urkunden an der Gesamtzahl der von Ludwig dem Bayern ausgestellten Urkunden, so beträgt dieser (zumindest im hier untersuchten Fall der Urkunden für Empfänger aus dem schwäbischen Raum) 55 Prozent. Und nach der Regierungszeit Ludwigs änderte sich das Verhältnis der deutschsprachigen zu den lateinischen Urkunden nicht mehr. Im Gegenteil. Je weiter man in das späte Mittelalter vorausblickt, desto mehr wird jetzt die lateinische Königsurkunde zum Ausnahmefall. Man kann also durchaus mit Recht behaupten, dass sich Deutsch als Kanzleisprache der Königsurkunde in der Zeit Ludwigs des Bayern durchsetzt.

Grund genug, diese Entwicklung zu würdigen und sich die deutschsprachigen Urkunden Ludwigs des Bayern hier am Beispiel der im Staatsarchiv Augsburg überlieferten Urkunden Ludwigs genauer anzusehen. Die Urkunden dieser Ausstellung sind außerdem auf dem Portal *bavarikon* (Bayerische Staatsbibliothek München; https://www.bavarikon.de/urkunden-kaiser-ludwig) einzusehen.

Zunächst soll jeweils ein kurzer Blick auf die allgemeine Entwicklung der Königsurkunde vor Ludwig dem Bayern sowie auf frühe Beispiele der Verwendung der deutschen Sprache im Urkundenwesen im Allgemeinen geworfen werden. Im Hauptteil der Ausstellung folgen dann ausgewählte Beispiele deutschsprachiger Urkunden Ludwigs des Bayern unterteilt in verschiedene Kapitel, die die unterschiedlichen Gruppen von Empfängern und Sachthemen der Urkundenausstellung widerspiegeln.

Mit einer Prunkurkunde Ludwigs des Bayern und dem Oberbayerischen Landrecht – beide dankenswerterweise als Leihgaben vom Bayerischen Hauptstaatsarchiv in München zur Verfügung gestellt – soll zumindest ansatzweise auf zwei weitere Beispiele verwiesen werden, die das herausragende Wirken Lud-

https://doi.org/10.1515/9783111165226-012

wigs des Bayern in der Reihe der deutschen Könige und römischen Kaiser des Mittelalters dokumentieren und die nicht nur durch ihre prachtvolle Ausgestaltung besondere Aufmerksamkeit verdienen.

Als Abschluss folgt analog zum Einführungskapitel ein kurzer Blick auf die allgemeine Entwicklung der Königsurkunde nach Ludwig dem Bayern bis zum Ende des Mittelalters.

Besonders wird diese Ausstellung jedoch auch aus anderen Gründen. Zum einen bietet sie die Möglichkeit die reiche Überlieferung des Staatsarchivs Augsburg zu dokumentieren, denn bis auf die schon erwähnte Prunkurkunde und das Landrecht stammen alle ausgestellten Urkunden aus den hiesigen Beständen. Und insbesondere durch die Zusammenarbeit des Staatsarchivs mit der Universität Augsburg, noch dazu in einem interdisziplinären Ansatz die Fächer Germanistik und Geschichte umfassend, ist eine derartige Schau, die ein Archiv allein sonst gar nicht leisten könnte, überhaupt erst möglich geworden.

Zum anderen bietet die Ausstellung auch einen innovativen Ansatz im Bereich der universitären Lehre, denn die Ausstellung ist im vergangenen Sommersemester 2020 im Rahmen einer Lehrveranstaltung – coronabedingt auch noch weitestgehend auf die digitale Lehre beschränkt – vollständig von Studierenden der Universität Augsburg aus den Fächern Geschichte und Germanistik erarbeitet worden.

Und abschließend soll eine weitere Besonderheit dieser Ausstellung nicht unerwähnt bleiben. Da der Hauptzweck der Ausstellung auf der Verwendung des Deutschen als Sprache in den Urkunden Ludwigs des Bayern liegt, soll es dem Besucher der Ausstellung auch erleichtert werden, dies während seines Besuchs angemessen nachvollziehen und würdigen zu können. Aus diesem Grund werden hier im Gegensatz zu den Gewohnheiten bei einem „normalen" Ausstellungsbesuch nicht nur textliche Einleitungen in die Kapitel der Ausstellung und eine Beschreibung der einzelnen Exponate angeboten, sondern die deutschsprachigen Urkunden werden zeilengetreu zum Original auch als Transkription wiedergegeben. So soll es auch Nichtfachleuten, die die originalen Urkundentexte nicht ohne Weiteres lesen könnten, ermöglicht werden, die deutschsprachigen Texte der ausgestellten Urkunden in all ihren sprachlichen Eigenheiten trotzdem nachvollziehen zu können.

I Kaiser- und Königsurkunden vor Ludwig dem Bayern

Das bedeutsamste juristische Instrument des Mittelalters war die Urkunde. In den mündlichen Gesellschaften des Früh- und Hochmittelalters gab es nur wenige besondere Anlässe für ihre Ausfertigung. Diese ältesten Stücke wurden in den Schatzkammern der Kirchen überliefert, die die Möglichkeit einer Archivierung besaßen. Um sie vor Fälschungen zu schützen, nutzen die Kanzleien eine Vielzahl graphischer Symbole. Deren Form und Gestaltung verkomplizierte sich bis in das zwölften Jahrhundert, ehe das Bedürfnis nach mehr Schriftlichkeit die Urkunde zu einem alltäglichen und deshalb einfachen Medium des spätmittelalterlichen Rechts machte.

Durch den beispielhaften Vergleich je einer karolingischen (Ludwig der Fromme von 815), salischen (Konrad II. von 1033) und staufischen (Konradin von 1266) Urkunde wird die Entwicklung des äußeren Stils nachvollzogen. Sofort erkennbar ist die feierliche und Autorität heischende Funktion der älteren beiden Diplome, die in ihrer Größe – an den langen Seiten über einen halben Meter – und den gebrauchten Symbolen sichtbar wird. Markant sind die Oberlängen und im Falle Konrads II. auch Unterlängen der Buchstaben, die den Raum zwischen den Zeilen füllen und diese optisch miteinander verbinden. Charakteristisch für die frühen Urkunden ist die sogenannte *littera elongata* (Gitterschrift), in der ersten Zeile, der Signumzeile (Unterschrift des Herrschers) und der Rekognitionszeile (Unterschrift des Kanzlers), die das einführende Protokoll und das abschließende Eschatokoll vom Kontext absetzen. In die sakrale Sphäre wurde das Rechtsgeschäft durch das Chrismon gerückt. Diese symbolische Anrufung Christi steht in Form eines großen „C“ am Beginn der ersten Zeile. Bei Ludwig ist es sogar über drei Zeilen gestreckt. Rechtskraft erhielten die Diplome durch das Siegel des Herrschers und sein Monogramm (= Signum). Alle derartigen Formen der Feierlichkeit oder zusätzlichen Autorität fehlen bei der Urkunde Konradins. Sie ist einfach gehalten und die Siegel allein genügen der Autorisierung des Rechtsakts.

Johannes Kroh

Nr. 1 Das älteste Original in Bayerisch Schwaben

Kaiser Ludwig I. bestätigt Privilegien des Klosters Kempten, 3. Juni 815, Aachen

Viele der ältesten karolingischen Urkunden sind an Klöster adressiert und gewähren Immunität und den Schutz des Königs, nachdem sich der Abt oder die Mönche mit einer entsprechenden Bitte an den Kaiser gewandt hatten. Das Privileg für Kempten ist keine Ausnahme. Auf Bitte des Abtes Theothunus bestätigte Ludwig die von Karl dem Großen gewährten Freiheiten. Ziel war ein Bündnis zwischen dem Kloster und dem Kaiser gegen die lokalen Herrscher am Rand des Reichs. Die Immunität schützte die junge Gemeinschaft vor weltlicher Bevormundung und der kaiserliche Schutz unterstellte sie einzig dem Kaiser.

Beachtenswert sind zudem der Bienenkorb am Ende der Rekognitionszeile und das zweite Chrismon vor dem Namen des Kanzlers als zusätzliche Beglaubigungsmittel.

Original, latein, Pergament, 68 x 43 cm, mit durchgedrücktem Siegel. Staatsarchiv Augsburg, Fürststift Kempten Urkunden 5.
Edition.: MGH DD Ludwig der Fromme, Nr.63, S. 158–160.

Johannes Kroh

Nr. 2 Erlösung für den Kaiser

Kaiser Konrad II. bestätigt eine Schenkung zugunsten des Klosters St. Ulrich und Afra in Augsburg, 26. Juni 1033, Merseburg

Bistumsheilige Bambergs sind Kaiser Heinrich II. und seine Frau, die Kaiserin Kunigunde. Doch zu ihren Lebzeiten waren sich beide ihres Seelenheils nicht sicher. Reichten ihre Werke für Plätze im Himmel? Stiftungen und Schenkungen an die Kirche sollten diese sicherstellen: Als Heinrich starb und mit ihm die Ottonen endeten, schenkte Kunigunde zur Erlösung ihres Mannes ein Gut in Todtenweis (Landkreis Aichach-Friedberg) dem Kloster St. Ulrich und Afra in Augsburg. Konrad II., der erste Salier, bestätigte dieses Geschenk nach Bitte seiner Frau, Kaiserin Gisela, und seines Sohns, König Heinrich III. Eigens betonte Konrad, dass er dies nicht hätte tun müssen. Doch auch seine Seele war in Gefahr. Daher sollten die Augsburger Mönche auch ihm und seiner Familie nach ihren Toden gedenken.

Original, latein, Pergament, 49 x 42,5 cm, mit durchgedrücktem Siegel. Staatsarchiv Augsburg, Reichsstift Sankt Ulrich und Afra Urkunden 5.
Edition: MGH DD Konrad II., Nr. 191, S. 253–254.

Johannes Kroh

Nr. 3 Königliches Taschengeld

König Konrad II. von Sizilien und Herzog von Schwaben (Konradin) verleiht der Stadt Augsburg ein Judenprivileg, 30. November 1266, Augsburg

Unrühmlich und tragisch verlief das Leben des letzten Staufers Konradin, Enkel des großen Kaisers Friedrich II. Im Konflikt mit dem Papsttum hatten die Staufer die Kronen des Reichs, von Sizilien und Jerusalem verloren und waren kurz vor ihrem Aussterben. Um das Erbe seiner Familie in Süditalien einfordern zu können, benötigte der 14-jährige Konradin das Geld der Städte Schwabens und der Juden. Der Augsburger Gemeinde um *Dauyd* und *Liebermanus* nötigte er 30 Pfund Pfennige ab und unterstellte sie für fünf Jahre der Stadt Augsburg. Konradins beanspruchte Titel bargen kaum mehr genügend Autorität. Diesem Umstand ist es geschuldet, dass sein königliches Siegel der Stadt Augsburg zur Beglaubigung nicht mehr ausreichte und vier Siegel lokaler Adeliger angebracht werden mussten.

Original, latein, Pergament, 27,5 x 26 (41,5) cm, mit fünf anhängenden Siegeln. Staatsarchiv Augsburg, Reichsstadt Augsburg Urkunden 8.
Edition: MB 30/1, Nr. 816, S. 356–359.

Johannes Kroh

II Deutsch statt Latein – Frühe Beispiele volkssprachlicher Urkunden

Bis zur Mitte des dreizehnten Jahrhunderts war Latein die Sprache der Kanzleien gewesen. Nun wurden zunehmend Urkunden auf (Mittelhoch-)Deutsch verfasst. Ausschlaggebend für diese Veränderung war, dass immer mehr Rechtsgeschäfte beurkundet wurden und Vertragsparteien immer häufiger einfache Bürger ohne Lateinkenntnisse waren. König Konrad IV. war 1240 einer der Ersten, die diesem Umstand Rechnung zollten. Die damaligen Vertragsparteien waren wohl beide der Lateinischen Sprache nicht mächtig. Der König schuf Abhilfe und ließ die Urkunde in der Volkssprache verfassen. Ähnlich bei den Urkunden über den Wertachbrückenzoll: Traditionell oblagen Stadt- und Brückenzoll der Verwaltungshoheit des Bischofs. Im Jahr 1282 aber erhielten Vertreter des Stadtbürgertums Augsburgs Mitspracherechte bei der Festlegung neuer Zolltarife, sodass nun zwei widerstreitende Interessengruppen aufeinander trafen – der Bischof, der als Empfänger der Zolleinnahmen naturgemäß möglichst hohe Zölle erheben wollte, und die Vertreter der Reichsstadt, die an einem florierenden Handelsverkehr interessiert waren und diesen mit möglichst niedrigen Zöllen ankurbeln wollten. Auch auf sprachlicher Ebene setzten sich die Bürger der Reichsstadt für ihre Interessen gegenüber der Kirche ein. Schließlich spielten die Zolltarife eine zentrale Rolle in den Tagesgeschäften der Augsburger Kaufleute, da war es nur von Vorteil, wenn sie die entsprechenden Bestimmungen auch selbst lesen konnten. So wurde der Vertrag dann auf Deutsch statt auf Latein verfasst. Beachtlich, wenn man bedenkt, dass sich Latein in kirchlichen Urkunden zum Teil bis heute erhalten hat. Rein optisch lässt sich die größere Bedeutung des Vertrags für die Reichsstadt am extrem guten Erhaltungszustand der Urkunde und auch an der, im Vergleich zu den anderen Ausfertigungen, aufwendigeren Besiegelung nachweisen.

Julia Kessler

Nr. 4 Die älteste Königsurkunde in deutscher Sprache

König Konrad IV. schließt einen Vergleich zwischen der Stadt Kaufbeuren und Volkmar von Kemenathen zur Beilegung eines Grenzstreits, 25. Juli 1240, [Kaufbeuren]

Der Vergleichsvertrag König Konrads IV. zwischen der späteren Reichsstadt Kaufbeuren und dem Adeligen Volkmar von Kemenathen ist nicht nur eine der ältesten deutschsprachigen Urkunden überhaupt, sondern die älteste Königsurkunde in deutscher Sprache. Der in der Urkunde festgehaltene Beschluss regelt den zuvor umstrittenen Grenzverlauf zwischen den Besitztümern der beiden Vertragsparteien.

Urkunde, deutsch, Pergament, 20 x 20,5 (32) cm, mit anhängendem Siegel. Staatsarchiv Augsburg, Reichsstadt Kaufbeuren Urkunden 1 (Kaiserselekt 766).

Julia Kessler

Nr. 4 Reichsstadt Kaufbeuren Urkunden 1

1 [Im] namen gotes amen. wir Cu(o)nrat in romschen kunc erwelt von der gotes gnaden. vnde erbe

2 des kuncriches ze Jerusalem. tvn kunt allen den die disen brief iemmer gesehent. daz wir

3 Folcmaren von Kemenathen. vnde vnser stat ze Bu(o)eron alsus verschieden vnder ein ander. Folc –

4 mar hat gegebin den burgaeren vnde der stat. ze wider wehsel den hof / der hern Hermannes

5 was des phaffen. der da lit nidenan an der stat vnder den barmin / vnd als sin staingru(o)ebe gat. /

6 vf an den geworfen wec. vnd die rihte an den anderen berc. vnde dannan an sin selbes zvn.

7 vnde swaz in den zvu(o)enin iezv(o) begriffen ist./ daz sol er bu(o)wen. vnd sol och mit buwe nit

8 me begriffen. da wider swaz bu(o)errer gemeinde hant / daz sol och sin Volcmars gemeinde. vnd

9 swaz er oder sine nachkomelinge gemeinde hant / daz sol och bu(o)eraer gemeinde sin. vnd swaz /

10 nit enbuwe lit. da su(o)ln sie getraten sin beidenthalp. von der burc vnz an die stat. vnd

11 von der stat vnz an die burc. vnd ist och also gescheiden. swaz Bvra(e)ren[1] schaden vf

12 dem iren[2] geschiht / mit gewalte vnd wizzintliche / daz sol man in gelten vnde be /

13 zern als reht ist. vnd sol doch der schait dar nach staette sin. hier an was Conrad

14 der Schenke von Wintherstet vnser getriwer. vnd Conrad der Liutkirchaer der Amman

15 von Bu(o)ren. vnd daz diz staete belibe so hiezen wir disen brief besigeln / mit

16 vnserm insigele. dirre brief ist gegeben vnd geschriben. von vnsers herren geburt

17 lichem tage. tusent / zwaihundert vnde fierzech iar. jnnan ho(v)wtige (?)[3]. an sante Jaco-

18 bes tage. saeiliche. amen.

Julia Kessler

1 schlecht leserlich (Tinte verblasst)

2 schlecht leserlich, Falzung

3 schlecht leserlich, Falzung

Nr. 5 Ein treuloser *Bruggehai* beschert der Stadt Augsburg neue Zolltarife

Bischof, Domkapitel und Stadt Augsburg einigen sich über Art und Höhe der Zolltarife auf der Wertachbrücke, 26.–31. Juli 1282, Augsburg

Die Reichsstadt, das Domkapitel und Bischof Hartmann von Augsburg legen, nach gemeinsamer Beratung mit Vertretern aller Parteien, neue Zollsätze für den Warenverkehr an der Wertachbrücke fest. Die Festlegung neuer, verbindlicher Zolltarife war seinerzeit nötig geworden, nachdem Bischof Hartmann die Beschwerden zahlreicher Bürger zugetragen worden waren, dass Hermann der *Bruggehai* (entspricht einem Zöllner) unrechtmäßige Zölle erheben würde. Der Vertrag trifft verbindliche Bestimmungen über Art und Höhe der zu entrichtenden Abgaben und bietet eine detaillierte Übersicht über die damals in Augsburg gehandelten Waren. Zudem werden Strafzahlungen für fälschlich erhobene oder nicht entrichtete Zölle eingeführt.

a) Urkunde (Reichsstadt), deutsch, Pergament, 25 x 64 (88) cm, mit drei an Schnur anhängenden Siegeln. Staatsarchiv Augsburg, Reichsstadt Augsburg Urkunden 23.

b) Urkunde (Domkapitel), deutsch, Pergament, 26 x 63,5 (75) cm, mit ursprünglich drei anhängenden Siegeln, Siegel 3 fehlt. Staatsarchiv Augsburg, Hochstift Augsburg Urkunden 1282/VII/26–31 (1).

c) Urkunde (Hochstift), deutsch, Pergament, 26 x 63 (75) cm, mit drei anhängenden Siegeln, Hochstift Augsburg Urkunden 1282/VII/26–31 (2).

Julia Kessler

Nr. 5 Reichsstadt Augsburg Urkunden 23

1 In nomine dominj amen[4] · wir Hartman von gotes genaden bisschof von Auspurch thu(o)n chuv(o)nt allen den die disen brief lesent hoerent oder

2 saehent sogtan clage vnde vnser lieben burger von Auspurch vnde die stet gemainlichen vnde auh daz lant hete hince Hermanne vnserm Brugge-

3 haien ze Waertahprugge daz er vnrehten zol naeme daz wir darzv gaben mit vnsers capitels rate hern Sifriden von Algishusen hern Wolfharten

4 von Rot vnde hern Marquuart von Berien den Schulmaister · vnde sazzen die nider zu den burgern die von dem rate darzv geben wurden

5 daz was her Volkwin der Alte · her Hainrich der Schongawer her Chvnrat Reinbot: vnde her Chvnrat Notnagel · vnde cho(e)men die vber aine daz

6 si der brugge schrieben den zol der von alter her reht waere vnde darnach mit gemaime rate des capitels vnde der burger namen si darzv Bruder

7 Eberharten den Bruggehaien vnde mit des rate wan ez im von alter her wol chvnt was wart dirre brief gemachet vnde geschrieben als hernah

8 geschriben stat · ein lastwagen mit ruhen huten der treit zwainzik vnde driv hundert hute oder mer der git ze zolle saehzehen phenninge ·

9 jst aber minnr druffe danne ein last so git man ie von dem hunderte funf phenninge · jst aber ir funfzik da git man dri phenninge von · swaz

10 aber ir minnr ist danne ein halp hundert da git man zwen phenninge von vnce an ein viertail · minnr danne ein viertail git einen phenninch

11 jst aber niwan einigiv hut da div git einen helblinch · ein karre mit ruhen hvten daz selbe als ez geziuhet mit rehter raitvnge · von ieglicher ge-

12 laederten hute einen helblinch die man ensaums wis niht enfuret · von eime ieglichen saume truckens oder nazzes vf rossen vf waegenn oder

13 vf karren einen helblinch · ez si kurdewan oder ander gut · furet aber ein man bereitschaft in sime gute der git niht da von man sagez dem zolner oder

14 niht · swaz wahses ist daz man bi dem saume niht vf gedinget hat von der wage einen phenninch · von vnslide vnde von smerbe daz man bi

15 dem saume nicht vf gedinget hat von ieglicher wage einen helblinch · swaz man ho(e)niges ensaums wis her in furet da git man von dem sav

16 me einen helblinch · ein wagen mit ho(e)nige zwen phenninge · ein karre mit ho(e)nige einen phenninch · jst aber niht wan ein aimer da der git

17 einen helblinch · swaz ein man linwaete treit der vber funfzik ellen ist der git da von einen helblinch · minnr git niht · ein wagen mit linwaete

4 an dieser Stelle befindet sich im Original eine kleine Verzierung

18 zwen phenninge · ein karre mit linwaete einen phennninch er trage lutzel oder vil · treit ein geladen karre linwat wolle garn flahs hv(e)nr
19 chaese oder aier oder mit swiv er geladen ist ane hvte vnde ane saltz vnde ane win der git einen phenninch · jst ez aber ein wagen der git
20 zwen phenninge · von zwainzik ellen grawes tuches die ein man treit vf sime rugge / oder swaz er vf sime rugge treit der git da von einen
21 helblinch · minnr danne zwainzik ellen git niht · treit ein wagen oder ein karre einvaltige loden der git ie der lode einen helblinch · treit ein
22 wagen ysen vnde loden der git zwen phenninge · ein karre der ysen vnde loden treit einen phenninch · ein wagen mit kupher vnde swaz mer da
23 bi lit vier phenninge · ein karre mit kupher vnde swaz da bi lit zwen phenninge · zin vnde bli daz selbe · ein wagen der zwai fuder wins treit
24 zwen phenninge · treit er minnr einen phenninch · lit aber ander gut bi dem wine so git der win einen phenninch vnd der saum einen helbe
25 linch · ein karre wins mit drin rossen oder mit zwain einen phenninch · mit aime rosse einen helblinch · von maet vnde von biere daz selbe ·
26 ein wagen mit haeringe zwen phenninge · ein karre mit haeringe einen phenninch · jst aber niwan ein maise da div git einen helbelinch ·
27 ein wagen mit korne einen phenninch · der karre einen helblinch · ein wagen mit hew einen phenninch · der karre einen helblinch · ein
28 fuder korns in den garben einen phenninch · der karre einen helblinch · ein wagen mit schauben einen phenninch · der karre einen helbe
29 linch · ein wagen mit stro einen helblinch · der karre einen helblinch · ein bette der daz treit einen helblinch · treit aber ein armez mensche vf
30 sime rugge einen bolster oder ein ku(e)ssin daz git niht da von · ein wagen der ein bette treit oder zwai da korn oder hew oder stro vffe lit der
31 git niwan von dem wagen einen phenninch · der karre einen helblinch · ein fuder holzes daz vaile ist eine stangen · mine herren von dem chore
32 vnde die burger die holtz her in furent mit ir aigenn waegenn die gebent niht da von · ein fuder raiffe einen helblinch · swaz ein wagen
33 holzes treit daz geviert ist ir si einz oder mer da git man von einen phenninch · swaer zimberholtz hin vz furet ez sin flecken oder bavme
34 der git von dem wagen einen phenninch · von dem backen karren mit gewande zwen phenninge · daz ros daz rint der ohse der esel · der
35 ieglichez einen helblinch · ein gemestez swin einen helblinch · zwai mutteriv swin einen helblinch · vier klainiv einen helblinch · tribet aber ein
36 man niwan ein ainigez der git auch einen helblinch · von zaehen alten schafen einen phenninch · von zwainzik lembern einen phenninch · ein wa-
37 gen mit lembern einen phenninch · der karre einen helblinch · ein ieglich bache einen helblinch nah genaden · ein wagen mit rindespuchen

38 einen phenninch · der karre einen helblinch · jst aber niwan ein rindespuch
da der git einen helblinch · ein wagen mit chelbern einen phenninch ·
39 der karre einen helblinch · ein fuder saltzes einen helblinch · dri schiben
einen helblinch · ein mv(e)lstein er si geworht oder vngeworht einen
40 phenninch · swie maniger leie dinch ein man treit vf sime rugge der git von
dem allem niwan einen helblinch · daz raef mit glase oder mit
41 kophen einen helblinch · der karre einen helblinch · der wagen mit ziegel
oder mit mv(e)rsteinn oder mit kalcke den man verkauffen wil einen
42 phenninch · wil aber miner herren vom chore einer bw(o)en oder ein dienst-
man oder ein burger swaz der her in fvret dahziegel sant staine oder
43 swaz zv sinem bw(o)e hoeret der sol da von niht geben · swelch fvrer vber
die brugge fvret vailen sant oder staine der sol geben von zwainzik
44 fudern einen phenninch · Swa aber ein man nimt sant oder fulle staine der
sine brugge niht vert der ist im nihtes schuldik · swaz
45 mine heren von dem chore oder die burger die ir jarzol gebent vihes vf die
waide lant die gebent da von nihtes niht · die aber ir jarzol
46 niht gebent die gebent da von als da vor geschrieben stat · ein fuder kol einen
phenninch · der karre einen helblinch · ein fuder laubes einen
47 phenninch · ein fuder lattvn einen phenninch · ein fuder staecken einen phen-
ninch · ein karre der iegeliches einen helblinch · ein fuder obzes einen
48 phenninch · der karre einen helblinch · ein raef mit karten oder mit hophen
einen helblinch · ein wagen mit niwen chvmbustunngen vnde
49 swaz da bi lit ane hvte vnde ane sevme einen phenninch · jst aber niwan ein
butigin da daz git einen helblinch · ein karre mit niwen chvm
50 bustputigin einen helblinch · ein fuder saile einen phenninch · der karre
einen helblinch · ein wagen mit krute einen phenninch · der karre einen
51 helblinch · ein wagen mit loe einen phenninch · der karre einen helblinch ·
ein fuder wannen einen phenninch · der karre einen
52 helblinch · ein niwiv chiste einen helblinch · treit aber ein wagen mer chisten
danne aine der git einen phenninch · der karre einen helbelinch
53 von hvndert schafvaellen si sin geworht oder vngeworht die man ensavms
wis niht enfuret zwen phenninge · minnr danne ein hvndert
54 einen phenninch · von hundert kalpvaellen si sin geworht oder vngeworht
einen phenninch · minnr einen helblinch · ein wagen mit kaes
55 born einen phenninch · der karre einen helblinch · von lampvaellen swaz vf
einen savm geziuhet einen helblinch · minnr einen helblinch
56 ein wagen mit grabvn bretern einen phenninch · der karre einen helblinch .
ein wagen mit haefenn oder mit kacheln einen phenninch ·
57 der karre einen helblinch · ein wagen mit tro(e)gen oder mit slegeln oder mit
hacpretern einen phenninch · der karre einen helblinch ·

58 swaer vber laesten an die brugge vert ane frage / nimt der schaden der schade ist sin · fraget aber er den Bruggehaien vnde haizzet er in

59 varn / missegat im danne den schaden sol er im abe tvn · zeime rehten laste sol div brugge alle waege bereit sin swaz man her in floehent

60 von betten von chisten von gewande von vihe da ensol man chainen zol von geben weder vz noh in · swaz ein man her in furet daz er ze einem

61 male verzollet vnde vnferwendet ist daz sol er niht mer verzollen ob er ez wider vz fv(e)ret. furet aber ein burger sin gut vz der stat vf einen

62 markt vnde verzollet daz zer brugge daz sol er niht mer verzollen ob er ez vnferkauft her wider in fvret · swaz man vihes hin vz

63 lat vf die waide daz man hin vz zollet daz sol man her wider in niht zollen von vier zitik po(e)cken einen phenninch · minnr einen phen

64 ninch · jst aber ir niwan einer der git einen helblinch · saehs gaizze einen phenninch · dri einen helblinch · minnr einen helblinch · ein

65 wagen mit kram gewande der vf einen jarmarkt vert zwen phenninge · der karre einen phenninch · ein wagen mit visschen einen phen

66 ninch · der karre einen helblinch · ez ensol auch chain snieter von chaime sime lone daz er duzze verdient hat chainen zol geben / ez lige

67 vf waegenn oder vf karren oder er tragez vf sime rugge swaz ein armez mensche treit vf sime rugge ez si korn mael oder klibe daz git

68 niht da von · ein ieglich burger von sinem waelschen kaufschatze der ein kaufman ist der sol geben von sinem waelschen kaufschatze vnde swaz er

69 dar vmbe her wider bringet ein halp phunt phaeffers ze jarzolle · gat aber er mit anderm kaufschatze vmbe swie maniger hande dinch daz ist der sol

70 zollen als da vor geschrieben stat · jst aber eine ander burger der gen Venedie niht vert vnde gen Frankriche vert / der korn gulte hat vnd daz her

71 in furet vnde hew oder swaz er her in furet der sol auh geben ein halp phunt phaeffers ze jarzolle · vnde der korherre zw(o) gense vnde der

72 flaisheckel zwai bain vnde suln da mit ledik sin · ez sol auch der Bruggehaie machen brugge vnde staege vber die Waertach vnde vber

73 den Ho(e)ttenbach vber vnde vber · verfuret aber iemen dem Bruggehaie sinen zol swa er vf daz gut chvmt da ist daz gut sin nach genaden

74 vnde sol er im den zol geben den er im geben solte han · vnde daz der zol als da vor geschrieben stat hinnanfvr also staete belibe wan er mit

75 des capitels rate vnde auh mit der burger rate gesetzet ist als von alter her reht ist gewaesen · vnde auch chain irresal werde hinnanfvr

76 an dem selben zolle noch chain zwifel · vnde auch weder Herman der Bruggehaie noch chain sin nach kome hinnanfvr chainen zol naeme

77 wan als da vor geschrieben stat / darvmbe habe wir bisschof Hartman mit vnsers capitels rate disen brief vber die brugge haizzen ge

78 schrieben versigelt vnde gefestent mit vnserm jnsigel vnde mit vnsers capitels jnsigel vnde mit der stet jnsigel ze Auspurch div elliv
79 dran hangent · vnde setzen auh daz swelh Bruggehaie daz brichet daz er niht ennimt den zol als da vor geschrieben stat daz vns der
80 schuldik ist ze buzze eins phu(o)ndes Auspurger phenninge als dicke so er ez brichet · do dirre brief geben wart do was von gotes
81 gebvrte tusent jar zwai hvndert jar in dem andern vnde ahzigosten jare jn dem manad julio in der naehsten wochen nah sant
82 Jacobes tage:

Julia Kessler

III „Privaturkunden“ Ludwigs des Bayern vor Beginn seines Königtums

Nach der traditionellen Systematik mittelalterlicher Urkunden werden Urkunden nicht königlicher, kaiserlicher oder päpstlicher Aussteller als „Privaturkunden“ bezeichnet. Aus heutiger Sicht erscheint diese Terminologie unglücklich und missverständlich, weil sie insbesondere der Rechtsstellung von geistlichen und weltlichen Fürsten nicht gerecht wird. Andererseits wurden fürstliche Territorien zur Zeit Ludwigs des Bayern nicht wie etwa der heutige Freistaat Bayern als Gebietskörperschaft, sondern als teilbares Familienvermögen angesehen. Deshalb änderte sich die Rechtsstellung Ludwigs des Bayern erst durch die Königswahl vom 20. Oktober und seine Krönung am 25. November 1314 entscheidend. Selbstverständlich führte Ludwig aber vorher ebenso wie sein Bruder Rudolf als Urkundenaussteller seine geerbten fürstlichen Titel als Herzog von Bayern und Pfalzgraf bei Rhein und siegelte mit einem standesgemäßen Reitersiegel. Die rechtliche Gültigkeit solcher Fürstenurkunden stand normalerweise außer Frage.

Thomas Krüger

Nr. 6 Ein Privatkredit vor der Königswahl

Pfandschaft der Pfalzgrafen Ludwig und Rudolf an Heinrich den Saeschenhauser, 3. September 1314, München

Wie später als König setzte Ludwig schon als bayerischer Herzog das Mittel von Pfandschaften ein, um die Kosten von Hofhaltung und von Kriegen zu finanzieren. Wie bei modernen Pfandbriefen konnten insbesondere Immobilien als Sicherheit eingesetzt werden. Doch wurden damals den Gläubigern keine festen Pfandbrief-Zinsen versprochen, sondern der Nießnutz an den beliehenen Gütern für die Dauer der Pfandschaft überschrieben. In der vorliegenden, wenige Wochen vor seiner Königswahl in München ausgestellten Urkunde verpfändete Ludwig angeblich gemeinsam mit seinem rivalisierenden Bruder Rudolf Güter sowie Vogteirechte in südlich von Augsburg gelegenen Ortschaften (Schwabmünchen, Egling an der Paar) an einen privaten Investor namens *Heinrich der Saeschenhauser*. In der Urkunde sind die Siegel beider Herzogsbrüder angekündigt, doch hängt daran nur eines in leider schlechtem Erhaltungszustand. Womöglich hat Ludwig die Urkunde eigenmächtig ohne seinen Bruder ausgestellt, der in den betroffenen Orten de facto ohne Einfluss war. In diesem Fall rechnete der Gläubiger damit, dass dies auch so blieb.

Urkunde, Original, deutsch, Pergament, mit anhängendem Siegel, 19,5 x 13,5 (23,5). Staatsarchiv Augsburg, Domkapitel Augsburg Urkunden 148.

Katharina Bayer

Nr. 6 Domkapitel Augsburg Urkunden 148

1 Wir Rud[olf] vnd Lud[wig] von gotes genaden. pfallentzgrafen bei dem Rein / vnd
2 hertzogen in Baiern. tun chunt allen den die disen brief ansehent / oder ho(e)rent
3 lesen / daz wir Heinrich dem Saeschenchauser / seiner hausfrawen vnd iren erben
4 vmb den dienst / den er vns hertzog Rud[olf] / iezv(o) an den Rein tu(o)n sol / vnd
5 daz er sich selbe ze disen zeiten / mit rossen / vnd mit hengsten vaench hat
6 gemachet schuldich seiner fu(e)mftzich pfunt Mv(e)ncher pfenning / vnd fu(e)r diselben
7 pfennig / versetzen wir in diesev gu(o)t / div her nach geschriben steent / dez ersten
8 ein hu(o)b / div gelegen ist ze Veldelfingen / div in vor versetzet ist / von hertzog
9 Lud(wig) / fu(e)r vier vnd zwantzich pfunt Mv(e)ncher pfenning / als di brief sagent
10 die si von im dar vmb inne habent / vnd ein vogtay / vber ein hu(o)be ze
11 Eglingen / div gehaizzen ist Scheffelhu(o)be / vnd ein vogtay / vber ein mu(e)l. ze Maench-
12 ingen / div gehaizzen ist / daz mu(e)l lehen/ fu(e)r sehs vndzwanntzich pfunt Mv(e)ncher
13 pfenning / vnd su(e)len si divselben gu(o)t / als lang inne haben / vnd niezzen / biz daz
14 wir / oder vnser erben / div vorgenanten gu(o)t / von in / oder von ihren erben /
15 widerlo(e)sen / vmb di vorgeschriben fu(e)mftzich pfunt mv(e)ncher pfenning / vnd dar
16 v(e)ber ze einem vrchu(e)nde / geben wir in disen brief mit vnsern insige-
17 len versigelten. der geben ist ze Mv(e)nchen da man von Christes gebu(o)rt
18 zalt / dreutzehen hundert jar / in dem viertzehenden jar / an dem eritag
19 nach Egidii.

Katharina Bayer

IV Privilegien für Reichsstädte

Kaiser Ludwig der Bayer gilt in der Forschung als „Städtefreund“, da er durch zahlreiche Privilegien die Rechte und Rechtssicherheit der Reichsstädte und freien Städte bestätigte und ausweitete. Für diese so wahrgenommene „Städtefreundlichkeit“ gab es allerdings auch gute Gründe: Städte waren wirtschaftliche Zentren auf deren Finanzkraft der König angewiesen war und deren Ressourcen ausreichten, um den umherziehenden König längere Zeit zu beherbergen und Hoftage auszurichten. Ebenso waren oder wurden sie zunehmend zu Orten der öffentlichen Meinungsbildung. Nach dem päpstlichen Interdikt von 1324 musste außerdem verhindert werden, dass die Städte den Kirchenbann aus Avignon akzeptierten und sich von Ludwig lossagten. Reichsstädte trugen außerdem zur Sicherung des Landfriedens bei. Diese wirtschaftliche und politische Potenz der Städte begründet die Bedeutung der Städtepolitik als eine der Säulen der Herrschaft Ludwigs des Bayern. Ausdruck derselben ist die Menge an Privilegien, mit denen die Städte bedacht wurden: Bestätigungen alter Privilegien, Stadtrechtsprivilegien, Markt- und Messeprivilegien, Steuer- und Zollprivilegien, Gerichtsstandsprivilegien oder Unverpfändbarkeitsprivilegien. Für die reichsunmittelbaren Städte waren Privilegien notwendig, um ihre Autonomie und Wirtschaftskraft zu wahren oder sogar auszubauen. Beiderseitiger Nutzen machte das Privileg zu einem geeigneten Instrument königlicher Herrschaft. Die hier gezeigten Privilegien für Augsburg und Kempten sind Beispiele für die Hochphasen der Privilegienausstellung, nämlich nach der Königskrönung 1314 und nach der Rückkehr vom Romzug 1330.

Emmanuel Walz

Nr. 7 Die Freiheiten Augsburgs

Ludwig der Bayer bestätigt alle bestehenden Rechte Augsburgs und verleiht der Stadt eine eigene Gerichtsbarkeit, 20. Januar 1315, Worms

Das Privileg für Augsburg vom 20. Januar 1315 ist eine in deutscher Sprache erfolgte Zweitausfertigung einer (ursprünglich?) lateinischen Urkunde vom selben Tag (Staatsarchiv Augsburg, Reichsstadt Augsburg Urkunden 55). In diesem Privileg bestätigt Ludwig der Bayer in seiner Funktion als König alle Urkunden, die seine Amtsvorgänger, nämlich die deutschen Kaiser und Könige für Augsburg ausgestellt hatten. Besonders hervorzuheben ist die eigenständige Gerichtsbarkeit der Stadt, die ihre Bürger vor voreingenommenen fremden Richtern bewahren soll. Sanktioniert wird der Verstoß gegen das königliche Privileg mit dem Verlust von Huld und Gnade. Solche Privilegien stützten die Autonomie der Stadt nach außen hin.

Urkunde (Reichsstadt), deutsch, Pergament, 35,4 x 21,6 (35) cm, mit anhängendem Siegel. Staatsarchiv Augsburg, Reichsstadt Augsburg Urkunden 56.

Emmanuel Walz

Nr. 7 Reichsstadt Augsburg Urkunden 56

1 Wir Ludowich von gotes gnaden romischer chu(o)nig ze allen zeiten merer des riches . tun chunt allen den die disen

2 brief ansehent oder ho(e)rent lesen. daz wir angesehen haben / willigen / getriwen vnd nu(o)tzbaern dienst / den vns die weisen leu-

3 te die purger ze Auspurch vnser liebe getriwe getan habent vnd auch noch getu(o)n mu(e)gen / vnd haben in durch ir besunder

4 bet bestaetigt vnd bevestent alle die hantuveste / freyung / reht / vnd gnade / die si von vnsern voruaren saeligen an dem

5 riche cheysern vnd ro(e)mischen chu(e)nigen / gehabt habent / vnd auch habent / als sie in bescheidenlich und besihtichlich ge-

6 ben vnd verlihen sint als ir hantueste vnd brief von worte ze worte sagent. vnd besunderlich / daz si nieman fu(e)r de-

7 hein ander gerihte laden noch geziehen mu(e)g oder su(e)lle / es sei umb ansprache hintz in selben / oder hintz ir gu(o)t swa

8 die gelegen sint / oder vmb welher hant sache daz sei /. vnd ob sie ieman anderswa lu(e)de oder zu(e)ge / daz si da niht ant-

9 wu(o)rten su(e)llen / vnd su(e)llen si des auch deheinen schaden noch entgeltnu(e)zz / haben / dann ze auspurch in der stat vor irem

10 vogt / da selben su(e)llen si gehorsam sein des rehten / allen den die hintz in iht zesprechen haben wir wellen auch / daz nie

11 man swer er sei / in div gnade mit deheinen sachen u(e)beruare / wer aber daz taet der sol wizzen / daz er wider unser hul-

12 de tu(o)t vnd vnser vngnade enpfehet. dar u(e)ber ze vrchu(e)nde geben wir in disen brief mit unserm chu(e)niglichen in-

13 sigel versigelten. der geben ist ze Wormezz an sant Fabiani und Sebastiani tag do man zalt von Cristes

14 gebu(o)rt dreuzehen hundert jar / dar nach in dem fu(e)nfzehenden jare. in dem ersten jar unsers riches.

Emmanuel Walz

Nr. 8 Erste Schritte zur Autonomie

Ludwig der Bayer bestätigt der Reichsstadt Kempten alle bestehenden Rechte und verleiht ein Zoll- und ein Gerichtsprivileg, 28. Januar 1331, München

1331 bestätigte der nun zum Kaiser gekrönte Ludwig der Bayer Kempten die bestehenden Rechte und trennte die Gerichtsbarkeit der Stadt vom Kloster Kempten. Außerdem verlieh er das Recht auf freie Bürgerrechtsverleihung und das Recht Zoll auf Wein und Honig zu erheben zusätzlich zu schon gewährten Rechten. Dieser Eingriff in das Verhältnis der Reichsstadt zum Kloster und die Stärkung der Autonomie der Stadt waren nach der Verpfändung der Stadtvogtei an das Kloster 1310 Schritte, um die Stadt endgültig vom Einfluss des Klosters zu befreien. Dieser Prozess wurde mit dem „Großen Kauf“ 1525 abgeschlossen, bei dem das Kloster gegen eine Zahlung von 30.000 Gulden alle verbliebenen Rechte an der Stadt an die Reichsstadt Kempten abtrat. Dieses Privileg liegt in zwei Ausfertigungen vor. Die beiden Urkunden unterscheiden sich nur in der Besiegelung, nicht jedoch dem Inhalt nach: Die zweite Urkunde wurde anstelle des großen Kaisersiegels mit dem kleineren Sekretsiegel ausgefertigt. Das große Kaisersiegel ist außerdem mit einem Rücksiegel versehen.

a) Urkunde, deutsch, Pergament, 39 x 23 (37,5) cm, mit an Seidenschnur anhängendem Siegel mit Rücksiegel. Staatsarchiv Augsburg, Reichsstadt Kempten Urkunden 8/I.

b) Original, deutsch, Pergament, 41 x 18,5 (26,5) cm, mit anhängendem Sekretsiegeln. Staatsarchiv Augsburg, Reichsstadt Kempten Urkunden 8/II.

Emmanuel Walz

Nr. 8 Reichsstadt Kempten Urkunden 8/I

1 Wir Ludowich von gotes genaden romischer cheiser ze allen ziten merer dez richs veriehen / vnd tv(o)n chunt allen den die disen

2 brief ansehent / oder horent lesen / daz wir von dem gewalt / vnd der gnade vnsers cheisertu(o)ms unsern lieben vnd getriwen burgern

3 vnd der stat ze Kempten / verlihen / vnd besta(e)te haben / alliv div recht / vnd alle die sache / die hie nach geschriben stant / an disem brief

4 welhe herre die stat ze Kempten vnd daz gotzhus inne hat / er si geistelich oder weltlich / daz si niemman fu(e)r den selben herren

5 no(e)ten sol / vmbe kain sache / noch an kainer stat / si su(e)len och gewalt haben / ze burger in ir stat zenemende / frige lu(e)te / zinsar

6 und die lu(e)te / die sich selben choufent von ir rechter herschaft / es sol och niemman kain ir burger / vmbe kain weltlich sache

7 mit kainem gericht no(e)ten noch beclagen / er su(o)che denne recht vor amman / vnd in ir gericht ze Kempten. wrde aber im gericht

8 verzogen / so er ez gesu(o)cht / vnd geuordert nach irer stet recht / so hat der selbe / dem daz recht verzogen wirt / gewalt / sin recht zesu(o)chende /

9 wa er ez durch recht denne su(o)chen sol. wir haben in och verlihen / vnd besta(e)te / ir zol / vnd ir vngelt / von wine / und von honge

10 mit allen sachen als si ez von gewonhait her hant gehebt / wir nemen och ab / daz gedingen / vnd den binuft (?) / vnd div gelerten wort

11 da mit si in ir gericht da her scha(e)delich lu(e)te v(e)berchomen hant. vnd geben in div recht war ain schadelich mensche fu(e)r ir gericht antwrt

12 vnd div gewar schulde vff in geschoben wirt / mag der clager den v(e)berchomen mit zwain vnuersprochen mannen / daz sin hant div

13 dritte ist mit gelerten aiden / daz in der clager denne mit dem rechten v(e)ber wnden habe. wa aber div ware schulde nit ist / so sol der

14 clager daz mensche / daz er fu(e)r gericht geantwrte hat / v(e)berchomen mit sehs vnuersprochen mannen / daz sin hant div sibenden ist / mit

15 gelerten aiden / vnd sol den scha(e)delichen menschen da mit v(e)berchomen han / daz im der richter zv(o) sinem libe richten sol / dar nach

16 da fu(e)r er den menschen geantwrte hat / und dar v(e)ber ze vrchunde / geben wir im disen brief versigelten mit vnserm cheiserlichem

17 insigel / der geben ist ze Munchen / an dem ahten tag nach sant Agnesen tag / do man zalt von Christes geburt drivze-

18 henhundert jar / dar nach in dem einem vnd drizzigistem jar / in dem sibent-zehenden jar vnsers / richs vnd in dem vierden

19 dez cheisertu(o)ms: /

Emmanuel Walz

V Die Rechte der Kammerknechte: Privilegien für Juden

Im Jahr 1236 konkretisierte Friedrich II. in einem Privileg erstmals die Stellung der Juden im Reich und bezeichnete sie als königliche Kammerknechte. Durch die Ausbildung der Kammerknechtschaft wurde der Judenschutz zu einem Regal, einem königlichen Herrschaftsrecht. Dabei fungierte der König als oberster Schutzherr über die Juden im Reich. Dieser Schutz erstreckte sich jedoch nicht nur auf Leben und Eigentum. Durch die Kammerknechtschaft erhielten die Juden auch weitere Rechte, beispielsweise Rechte zur Aufnahme in eine Stadt, die Rechte an der Freiheit wirtschaftlicher Betätigung und der Religionsausübung. Auf der anderen Seite durfte der Kaiser die Juden aber besteuern und auch vertreiben.

All diese Rechte wurden in Form von Privilegien vom Kaiser verliehen, erneuert und bestätigt. Für die jüdischen Gemeinden waren diese Privilegien und der gewährte Schutz essentiell: Ihnen war an ausgeweiteten Privilegien gelegen, durch die sie innerhalb ihrer Gemeinde möglichst autonom in Rechtsangelegenheiten sowie im kultisch-religiösen Bereich handeln konnten, zum anderen war der Schutz von großer Bedeutung, da die jüdischen Gemeinden immer wieder Verfolgungen ausgesetzt waren.

Ludwig der Bayer vergab die Judenschutzrechte zunehmend an Herrschaftsträger und Städte und verpfändete die Judensteuer. Die daraus gewonnen Einnahmen flossen in die Finanzierung seiner Politik. Die Stadtherren und Städte, die Privilegien oder Judenschutzrechte erwarben, profitierten ebenfalls finanziell von ihnen. So konnten sie Steuern erheben und auch von den weitreichenden Netzwerken der jüdischen Gemeinden im Handelsbereich profitieren. Durch die Übertragungen von Judenschutzrechten und Judensteuer kam es zu einer verstärkten Übernahme der Schutzfunktionen durch die Reichsstädte. Dabei gewährten die Städte und Stadtherren nicht nur Schutz von Leben und Eigentum der jüdischen Gemeindemitglieder, sie leisteten auch Hilfe bei der Eintreibung

von Forderungen und räumten den Juden teils stadtspezifische Rechte oder das Bürgerrecht ein.

Der Kaiser war jedoch weiterhin für die Verleihung und Bestätigung von Privilegien zuständig, wodurch die Juden in der Praxis meist mit mehreren Schutzherren konfrontiert waren.

Gabriele Schaffner

Nr. 9 Stadt und Kaiser schuldenfrei – der kaiserliche Erlass der Schulden bei jüdischen Gläubigern

Ludwig der Bayer ermächtigt den Augsburger Rat, den Juden in Augsburg „Trostbriefe“ abzunehmen, 7. Januar 1337, Augsburg

Schuldner versuchten oftmals die Kreditrückzahlungen an Juden zu vermeiden. So auch der Augsburger Rat. Durch dieses Privileg Ludwigs des Bayerns wurde der Rat dazu ermächtigt, den Juden sogenannte „Trostbriefe“, also das Pfand für einen Kredit, abzunehmen und diesen Kredit somit für nichtig zu erklären. Die meisten Augsburger Juden hatten wohl ohne Gegenwehr die Trostbriefe herausgegeben – mit Ausnahme von vier wohlhabenden jüdischen Kreditgebern, darunter Jacob Lamb, Angehöriger einer angesehenen und wohlhabenden Familie, und die Schulmeisterin Sprinzin, die Ehefrau des Schulmeisters der jüdischen Gemeinde. Im Privileg verfügt der Kaiser deshalb, dass diese vier Juden nicht freigelassen werden sollen, bis sie die Briefe herausgegeben haben.

Original, deutsch, Pergament, 29 x 14,5 (26,5) cm, mit anhängendem Siegel mit Rücksiegel. Staatsarchiv Augsburg, Reichsstadt Augsburg Urkunden 89.

Gabriele Schaffner

Nr. 9 Reichsstadt Augsburg Urkunden 89

1 Wir Ludwig von gotes genaden ro(e)mischer keiser ze allen zeiten merer des riches tu(o)n. chunt allen
2 den. die disen brief sehent / ho(e)rent oder lesent. daz die juden gemeinlichen. ze Auspurg. mit gutem wil-
3 len / ledig habent lazzen / die brief / die in die stat. ze Auspurg / vnd su(e)mlich burger / fu(e)r vns ze
4 tro(e)st geben habent. vnd gehaizzen / der stat ze Auspurg. vnd den burgern. bei vnsern genaden / daz
5 wir Jacoben des Lamptz sun. Sprintzen diu schu(o)lmaisterinn. Enslin den Ganser. irn toch-
6 terman. vnd Josepen den Kratzer / nimmer ledig sullen lazzen / si haben den burgern ir brief. wider
7 geben. oder in geschech vor sogtan sicherheit von den selben juden. mit ayden oder mit briefen. der
8 si pillichen benu(e)gen su(e)ll / ze vrchund / geben wir disen brief mit vnserm insigel versigelten. der
9 geben ist ze Auspurg an eritag nach dem o(e)beristen / nach Kristus geburt driuzehen hundert
10 iar dar nach in dem sibenden vnd dreizzigisten iar. in dem drei vnd zweinzigisten iar
11 vnsers riches. vnd in dem niunten des keisertu(o)ms.:

Gabriele Schaffner

Nr. 10 Augenausstechen und Gliederabhacken – der Weg zur eigenen Strafgerichtsbarkeit einer jüdischen Gemeinde

Ludwig der Bayer gesteht der jüdischen Gemeinde in Nördlingen eine eigene Strafgerichtsbarkeit zu, 21. November 1331, Nürnberg

Mit diesem Privileg verleiht Ludwig der Bayer auf Widerruf den Juden Nördlingens die Freiheit über andere straffällig gewordene Juden der Gemeinde richten zu dürfen. Das Maß der Strafe durfte jedoch erst nach eidlicher Aussage von vier ehrenhaften Juden festgelegt werden. Zudem erteilt Ludwig die Anweisung an die Bürger Nördlingens, die Juden bei der Ausführung der Strafe nach ihrem Recht zu unterstützen und sie nicht daran zu hindern. Zu den leiblichen Bestrafungen gehören unter anderem das Augenausstehen und das Abschneiden von Gliedmaßen. Das Privileg orientiert sich an der Strafgerichtsbarkeit der jüdischen Gemeinde in Augsburg.

Original, deutsch, Pergament, 27,5 x 17 (32) cm, mit an Schnur anhängendem Siegel mit Rücksiegel. Staatsarchiv Augsburg, Reichsstadt Nördlingen Urkunden 4.

Gabriele Schaffner

Nr. 10 Reichsstadt Nördlingen Urkunden 4

1 Wir Ludowig von gotes gnaden. romischer cheiser. ze allen ziten. merer des richs entbiten
2 dem. amman. dem. rat vnd gimainlich den burgern. ze Noerdlingen. vnser hulde vnd.
3 alles gu(o)t wir habent den. juden. die bi. iv gisessen. sint die gnad vnd frihait verlihen
4 vnd verlihen. o(u)ch in mit disem brief. ist das ain boesser. schedlicher vnd bu(o)swirdiger
5 jud oder ju(e)din zu(o) in kumpt vnd das vier erber gesessen. juden. da vf ir aide nach
6 irm rehten mugent gisagen. das der selb jud oder ju(e)din boes schedlich oder bu(o)swirdich
7 sint was pin denne oder pesserung des lips die vorginanten. vier juden. dem boesem.
8 schedlichem. vnd bu(o)swirdigem juden oder ju(e)din vf setzent ze liden. es si augen aus
9 ze stechen oder lide abe ze sniden seken oder wie die pin si nach der giwonhait
10 als die juden ze Auspurch habent das ir si dar an nit su(e)llint ieren mit kainer
11 hande sache. vnd wellen vnd gibieten. es v(e)ch vestelich bi v(e)nsren hulden. das ir
12 den selben juden. bi iv so gitan. pein helfent vollefu(e)eren vnd volleprin-gen. nach.
13 irm rechten. es sol auch due gnadt weren. vntz an v(e)nser widerrieffen. vnd.
14 da(e)s ze vrku(e)nde. haben wir dar v(e)ber geben. disen brief versigelt mit vnserm cheiserlichem
15 insigel der geben. ist ze Nu(e)renberch in der stat. an dem durnstag. vor sant
16 Chatherinen. tag do man zalt von gotes gebu(e)rt tritzehen. hunder jar vnd
17 in dem ain und trizzigosten. jar. vnd in dem su(e)bentzehenden. jar des richs
18 vnd in dem vierden. jar des cheisertums.

Gabriele Schaffner

VI Outsourcing – auf Befehl des Kaisers

Augsburg hatte als Stadt mit ausgeprägtem Handel seit dem Anfang des vierzehnten Jahrhunderts immer wieder mit Überfällen auf seine Kaufmannszüge zu kämpfen. Eine erfolgreiche Unterdrückung dieser Formen eigenhändiger Durchsetzung von Recht und der individuellen Anwendung von Gewalt durch den Adel, auch durch das Mittel der Fehde, war zu dieser Zeit trotz zahlreicher Bemühungen auf Reichsebene noch nicht gelungen. Als Augsburg erneut mit übergriffigen Adligen zu kämpfen hatte, trat Ludwig der Bayer mit einem Privileg für die Reichsstadt ein.

Durch die Insassen der Burgen Brenz und Niederstötzingen war auf dem Gebiet zwischen Augsburg und der (Schwäbischen) Alb großer Schaden entstanden. Anstatt jedoch selbst aktiv zu werden, verlieh der Kaiser der betroffenen Stadt Augsburg und ihren Verbündeten am 11. März 1340 das Recht eigenhändig zurückzuschlagen. Bei den Bündnispartnern Augsburgs handelte es sich um die Teilnehmer eines unter Ludwig dem Bayern gegründeten und immer wieder erneuerten Verbunds einzelner Städte, dem zu diesem Zeitpunkt auch mehrere Fürsten beigetreten waren. Die Teilnehmer verpflichteten sich zu gegenseitiger Hilfe. Auch für den Kaiser hatte das Bündnis, in dem Augsburg eine herausgehobene Rolle einnahm, einen hohen Stellenwert.

Der praktische Nutzen einer solchen Vereinbarung für die Reichsstadt Augsburg war offensichtlich. Denn nach weniger als zwei Monaten waren die beiden Burgen vernichtet und ihre Insassen besiegt. Zum 1. Juni 1340 versicherten die Grafen von Helfenstein für sich und insbesondere für den tiefer involvierten *Brvn den Gu(e)zz* den Städten Augsburg, Ulm, Esslingen und Reutlingen wegen den Ereignissen in Brenz keine Fehde führen zu wollen. Hilfe hatte Augsburg also von mehreren Seiten erreicht.

Für den Kaiser war eine solche Lösung der Idealfall. Die Finanzierung des von ihm nicht nur gebilligten, sondern beauftragten Unterfangens lag beim Städtebund. Augsburg hatte in erster Instanz die Kosten getragen, konnte sich aber nach den zuvor aufgestellten Regeln seine Auslagen in großen Teilen zurückholen. Da die Städte nicht sofort und ohne weiteren Druck zahlungswillig waren, befahl ihnen Ludwig am 3. Dezember 1340 den Augsburgern ihre Auslagen zurückzuzahlen. Zudem beteiligte der Kaiser sich mit einer Entschädigung indirekt an der finanziellen Last.

Ludwig hatte für seine Städtepolitik einen pragmatischen Grund. Die neu erstarkten Städte und das von ihnen gebildete Bündnis waren mächtige Akteure im Reich, die bei der Befriedung einzelner Landstriche mithelfen konnten. Im

Augsburger Fall musste der Kaiser sich weder am Feldzug gegen die Übeltäter noch an seinen Kosten direkt beteiligen. Dies verhinderte auch, dass Ludwig sich auf Seiten des Adels weitere Feinde machte. Das von Ludwig betriebene Outsourcing hatte damit sowohl für ihn als auch für Augsburg Vorteile.

Jakob Rasch

Nr. 11 Lizenz zum Zerstören

Ludwig der Bayer erlaubt Augsburg und einem Bündnis befreundeter Städte die Zerstörung von Befestigungen auf der Schwäbischen Alb, 11. März 1340, München

Großer Schaden war den Augsburgern und ihren Verbündeten durch *schedlich lut* auf der *Albe* entstanden. Ihre Bitte an den Kaiser dem ein Ende zu bereiten, wurde erhört. Ludwig der Bayer beauftragte die Augsburger Bürger und einem Bündnis befreundeter Städte damit, die Dinge in die eigene Hand zu nehmen.

Die Burgen Brenz und Niederstötzingen sollten als Zentren des Problems zerstört und geschleift werden. Das gesamte Unterfangen stand unter kaiserlichem Schutz. Die Beherbergung der Übeltäter wurde unter Strafe gestellt und eine nachträgliche Vergeltung untersagt. Die anfängliche Finanzierung des Unterfangens lag bei Augsburg. Nach Rücksprache konnte das Bündnis darüber hinaus ausdrücklich auch andere Befestigungen, von denen eine ähnliche Gefahr ausging, niederreißen.

Original, deutsch, Pergament, 33 x 17 (33) cm, mit anhängendem Siegel. Staatsarchiv Augsburg, Reichsstadt Augsburg Urkunden 92.

Jakob Rasch

Nr. 11 Reichsstadt Augsburg Urkunden 92

1 Wir Ludowig von gotes gnaden romischer keyer ze allen ziten merer dez richs. veriehen vnd tun kunt allen luten offenlichen
2 mit diesem brief / daz wir angesen haben / den grozzen / vnd vnlidlichen gebresten / der von rowb / vnd och von rowbern vf der Albe / vnd
3 zwischen Augspurg vnd der Albe / biz her beschehen vnd vf erstanden ist / vnd daz wir den vndersten vnd ab nehmen daz sin furbaz nimer
4 geschehen / so haben wir geheizzen / vnser lieb burger ze Augspurg / vnd alle ander herren vnd stet / die in der bu(e)ntnuzze sind / daz si fu(e)r
5 die bu(o)rg / Brentz / vnd Stotzingen / varen vnd ziehen sullen / vnd die zerbrechen / vnd niderlegen. vnd dannach mit vnserm rat ziehen vnd
6 varen / fu(e)r ander vest / da si schedlich lu(e)t wizzen / oder noh innen werden / oder fur die die schedlich lu(e)t behaltend oder behalten habent
7 vnd dar vmb gebieten wi(e)r allen herren .. grafen .. freyen .. rittern .. knehten / vnd andern wie die genant sin / vesticlichen bi vnsern hul
8 den / daz si die vorgenanten .. herren vnd .. stet / an irem vzziehen vnd gesezze / icht hindern / irren / laidigen / noh beswern mit dheinen
9 sachen / noh in dheinen has / neid / vintschaft / iezund / oder furbaz dar vmb dragen oder zu in haben / vnd wizzend wer daz vberfu(e)r
10 vnd da wider tete mit dheinen sachen / iezund / oder furbazzer / daz der swerlichen wider vns tet / vnd wolten in mit sampt den steten
11 fu(e)r schedlich haben / vnd als einen der schedlich lut heimet / huset / oder hofft / vnd dez ze vrchund geben wir disen brief versigelt
12 mit vnserm keyserlichem jnsigel. der geben ist ze Munichen an samztag vor reminiscere / nach kristes geburt driuzehenhundert
13 iar / dar nah in dem viertzigestim iar / jn dem sehs vnd zwainzigestim iar vnsers richs / vnd in dem dreizehendem dez keyerstums.

Jakob Rasch

Nr. 12 Entschädigung kommt aus der Kriegsbeute

Ludwig der Bayer entschädigt Augsburg für die von den Burgen Brenz und (Nieder-)Stötzingen genommenen Schäden, 18. Juni 1340, Nördlingen

Nur drei Monate nach der Erlaubnis Ludwigs zur Schleifung der Festen auf der Schwäbischen Alb waren in dieser Sache Ergebnisse erzielt worden. Bereits vor dem 1. Juni wurde die Burg Brenz eingenommen. Angesicht der Schäden, die Augsburg erlitten hatte, ging der Kaiser jetzt einen Schritt weiter. Ludwig verschrieb Augsburg 1000 Mark Silber, die die Stadt und ihre Bürger sich aus den Gütern der eingenommenen Burgen selbst holen sollten.

Das bei der Zerstörung der Burgen behilfliche Bündnis tritt erneut in Erscheinung. Bei der Einnahme der Gelder aus den zu den Burgen gehörigen Gütern sollten alle Angehörigen des Bündnisses die Augsburger beschützen und keine Einmischung zulassen.

Original, deutsch, Pergament, 27,5 x 20,5 (35,5) cm, mit anhängendem Siegel. Staatsarchiv Augsburg, Reichsstadt Augsburg Urkunden 94.

Jakob Rasch

Nr. 12 Reichsstadt Augsburg Urkunden 94

1 Wir Ludowig von gotes genaden ro(e)mischer keiser ze allen ziten merer des richs. tu(o)n kunt offenlichen

2 mit diesem brief. wan wir an gesehen haben. den grozzen schaden vnd gebresten / den die wisen lu(e)t .. die

3 burger gemeinlichen ze Auspurg vnser lieb getriw / genommen / vnd erliten habent / von den zwein vesten / Brentz

4 vnd Stotzingen. haben wir / den selben vnsern Burgern. vnd der stat ze Auspurg. ze einer ergetzung

5 ires schadens / geben / vnd verschaffet / vnd geben o(u)ch mit disem brief. tusent mark silbers. vf allen

6 den gu(e)ten. die zu(o) den vorgenanten zwein vesten geho(e)rend / ez sin ho(e)f. hu(e)b. a(e)kker. wisen. holtz

7 march. wazzer. wayd. ga(e)rtten. vnd swas dar zu(o) geho(e)rt. besu(o)cht vnd vnbesu(e)cht / swie ez genant sei /

8 also / daz si die selben gu(o)t alle / inn haben. ein nehmen. vnd niezzen sullen / von vnserm keiserlichen /

9 gwalt / als lang / bis daz si der vorgenanten tusent mark silbers / da von / fu(e)r den schaden vnd gebres

10 ten / den si genomen habent / gentzlichen verricht werden vnd geweret / vnd dar an sol si nieman hindern

11 noch irren / bi vnsern hulden. vnd geben in dar v(e)ber ze schirmer / alle herren vnd stet / die zu(o) dem

12 landfried / vnd zu(o) der buntnu(e)zz geho(e)rent / ob sie ieman an den selben gu(e)ten / irren /oder bekreuthen oder beswern

13 walt / daz si / si dann von vnsern wegen schirmen / mit allen sachen / als verr si kunnen vnd mu(e)gen. vnd

14 nicht gestatten / daz si an den selben gu(e)ten geirret / oder gehindert werden. als lieb in vnser vnd des richs

15 huld sin. ze vrchund diss briefs / der geben ist ze No(e)rdlingen. an sunntag nach sand Vites tag.

16 versigelt mit vnserm keiserlichen jnsigel. nach christus geburtt / driuzehenhundert iar. vnd in dem

17 viertzigstem. jn dem sechsvndzweinzigstem iar vnsers richs. vnd in dem dreizehendem des kei-

18 sertu(e)ms.

Jakob Rasch

VII Privilegien für Geistliche Stände

Die wiederkehrenden Krisen während der Herrschaft Ludwigs des Bayern seit der Doppelwahl 1314 zwangen diesen beständig dazu, möglichst viele Parteien an sich zu binden und sie anschließend für erwiesene Treue zu belohnen. Dies geschah auch in Form der Erteilung von Privilegien, die so ein wichtiges Herrschaftsinstrument darstellten. Der Umgang mit dem Klerus, besonders mit den Bischöfen, bildete hier keine Ausnahme. Der losbrechende Konflikt Ludwigs mit der päpstlichen Kurie in Avignon gefährdete seine Herrschaft auf einer theologischen Ebene: Papst Johannes XXII. exkommunizierte den Wittelsbacher im Jahre 1324, erkannte ihm die Königswürde ab und verhängte das Interdikt, das die kirchlichen Handlungen drastisch beschränkte, über alle, die den Gebannten weiter unterstützen würden. Auf diese Weise sollte Ludwig in religiöse Legitimationsnot gebracht und durch die Angst seiner Untergebenen um ihr Seelenheil die Zahl seiner Anhänger verringert werden. Die Absicherung der Loyalität der Geistlichen zur Konstruktion eines Gegenbildes gewann hierdurch stark an Bedeutung. Ludwig versuchte, sich der Zustimmung der Reichskirche durch Förderung des Klerus zu versichern. Auch hierbei bediente er sich neben harter Repression gegen Untreue der Verleihung verschiedenster Privilegien. Sie sicherten die Ertragsmöglichkeiten der Institutionen ab und garantierten deren rechtliche Stellung. Bischöfe, die sich wegen der päpstlichen Sanktionen von Ludwig abgewandt hatten, konnten von dieser Strategie profitieren und ließen sich beschwichtigen. Bei Widerstand gegen den Herrscher konnten Privilegien als Strafe entzogen werden. Obwohl hier intensiviert, reichte Ludwigs Privilegienpolitik weit über die Wittelsbacher Stammlande hinaus. Durch seine Gunsterweise blieben dem Kaiser unter den Geistlichen während des Interdikts Getreue erhalten, die trotz ausdrücklichen päpstlichen Verbots sogar nach seinem Tod des Wittelsbachers gedachten und für ihn beteten – manche davon offenbar aus dem Gefühl der Verpflichtung für erhaltene Privilegien heraus.

Roman Walch

Nr. 13 Münzen und der Ausverkauf Augsburgs

Kaiser Ludwig erlaubt der Stadt Augsburg, die Münze auf 13 Lot pro Mark zu schlagen, 1331 Juli 10, Regensburg

Die Urkunde enthält die Bestätigung des Münzrechts der Stadt Augsburg. Auffallend sind trotz der Tendenz der kürzer ausfallenden Urkunden im Spätmittelalter das im Verhältnis zum wichtigen Inhalt sehr schlichte Layout und das knappe Protokoll, das ohne rechtliche Absicherungen auskommt. Der Ausstellung dieses Schriftstücks an die Stadt war ein langes Ringen der Bürger Augsburgs mit ihrem Bischof vorausgegangen, der noch 1276 das volle Münzrecht innehatte. Allerdings sollte er aus Geldnot die Neuprägung wiederholt an die Bürger verpfänden und weitere Eingriffe von Seiten des Rates hinnehmen müssen. Ein wichtiges Anliegen der Bürger neben den Einkünften der Münzstätte war das Aufrechterhalten des Münzwerts, das die großflächigere Nutzung der Münze sicherstellen sollte. Die Sorge hierum findet sich auch in der Urkunde, die das Gewichtsmaß der Münze auf 13 Lot festschreibt. Sie stellt einen wichtigen Meilenstein auf dem Weg hin zur bischöflich-städtischen Gemeinschaftsprägung ab dem Ende des vierzehnten Jahrhunderts dar.

Original, deutsch, Pergament, 26 x 13 (21,5) cm, mit anhängendem Siegel. Staatsarchiv Augsburg, Hochstift Augsburg Urkunden 1331/VII/10.

Roman Walch

Nr. 13 Hochstift Augsburg Urkunden 1331 VII 10

1 Wir Lud[wig]. von gotes gnaden ro(e)mischer cheyser / ze allen ziten merer dez riches /

2 veriehen vnd tv(o)n chvnt allen den die disen brief ansehent oder ho(e)rent lesen. / daz wir

3 durch gemainen nvtz vnd frvm / der stat ze Auspurch / vnd auch dez landes / vnsern

4 willen vnd gvnst / dar zv gegeben haben / daz man die mv(e)nzz / da selbs ze Auspurch / ge-

5 meren vnd geschlahen mv(e)g / daz div mark bestand / ze dreizehen loten / vnd dez

6 ze einem offen vrchv(e)nd geben wir disen brief versigelten mit vnserm in-sigel / daz dar

7 an hanget. der gegeben ist ze Regenspurch an der mitichen vor sand Marga-reten tach

8 da man zelt von christes gebvrt / drivzehen hvndert jar / vnd dar nach in dem einem

9 vnd drizzigstem jar / in dem sibenzehenden jar / unsers riches / vnd in dem vier-

10 den dez cheysertvms

Roman Walch

Nr. 14 Geistliches Ringen um weltlichen Besitz

Kaiser Ludwig bestätigt dem Zisterzienserkloster Kaisheim alle Stiftungen, Urkunden und einen Vergleich mit den Grafen von Graisbach, 1346 Mai 12, Augsburg

Die geistlichen Gemeinschaften waren für den mittelalterlichen Menschen von zentraler Bedeutung, da sie für die Seelsorge zuständig waren. Hierfür erhielten sie zahlreiche Stiftungen, besonders von Grundbesitz. Derartige Besitzungen, auf denen die Gemeinschaften ihre wirtschaftliche Existenz aufbauten, liefen zuweilen Gefahr, Ursache für Rechtsstreitigkeiten zu werden. Die Urkunde enthält deshalb die Bestätigung der Besitzrechte des Klosters Kaisheim an Stiftungen und des Vergleichs, der offenbar zwischen dem Kloster und den Grafen von Greisbach, die zu den Anhängern Ludwigs gehörten, erzielt wurde. Selbst dem Kaiser war es eigentlich nicht möglich, die Bitte um Bestätigung erteilter Privilegien und Güter ohne weiteres zu verweigern. Dennoch war die *confirmatio* ein Mittel zur Legitimation, da sie dem Herrscher ermöglichte, sich als Wahrer der Gesetze in die rechtliche Nachfolge seiner Vorgänger zu stellen und zudem eine zwar einmalige, doch sehr einträgliche Gebühr zu erheben.

Original, deutsch, Pergament, 39 x 26,5 (43) cm, mit an Schnur anhängendem Siegel. Staatsarchiv Augsburg, Kloster Kaisheim Urkunden 2754.

Roman Walch

Nr. 14 Kloster Kaisheim Urkunden 2754

1 Wir Ludowig von gotes genaden ro(e)mischer keiser / zu allen zeiten merer des reichs. bechennen offenlich mit disem brief

2 das wir durch got / und durch der gerehticheit willen / klo(e)stern vnd geistlichen lu(e)ten vorsein su(e)llen / vnd schirmen darumbe

3 das si gotes dienst dester geru(e)iclicher / vnd loblicher volbringen mu(e)gen / vnd darumb haben wir die geistlichen lau(e)t / .. den abbt

4 vnd.. den conuent des closters ze. Kaisheim / des ordens von Citels / in auspurger bystum / si / vnd alliv iriv gu(e)t – vnd

5 lu(e)te / genomen / vnd nehmen si / in vnsern schirme / frid / vnd genade. vnd besta(e)ten in / vnd allen iren nachkommen von vnserm

6 keiserlichem gewalt / ir stiftigung / vnd alle die brief / die si von iren stiftern. graf Heinrich. von Lechsgemu(e)nd / vnd

7 allen seinen nachkomen.. den grauen von Greyspach seiligen / habent / vnd alle die artikel / die an den selben briefen /

8 irer stiftigung geschriben stend / vnd alliv iriv reht / vnd nutzlich gewonheit / daz die gantz kraft vnd maht ewiclichen haben

9 Wir besta(e)ten in auch alle die teiding / vnd richtung / die si vormals getan habent / mit graf Berhtolt dem Alten von Greyspach

10 vnd allen seinen erben / bis an disen hiutigen tag / vnd die brief / die si von in daruber innhabent / vnd alle die artikel / die an

11 den selben briefen stand / das die auch gantz kraft und maht ewiclich haben. vnd besunderlich vmb den wald / der gnant ist

12 der Haidewanch / daz von kainer herrschaft / oder amptmann ze Greyspach ieman chain reht / oder kain nutzung darinne

13 geben werd wider der selben geistlichen lau(e)t willen. wan der selb walt / ir rechtiv stiftung ist. wa(e)r auch / das Berhtolt

14 von Neyffen seilig ieman chein reht / oder nutzung in dem selben wald geben het wider der selben geistlichen lu(e)te reht

15 vnd brief / vnd wir von vnrehter anweisung die selben reht mit vnsern briefen besta(e)tigt heten / es sein edel lu(e)te / burger

16 oder vnedel. daz wellen wir daz die kain kraft haben / vnd den selben lu(e)ten von Kaisheim cheinen schaden bringen. wir

17 besta(e)ten in auch alle die genade / ffreyung / hantuest / vnd brief / die si habent / von allen vnsern voruaren ro(e)mischen keisern

18 vnd ku(e)nigen / vnd von allen vnsern / vnd des reichs steten / das die alle gantz kraft vnd maht haben ewiclichen. vnd

19 gebieten allen vnsern / vnd des reichs amptlu(e)ten / vnd getriwn / vnd besunderlich den amptlu(e)ten / vnd vo(e)gten ze Greyspach

20 bei vnsern hulden / das si die selben geistlichen lu(e)te von Kaisheim / schirmen vnd schu(e)ren / das in an den obgeschriben rehten
21 vnd genaden allen / von ieman v(e)beruaren werd / vnd das si in auch selb dar an nihtt v(e)beruaren in dhein weis / vnd dez
22 ze vrchu(e)nde geben wir in mit vnserm keiserlichen insigel versigelten disen brief. der geben ist ze Auspurg an sant Pangra-
23 tien tag. nach Cristes gebu(e)rt driuzehenhundert iar / darnach in dem sehs vnd viertzigsten iar. in dem zwei vnd
24 dreizzigstem iare vnsers reichs / vnd in dem neuntzehenden des keisertu(o)ms.

Roman Walch

VIII Es geht auch anders – Prunkurkunden Ludwigs des Bayern

Seit der Mitte des dreizehnten Jahrhunderts setzt sich im Raum nördlich der Alpen allmählich die sogenannte „Siegelurkunde" durch. Im Gegensatz zur Königsurkunde des frühen und des hohen Mittelalters, in der eine Vielzahl innerer und äußerer Merkmale die Echtheit einer Urkunde ausmachen (vgl. vor allem die Nr. 2 dieser Ausstellung), wird jetzt das Siegel einer Urkunde zum wesentlichen, wenn nicht sogar einzigen Beglaubigungsmittel. Das Siegel allein macht es aus, dass eine Urkunde als echt angesehen wird. Dies hat zur Folge, dass der technische Aufwand, der zur Herstellung einer Urkunde betrieben werden muss, deutlich abnimmt und dafür die Anzahl ausgestellter Urkunden deutlich zunimmt. Dies betrifft sowohl die möglichen Aussteller einer Urkunde als auch die Rechtsgeschäfte, die jetzt in einer Urkunde schriftlich gefasst werden können. Und auch die Königsurkunde entzieht sich dieser Entwicklung nicht. Die meisten der in dieser Ausstellung gezeigten deutschsprachigen Urkunden Ludwigs des Bayern fallen vor allem dadurch auf, dass sie von ihrem äußeren Erscheinungsbild her eben nicht auffallen. Auch einfache Verwaltungsakte, in einfacher Schrift auf einem kleinen Stück Pergament verfasst, aber mit einem Siegel versehen, machen eine rechtskräftige Urkunde aus.

Aber es geht auch anders. Will man – meist von der Empfängerseite einer Urkunde her – die Wichtigkeit dieser Urkunde betonen, dann greift man gerne auf repräsentativere Formen der Ausgestaltung zurück, die es in ähnlicher Form auch in den früheren Königsurkunden schon gab. Das einfachste Mittel, bei dem man nicht einmal den Primat des Siegels als wichtigstes Beglaubigungsmittel in Frage stellen muss, ist dabei die Verwendung eines edleren Materials in Form einer Goldbulle. Das Paradebeispiel ist die namensgebende „Goldene Bulle" Kaiser Karls IV. aus dem Jahr 1356, bei der ein goldenes Siegel an einem ansonsten eher unscheinbaren Libell mit dem Text der Urkunde hängt.

Deutlich weiter geht Ludwig der Bayer mit seinen Prunkurkunden. Nicht nur, dass er längst aus der Königsurkunde verschwundene Merkmale wie Auszeichnungsschriften, „Monogramme" oder „Signumzeilen" wiederbelebt, darüber hinaus wird aus einer früher zwar besonders groß und damit auffälligen, ansonsten aber relativ schmucklos gehaltenen *littera elongata* eine überreich dekorierte Wiedergabe seines Namens in Form einer Illumination, die eher an aufwändigen Buchschmuck erinnert, als an das eher trockene Rechtsgeschäft, das einer Urkunde zugrunde liegt.

Thomas Engelke

Nr. 15 Ein großer Staatsakt

Kaiser Ludwig bestätigt die Privilegien der Reichsstadt Regensburg, 1331 März 13, Burglengenfeld

Die wichtigste Nachricht zuerst: Ludwig der Bayer bestätigt die bestehenden Privilegien seiner Amtsvorgänger als deutsche Könige für die Reichsstadt Regensburg, insbesondere die Zoll- und Handelsprivilegien, wobei er einige der wichtigeren Privilegien auch noch einzeln aufführt. Dies ist für die Freie und Reichsstadt Regensburg, die im Wesentlichen von ihrem Fernhandel lebt, existenziell. Dies macht den Reichtum der Stadt aus. Dies macht die herausgehobene Stellung der Stadt im Reich aus. Dies sorgt für das hohe Ansehen, das die Stadt europaweit genießt. Eine Bestätigung und Verlängerung der Privilegien der Stadt ist also nicht nur wie bei anderen Städten ein bloßer Verwaltungsakt. Hier ist es ein großer Staatsakt. Und das soll man auch an der Urkunde sehen, die diese Privilegien festschreibt.

Und dazu greift er gleich mehrere äußere Merkmale auf, die frühere Königsurkunden auszeichneten, zur Zeit Ludwigs des Bayern aber nicht mehr unbedingt notwendig waren, um die Echtheit einer Urkunde zu belegen. Hierzu gehört als auffälligstes Merkmal die Auszeichnungsschrift in der ersten Zeile der Urkunde. Dies ist zwar auch ein Rückgriff auf die *littera elongata*, aber vor allem eine Weiterführung. Sein Name wird als detailliert dekorierte Illumination wiedergegeben. (Ob es sich beim Portrait in der Initiale „L“ tatsächlich um eines seiner Ehefrau Margarethe von Holland handelt, kann weder be- noch widerlegt werden. Auffällig ist jedoch, dass nur in einer weiteren Prunkurkunde Ludwigs des Bayern, und zwar für die Stadt Passau – übrigens der einzigen Prunkurkunde in deutscher Sprache – ein ähnliches Portrait wiedergegeben wird, in diesem Fall wohl eines von ihm selbst.) Und im Rest der *intitulatio* werden – alles andere als zufällig – die Worte „Gott“, „römisch“, „Kaiser“ und „Augustus“ mit einem prunkvoll verzierten Anfangsbuchstaben wiedergegeben, im Rest der ersten

Zeile der Urkunde zumindest noch die Satzanfänge der Verewigungsformel und der Arenga. Daneben wird ein großes Monogramm in der unteren Hälfte des Urkundentextes verwendet sowie – sachlich dazugehörend – eine in deutlich größerer Schrift gestaltete „Signumzeile“, in der zudem noch im Wort *Imperator* eine weitere Zeichnung eines gekrönten Gesichts steckt.

Doch das ist immer noch nicht alles: in der *corroboratio* der Urkunde wird als Siegel eine Goldbulle angekündigt, die jedoch heute leider nicht mehr erhalten ist. Doch die noch vorhandenen seidenen Siegelschnüre deuten darauf hin, dass hier wohl einst wirklich auch noch ein goldenes Siegel zu finden war.

Original, latein, Pergament, 68 x 44 cm, Siegel fehlt. Bayerisches Hauptstaatsarchiv München, Reichsstadt Regensburg Urkunden 428.

Thomas Engelke

IX Bilingual: legal und legitim – Ludwig als Gesetzgeber

Gesetzestexte waren im Mittelalter in der Regel in lateinischer Sprache abgefasst. Als nach traditioneller Lesart auf Kaiser Justinian selbst zurückgehende Rechtsbücher blieben ältere Kodifikationen kaiserlichen Rechts sogar bis weit über Kaiser Ludwig IV. hinaus nicht nur in Geltung, sondern waren an spätmittelalterlichen Universitäten an den Juristischen Fakultäten Gegenstand lebhafter Kommentierung. Gegenüber dieser ehrwürdigen Tradition lateinischsprachiger kaiserlicher Gesetzgebung, Kommentierung und Rechtspflege ist im Heiligen Römischen Reich nördlich der Alpen seit dem dreizehnten Jahrhundert ein starkes Vordringen volkssprachiger überregionaler Gesetzestexte zu beobachten. Hier war es insbesondere der Orden der Franziskaner, welcher seit dem dreizehnten Jahrhundert hinter den einflussreichen deutschsprachigen Gesetzbüchern *Schwabenspiegel* oder *Deutschenspiegel* stand und auch vor Ort bei der Formulierung so mancher deutschsprachiger Stadtrechte die Feder führte. Von daher ist es wohl kein Zufall, dass Ludwig der Bayer mit seiner bekannten Vorliebe für deutschsprachige Urkunden und für den Franziskanerorden, welcher etwa mit seinem General Michael von Cesena als Berater sogar am Münchner Hof prominent residierte, die Verbindung von Gesetzgebung und Volkssprache aktiv betrieb. Deshalb ist insbesondere Ludwigs frühneuhochdeutsches Oberbayerische Landrecht neben weiter in Geltung stehenden lateinischen Gesetzestexten in eine schon gut hundertjährige Tradition zu stellen.

Klaus Wolf

Nr. 16 Das hat Zukunft! – Oberbayerisches Landrecht

Kaiser Ludwig, 1346

Das oberbayerische Landrecht ist eines der ganz wenigen durchgebildeten mittelalterlichen Territorialrechte im deutschsprachigen Raum. Durch die Herstellung der Rechtseinheit mittels dieses Gesetzbuchs wollte Ludwig der Bayer nicht zuletzt den territorialen Besitzstand seines Hauses vor Zersplitterung und Aufteilung schützen. Zusammen mit seinen vier Söhnen erlässt Ludwig der Bayer in seiner Funktion als Landesherr 1346 einen Gesetzestext, der zunächst nur für Oberbayern in Geltung stehen sollte, freilich später in der Landrechtsreformation von 1518 bis zum Kodifikationswerk des Kurfürsten Maximilian I. von 1616 Verwendung erfuhr. In den Anfang des sechzehnten Jahrhunderts an Österreich gefallenen Gerichten Kufstein, Rattenberg und Kitzbühel wurde es sogar bis in die napoleonische Zeit hinein angewendet. Neben dieser großen Nachhaltigkeit verleiht dem bayerischen Gesetzbuch die luzide frühneuhochdeutsche Sprache bairischer Prägung seine Bedeutsamkeit bis heute. Der von Ludwig dem Bayern mit seiner Gesetzgebung verbundene Ehrgeiz wird auch durch die repräsentative Aufmachung der frühen hofnahen Textzeugen unterstrichen. Dies zeigt die vorliegende Handschrift in der W-Initiale, in der auf goldfarbenem Hintergrund Kaiser Ludwig und zu seinen Füßen vier seiner Söhne gezeigt werden, welche als Gesetzgeber fungieren. Das zweite ausgestellte Blatt geht auf die Anforderungen des Richteramtes ein.

Original, deutsch, Pergamentlibell in neuzeitlichem Halbledereinband, 68 Blatt 23,5 x 30,5 x 3 cm. Auf fol. 6 Miniaturmalerei in Farbe und Gold auf Bolusgrund. Bayerisches Hauptstaatsarchiv München, Staatsverwaltung 1942c.

Klaus Wolf

X Königliches Schuldenwesen

Spätestens seit dem vierzehnten Jahrhundert ist eine immer stärker ausgeprägte Monetarisierung der Gesellschaft zu beobachten. Auch die Politik Ludwigs des Bayern hungerte nach Geld. Der Thronstreit mit Friedrich dem Schönen, der Italienzug des Kaisers sowie die Auseinandersetzungen mit Kurie und Adel verschlangen Zehntausende Pfund Silber. Söldner mussten bezahlt, Adelige mit Vergünstigungen geködert und eine kaiserwürdige Repräsentation finanziert werden. Die Einkünfte durch Hausmacht und Reichsgut waren dazu nicht in ausreichender Menge vorhanden. Andere Einnahmequellen, wie Kriegsbeute und Geschenke, waren kaum planbar. Wie sollte Ludwig nun handlungsfähig bleiben? Dazu nutzte der Herrscher ein Instrument, welches bereits seinen Vorgängern auf dem Kaiserthron bekannt war. Er machte Schulden. Kredite, welche sich in der städtischen Umgebung als Finanzierungselement etabliert hatten, dienten als Puffer zwischen unberechenbaren Ausgaben und Einnahmen. Ebenso konnten mit ihnen politische Vorhaben vorfinanziert und somit planungssicher gestaltet werden. Unterstützer und Hofangestellte Ludwigs des Bayern treten oft als Gläubiger auf. Finanzielle Unterstützung war von Männern wie Ludwigs Kanzler, Bischof Ulrich II. von Augsburg, gefordert, brachte aber auch Vorteile wie die Pfandschaft an Rechten und die Gewährung von Privilegien mit sich. Schulden kamen aber auch bei alltäglicheren Ausgaben zum Einsatz. Der Kauf auf Kredit war in Städten weit verbreitet, auch der König bezahlte oft nicht bar. Selbst kleinere Erwerbungen konnten damit getätigt werden. Oft wurde ein Pfand zur Absicherung des Kredits und als Gegenleistung eingesetzt. Als solche kamen wertvolle Gegenstände aber auch Rechte an Höfen, Dörfern oder aber ganzen Städten zum Einsatz. Der Pfandnehmer war dann zur Nutzung derselben bis zur Auslösung berechtigt. Indem Ludwig nun solche Rechte verpfändete, war er in der Lage, schnell verfügbares Geld zu generieren und somit spontan auf jeweilige Situationen zu reagieren. Gleichzeitig hielt er sich dennoch die Option offen, die Rechte durch Auslösung wieder zurück zu gewinnen. Meist geschah dies allerdings nicht, was dazu führte, dass viele ehemals dem Reichsgut zugehörigen Einnahmequellen der Krone dauerhaft verloren gingen. Dennoch nimmt die Zahl der Kredite unter den Nachfolgern Ludwigs immer mehr zu, auch wenn im fünfzehnten Jahrhundert das Reichsgut der römisch-deutschen Herrscher bereits fast vollständig verpfändet war. Kein mittelalterlicher Potentat nahm höhere Kredite auf als der Habsburger Maximilian. Bei Ludwig dem Bayern ist also bereits eine Entwicklung sichtbar, welche spätere Jahrhunderte prägte und auch noch heute Gültigkeit besitzt: Der Kredit fungiert als zentrales Instrument der Herrschaft.

Anton Serafin Baur

Nr. 17 Politische Investitionen – „Kriegsanleihen" Augsburger Bürger

Schuldverschreibung König Ludwigs des Bayern an Augsburger Bürger, 22. Januar 1317, Augsburg

Im Thronstreit zwischen Ludwig dem Bayern und Friedrich dem Schönen mussten sich der Bischof von Augsburg sowie die Bürgerschaft der Stadt entscheiden. Welchen der Thronprätendenten sollte man unterstützen? Während sich der Augsburger Bischof Friedrich I. für seinen Namensvetter entschied, unterstützten die Bürger von Augsburg Ludwig. Dafür investierte die Bürgerschaft massiv in den künftigen Kaiser und warb Söldner für diesen an. Dafür erhofften sich die Augsburger Gegenleistungen. Tatsächlich befreite Ludwig der Bayer die Stadt 1315 für vier Jahre von der Steuer und sicherte ihr 1316 die Unveräußerlichkeit vom Reich zu. Allerdings setzten sich die Augsburger mit ihrer Unterstützung auch den Angriffen der Partei Friedrichs des Schönen aus. Hier sollte der König für den daraus entstandenen Schaden aufkommen. In der Urkunde finden sich genauste Angaben, welcher Schaden wem genau entstanden war. So waren unter anderem einem *Chu(o)nrad Rudiger* 15 Fässer Wein und einem *Stor* Tuch geraubt worden. Insgesamt belief sich die Schadenssumme auf rund 2000 Pfund Haller, welche der König gelobte, von den ersten erhaltenen Einkünften den Bürgern zu ersetzten. Die Augsburger profitierten also zum einen von ihrer Unterstützung, setzten sich aber auch einem Risiko aus. Wäre Ludwig der Erfolg verwehrt geblieben, hätte sich ihre Investition nicht ausgezahlt.

Original, deutsch, Pergament, 41,5 x 17 cm, Siegel fehlt. Staatsarchiv Augsburg, Reichsstadt Augsburg Urkunden 63.

Anton Serafin Baur

Nr. 17 Reichsstadt Augsburg Urkunden 63

1. Wir Ludowig von gotes gnaden / romischer chunig / ze allen zeiten merer des riches. veriehen offenlich an disem brieue / vnd tu(o)n chunt / allen den / die in ansehent / oder horent lesen
2. daz wir vnsern lieben / getriwen purgern / von Augsburch / die hie nach geschriben stant / vnd iren erben / die von den landez herren / von vnsern wegen geschadiget seint / ir ieglichem
3. sein schaden / schuldig sein / vnd gelten sollen. an dem ersten / Berhtold dem jungen Bitschlin / Hainrich Kinthait / vnd ir gesellescheft zwaihundert / vnd fu(e)nf pfunt vnd vierze -
4. hen schilling haller / daz in der Fu(o)hs nam / Otten Reiddestab / vnd Chv(o)nrat dem Clochger hundert pfunt augsburger pfenning / die in Gru(o)mat genommen hat / Berhtold
5. auf dem Stain / sechzig pfunt / vnd eht vnd vierzig pfenning augsburger / Johans von Arben / niunzehen pfunt haller / die in genommen hant Ludowig von Seldenecke vnd
6. sein bru(o)der der voget ze Rotenburch. Chu(o)nrat dem Smide von Memmingen / Chu(o)nrat Rudigers des Langenmantel schreiber / vnd ir gesellescheft/ driuhundert/ driu
7. vnd drizig pfunt augsburger pfenninge / vmb funfzehen vas welscher weins / die in vnser bru(o)der herzog Rudolf ze Wolfratshusen nam / ane den schaden den sei da von haben
8. Berhtold dem Zwickel hundert vnd ahtzig pfunt haller / dar vmb er sein gu(o)t lo(e)zte / daz im der von Eberstein nam / Lupolt Notysen / vnd seiner gesellescheft / driuhundert
9. vnd sibenzig pfunt haller / ane den schaden den sei da von haben / die in her Ludowig von Rienecke nam. Marquart Ludolt / dem Moringer / vnd Vederlin drittehalp hundert
10. pfunt haller. Dyetrich dem Bru(o)wen drittehalp hundert pfunt haller / dem Storen / vnd der Gaylin fu(e)nf vnd vierzig tu(o)ch / der iecliches vier pfund haller wert waz
11. der su(o)mme ist hundert vnd ahtzig pfunt / dem Ruhen drizig pfunt haller / Chu(o)nrat Kolbenmachers tochterman funfzehen pfunt haller / Hayduolks sv(o)n vierzig pfunt
12. haller die in / allen Gotfrit von Brv(o)necke genommen hat / Marquart Mesener / Chunrat Kolbenmacher / vnd V(o)lrich der Chaufferin dochterman / zwaihundert pfunt haller die in

13. Arreiz von Briuberch nam. V(o)lrich Kolbenmacher / vnd Friderich dem Walshouer anderthalp hundert pfunt haller / ane den schaden / die in / der von Rienecke nam / Marquart
14. Kergelin vnd seim su(o)n / vierhundert pfunt haller / die im Johans von Rechperch nam / an Necker wein. diz vorgenant gelt / globen / vnd gehaizen / wir mit gu(o)ten triuwen
15. den vorgeschriben purgern / vnd iren erben / ieclichem nach seiner reitung / vnd also vil in angeziuhet / ze geben / vnd ze gelten / von dem ersten gu(o)t / daz v(o)ns geuallen mag /
16. es sei von land stiure / von versetzende / oder von vercha(u)ffende / oder von welcher layer sache / v(o)ns gu(o)t w(e)rde / daz gu(o)t gehaizen mag / des geben wir in ze vrchu(o)nde disen
17. brief mit vnserm chu(e)nglichen jngesigel versigelt. der geben ist / ze Augsburch / des samztages vor sant Pauls tag / do er bekert wart. do man zalt von gotes gebu(o)rt /
18. driuzehenhundert jare / dar nach in dem sibenzehenden jar. jn dem dritten jar vnsers reiches.

Anton Serafin Baur

Nr. 18 Bischof Ulrich II. – Königstreue zahlt sich aus

Kaiser Ludwig der Bayer verpfändet die Augsburger Landvogtei an Bischof Ulrich II. von Augsburg, 16. Juli 1336, Gebelkofen

Ursprünglich waren Vögte meist als Stellvertreter Geistlicher in weltlichen Angelegenheiten, wie der Blutgerichtsbarkeit, und zur Verwaltung des Kirchengutes tätig. Mit der Eingliederung in eine Reichlandvogtei unter König Rudolf von Habsburg gingen dem Hochstift Augsburg viele Vogteirechte verloren. Allerdings war der Besitz einer Vogtei durchaus attraktiv, da diese einen beträchtlichen Anteil an den zu erbringenden Abgaben garantierte. Besonders die Augsburger Bischöfe, welche ohnehin immer mehr Rechte an das Augsburger Bürgertum verloren, dürften Interesse daran gehabt haben, Zugriff auf die Vogtei zu erhalten. Bischof Ulrich II. gelang dies. Er konnte sich mithilfe Ludwigs des Bayern gegen den Willen der Kurie als Bischof von Augsburg durchsetzen und war ein eifriger Unterstützter des Kaisers, als dessen Kanzler er seit Februar 1336 auftrat. Ebenso unterstützte er den Kriegszug gegen Niederbayern und Böhmen. In diesem Kontext bestätigte Ludwig der Bayer nun *dem erwirdigen bischof (…) unserm liben fu(e)rsten und kantzler* 2.000 Pfund Haller schuldig zu sein und verpfändet ihm dafür die Landvogtei genannten Vogteirechte über Land und Leute mehrerer Dörfer im Augsburger Umland. Diese Rechte wurden nie wieder vom Reich eingelöst, wodurch das Hochstift einen großen Teil seiner ehemaligen Kirchenvogtei zurückgewinnen konnte. Bischof Ulrich II. erfreute sich allerdings nicht lange an diesem Erfolg. Er verstarb bereits am 25. Juli 1337.

Original, deutsch, Pergament, 28 x 17 (34,5) cm, mit an Schnur anhängendem Siegel mit Rücksiegel. Staatsarchiv Augsburg, Hochstift Augsburg Urkunden 1336/VII/16.

Anton Serafin Baur

Nr. 18 Hochstift Augsburg Urkunden 1336 VII 16

1. Wir Ludowig von gotes genaden ro(e)mischer keiser ze allen zeiten merer des riches. veriehen offenlichen an
2. disem brief / daz wir dem erwirdigen bischof V(o)lrichen von Auspurg. vnserm liben fu(e)rsten und kantzler.
3. vnd seinem gotzhaus / schuldig worden sein. vnd gelten su(o)llen zwei tausent pfunt haller / vmb di dienst. die er
4. vns. vnd dem riche getan hat / vnd fu(e)r den schaden. den er dar inn genomen hat / vnd dar vmb haben wir
5. im / seinem nachkomen an dem bistum / vnd irem gotzhaus versetzet. vnd versetzen auch mit disem brief /
6. vnser vnd des riches vogtey. v(e)ber la(e)ut. vnd vber gu(o)t / di si habent in den do(e)rfern ze Menchingen. ze
7. Waeringen. ze Pobingen / ze Gegkingen / ze Jnningen / vnd ze Oberhausen. vnd v(e)ber all ander la(e)ut und gu(o)t /
8. swo di gesezzen sind. oder ligent. die si habent / vnd di in die landuogtey ze Auspurg geho(e)rent / mit der be
9. scheidenheit / daz der vorgenannt bischof V(o)lrich / sein nachkommen. an dem bistum / und ir gotzhaus ze Auspurg / di
10. vorgeschriben vogtey / v(e)ber all ir la(e)ut vnd gu(o)t / inn haben vnd niezzen. als lang bis daz wir. oder vnser nach -
11. chomen an dem riche / si von in erledigen vnd erlo(e)sen gar vnd gentzlich vmb zwei tausent pfunt haller / vnd
12. dar v(e)ber ze einem vrchu(o)nd / geben wir im disen brief / versigelten mit vnserm kaiserlichen jnsigel. der
13. geben ist bei Gebesthouen auf dem velde. an eritag nach sand Margareten tag. nach kristus. geburt.
14. driuzehen hundert iar dar nach in dem sechsten vnd dreizzigisten iar. jn dem zwei vnd zweinzigisten iar
15. vnsers riches / vnd in dem niunten des keysertu(o)ms.

Anton Serafin Baur

Nr. 19 Pfand – Des Kaisers „Kreditkarte“

Kaiser Ludwig der Bayer verpfändet Albrecht von Horgauergreut die Vogtei von Biburg, 30. April 1345, München

Auch kleinere Einkäufe bezahlte Kaiser Ludwig oft nicht bar. Bargeld war nicht immer verfügbar und der Herrscher nicht immer liquide. Dies war auch hier der Fall. Ludwig hatte von dem Horgauer Landadligen Albrecht von *Greut* neben anderen Diensten zwei Pferde im Wert von 50 Pfund Augsburger Pfennig erhalten. Allerdings konnte er sie *ze disen zeiten mit parschafft nicht bezalen.* Wo heute ein Griff zur Kreditkarte geboten erscheint, nutzte der Kaiser die Verpfändung. Er übertrug Albrecht und seinen Erben zur Deckung der Summe die Vogteirechte über Biburg, das als Lehen des Bischofs von Augsburg dem Kollegiatstift St. Moritz gehörte. Dass dies kein ungewöhnlicher Vorgang war, zeigt auch das hier verwendete Sekretsiegel. Solche Siegel wurden nur für alltägliche und relativ unbedeutende Rechtsgeschäfte genutzt. Die Adelsfamilie der Greuter profitierte dennoch lange von dieser Pfandschaft, welche sich auch noch in der ersten Hälfte des fünfzehnten Jahrhunderts im Familienbesitz befunden hat.

Original, deutsch, Pergament, 26.5 x 14 (25) cm, mit anhängendem Siegel. Staatsarchiv Augsburg St. Moritz Urkunden 2518.

Anton Serafin Baur

Nr. 19 Augsburg St. Moritz Urkunden 2518

1. Wir Ludwig von gotes genaden. ro(e)mischer keyser ze allen zeiten merer dez reychs
2. bechennen vnd vergechen offenleich mit dem brief fu(e)r v(e)ns vnd fu(e)r all vnser erben vnd nachkomen
3. vnd tu(o)n chu(e)nt allen die disen brief an sechent lesent oder ho(e)rent lesent daz wir vnserm lieben getriwn
4. Albrechten von Grewt vnd seinen erben schuldig sein vnd gelten sullen von getriwer dienst wegen die er
5. v(e)ns getan hat vnd von zwaier maydem wegen die er v(e)ns geben hat funftzig pfunt alles gu(o)ter vnd
6. gaeber auspurger pfenning vnd wann wir si ze disen zeiten mit parschafft nicht bezahlen mochten. dar
7. vmb so haben wir jm vnd seinen erben ein geben vnd gesetzt mit vrchund vnd craft dez briefs die vogt-
8. tay zee Piburg mit aller zu gehord mit der beschaiden all die weil er seins vorgeschriben geltz
9. funftzig pfunt pfenning alles gu(e)ter vnd gaeber auspurger von v(e)ns vnd vnsern erben nicht bezalt ist daz er
10. vnd sein erben dann die vorgenanten vogtay zu(o) Piburg mit aller zu(o)gehord jnne haben vnd niessen
11. sol o(u)n vnsz vnser erben vnd nachkomen vnd o(u)n allermenclichs irrung vnd hindernu(e)tzz gentzlich vnd auch
12. o(u)n allen abganck der vorgeschriben ist summa geltz alz lang biz an die zeit daz wir vnser erben vnd
13. nachkomen die vorgenanten vogtay zu(o) Piburg mit aller zugehord vmb so vil geltz alz vor benennt
14. ist von im oder seinen erben gelost vnd geledigt heten vnd dez auch wir all zeit gewaltig sein ze
15. tu(o)n o(u)n allz widersprechen vnd gehaissen in bey vnsern fu(e)rstlichen gnaden daz staet vnd vnzerbrochen be-
16. halten ze vrchund so geben wir jn den brief besigelten mit vnserm kayserlichen jnsigel daz offenlich
17. an den brief gehengt ist der geben ist ze Mu(e)nchen an sant Walpurgen abent nach cristi gepu(e)rd
18. driwtzehen hundert jar vnd in dem funf vnd viertzigosten jar vnd in dem zwelften vnsers reychzz.

Anton Serafin Baur

XI Vidimi – Die beglaubigten Kopien des Mittelalters

Die beglaubigte Kopie ist heute ein alltägliches Dokument, das es schon im Mittelalter gab – das *Vidimus* (lat. „wir haben gesehen"). Diese Form der Urkunde besteht, neben der eigentlichen Abschrift einer früheren Urkunde, aus einem Rahmentext. In diesem kennzeichnete der beglaubigende Aussteller das Dokument als Kopie, beschrieb gegebenenfalls äußere Merkmale des Originals, wie die Besiegelung, und nannte das Ausstellungsdatum. Der Inhalt der vidimierten Urkunde wurde zwar meistens wörtlich übernommen, die äußere Form, wie mögliche Dekorationen oder sogar die Sprache, konnte allerdings abweichen. Die Vidimi hatten zwar eine hauptsächlich beglaubigende Funktion, der Aussteller haftete demnach nicht für den Inhalt, stillschweigende rechtliche Änderungen konnten in den Kopien dennoch vorkommen. Wie auch heute, wurden solche beglaubigten Kopien auf Anfrage des Empfängers erstellt und der Aussteller verlangte als Gegenleistung eine Bezahlung. Die Aussteller waren bis zur Ausbreitung des Notariats im Laufe des vierzehnten/fünfzehnten Jahrhunderts hauptsächlich geistliche Würdenträger und Institutionen.

Die Besonderheit der hier ausgestellten Vidimi liegt auf der Hand: Der Aussteller war kein Geringerer als der Kaiser selbst. Anhand der Vidimi konnte er seine Herrschaft inszenieren, denn durch ihn beglaubigte Urkunden hatten immer auch einen (un)gewollt bestätigenden Effekt. Der Kaiser war keineswegs verpflichtet, die Privilegien der Städte erneut zu bestätigen, aber er tat es gerne und ließ sich diese Gefälligkeit auch gut bezahlen. Und auch der Empfänger war gerne zur Zahlung bereit, denn es lag in seinem Interesse, die Urkunde (und die darin zugesicherten Rechte) bestätigen zu lassen. Zudem steigerte eine Ausstellung durch den Kaiser selbst den Wert der Urkunde nochmals.

Romina Knecht

Nr. 20 Die Privilegienbestätigung Kaufbeurens

Ludwig der Bayer vidimiert eine Privilegienbestätigung Kaufbeurens durch König Konrad IV. aus dem Jahr 1282, 20. Juli 1335, Augsburg

Dieses Vidimus besteht klassisch aus drei Teilen: Der einleitenden Formel (Zeile 1–8 des Urkundentexts), der eigentlichen Abschrift (Zeile 8–21) und der abschließenden Bestätigung (Zeile 21–27). Ludwig der Bayer legt zu Beginn der Urkunde dar, dass er die Privilegienbestätigung Kaufbeurens durch König Konrad IV. vom 25. Juli 1282 (Reichsstadt Kaufbeuren Urkunden 1: Exponat Nr. 4 dieser Ausstellung, vgl. oben) mit der dazugehörigen Beglaubigung selbst gesehen hat (*vidimus* = lat. „wir haben gesehen") und kündigt deren Abschrift *von wort ze wort* an. Nach der wortgetreuen Abschrift der Urkunde bestätigt er die hier aufgeführten Rechte der Stadt Kaufbeuren nochmals verbindlich in einem abschließenden Teil.

Original, deutsch, Pergament, 33 x 28 cm, Siegel fehlt. Staatsarchiv Augsburg, Reichsstadt Kaufbeuren Urkunden 14.

Romina Knecht

Nr. 20 Reichsstadt Kaufbeuren Urkunden 14

1 Wir Ludwig von gotes gnaden romischer keyser ze allen ziten merer des richs

2 verichen vnd tu(o)n chunt offentlichen an disem brief allen den die in an sehent ho(e)rent lesen/ das wir an dem

3 nehsten/ donrstag vor/ Marie/ Magdalena/ nach/ Christes geburt/ driuzehen hundert iar/ dar nach in dem fumf

4 vnd drissigostem iar jn dem ayn vnd zwainzigostem iar vnsers richs/ vnd in dem achten des keyser tumes sahen

5 vnd lasen von wort ze wort/ ku(e)nig/ Chunrat saeligen vnsers voruaren an dem riche offenn brief der versigelt

6 was mit sim ku(e)nchlichem jnsigel das dar an hieng/ vnd was och weder geschaben noch vertilget vnd och sus

7 niht veraendert an dhainer stat/ vnd stu(o)nd von wort ze wort geschriben als hie nach geschriben stat/: [**inserierter Text:** (im) Namen

8 gotes amen. wir Chunrat in romischen ku(e)nig erwelt von der gotes gnade/ vnd erbe des ku(e)nichriches ze

9 Jherusalem/ tu(o)n chunt/ allen den/ die disen brief immer gesehent/ das wir Volchmarn/ von Chemenathen

10 vnd vnser stat ze Bu(e)ron alsus verschieden vnder ein ander. Volchmar/ hat gegebin den burgern vnd der stat

11 ze wider wehsel/ den hof der hern/ Hermannes was des pfaffen der da lit nidenan an der stat vnder den

12 barmen/ vnd als sin ztaingru(o)b gat vf an den gworffenn weg vnd die rihte an den andern berch vnd dannan

13 an sin selbes zun vnd swas in den zu(e)nen ietz begriffen ist/ das sol er buwen/ vnd sol och mit buwe niht me

14 begriffen/ da wider swas bu(e)rer gmeinde hant/ das sol och sin Volchmars gmeind/ vnd swas er oder sin

15 nachkomeling gmeinde hant/ das sol och bu(e)rer gmeinde sin/ vnd swas niht enbuwe lit da su(e)ln sie getraten

16 sin beidenthalb von der burch vnz an die stat/ vnd von der stat vnz an die burch. vnd ist och also geschaiden

17 swas bu(e)rern schaden vf dem iren geschiht mit gwalt vnd wissentlich/ das sol man in gelten vnd bessern als

18 reht ist vnd sol doch der schaid dar nach staete sin/ hier an was/ Chunrat/ der schenke von/ Winterstet vnser

19 getriuwer/ vnd/ Chunrat/ der liutchircher/ der amman/ von Bu(e)ron/ vnd das ditz staete belibe so hiessen wir disen

20 brief besigeln mit vnserm jnsigel/ dirre brief ist gegeben vnd geschriben von vnsers herren geburtlichem tag
21 tusent zway hundert vnd vierzig iar jnnan ho(e)wotz/ an sant Jacobs tag/ saelich amen. **Ende Insert**] Vnd da von so
22 bestetigen wir vorgenanter/ keyser/ Ludowig/ den burgern gemainlichen der vorgenantnn stat ze Bu(e)run/ vnsern
23 lieben getriwen/ die selben gmainde mit disem brief/ das sis haben vnd niessen su(e)ln mit vollen rehten vnd nu(e)tzen
24 in aller der weiz als si da vor verschaiden. verschriben vnd vfgezaichent ist/ vnd wellen niht/ das si dar an iemand
25 laidig noch noch beswaer mit dhainerlay sachen/ vnd dar v(e)ber ze einem vrchunde/ geben wir in disen brief mit
26 vnserm/ keyserlichem jnsigel versigelten/ der geben ist ze Auspurch des jars vnd an dem tag als och ze
27 obrost an disem brief geschriben stat.

Romina Knecht

Nr. 21 und 22 Weit mehr als eine bloße Beglaubigung

Ludwig der Bayer vidimiert die Privilegienbestätigung der Reichsstadt Memmingen durch Heinrich VII., 17. Mai 1330, Göppingen

Ludwig der Bayer vidimierte hier eine Urkunde seines Vorgängers Heinrich VII. aus dem Hause Luxemburg vom 15. April 1312. Diese Urkunde Heinrichs war wiederum selbst ein Vidimus einer Urkunde Rudolfs I. von Habsburg, durch welche Memmingen am 25. Januar 1286 Reichsstadt wurde. Während die Urkunden Rudolfs und Heinrichs auf Latein verfasst wurden, entschied sich Ludwig der Bayer für eine Übersetzung ins Deutsche. Das kann zwar als durchaus ungewöhnlich eingeschätzt werden, passt aber zu Ludwigs Gepflogenheit, schätzungsweise 55 Prozent seiner ausgestellten Urkunden mit schwäbischem Empfänger auf deutsch zu verfassen. Vergleicht man die Urkunden inhaltlich, fallen auch hier Unterschiede auf. In Ludwigs Vidimus fehlen, neben der Datierung, die Arenga, sowie die einleitende und abschließende Formel, in welcher Heinrich VII. klar Bezug auf die Urkunde Rudolfs I. nahm. Diese Aussparung kann mehrere Gründe haben, aber es fällt ins Auge, dass Rudolf aus dem Hause Habsburg stammte, gegen welches Ludwig einen Thronstreit geführt hatte. Im Gegensatz dazu, sah Ludwig der Bayer sich in der Tradition Heinrichs VII., den er als seinen Vorgänger bezeichnete und mit dessen Haus er anfangs verbündet war.

Nr. 21: Original, deutsch, Pergament, 47,5 x 30 (44) cm, mit an Seidenfäden anhängendem Siegel mit Rücksiegel. Staatsarchiv Augsburg, Reichsstadt Memmingen Urkunden 13.
Nr. 22: Original, latein, Pergament, 35 x 26 (41) cm, mit an Seidenfäden anhängendem Siegel. Staatsarchiv Augsburg, Reichsstadt Memmingen Urkunden 7.

Romina Knecht

Nr. 21–22 Reichsstadt Memmingen Urkunden 13 (inseriert: Reichsstadt Memmingen Urkunden 7)

1 wir Ludowig von gots gnaden romischer cheiser zu(o) allen ziten merer des richs. tu(o)n chunt allen den. die disen brieff an sehent. oder ho(e)rent lesen. daz wir an gesehen

2 haben. die danchbern. vnd genaemen dienst. die vns/ vnd dem riche getan habent. die weisen law(e)t. der amman. der rat. vnd die burger alle gemainlich/ vnserer stat ze Memmingen.

3 vnser lieben getriwen. vnd haben in vnd iren nachkomen bestaetiget die brief. vreyheit vnd genad die hie nach gschriben stant. die in der durchlaw(e)htig fu(e)rst. cheiser Heinrich von

4 Rome. vnser voruar emals getan hat. als wir mit seinen brifen gaentzlich getriwit sein. die auch gar vnd gantz von wort/ ze wort. hie nach geschriben stant.: [**inserierter Text:** Wir Heinrich

5 von gots gnaden romischer cheiser zu(o) allen ziten merer. des richs. enbieten allen den/ die disen brief an sehent lesent. oder ho(e)rent lesen. vnsern vnd des richs lieben getriwen. vnser

6 huld vnd alles gu(o)t. gefu(o)g. vnd billich/ duncket/ die wirdicheit vnsers gewaltes/ daz wir die billich besorgen su(o)llen/ vnd fu(o)rdern mit allen gu(o)ten dingen/ die vns vnd daz rich an geho(e)rnt

7 vnd dem selben ze allen ziten bey sint gestanden mit allen triwen/ mit worten vnd mit wercken. seit daz im vnser lieb getriw pu(o)rger von Memmingen also sint gewesen. da her/ vnd fu(o)r

8 sich eydentt/ des wir getriwen. so geben wir in/ so getan vreyheit vnd gesetzet als si her nach gesetzt sind an disem brief vnd ewichlich ze beleiben/ vnd ze behaften. wir gehaizzen/ vnd geben

9 in von erst/ der vorgenanten stat Memmingen ze einer sundern gab/ daz wir die selben stat/ noch cheiner unsern nachkomen/ son. versetzen noch verwechseln noch veraendern bey cheinen

10 dingen von dem riche/ vnd daz auch daz selb behalten werde von allen/ vnsern nachkoment/ dar nach setzen wir/ daz cheins richs gewalt ez sey hertzog. oder graf/ oder swer der rihter ist

11 ir chein der selben pu(o)rger/ sol beno(e)ten oder bechu(o)mern/ vmb chein gu(o)t. daz in ir stat leit/ oder zu(o) dem margt reht ho(e)rt/ mit werltlich sachen/ swie die genant sind wan newer alein vor ir

12 rihter/ dar nach wellen wir/ setzen vnd gebieten. daz chein aht fu(o)rganck habe/ ez von hertzogen/ von grauen/ oder von andern werltlichen rihtern/ sol genahen oder chomen in die vorgenanten stat

13 wan alein div von hof gat/ jst auch daz chein vogtman/ fraw oder man in der selben stat. sedelhaft ist. oder dar ein chu(o)mbt/ der sol seinem vogt cheinen dienst tu(o)n. bey lebendem leibe

14 stirbt awer er so sol man der chirchen da er hin geho(e)rt so getanev reht tu(o)n/ als von andern seinen geno(e)zzen/ wir wellen auch swer pu(o)rger ist in der selben stat pu(o)rchreht besezzen hat jare

15 vnd iare ni(e)mt er ein frawen/ die sein genozzin niht ist. daz wellen wir vnd setzen/ daz den nieman/ dar vmb no(e)te. ez sein werltlich herren oder chloster mit werltlichen oder/ geistlichem

16 geriht. nimbt auch ein fraw/ einen iren vngeno(e)zz in der selben stat/ die hat auch/ daz selb reht/ wir wellen auch vnd setzen/ swa ein man/ swer der ist in der selben stat/ ein purgerinne

17 nimbt/ vnd der pu(o)rger ist gewesen jare vnd iare/ vnuersprochen/ ob sein herr in dem lande ist/ daz da allev dev reht sol han. als ein ander pu(o)rger/ awer auch ein gu(o)t/ oder ein aigen daz

18 ze margtreht gelegen ist/ ze Memmingen der sollen pu(o)rger/ er hab ez gechauft/ oder von erb in/ ist an geuallen jar vnd tag/ besezzen hat an wideret/ verspricht man ez niht in dem selben

19 zil/ der sol daz ewichlich besitzen an alle wideret/ ez ensey dann/ daz der in dem land niht ensey/ der ez anspricht/ wir wellen auch/ daz chein ritter/ noch chein mu(o)nch/ chein aigen hab ze

20 erbschaft in der vorgenanten stat/ wirt awer einem chloster ligentz gu(o)t gegeben/ du(o)rch got/ oder geistlichen law(e)ten/ die sullen daz verchauffen u(e)mb jarsfrist/ beschach des niht. so vallet

21 daz selb gu(o)t an die nachsten erben/ des/ der daz gegeben hat/ swo ein chint wirt gesunderssassot/ von seinen vordern vnd veruert daz an leiberben/ so geuallet daz selb gu(o)t daz im ge-

22 macht ist an sein vordern/ vater/ oder mu(o)ter. sint die da niht/ so vallet ez/ an den nachsten seinen erben. er sey von vater oder von mu(o)ter/ wir setzen auch/ daz alle die/ die in der

23 selben stat wonu(o)ng hant/ mit einander dienen an stewer. an waht. an vngelt vnd an andern dingen gemain sein. vnd gelich bu(e)rde tragen/ wir geben auch den selben pu(o)rgern

24 von sunderbarn genaden/ ellev dev reht/ vnd vreyheit/ die vnser lieb pu(o)rger von V(e)berlingen hant waer awer daz chein reht. Vberlingen wider waer errlichem reht daz hie benennet

25 ist an disem brief. so sont si daz behalten. als ez stat in disem brief/ oder an andern iren briefen/ dar nach geben wir in vnd bestaeten in iren margt an dem pfintzmontage

26 in ieglicher wochen. also daz alle die/ die den selben margt suchent dar/ vnd wider heim/ sullent han/ chunchlich vreyheit vnd schirm/ noch vnserm cheiserlichem gewalt/ dar

27 nach ze einer sunderborn genad/ verleihen wir den selben pu(o)rgern daz reht. daz sie nieman von irs ammans. oder des munzzmaisters/ sol becklagen oder mit andern sachen beno(e)ten/

28 wir geben in auch die genad/ daz wir/ vnd vnser nachkomen. oder vnser vo(e)gt/ in cheinen anzman/ noch ir bu(o)rger deheinen zu(o) einem amman sol gen/ wan mit ir willen vnd

29 rat/ wir wellen vns setzen/ auch/ swen die selben pu(o)rger in die vorgenanten stat beno(e)tent/ vnd pfendent auf ein reht. daz die dar an niht vraeueln/ vnd daz man in reht dar vmb

30 sol tu(o)n vnd von in nemen. vor ir amman/ dis vorgenant genad. vnd brief bestaetigen wir. von vnserm cheiserlichem gewalt vnd milt/ gar vnd gaentzlich. vnd wellen daz si

31 ewichlichen staet beleib/ fu(o)r vns vnd fu(o)r vnser nachkomen. wir enwellen auch/ daz chein man/ oder frawe. so getu(o)rstick sey/ daz er sich/ wider die vorgenanten genad vnd vnser

32 bestaetigu(o)ng in cheinweg gesetzen getu(o)n. su(o)st/ oder so. wer awer dar wider taet. der viel swaerlichen in vnser vnd des richs vngenad. vnd vnhuld. vnd dar vber ze vrchund

33 geben wir in disen brief mit vnserm cheiserlichem jnsigel versigelten. der geben ist ze Geppingen/ an dem auffertag do man zalt von christes gebu(o)rt drevtzehenhundert jare dar

34 nach/ jn dem dreizzigistem jare/ jn dem achtzehendem jare vnsers richs vnd jn dem dritten des cheisertu(o)ms

Romina Knecht

XII Der Kaiser als Schiedsrichter – Vergleichsverträge Ludwigs des Bayern

Spricht man von einem Vergleich, so meint das im mittelalterlichen Schiedswesen grundsätzlich das – mehr oder weniger – einvernehmliche Ergebnis der Schlichtung eines Streits zweier Parteien. Hierbei ist aber seine Besonderheit zu beachten: im Gegensatz zur ordentlichen Gerichtsbarkeit, die je nach Gerichtsort für eine der Parteien parteiisch sein konnte, hatte man bei Vergleichen die Möglichkeit, den Konflikt durch neutrale Vermittler zu lösen. Hierbei einigte man sich auf einen oder mehrere unparteiische Dritte, die sich der Aufgabe annahmen, einen für beide Seiten akzeptablen Kompromiss zu finden. Ähnliche Verfahren gibt es bis heute.

Ludwig der Bayer wurde jenseits seiner Rolle als oberster Richter in ordentlichen Gerichtsverfahren um Schiedssprüche gebeten, die er zur Gewährleistung des Friedens und der Rechtssicherheit in seinem Reich gab. Im Gegenzug konnte er sich die Loyalität der dann versöhnten Streitparteien versprechen. Das betraf auch die notorischen Konflikte zwischen den Bürgern und den Geistlichen Ständen in Augsburg.

Katharina Bayer

Nr. 23 Am Golde hängt doch alles … – Streit um die Steuern

Vergleich Kaiser Ludwigs des Bayern zwischen Bischof Heinrich III. von Augsburg und der Stadt Augsburg, 20. August 1339

Dass Vergleiche manchmal auch eher zugunsten einer Partei ausfallen können, zeigt der Streit zwischen Bischof Heinrich III. von Augsburg und der Stadt Augsburg. Ursprüngliches Ziel des Bischofs war es, seine Eigenleute zu besteuern. Der Rat der Stadt Augsburg wollte das mit dem Argument, Heinrichs Vorgänger hätten dies bisher auch noch nicht getan, verhindern. Ludwig der Bayer befand, dass Bischof Heinrich die Hintersassen der Bürger erst ab dem kommenden März 1340 besteuern und mit Abgaben belegen dürfe. Jedoch durfte die Stadt von da an keine kirchlichen Eigenleute mehr als Bürger aufnehmen und solche, die es bereits waren, mussten wieder aus dem Bürgerrecht entlassen und dem Bischof als seine Eigenleute übergeben werden. Und diejenigen, die Schulden oder Zinsabgaben beim Bischof hatten, sollten unmittelbar zu seinen Eigenleuten werden.

Original, deutsch, Pergament, 30 x 19,5 (29) cm, mit anhängendem Siegel. Staatsarchiv Augsburg, Hochstift Augsburg Urkunden 1339/VIII/20.

Katharina Bayer

Nr. 23 Hochstift Augsburg Urkunden 1339 VIII 20

1 Wir Ludowig von gots genaden ro(e)mischer ceyser ze allen ziten merer des riches. veriehen vnd

2 tun chunt offenlich an disem brief / vmb div misshelunge vnd auflo(e)uff / die zwischen des erwirdigen Hainrichs

3 erweltes vnd besteres byschofes ze. Auspu(o)rg vnsers lieben fu(e)rsten / dem rat / vnd der gemain der

4 stat da selben gewesen sint / darumb / daz der selb vnser fu(e)rst / sein vnd seines gotshus eygen lu(e)t / si wern

5 hindern den selbn burgern gesezzen oder anderswa ab geuordert het vnd ouch. daz er si bestewrn vnd niezzen

6 wolt / als im vnd sinem gotshus nu(e)tzlich vnd gu(o)t gewesen wer / dar an in di vorgenant burger irten. vnd sprachn

7 daz es bis her von dhainem seinem vordern niht wer beschehn / daz wir di selbn misshelunge vnd auflo(e)uff also

8 vstragen vnd beschaiden haben / daz die. selbn burger. den vorgenanten unsern fu(e)rsten vnd sine nachkomen an irn

9 aigen lu(e)ten swa die gesezzen sint fu(e)rbas in dhain wis niht irren su(e)llen es si an bestiwren niezzen oder an

10 abuorderunge ze den ziten als gewonlich ist / es hat ouch der vorgenant vnser fu(e)rst vnser ernstlich bet / an den

11 luten. die. hinder den burgern gesezzen sint also erhorent / daz si vnbestewrt sitzzen su(e)llen bis den vier tagen

12 die. nu schierst chomend. vnd sol er oder sein nachomen dann fu(e)rbas mit in geuarn / es si mit stew(o)rn / niessen

13 oder abuordern ze. gewonlich ziten als si dunchet. daz in vnd irm gotzhus nutzlich vnd gut sei vnd sullen si di

14 egenanten burger oder iemand anders dar an niht irren wir haben ouch mer bescheiden vnd beret / daz die-

15 selben burger ze Auspurg dhainen des vorgeschriben vnsers fursten / oder seines gotzhus aygen man niht

16 su(e)llen ze burger enpfahen / vnd swas si ir enphangen hand / di sullen si im wider antwurten vnd vnuerzogenlichen

17 ledick lazzen wir haben ouch gesprochen vnd beret vmb die zinser swer die sint / die dem selben vnserm

18 fu(e)rsten vnd seinem gotzhus. irn zins vnd val gebend / oder geben sullend / daz die sein vnd seines gotzhus

19 eigen sint / vnd sol er vnd sein nachomen. si niezzen vnd mit in geuarn als mit andern irn eygen lu(e)ten ze vrchund

20 dits briefs der geben ist ze Munchen des fritags nach sant Marye tag / do man zalt von Cristus ge-
21 burtt. driuzehenhundert jar dar nach in niunten vnd dreizzigsten jar in dem funf vnd zwantzigisten
22 iar vnsers richs /vnd in dem zwelften des kaysertu(o)ms.

Katharina Bayer

Nr. 24 Der Kaiser kennt seine Pappenheimer

Vergleich Kaiser Ludwigs des Bayern zwischen dem Domkapitel Augsburg und Wilhelm von Pappenheim, 6. November 1331, München

Beim Streit zwischen dem Domkapitel Augsburg und dem Reichserbmarschall Wilhelm von Pappenheim zu Biberbach war es Ludwigs besonderes Interesse die Aufgabe des Schiedsrichters zu übernehmen und einen Vergleich herzustellen. Er musste nämlich zwischen zwei seiner Verbündeten vermitteln und einen akzeptablen Kompromiss für beide Parteien finden, um keine der beiden streitenden Parteien zu vergraulen. Das Domkapitel hatte zuvor Güter und Land im heutigen Dillingen an der Donau vom Reichserbmarschall und dessen Bruder Heinrich rechtmäßig gekauft. Doch ersterer enthielt diese den Geistlichen vor, da er dort eine Burg gebaut hatte. Diese Ländereien sollten nun an das Domkapitel übertragen werden, wofür selbstverständlich die Burg Wilhelms geräumt und abgerissen werden musste. Zum Ausgleich wurde das Domkapitel damit beauftragt, Wilhelm von Pappenheim beim Lösen seines Kirchenbanns zu unterstützen, den ihm wiederum seine unverbrüchliche Kaisertreue eingetragen hatte.

Original, deutsch, Pergament, 42,5 x 25,5 (41) cm mit anhängendem Siegel. Staatsarchiv Augsburg, Domkapitel Augsburg Urkunden 222.

Katharina Bayer

Nr. 24 Domkapitel Augsburg Urkunden 222

1 Wir Ludawig von gots genaden. romischer cheyser. ze allen ziten. merer. dez richs. veriehen offenlich an disem brief. vnd tun chunt allen den die in sehent.

2 oder horent lesen. daz wir zwischen dem capitel vnd den chorherren. von Auspurch einer seitt. vnd marschalk Wilhalm. von Byberbach ander seitt. vmb die gu(e)t. die

3 er dem vorgenanten capitel. vnd dem gotshaus ze. Auspurch an recht vnd vnredlich vor hat gehabt. von erster die gu(o)t. der ober / mayrhof ze Asheim. Sunntages

4 hof. die mu(e)l vnd die hofstet. den chirchensatz vnd die vischentz. ze Asheim. die holtzmarch. die da heizzet Stangachawe als lang vnd als preit diu ist.

5 vnd verlazzen wysmat. daz dorfgericht. die hirtschaft. vnd alle ehafte. in dem vorgenanten dorffe ze Asheim vnd auch daz recht daz zv(o) der chappel ge-

6 horet. ze dem selben dorffe besuchtz vnd vnbesuchtz. ze holtz. ze wazzer. ze weyde. die vogtay vnd daz gericht vber den mairhof. ze Altheim. bei der Zu

7 sem. vnd die vogtay vnd gericht. vber die gu(o)t diu dez capitels gemeinchlich sind. die in den mairhof gehoret. ez sol auch der marschalch. hintz ir la(e)uten

8 vnd guten nicht richten. die in den mayrhof gehorent noch dhein fra(e)uel nemen. die vogtay vber den mayrhof. ze Holtzheim. vnd vber den mairhof da-

9 selben. vnd vber alliu gu(o)t die daz capitel gemeinchlich an gehoret. die vogtay vber den hof ze Eppyspurch. der da heizzet Byschofs Hof. vnd swaz dar zv(o)

10 gehoret. die vogtay vber den hof. ze Rothaim. vnd die vogtay vber den hof ze Holtzhausen. . si also vertaydingt vnd verscheiden haben. daz wir vns

11 auch von ir beyder teil wegen. an genomen haben. als her nach geschriben stat. von erst daz daz vorgenant capitel vnd der styft ze Auspurch. alliu vorge-

12 nanten gu(o)t ledichliche wider sullen nehmen. vnd ewichlich inne haben. als ir eygenlich gu(o)t. wann wir erfunden haben. daz si die selben gu(o)t. die vorgenant

13 sind. recht vnd redelich. von im vnd von seinem brvder. marschalch Heinrich gechauffet habent. ez sol auch marschalk Wilhalm. daz haus. daz er auf ir

14 eygen ze Asheim gebauen hat. abprechen. vnd in ir hofstat raumen. vnd si dar mit schaffen lazzen. swaz si wellent. als mit irm eygenlichen gu(o)t. das sol auch

15 furbaz auf dhein ir gu(o)t. nicht mer bawen. vnd sol auch ewichlich dhein ansprach. hintz den guten haben. er sol si auch furbaz an dheinen andern irn guten

16 oder la(e)uten. besweren. oder leydigen an recht. wir scheiden auch. daz die vorgenanten chorherren. vnd daz capitel. im auz dem pann helfen su(e)llen. vnd sol

17 aller schade den er in an den gu(e)ten. vnd an andern guten getan hat. ab sein. ez wa(e)r dann daz marschalch Wilhalm. wider diese gagenwertig schidung mit

18 dheinen sachen ta(e)t. oder fra(e)uelt. an den vorgenanten gu(o)ten. oder an dheinen irn guten. er. oder die seinen. so sol ez vmb den schaden. vnd vmb die fra(e)-

19 uel. die er an dem gotshaus getan hat. vnd vmb den pan. da er von ein chomen ist. in offener schuld sten. als ez vor gestanden ist. vnd mugen in

20 die chorherren. dar vmb auf geystlichem / oder wertlichem gericht. an sprechen vnd noten. vnd sullen wir si vnd ander vnser amptla(e)ut. dar zv(o) schirmen

21 dez besten dez wir wir mugen. wir scheiden vnd wellen auch. daz die chorherren von Auspurch. dez. daz si dem von Otingen. drey nu(e)tzz. auf den

22 gu(o)ten. gaben. dhein engeltnuzz haben. vnd daz die schidung also ewichlich. sta(e)t beleibe und vnzerbrochen. besta(e)tigen. vnd verueften wir disem bri-

23 ef. zv(o) einem vrchunde. mit vnserm cheyserlichem insigel. der geben ist. ze Munchen. an der mitwochen. vor sand Marteins tag da man zalt

24 von Christus geburt. driutzehenhundert iar. dar nach in dem ein vnd dreizzigsten iar. in dem sibentzehenden iar. unsers richs. vnd in dem vierden des cheysertums.

Katharina Bayer

XIII Auf Befehl des Kaisers – Die Mandate Ludwigs des Bayern

Mandate enthielten im Hoch- und Spätmittelalter Anweisungen mit zeitlich begrenzter Gültigkeit und besaßen deshalb auch im Vergleich zu anderen Königsurkunden häufig einen mehr verwaltungstechnischen Charakter und daraus resultierend schlechtere Überlieferungschancen. In Mandaten wurden Regelungen von Alltagsgeschäften in knapper Formulierung festgehalten. Das Mandat ist meist in Briefform ausgefertigt, weshalb es auch *littera* genannt wird. Der Unterschied zum eigentlichen Brief besteht jedoch in der Rechtserheblichkeit des Mandats. In der Zeit der späten Staufer setzten sich diese verkürzten Formen immer mehr durch. In zunehmendem Maße wurden die kaiserlichen Verfügungen – ohne rechtlichen Unterschied zu den feierlichen Diplomen – nun in diesem „moderneren" Kleid ausgefertigt. Wichtige Beispiele dafür sind die hier ausgestellte Mandate Ludwigs des Bayern, die an kaiserliche Amtsträger, also an mehrere Empfänger oder Adressaten verschickt wurden und zeigen, dass es wohl mehrere Ausfertigungen davon gab. Das heißt, dass offene Ausführungen mit angehängtem Siegel auch öffentlich waren. Die Überlieferungschance war für solche mehrfach ausgestellten und verschickten Mandate höher. Als Gegenbeispiel sind hier die Urkunden Nr. 26 und 27 ausgestellt, die nur an einen oder zwei direkte Empfänger gerichtet sind. Diese wurden also nicht öffentlich, sondern in geschlossener Form und nur für die adressierten Empfänger bestimmt, verschickt. Damit wird das Bemühen um Geheimhaltung der Nachricht hervorgehoben.

Serena Parisi

Nr. 25 Keine Amtsanmaßung!

Mandat Ludwigs des Bayern an die kaiserlichen Amtleute in Bayern, 20. Januar 1334, München

Beschwerden des Hochstifts Augsburg haben wohl auch den Kaiser erreicht, der deshalb versuchte, durch das hier ausgestellte Mandat die Einmischung von Außenstehenden zu verhindern. Er fordert alle Amtleute und Richter des Kaisers in Bayern auf, die Amtleute des Hochstifts Augsburg in deren Ausübung der Hoheit und Gerichtsbarkeit über die Untertanen des Hochstifts nicht zu behindern. Bei Zuwiderhandlung wird der Entzug der kaiserlichen Huld angedroht. Der Kaiser meint es also ernst! Die Urkunde ist mit einem angehängten Siegel beglaubigt worden, wurde also wohl offen versandt.

Original, deutsch, Pergament, 23 x 10 (16) cm, mit anhängendem Siegel. Staatsarchiv Augsburg, Hochstift Augsburg Urkunden 1334/I/20.

Serena Parisi

Nr. 25 Hochstift Augsburg Urkunden 1334 I 20

1 Wir Ludowig. von gots genaden romischer keyser ze allen ziten merer des richs. enbieten
2 allen vnsern amptla(e)uten. vitztumen richtern die ietzu(o) sind oder furbaz werdent v(e)ber
3 al in vnserm lande ze Beyern, vnser hulde vnd allez gu(o)t. wir wellen vnd gebieten
4 ev vestichlich bei vnsern hulden daz ir vnsern lieben fu(e)rsten veter den erwirdigen
5 byschof ze Auspurg. noch sein amptla(e)ut an den hauptrechten vnd va(e)llen die er
6 von seinen eygenn la(e)uten haben sol mit dheinen sachen irret noch beswa(e)ret. vnd
7 in dar an niht hindert. bei vnsern hulden besunder wellen wir daz ir in von vnsern
8 wegen. dar an schirmet swi im oder sainen amptla(e)uten des not gescha(e)he. ze vr-
9 chunde. dises briefs. der geben ist ze Munchen. an den phinztag vor sand
10 Agnesen tag in dem zwentzigsten iar vnsers richs. vnd in dem sibenden
11 des keysertums.

Serena Parisi

Nr. 26 Kaiserlicher Schutz

Mandat Kaiser Ludwigs des Bayern an die Grafen Ludwig und Friedrich von Oettingen, 23. Oktober 1329, Cremona

Bei der Rückkehr von seinem Italienzug (1327–29) erfuhr der Kaiser, dass das Hochstift und das Domkapitel Augsburg sich bedroht fühlten, und deshalb erließ er dieses Schutzmandat. Die Adressaten waren die Grafen Ludwig und Friedrich aus dem Adelsgeschlecht der Öttinger. Die hier genannten Geschwister bekommen von Ludwig dem Bayern den Befehl, das Hochstift und das Domkapitel Augsburg zu verteidigen und zu schützen. Das heute nicht mehr erhaltene Siegel diente dazu, das nur für die beiden Empfänger gedachte Mandat vor den (unautorisierten) Blicken Dritter zu schützen und wurde wahrscheinlich bei der Öffnung des Mandats durch die Empfänger zerstört.

Original, deutsch, Pergament, 30 x 13,5 cm, mit Resten eines rückwärtig aufgedrückten Siegels. Staatsarchiv Augsburg, Domkapitel Augsburg Urkunden 213.

Serena Parisi

Nr. 26 Domkapitel Augsburg Urkunden 213

1 Wir Ludowich von gots genaden romischer cheiser ze allen ziten merer des riches. enbieten. den
2 edeln mannen. Ludowigen vnd Friderichen. grafen von Oettingen vnsern lieben getriwen vnser
3 huld vnd allez gu(o)t von grozzer besunderer getriwnisse die wir zu(o) ew(o) haben bepfelhen wir ew(o)
4 beyden daz gotshaus ze Auspurch vnd daz capitel. also daz wir wellen daz ir daz gotshaus
5 vnd daz capitel vnd aller irer gu(o)t versprechent vnd schirment von vnsern wegen vnd
6 in vnserm namen vor aller maenlichen vnz an vnser wol geualnussen / vnd daz gebiet wir ew(o)
7 mit disem brief. der geben ist ze Cremon des montages nach Galli. in dem funfzen-
8 henden jare vnsers richs vnd in dem andern des cheisertu(o)ms.

Serena Parisi

Nr. 27 Kaiserliche Vertretung

Mandat Ludwigs des Bayern an Heinrich von Gumppenberg, 21. Februar 1335, Nördlingen

In manchen Fällen war die kaiserliche Unterstützung, auch wenn der Kaiser nicht persönlich dabei sein konnte, notwendig. Ludwig der Bayer erteilt Heinrich von Gumppenberg (das Geschlecht residiert in Pöttmes bei Aichach) den Auftrag, das Kloster St. Ulrich und Afra in Augsburg in einem Rechtsstreit zu unterstützen, den es mit einer Augsburger Bürgerin um mehrere Lehen bei Aichach führt. Gezeigt wird hier die Rückseite der Urkunde mit einem vergleichsweise gut erhaltenen rückwärtigen Verschlusssiegel.

Original, deutsch, Pergament, 24,5 x 15 cm, mit rückwärtig aufgedrücktem Siegel. Staatsarchiv Augsburg, Augsburg St. Ulrich und Afra Urkunden 6524. Gezeigt wird die besiegelte Rückseite der Urkunde.

Serena Parisi

XIV Gunst und Fürsorge

Neben den Privilegien für Institutionen waren auch Gunsterweise an natürliche Personen Gegenstand des königlichen Urkundenwesens. Zu den besonderen Vorrechten des Königs und Kaisers gehörte die Verfügungsgewalt über vakant gewordene Reichslehen, das heißt über Rechte und Güter, die zwar formal dem Reich gehörten, aber unbefristet als vererbbarer und sogar veräußerbarer Besitz an zumeist adelige oder kirchliche Empfänger übertragen wurden und erst dann an das Reich zurückfielen, wenn der Inhaber ohne Erben verstarb. Das mittelalterliche Lehensrecht ist Gegenstand aktueller Forschungen, nachdem sich ältere Vorstellungen über ein flächendeckendes Lehnswesen als nicht haltbar erwiesen haben. Die königlich verbriefte Neuvergabe eines Lehens war zweifellos eine besondere Gunst, der aber auch eine gewisse Routine zu Grunde lag. Ludwig der Bayer ist zum Wohle verdienter Personen seines Hofes und ihrer Familienangehörigen auch spezielle Verpflichtungen eingegangen. Da es für königliche Fürsorge keine gesetzliche Regelung gab, bedurfte es dafür individueller Vereinbarungen, deren Beurkundung den Begünstigten Rechtssicherheit gab.

Thomas Krüger

Nr. 28 Ein Lehen für Johann Langenmantel

Ludwig der Bayer verleiht Gericht und Bann von Zusmarshausen an Johann Langenmantel, 22. September 1337, Augsburg

Johann Langenmantel erhält mit dieser Urkunde das Gerichtsrecht und den Bann in Zusmarshausen. Ein solches Amt war immer mit Einkünften verbunden und somit eine geeignete Belohnung für einen treuen Gefolgsmann und einflussreichen Patrizier der Stadt Augsburg. Außerdem war Zusmarshausen bis zum Tod Heinrichs I. Langenmantel 1327 im Besitz dieser Familie, wurde allerdings an die Augsburger Patrizierfamilie Bach vererbt.

Urkunde, deutsch, Pergament, 25,5 x 15 cm, ursprünglich an Schnur anhängendes Siegel liegt lose bei. Staatsarchiv Augsburg, Hochstift Augsburg Urkunden 1337/IX/22.

Emmanuel Walz

Nr. 28 Hochstift Augsburg Urkunden 1337 IX 22

1 Wir Ludowig von gotes gnaden romischer keyser ze allen ziten merer dez richs / verie-

2 iehen vnd tu(o)n kunt offenlichen an disem brief / daz wir dem bescheiden manne Johann dem Langenman-

3 tel / vnserm burger ze Augspurch / den ban / vnd daz geriht ze Zusmershu-sen / mit allen dem vnd

4 dar zv(o) gehort verlihen haben / vnd verlihen im och den mit allen rehten / als verre wir im den

5 durch reht verlihen sullen und mu(e)gen / vnd dar vber ze einem vrchunde geben wir im disen brief

6 mit vnserm insigel versigelten / der geben ist ze Augspurg an sant Mauricij tag nah

7 kristes geburt driuzehenhundert iar / dar nah in dem siben vnd dreizzigestim

8 iar / in dem driu vnd zwainzigestim iar vnsers richs / vnd in dem zehen-den dez

9 keysertw(o)mes.

Emmanuel Walz

Nr. 29 Königliche Hilfe für eine standesgemäße Ehe

König Ludwig verspricht, die Aussteuer der Tochter seines Marschalls Konrad von Ellingen zu übernehmen, 1323 Oktober 15, Donauwörth

Die mittelalterliche Eheschließung ging mit diversen Besitzübergaben einher. Die Aussteuer, üblicherweise vom Brautvater zu entrichten, sollte der Tochter bei der Gründung des neuen Haushalts behilflich sein und ihr in diesem ein standesgemäßes Leben ermöglichen. Die Mitgift hatte direkte Auswirkungen auf den späteren Erbanspruch der Tochter. Die Frau konnte allerdings meist nur eingeschränkt auf diesen Vermögenswert zugreifen, der oft an ihren Gatten übergeben wurde, wie das auch in dieser Urkunde geschah. Dass hier der Kaiser selbst die Verpflichtung des Ausbezahlens für den Marschall Konrad übernimmt, kann als hoher Gunsterweis oder Begleichung von Schuld gedeutet werden.

Original, deutsch, Pergament, 25 x 11 (17,5) cm, mit anhängendem Siegel. Staatsarchiv Augsburg, Domkapitel Augsburg Urkunden 190.

Roman Walch

Nr. 29 Domkapitel Augsburg Urkunden 190

1 Wir Ludewich / von gotts gnaden romischer chunich / ze allen ziten merer des reiches. veriehen

2 offenlich / an disem brief daz wir Annen Chunrades tohther / von Elingen / vnsers marschalches

3 gehaizzen haben / ze geben / sehtzich pfunt haller. zu irem wirt / Heinrich. Heinriches / svn / von

4 Agenwanch / vnd su(e)llen / vnd geloben / ir / die vor genanten sehtzich pfunt / ze geben. swo vns

5 ir vater / der eh genante. / vnser marschalch / vnd ir wirt / vnd sein vater beweisent / dar vber

6 ze vrchunde geb wir ir disen brief / versigelten / mit vnserm insigel / der geben ist ze /

7 Werde / an sand Gallen abent. do man zalt / von Christes geburt / driuzehenhundert

8 jar / vnd in dem drei / vnd zwainzigstem jar / in dem nvnden jar vnsers reiches

Roman Walch

XV Kaiser- und Königsurkunden nach Ludwig dem Bayern

Die Herrschaftszeit Ludwigs des Bayern brachte einen Umbruch im Urkundenwesen der Könige und Kaiser des Alten Reichs. Latein wurde in dem Maße, in dem sich die Siegelurkunde zu einem alltäglichen Medium des Rechts entwickelte, durch die Volkssprache verdrängt. Großformatige Diplome mit komplexer Ausgestaltung und aufwendigem Formular wurden kaum mehr ausgestellt. Die Königsurkunde näherte sich in ihrer äußeren Form der Privaturkunde an. Indem sich das Urkundenwesen von den strikten Formalia des Hochmittelalters loslöste, öffnete es sich für neue, vielfältige Formen der Ausgestaltung. Obwohl einfach gehaltene Diplome nun die Mehrzahl aller Ausstellungen darstellten, konnten die Kanzleien weiterhin prunkvolle Urkunden auf Wunsch oder zu besonderen Anlässen ausstellen.

Die ausgestellten Urkunden der Kaiser Karl IV., Sigismund und Maximilian I. sind allesamt Privilegien in deutscher Sprache. In ihrer äußeren Gestaltung unterscheiden sie sich indes stark voneinander. Auffällig ist die Repräsentation des Textes. Während Karls Privileg im Verhältnis gestaucht wirkt, erscheinen die beiden jüngeren durch viel ungenutzten Platz und die Anbringung der Siegel an Schnur größer. Wie aufwändig gestaltet ein Diplom des Spätmittelalters sein konnte, zeigt der illuminierte Wappenbrief Maximilians I. Dessen repräsentative Wirkung und Prunk stehen allein optisch in keinem Verhältnis zu dem Privileg Karls IV. Wie lässt sich diese Diskrepanz erklären? Sicherlich lag es im Interesse der Empfänger ein möglichst aufwändiges und in seiner Materialität und Ausführung teures Diplom für den Erhalt eines neuen und dauerhaften Rechts zu empfangen. Das Privileg Karls war zeitlich begrenzt, sodass eine prachtvolle Ausgestaltung nicht notwendig erschien. Ähnliches gilt für die Urkunde Sigismunds: Die turnusmäßige Bestätigung althergebrachte Rechte war zum Tagesgeschäft der spätmittelalterlichen Königskanzlei geworden.

Johannes Kroh

Nr. 30 Wenn das Geld in der Kasse klingelt – Judenregal

Kaiser Karl IV. gestattet der Stadt Augsburg Juden aufzunehmen, 8. Dezember 1355, Nürnberg

Ende des Jahres 1355 erhielt die Stadt Augsburg von Karl IV. das Privileg Juden in der Stadt aufzunehmen und diese nach Belieben zu besteuern. Dabei verpflichtete sich der Kaiser Vereinbarungen der Stadt mit den Juden zu beachten und unverändert zu lassen. Durch das Privileg erhielt die Stadt für einen befristeten Zeitraum uneingeschränkte Herrschaftsrechte an den Juden. Dies dürfte die Entscheidung begünstigt haben, nach den Pogromen im Jahr 1348 wieder Juden in der Stadt aufzunehmen.

Original, deutsch, Pergament, 30,5 x 21 (34) cm, mit anhängendem Siegel mit Rücksiegel. Staatsarchiv Augsburg, Reichsstadt Augsburg Urkunden 124.

Gabriele Schaffner

Nr. 30 Reichsstadt Augsburg Urkunden 124

1 Wir Karl von gots gnaden romischer keiser zu allen zeiten merer dez reichs vnd kung zu Beheim / bekennen / vnd

2 tu(o)n kunt offenlich mit diesem brieff allen den die in sehen oder ho(e)ren lesen / daz wir haben angesehen di(e) triwen

3 steten dienste / vnd die lauter trewe domit der .. burgermeister der rat vnd die gemein der stat ze Auspurg

4 vns vnd daz heilige reich geeret haben / vnd ou(e)ch dienstlich gefu(e)dert / vnd noch tu(o)n su(e)llen vnd mu(e)gen in kumfti-

5 gen zeiten / vnd tu(o)n in die besunder gnade / von angeborner keiserlichen gu(e)te / daz wir in vnd iren nachkumen macht

6 geben vnd genczlich derlauben / daz sie nu anzu(o)heben / an diesem heuti-gen tag / vnd fu(e)rbaz zwelf gancze jare

7 zu(o) zelen nach einandri / juden und judinne / alte vnd junge / reich vnd arme wie si(e) der bekumen / in ir stat

8 empfahen vnd einnemen mu(e)gen / vnd vff dieselben ja(e)rige zinse vnd stewre setzen / nach dem als si zerate wer

9 den / vnd meinen vnd wollen / daz / mit denselben juden vnd judinnen / nie-mant wann sie zeschaffen haben su(e)llen

10 inwendig den obgenanten fristen/ vnd waz die obgenanten burger / dieselben juden / die obgenanten zwelf jare /

11 vertro(e)sten / daz meinen vnd wollen wir stete halden / vnd sol ouch gancz vnd vnuerruket beleiben / do uon gebie

12 ten wir den .. lantuo(e)gten in Swaben / vnd allen andern / vnsern vnd dez reichs amptleuten die in zeiten werden

13 ernstlich vnd vesticlich bij vnsern vnd dez reichs hu(e)lden / daz sie die obge-nanten vnsir burger vnd die stat zu Auspurg

14 zu sulchen vnsern keiserlichen gnaden fu(e)rdern su(o)llen / vnd nicht hin-dern / noch gestaten daz sie von iemandem dowider

15 in deheinweis beschedigt oder gehindert werden / mit vrkunde dits briefs versigelt mit vnserm keiserlichen insigel.

16 der geben ist ze Nuremberg nach Christs gebu(e)rte dreuczenhundert jar / dornach in dem fu(e)nf vnd fumfczigstem /

17 iar /an dem nechsten dienstag nach santh Niclas tag vnsir reich in dem ze-henden / vnd dez keisertums in dem

18 ersten iare.

Gabriele Schaffner

Nr. 31 Alle Rechte der Stadt

König Sigismund bestätigt der Reichsstadt Augsburg ihre Rechte, 1. Februar 1413, Chur

Die Anerkennung aller alten Privilegien und Rechte einer Stadt oder einer ähnlichen Institution war im Mittelalter keine Seltenheit. Durch die erneute Bestätigung der teilweise Jahrhunderte alten Freiheiten gewann die Stadt Augsburg höhere Rechtssicherheit. Der König wiederum ließ sich diese Bestätigungen teuer bezahlen. Zudem sicherte er sich so die Dankbarkeit der Bürger.

Original, deutsch, Pergament, 47,5 x 27,5 (42) cm, mit an Schnur anhängendem Siegel. Staatsarchiv Augsburg, Reichsstadt Augsburg Urkunden 245.

Jakob Rasch

Nr. 31 Reichsstadt Augsburg Urkunden 245

1 Wir Sigmund von gotes gnaden romischer kung zu allen ziten merer des reichs und zu Hungern Dalmatien Croation etc. kung. Bekennen und tun kunt of-

2 fenbar mit diesem brief / allen den die jn sehen oder horen lesen. wann fur vns kommen ist der ersamen.. burgermeister rate und burgere gemeinlich der stat zu Ougspurg

3 unser und des richs lieben getruen erber vnd mechtige botschaft / und uns diemieticleich gebetten hat / das wir denselben burgermeister reten / und burgern der stat zu

4 Ougspurg alle und igliche yre gnade / friheite / rechte gute gewonheite / brieue / und priuilegia die sy uon romischen keisern / und kungen / unsern uorfarn an dem reiche erwor

5 ben / und herbracht haben zubestetigen gnedicleich geruchen. des haben wir angesehen / solich diemietige bede / und ouch yre stete / willige / und getrue dienste / die sy / vnd yr vor

6 dern / unsern uorfarn / an dem riche / allzite vnuerdrossenlichen / und getrulichen getan haben vnd vns / und dem reiche / furbas tun sollen / vnd mugen / in kunftigen ziten. vnd

7 haben dorumb mit wolbedachtem mute / gutem rate / vnser fursten greuen / edeln und getruen und rechter wissen / den uorgenanten burgermeistern / reten / und burgern / der

8 stat zu Ougspurg / jren nachkommen vnd derselben stat / alle / vnd igleiche yre uorgenanten gnade / friheite / rechte / gute gewonheite / briue / und priuilegiua / wie die uon wor

9 te zu worte lutend / vnd begriffen sind / die sy uon den egenanten unsern uorfarn romischen keisern / und kungen / erworben / und herbracht haben gnedicleich bestetigt / verne

10 wet / und beuestnet / bestetigen vernewen / und beuestnen jn die ouch in craft diß briefs / und romischer kunglicher macht / uolkommenheit vnd meynen und wollen / sy daby

11 gnedicleichen hanthaben / schirmen und beliben lassen als jr gnediger herre. vnd gebieten ouch dorumb allen / und iglichen fursten / geistlichen / und werntleichen / greuen

12 fryen / rittern / knechten landrichtern richtern vogten amptleuen burgermeistern reten und burgern / aller / vnd igleicher stete / merkte / vnd dorffere / vnd sust allen

13 andern unsern vnd des richs vndertanen und getruen / ernstleich / vnd versticleich / mit disem brief / daz sy die uorgenant uon Ougspurg / an den uorgenanten yren gnaden /

14 friheiten rechten / guten gewonheiten / brieuen vnd priuilegien nicht hindern oder yrren in dheynwiß. sunder sy daby getrulichen / beliben lassen als lieb jn sy vnsere / vnd

15 des richs sware vngnade zuuermeiden mit urkund dises briefs / uersigelt mit unser kungleicher maiestat jnsigel. geben zu Cure nach Cristi gepurt viertzehenhundert jar / vnd /

16 dornach in dem drietzehenden jare. des nechsten mitwochens / uor vnser frawen tag natiuitatis vnser reiche / des hungerschen etc. in dem XXVII vnd des romischen in dem dritten jaren.

Jakob Rasch

Nr. 32 Lange Titel, große Privilegien, bunte Wappen

Kaiser Maximilian I. verleiht dem Stadtgericht der Stadt Kempten ein Wappen, 13. Mai 1518, Innsbruck

Geehrt durch den Kaiser und das Reich konnte sich die Stadt Kempten, insbesondere ihr Stadtgericht, fühlen. Das verliehene Wappen repräsentiert die Verbundenheit der Reichsstadt mit dem Haupt des Reichs, dem Kaiser, den Truppen der Stadt 1488 in Brügge befreit hatten. So zeigt das in der Urkunde detailliert beschriebene Wappen das Kemptner „K“ und den Reichsadler. In der Mitte des Privilegs findet sich die prachtvolle Miniatur. Für jedermann wurde die neugewonnene Autorität des Gerichts, dessen Autonomie innerhalb der Stadt und die Unabhängigkeit vor fremden Einflüssen deutlich. Die Kemptner Bürger waren deshalb gerne bereit für die Repräsentation des sozialen Aufstiegs ihres Gerichts und damit ihrer Gemeinde in Form einer Prunkurkunde zu bezahlen. Die besondere Relevanz dieses zeremoniellen Aktes verdeutlicht der große Titel Maximilians.

Original, deutsch, Pergament, 57,5 x 35,5 (51,5) cm, mit an Schnur anhängendem Siegel. Staatsarchiv Augsburg, Reichsstadt Kempten Urkunden 930.

Johannes Kroh

Nr. 32 Reichsstadt Kempten Urkunden 930

1 Wir Maximilian von gottes genaden erwelter ro(e)mischer kayser zu(o) allenn zeiten merer des reichs in Germanien zu Hu(a)nngern Dalmatien Croatien etc. ku(o)nig ertzherzog zu(o) O(e)sterreich

2 herzog zu(o) Bu(o)rgu(o)ndi zu(o) Lotterigg zu(o) Brabannt zu(o) Steyer zu(o) Chernndten zu(o) Chrain zu(o) Lymbu(o)rg zu(o) Lu(o)zembu(o)rg vnnd zu(o) Gheldern lanndtgrau(o)e im Elsass fu(e)rst zu(o) Swaben phallenntzgrau(o)e zu(o) Habspu(o)gkh

3 vnnd zu(o) Ho(e)nigew gefu(e)rstet grau(o)e zu Bu(o)rgu(o)ndi zu(o) Flanndern zu Tyroll zu(o) Go(e)rz zu(o) Arthois zu(o) Hollanndt zu(o) Seelanndt zu(o) Phierrt zu(o) Kybu(o)rg zu Namur vnnd zu Zu(o)tphen marggrau(o)e des heiligen ro(e)mischenn

4 reichs der Enns vnnd zu(o) Bu(o)rgaw herre zu(o) Frieszlanndt auf der Wynndischenmarch zu(o) Mecheln zu(o) Portennaw vnnd zu Salins etc. – bekennen offennlich mit disem brieu(o)e vnnd thu(o)n ku(o)ndt allermenig-

5 klich daz wir angesehen vnd betracht haben die getrewen nu(e)tzlichen vnnd willigen diennste so vnnser vnnd des reichs lieb getrew bu(o)rgermaister vnnd rate der statt Kempten

6 vnnsern vorfaren ro(e)mischen kaysern vnnd ku(e)nnigen vnns vnnd dem heiligen reiche in menigfeltig weise getan vnd bewisen haben vnd hinfu(e)rowoll thu(o)nmu(e)gen vnnd sollen

7 vnd daru(o)mben mit wolbedachtem mu(o)et gu(o)tem rate vnnd rechter wissenden gemelten burgermaister vnd rate der stat Kempten au(o)s sondern genaden dise hernach geschri-

8 ben wappen und sigel mitnamen ainen schillt in mitte nach der lenng abgetaillt das vorder gelb vnnd hynnder swartz in dem gelben ain halber swartzer adler mit aufgeta-

9 nem schnabel vnn flu(o)g vnnd in dem swartzen tail ain puchstab soman nennet K von gelber farb. alsz dann dieselben wappen vnd sigel in mitte ditz vnnsers kayserlichen

10 briefs gemallet vnnd mit farben aigenntlicher au(o)sgestrichen sind von newem genedigklich gegeben vnd geben tuen das alles hiemit von ro(e)mischer kayserlicher macht volkomen-

11 hait wissenntlich in crafft ditz briefs vnnd mainen setzen und wellen daz die gemelten bu(e)rgermaister vnd rate der statt Kempten vnnd ir nachkomen nu(o)hinfu(o)ro in ewige

12 zeit solich wappen vnnd sigel zu(o) irem statgericht daselbst zu(o) Kempten haben vnd gebrauchen vnd all vrtaill konndtschaft vnnd annder brief so von demselben irem statge-

13 richt au(o)sgeen vnnd daran erkanndt vnnd gesprochen werden mit solchem wappen besiglen vnnd verfertigen vnd ainen yeden irem stattamman dasselb wappen vnnd

14 sigel vberanntwu(e)rten vnnd beu(o)elhen die fu(o)rter mit demselben wappen vnd sigel solich vnnd all annder brief sowie obsteet von irem statgericht ausgeen daran erkanndt

15 gesprochen vnnd zu(o)gelassen vmb was sachen vnnd henndel diesemm als in irem vnnd gedachts irs statgerichts namen vnnd von iren wegen besiglen vnnd verfertigen. Au(o)ch

16 dasselb wappen vnnd all brief so dau(o)nider yetzo oder konnfftigclich au(o)sgeen besigellt vnnd veru(o)ertigt werden vor allen leu(e)ten vnnd gerichten geystlichen vnnd weltlichen

17 wu(e)rcklich crefftig vnnd mechtig sein vnnd darau(o)ff gericht erkannt geu(o)rtailt vnd gesprochen vnnd mit allen iren innhaltu(o)ngen vnd au(o)szweysu(o)ngen gehalten vnd voltzog-

18 en werden sollen vnnd mu(o)gen von allermenigklich vnu(o)erhindert. vnnd gebieten darauff allen vnnd yegklichen chu(o)rfursten fu(o)rsten geistlichen vnnd weltlichen prelaten grau(o)en freyen herren rittern knechten

19 hawbtlew(e)ten vitzthu(o)mben vogten phlegern verwesern ambtleuten schu(o)lthaissen bu(o)rgermaistern richtern reten konndigern der wappen erenholden persiu(o)anndten (?) burgern gemainden vnnd sonst allen anndern

20 vnnsern vnnd des reichs vnnderthanen vnnd getrew(e)en in was wir den stannds oder wesenns die seinn ernnstlich mit diesem brief vnnd wellen daz sy die genannten bu(e)rgermaister vnnd rate der statt Kempten ir nach-

21 komen vnnd statgericht daselbst andern obbestimbten wappen vnd sigel nicht hindern noch irren sonnder dasselb wie obsteet geru(o)eblich gebrauchen geniessen vnd genntzlich dabey beleiben lassen vnd darwider nit

22 thu(o)n dringen bekomern noch besweren noch des yemannds annderm zu(o)thu(o)n gestatten in kain weyse als lieb ainem bainem yeden sey vnnser vnnd des reichs swer vngenad vnnd straff vnd dartzu(o)e ain pene nemlich zwann-

23 tzig marckh lo(e)tigs goldes zu(o)u(o)ermeiden die ain yeder soofft er freu(o)enlich hiewider tete vnns halb in vnnser vnd des reichs chamer vnnd den anndern halben taill den vorgemelten bu(e)rgermaister vnnd rate der statt

24 Kempten vnnd iren nachkomen vnableszlich zu(o) betzallen verfallen sein
soll. mit urku(o)ndt ditz briefs besigelt mit vnnserem anhanngenden innsigel.
geben in vnnser statt Innspru(o)gkh am dreytzehennden tag
25 des monets may. nach Cristi gebu(o)rt fu(o)nfftzehenhu(o)ndert vnnd im
achtzehenden vnnser reiche des ro(e)mischen im dreyunddreissigsten vnd
des hu(o)ngrischen im new(o)nu(o)ndzwaintzigisten jaren.

Kanzleivermerk auf Plika rechts mittig: *ad mandatum cesares maiestatis proprium*
Kanzleivermerk auf Plika rechts unten: *vidit Zy*[prian von] *Serntein*

Johannes Kroh

Bei Fragen zur Produktsicherheit wenden Sie sich bitte an:
If you have any questions regarding product safety, please contact:

Walter de Gruyter
Genthiner Straße 13
10785 Berlin
productsafety@degruyterbrill.com